香溪社区志

《香溪社区志》编纂委员会 编

张瑞照 主编

苏州大学出版社

图书在版编目(CIP)数据

香溪社区志/《香溪社区志》编纂委员会编；张瑞照主编. -- 苏州：苏州大学出版社，2024.8. -- ISBN 978-7-5672-4893-9

Ⅰ. K295.35

中国国家版本馆 CIP 数据核字第 2024UA1666 号

Xiangxi Shequ Zhi
香溪社区志

| 编　　者：《香溪社区志》编纂委员会
| 主　　编：张瑞照
| 责任编辑：倪浩文

出版发行：苏州大学出版社
　　　　　（苏州市十梓街 1 号　215006）
印　　刷：苏州市越洋印刷有限公司
开　　本：787 mm×1 092 mm　1/16
印　　张：27.25
字　　数：581 千字
版　　次：2024 年 8 月第 1 版
印　　次：2024 年 8 月第 1 次印刷
书　　号：ISBN 978-7-5672-4893-9
定　　价：300.00 元

凡购本社图书发现印装错误，请与本社联系调换。
苏州大学出版社营销部　电话：0512-67481020
苏州大学出版社网址　http://www.sudapress.com
苏州大学出版社邮箱　sdcbs@suda.edu.cn

《香溪社区志》编纂委员会

主　　任　张咏梅

副 主 任　周　凯　许坚堃

委　　员　许云峰　钱丽佳　许晴洁　许利晴　杨春刚　王建荣

《香溪社区志》编纂委员会办公室

主　　编　张瑞照

编　　务　俞宝康　张　衡　刘烨程

特邀校对　殷建平　王根泉　陈耕寿

审　　稿　翁建明　陈　萍　吴晴艳

封面题字　仲长春

摄　　影　钱佳丽　殷建平　陈耕寿　周国强　倪浩文
　　　　　木渎镇全媒体中心

《香溪社区志》审定单位

苏州市吴中区地方志编纂委员会办公室

中共苏州市吴中区木渎镇委员会

苏州市吴中区木渎镇人民政府

中共苏州市吴中区木渎镇香溪社区委员会

苏州市吴中区木渎镇香溪社区居民委员会

香溪社区在苏州市位置图

香溪社区在木渎镇位置图

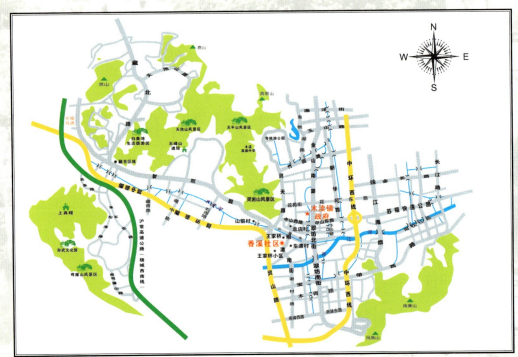

香溪社区区划示意图

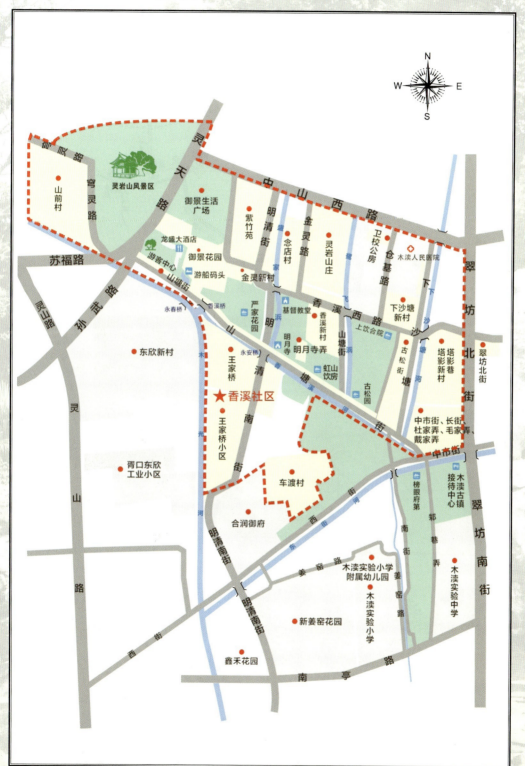

【香溪旧图】

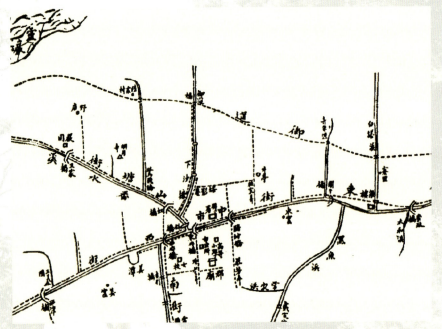

境域民国地图（1921）

遂初园图（清）

端园图（清）

《香溪社区》

香溪社区党群服务中心

香溪社区网格图

【香溪荣誉】

2014年10月，中华人民共和国民政部授予香溪社区"全国和谐社区建设示范社区"称号

2022年1月，江苏省精神文明建设指导委员会授予香溪社区"2019—2021年度江苏省文明社区"称号

2011年2月，中共苏州市委员会、苏州市人民政府授予香溪社区"村级经济发展百强村"称号

2022年12月，中共苏州市委员会、苏州市人民政府授予香溪社区"2022年度苏州市智慧农村示范村（社区）"称号

2011年2月，中共苏州市委员会、苏州市人民政府授予香溪社区"农民增收致富十强村"称号

2017年5月，中共苏州市委员会、苏州市人民政府授予香溪社区"2016年度苏州市城乡发展一体化先进集体"称号

2022年10月,国家卫生健康委员会、全国老龄会办公室授予香溪社区"全国示范性老年友好型社区"称号

2013年1月,中共江苏省农村工作领导小组授予香溪社区"新农村建设先进村(社区)"称号

2019年1月,江苏省爱国卫生运动委员会授予香溪社区"江苏省健康社区"称号

2018年12月,江苏省人力资源和社会保障厅授予香溪社区"江苏省创业型社区"称号

2016年7月,江苏省科协、财政厅授予香溪社区"江苏省科普示范社区"称号

2013年5月,江苏省依法治省领导小组授予香溪社区"民主法治示范社区"称号

【灵岩山景区】

曲桥

浣香榭

灵岩山馆

【严家花园】

大门

假山

尚贤堂

【古松园】

500多年树龄的罗汉松　　　瀑布

古松堂

【虹饮山房】

鸟瞰

曲桥

秀野园

【香溪风光】

西施桥

香溪岸店铺

香溪岸廊桥

香溪游船

永福桥

香溪夜景

香溪古迹

御码头

怡泉亭

永安桥

《香溪工业园》

尧峰工业园

马舍工业园

观山工业园

横泾工业园

【香溪老照片】

摇船 摄于20世纪30年代

播种季节 摄于1932年

盖草房 摄于1932年

启程 摄于1940年

斜桥分水 摄于1950年

晒谷场 摄于1966年

《香溪村史展示馆》

【香溪志愿者】

2020年5月，香溪社区志愿者立夏做蛋兜送给好孩子

2020年7月，香溪社区志愿者开展整治小区环境活动

2021年7月，香溪社区志愿者抗击新冠疫情

《香溪文明实践站》

香溪学习讲堂

《香溪文艺》

2020年10月,香溪社区开展"文明实践,村村有'戏'"文艺汇演

2021年6月,香溪社区开展"奋斗百年路 启航新征程"文艺汇演

2021年10月,香溪社区开展"颂歌献给党 永远跟党走 幸福舞起来"全省百万人广场健身舞大展演

2022年9月,香溪社区开展"桑榆展风采 喜迎二十大"庆重阳、迎国庆文艺汇演

香溪书画

《荷塘争艳》 钱芳珍 画　　《高风亮节》 常荣本 画　　《红梅争艳》 常荣本 画

《喜贺寿诞》 黄林森 书

《兰亭集序》 陈耕寿 书   《早梅》 沈玉山 书

《吴中胜景·木渎》 长泉 画

香溪康居小区

鸟瞰

健身活动场

健身活动器具

健身步道

篮球场

文体活动广场

【香溪宣传活动】

2020年4月16日,香溪社区对自然村实施"三定一督"垃圾分类宣传活动

2020年5月,香溪社区开展节约用水宣传

2020年6月,香溪社区开展安全用火宣传

【香溪护"苗"活动】

2020年1月,香溪社区开展儿童寒假"迎新年 贺新春"书画活动

2020年4月,香溪社区开展"大小蛋壳对对碰"游戏活动

2020年5月,香溪社区开展"送给妈妈的礼物"主题活动

2021年7月,香溪社区组织"少年儿童学党史"活动

2021年10月，香溪社区组织亲子游学

2021年11月，香溪社区开展"感恩母亲，做个好孩子"活动

2023年7月，香溪社区组织儿童开展"家门口的暑托班"——葫芦画体验手工劳动课

《香溪敬老养老》

2020年6月,香溪社区志愿者给老年人准备午餐

2021年2月,香溪社区组织老年人欢度春节

2021年10月,香溪社区向百岁老人祝寿

2022年4月,木渎镇医务人员给境域老年人义诊

2022年6月端午节,香溪社区向老年人送上祝福

香溪社区银发驿站

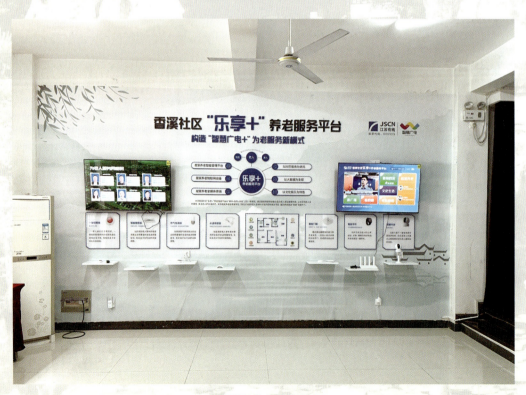

香溪社区养老服务平台

2021年3月,香溪社区党委开展"缅怀先烈忆初心 传承精神勇担当"爱国主义主题教育活动

2021年6月,香溪社区党委举行"光荣在党50年"纪念章颁发仪式暨政治生日会

香溪社区退役军人

退役军人宁德厚及其立功勋章等

退役军人郑小明立功勋章等及授奖大会

》香溪社区选举与编志《

2021年1月,中共木渎镇香溪社区委员会举行选举,张咏梅、周凯、许坚垄、许云峰、钱丽佳当选党委委员

《香溪社区志》编纂委员会合影
前排自左至右:许晴洁、钱丽佳、张咏梅、许利晴;
后排自左至右:许坚垄、王建荣、许云峰、周 凯、杨春刚

2023年9月22日《香溪社区志》终审会

《香溪社区志》评审会人员合影
前排从左至右：吴晴艳、陈　萍、张瑞照、朱华新、张咏梅、倪浩文；
后排从左至右：钱丽佳、许坚垩、周　凯、许云峰、王雅静

序

　　香溪社区地处苏州古城西南的灵岩山麓，南面为茫茫太湖，境域土地肥沃，河流纵横，青山绿水、景色旖旎，历史悠久可追溯至约2500年前的春秋吴王得越贡神木，在灵岩山构筑姑苏台，建馆娃宫，三年聚材，连沟塞渎。

　　香溪社区境域民风淳朴，人杰地灵，一代又一代香溪人民在这片古老的土地上繁衍生息，辛劳耕耘，历经沧桑，为后人留下了丰富灿烂的吴地文化，用智慧和勤劳，创造了财富和文明。中华人民共和国成立后，香溪人民在中国共产党的领导下，积极开展社会主义革命和建设，使香溪这块土地发生了亘古未有的变化。尤其是党的十一届三中全会以后，通过改革开放，香溪的经济突飞猛进，商业空前兴旺，文化不断繁荣，社会各项事业日新月异，人民生活不断改善，被中华人民共和国民政部授予"全国和谐社区建设示范社区"称号。

　　盛世修志是中华民族的优良传统，尤其是在当今历史发展时期，编纂一部内容广泛、殷实的方志，此乃建设中国特色社会主义物质文明、精神文明的需要，也是香溪人民的希望；是历史赋予我们的任务，为人们全面了解香溪的过去、规划香溪的未来提供准确的科学的资料，以激励群众，尤其是帮助青少年开展热爱祖国、热爱家乡教育提供生动的乡土教材，也为广大游客了解香溪、熟悉香溪提供一本翔实的资料书、工具书。

　　心之所向，素履以往。在上级党委和政府的领导和支持下，2021年12月，香溪社区经过研究，成立了编纂委员会，组织有关人士编纂《香溪社区志》。修志人员以高度的历史责任感和使命感，通过社会调查、搜集资料、查阅档案、座谈采风、反复核实等方式方法，数易其稿，终于圆满完成了一部社区"百科全书"。

　　稽古旨在鉴今，承先为了启后。《香溪社区志》全面反映了香溪的自然、社会各个领域兴衰变迁、曲折起伏的历史面貌，记叙了香溪人民在社会主义革命和建设中坚持实事求是、加快经济建设、治穷致富的艰苦奋斗的创业精神。志书让勤劳朴实的香溪社区人民所创造的光辉业绩和宝贵经验传之后世，让为香溪社区做出牺牲和贡献的英雄模范、知名人士和杰出人物名垂史册，又为香溪社区干部亘古及今，探求规划，准确决策，提供了一部"资治通鉴"；为开展热爱祖国、热爱家乡、热爱人民的教育，提供了一部"乡土教材"；为客居他乡异国的香溪籍儿女熟悉家乡、沟通信息、服务桑梓提供了一座联系的"桥梁"；为海内外客商了解香溪投资环境，作出正确、明智决策，提供了一份"地情书"；为广大旅游者漫步香溪、饱览香溪的人文景观，提供了一张"导游图"。

《香溪社区志》的编纂出版，得到了苏州吴中区地方志编纂委员会办公室、吴中区木渎镇党委、政府领导、专家的悉心指导，以及社区各单位热心人士的热情帮助。每当人们开卷之时，定会念及编纂、编务工作人员的辛勤笔耕、锲而不舍、匡谬纠错、一丝不苟的默默奉献的辛劳，在此谨向他们，以及热情支持的各单位和朋友，致以衷心的感谢，感谢他们为香溪社区人民办了一件"上慰祖宗，遗泽后代"的好事。

踔厉奋发新时代，笃行不怠向未来。过去已载入史册，未来尚待开拓。香溪人民将在当地党委和政府的领导下，总结成功经验，吸取历史教训，发扬自力更生、艰苦奋斗、勇于开拓、不断进取的精神，为把香溪建设成为经济富强、文化发达、高度文明的新社区，谱写更加绚丽多彩的新篇章。

中共苏州市吴中区木渎镇香溪社区委员会书记
苏州市吴中区木渎镇香溪社区居民委员会主任

凡例

一、本志以马克思列宁主义、毛泽东思想、邓小平理论、"三个代表"重要思想、科学发展观、习近平新时代中国特色社会主义思想为指导，坚持辩证唯物主义和历史唯物主义立场、观点和方法，实事求是地全面、客观记叙香溪社区境域的自然、政治、文化和社会的历史和现状，为乡村建设、乡村振兴提供借鉴。

二、本志系香溪社区首部方志，上限尽可能追溯，下限截至2021年12月31日，大事记延伸至2023年12月31日。

三、本志境域记叙为2021年12月的社区范围。

四、本志编纂采用章、节、目、子目四个层次，横分门类，纵记史实，辅以图表、照片。

五、本志文体、序、概述以述为主，做适当归纳；大事记以编年体为主，与纪事本末体相结合；其余用记叙文体，以资料为主，不作主观评论。

六、本志纪年方法，民国以前用年号纪年，括注公元年份；民国以后一律用公元纪年。

七、本志记述的各个历史时期的党派、职务，以及地名和机构，均按当时名称。频繁使用的名称，首次出现用全称，其后用简称。

八、本志计量单位，采用国务院颁布的法定计量单位。历史上使用的计量单位，照实记载，如局部保留"亩"等计量单位。

九、本志数字书写，以国家颁布实施的最新规定为准。为简明计，本志不使用千分空。

十、本志所载人物，遵循"生不立传"原则，立传人物以本籍为主，在世人物按以事系人和列表的形式记载。

目 录

概述 ………………………………………………………………………… 1

大事记 ……………………………………………………………………… 5

第一章　建置地理 ………………………………………………………… 29
　　第一节　建置沿革 …………………………………………………… 31
　　第二节　地理环境 …………………………………………………… 33
　　第三节　自然村 ……………………………………………………… 38

第二章　人　口 …………………………………………………………… 53
　　第一节　人口总量 …………………………………………………… 55
　　第二节　人口结构 …………………………………………………… 61
　　第三节　人口变动 …………………………………………………… 74

第三章　名胜古迹 ………………………………………………………… 81
　　第一节　古宅园林 …………………………………………………… 83
　　第二节　山塘街景区 ………………………………………………… 92
　　第三节　灵岩山景区 ………………………………………………… 96
　　第四节　入选明信片图录、影视取景 ……………………………… 97
　　第五节　保护修复 …………………………………………………… 102

第四章　社区经济 ………………………………………………………… 105
　　第一节　农村生产关系变革 ………………………………………… 107
　　第二节　农副业 ……………………………………………………… 118

第三节	集体经济	128
第四节	股份经济合作制	132
第五节	旅游、商业	140

第五章　城市化建设 153
　　第一节　基础设施 155
　　第二节　公共设施 161
　　第三节　营造美丽家园 162

第六章　基层组织 167
　　第一节　中国共产党组织 169
　　第二节　行政组织 171
　　第三节　群团组织 174
　　第四节　党员教育 177
　　第五节　社区管理 180

第七章　社会事业 183
　　第一节　社会保障 185
　　第二节　卫生健康服务 192
　　第三节　教　育 196
　　第四节　文娱、体育 198
　　第五节　居民生活 201

第八章　名优特产 207
　　第一节　名点美食 209
　　第二节　石家饭店名菜 210
　　第三节　名优产品 213
　　第四节　非物质文化遗产 215

第九章　社会风情 229
　　第一节　传统风俗 231
　　第二节　方言谚语 249
　　第三节　歌　谣 259

第十章　人物　荣誉 … 267
第一节　人物传略 … 269
第二节　人物名录 … 279
第三节　荣　誉 … 302
第四节　名人与香溪 … 307

第十一章　诗词文选 … 311
第一节　诗　词 … 313
第二节　文　选 … 321
第三节　楹联、春联 … 329

第十二章　丛　录 … 347
第一节　故事传说 … 349
第二节　掌故轶闻 … 376
第三节　考辨释疑 … 382

编纂始末 … 384

主要参考书籍 … 386

概述

香溪社区的香溪，又名香西，坐落在苏州西南著名景区灵岩山麓，北纬31°26′—31°25′，东经120°51′—120°50′。东与翠坊社区相邻，南与灵岩村衔接，西与胥口镇的东欣村交界，北与花苑社区相连。地属中亚热带北缘，受太湖水体调节，雨量充沛，日照充足，无霜期长，气候宜人。

香溪社区境内粉墙黛瓦，山清水秀，风光旖旎，环境幽雅，素有"秀绝冠江南"之誉。它地处长江三角洲苏锡常经济开发区和上海经济区大都市圈内。香溪河横贯境域，与胥江、香水两河相连接，苏福（苏州至光福）公路东西穿越，木东（木渎至东山）公路纵贯南北，沪宁铁路、312国道、京杭运河、沪宁高速公路、苏州太湖国家旅游度假区、太湖大桥近在咫尺，水陆交通便捷，下辖香溪、山塘、塔影等3个居委会，车渡、王家桥、念店、平界、山前等5个自然村，总面积1.8平方千米，2021年有1967户人家、户籍人口6321人，人口密度为3511人/平方千米。

香溪历史可追溯至春秋时期，吴王得越贡神木，将筑姑苏台，美女西施在山麓游山玩水，获香溪之名。北宋至明清时，隶属吴县六镇之一的木渎，历来是基层政权驻地。1949年4月27日，木渎解放，境域山塘街为木渎镇人民政府驻地。1954年9月，境域划归苏州郊区。1958年8月，境域划归吴县，隶属木渎镇。1966年5月，境域金星大队的车渡、王家、念店、平界、山前等自然村划归金山人民公社。1977年，境域金星大队划归木渎镇，为镇管村。

香溪自古以来，人文昌盛，名人辈出。宋代有泥塑名家袁遇昌，元代有著名银器铸造艺术大师朱碧山，明代有画家徐枋，清代有史学家沈钦韩、大学士沈德潜、台湾道台顾肇熙等，近代还产生了刺绣艺术家"绣圣"沈寿、刺绣艺术大师顾文霞、著名电影导演王为一、国民党要人严家淦等，现代才人有蔚起、明学等，可谓层出不穷。

香溪有丰富的历史文化沉积，历来是锦绣江南的风景游览胜地。老街景区有古宅园林严家花园、虹饮山房、古松园，山塘街景点有香溪古桥、怡泉亭、古刹明月寺……景色如画，历代文人墨客游览之余，流连忘返，撰写了不少锦绣文章、题咏诗词。所以，境域的风景揽自然景观与人文景观于一体，别具一格，是旅游度假、休闲娱乐的人间天堂。1980年改革开放后,当地政府修筑公路、清理街道、巷弄,并对老宅、文化古迹进行修缮。严家花园、虹饮山房、古松园等景区先后对外开放,至2021年,境域接待中外游客达245万人次。

香溪濒临太湖东侧,坐落在灵岩山麓,为丘陵冲积平原,境内河道纵横交叉,土壤肥沃,素有鱼米之乡之称。中华人民共和国成立前,境域车渡、王家、念店、平界、山前等村以种植水稻、三麦(小麦、元麦、大麦)、油菜为主,因农业生产技术和工具落后,产量低而不稳。中华人民共和国成立后,大搞农田基本建设,划田成方,河港如网,建立了农业服务站,开展植保、农机、机灌等专项服务,保证了粮食连续高产稳产。

香溪是经济繁华的商埠,春秋时期,吴王在灵岩山建宫,境域居民与日俱增,商业应运而生。宋代,在灵岩山麓交易灵岩山的石砚和王惟清的石墨、袁遇昌的泥塑,香溪一举成为吴县西部木渎的物资集散地。清乾隆年间,吴县籍画家徐扬绘有《姑苏繁华图》,境域山塘、塔影、香溪、灵岩山为图中十景之一,人流如织,商贾如云。香溪与胥江上运输繁忙,粮船、客船、木排、竹筏紧紧相连,商店面河而筑,夹岸通街。民国前期,境域米业、餐饮业、茶业、糖果业为支柱,酒酱、棉布、夏布、百杂货、南北货、丝茧、竹木、苗猪、鲜鱼、山地货、油漆等门类齐全,石家饭店十大名菜饮誉中外,乾生元枣泥麻饼闻名遐迩。中华人民共和国成立后,香溪逐步发展工业,至20世纪80年代,在改革开放春风吹拂下,境域工贸业宛若雨后春笋。1980年,境域金星大队与县属防爆电器厂合作办起烘漆厂,之后陆续先后创办17家村办企业。

擘画新蓝图,续写新辉煌。进入21世纪后,境域金星村创办了股份合作制企业,与山塘、塔影、香溪等3个居委会合并,成立香溪社区之后,开辟适度经济规模。2007年始,先后建起了尧峰、横泾、观山、马舍4个工业园,向国内外招商引资,社区经济得到了长足发展。2011年2月,社区被中共苏州市委员会、苏州市人民政府授予"村级经济发展百强村""农民增收致富十强村"称号,社区经济合作社被江苏省农业委员会授予"省百佳农民专业合作社"称号。

十年树木,百年树人。香溪在抓好经济建设同时,认真贯彻党的教育方针,培养四有(有道德、有理想、有文化、有纪律)新人,开展爱国卫生运动,医疗和防疫设施不断更新、妇幼保健工作日益完善,血吸虫病等传染病、流行病得到控制。医疗政策逐步实行了公费医疗、劳保医疗、合作医疗、统筹医疗、大病风险医疗制度,形成防治结合的医疗保健网络。为了关心爱护老人,2012年12月,香溪建起了890平方米的养老服务中心,内设健身房、棋牌室、图书室、书法室、多功能活动厅等休闲活动场所。为了丰富居民的业余文体娱乐生活,社区办起了体操队、门球队、戏曲队、健身舞队、太极拳队、乒乓球队等。2019年1月,香溪社区被江苏省爱国卫生运动委员会授予"江苏省健康社区"称号。

踔厉奋发谋发展,擘绘康居新蓝图。旧时,香溪社区境域房屋破旧,老街坑洼,河道脏污。中华人民共和国成立之后,香溪居民住宅进行了升级改造,多次进行河道清淤，并对周边环境进行了整治。老街保持了典雅的原貌，又改善了居民生活条件。居民喝上卫生清洁的自来水；做饭、烧菜，家家户户都用上了管道液化气。香溪境域的电信事业发展迅速，1957年，村里装上了第一台电话；1965年，程控电话进民宅；1996年，香溪成为电话村；进入互联网时代，家家户户有电话、手机、电视机、电冰箱等，电脑也进入了寻常百姓之家。2017年3月，香溪社区被苏州市美丽村庄建设办公室授予"三星级康居乡村"称号。

激扬精气神，汇聚正能量。香溪社区在抓好物质文明建设的同时，开展以创建新风户、文明单位为内容的精神文明建设，引领人与人、户与户、单位与单位之间弘扬主旋律、传播正能量，先进人物、五好家庭层出不穷，文明单位不断涌现。2014年10月，被中华人民共和国民政部授予"全国和谐社区建设示范社区"称号。

凝心聚力共襄伟业，奋楫扬帆再启新程。香溪社区在当地党和政府领导下，经过艰苦卓绝的奋斗，取得了前所未有的成绩。如今，香溪社区党委、居委会为了绘就振兴新画卷，正在探索一条工贸、旅游、民企同步进取的经济发展之路，努力建设一个生态环境优美、经济结构合理、文化繁荣、人与自然和谐相处的新社区，使香溪这颗明珠更加流光溢彩。

大事记

周

周敬王十六年，吴王阖闾十一年（前504）

吴王在姑苏山下筑姑苏台（还有在胥山、茶磨、皋峰诸说）。周敬王二十六年，吴王夫差二年（前494）出兵伐越，大败越军，勾践乞和。勾践夫妇与范蠡入吴为人质，传囚于灵岩山观音洞内（又名石室），后名西施洞，三年放归。

周敬王三十八年，吴王夫差十四年（前482）

大饥，六月，越王勾践乘吴国内空虚，率兵伐吴，俘吴太子友，入吴城，焚毁姑苏台，徙大舟，夫差被迫向越求和。

周显王三十五年、楚威王七年（前333）

楚灭越，境域属楚。

秦

秦始皇二十六年（前221）

秦平定楚国江南地区，设置吴县，境域隶属吴县。

汉

惠帝五年（前190）

夏，大旱，境域庄稼歉收。

唐

唐开元三年（715）

建明月寺。

唐宝历元年（825）

白居易自杭州调至苏州任刺史，在阊门以北开凿山塘河、山塘街，木渎山塘更名为香溪河、香溪街。

宋

绍熙五年（1194）

袁遇昌泥捏婴山，名噪一时，时人称其"天下第一"，预付定金争购而不得。

元

天历元年（1328）

金属工艺名匠朱碧山在木渎镇老街开设银作，善制金壶，银质虾杯、蟹杯、银槎等，世称"神工"，传世银槎4件，均为国家级文物。

明

天顺二年（1458）

正月大雪，历二旬不止，深丈余，境域诸港连底冻结，舟楫不通。夏大水，秋亢旱。

弘治十年（1497）

明孝宗时，为方便百姓出行，傅潮在山塘街西侧搭建跨香溪单孔石桥，名为永安桥，又名王家桥。

弘治十四年（1501）

十月七日，地大震。境域民宅有震感，悬物晃动。

嘉靖三十四年（1555）

五月九日，倭寇至境域劫掠，兵备副使任环与总兵汤克宽率兵至木渎，贼入太湖。二十日奔灵岩山，二十一日官兵搜伏斩首七级。贼奔凤凰池。二十五日奔木渎，复奔前马桥，邦辅亲督土崇古等击贼，尽歼之。

嘉靖四十年（1561）

采石灵岩，古迹划削过半，后经诗人黄习远等人极力反对，并请于户部马之骏采取捐俸赎山办法，禁止开采。现灵岩山有石刻"户部马之骏捐俸赎山，永禁开采"及"禁采"等字样。

万历二十八年（1600）

五月十四日，雷雨大作，灵岩塔被雷电击中，火自塔中出，燃烧三日三夜，火光冲天，尽焚其九层元木，而塔犹存，后人称空心塔。九月二十五日戌时，地大震，自西北至东南庐舍摇动，飒然有声。

崇祯十三年（1640）

米价腾贵，饥民聚众抢夺境域富豪粮食。

清

康熙四十三年（1704）

在殷家弄北端修建怡泉亭。

雍正三年（1725）

在灵岩山下立"再来人之墓"碑。

乾隆十一年（1746）

巡抚陈大受以吴县县丞出驻木渎。原木渎巡检司移至光福，改称光福巡检司。

乾隆十五年（1750）

修建灵岩塔。乾隆将落红亭、迎笑亭改名为迎晖亭、松啸亭。

乾隆二十四年（1759）

画家徐扬所绘《盛世滋生图》，又名《姑苏繁华图》问世。境域灵岩、山塘等景入卷。

乾隆三十二年（1767）

二月，调拨民工，疏浚木渎境域自翠（醋）坊桥至胥口一段河道。

乾隆四十六年（1781）

境域老街创办"费萃泰"，1881年改名乾生元，所产枣泥麻饼闻名遐迩。

道光十年（1830）

疏浚胥口外兴福塘，东起七都，西至木渎香溪，长516丈余。

咸丰十年（1860）

四月十三日夜，木渎古镇火起，烧毁大半条西街。

咸丰十一年（1861）

正月二十六日，太平军将木渎改名为木平关。境域隶属木平关。

同治十二年（1873）

九月，浚木渎境域香溪、石码头、善人桥、金山浜河道。全长1213丈，挑土4766土方。

同治十三年（1874）

重修西津桥。

光绪二十六年（1900）

境域老街"永安桥"入选中国国际图片公司发行的《苏州风景》明信片图录。

光绪三十年（1904）

沈寿绣制《八仙上寿》屏条8幅，进呈宫内，获农工商部双龙宝星四等勋章。慈禧太后亲书"寿""福"两字，分赐沈寿及其丈夫余觉。宣统元年（1909），清政府将沈寿《意大利皇后爱丽娜绣像》作为国礼送意大利，引起轰动。在都灵万国博览会上获"世界至大荣誉最高级之卓越奖"，沈寿获"世界第一美术家"称号。

中华民国

1912年

12月3日，沪军都督陈其美派同盟会会员蒯际同至木渎境域，与宕户周雨生等组织成立中华共和促进会吴县分会。

1913年

4月3日，晨6时许地震，境域门窗台、凳均摇荡倾侧，历时3分钟。

1914年

是年，入夏以来，境域久旱不雨，天气酷热，疫疠盛行。

1915年

7月27日，境域狂风骤雨，达旦未息。

1917年

是年，境域遭遇干旱，河道干涸，水井无水可汲。

1918 年

是年，境域始有轮船（在此以前为 3 条航船）。

1919 年

7 月上半月，境域连下淫雨。

是年，严良灿在境域兴建全县第一家机械碾米厂，拥有砻谷机 2 台、碾米机 4 台。此后米作改为碾米厂，结束了木渎镇上各米行用人力碾米的历史。

1920 年

2 月，木渎集股 2 万元于境域南街底南亭子处，创建小型发电厂。

1921 年

是年秋，境域遭遇风雨，河水暴涨。

12 月 2 日，晚 7 时 15 分地震，门窗震动有声。

1922 年

8 月 31 日—9 月 21 日，境域遭遇狂风暴雨。

1923 年

8 月 11 日，凌晨 3 时，狂风骤雨，午后风雨交加，境域庄稼倒伏，损失较重。

1926 年

1 月，上半月境域白喉流行，继之霍乱大流行，持续 4 月之久。开始推行注射防疫针。

7 月，时疫流行，木渎在境域设立时疫医院。

8 月 10 日，天气奇热，下午最高温度达 39.5℃，为 50 年未有。9 月中下旬，天气干旱。

是年，驻地境域的木渎电厂由苏州电气公司出资 2.34 万元收购。

1927 年

2 月 23 日 12 时许，地震约 3 分钟，室内器具亦震动，下午 1 时又动。

3 月 20 日，北伐军与联军在木渎境域发生激战。

1928 年

是年，中国第一部无声武打电影《火烧红莲寺》在境域严家花园拍摄。

1929 年

是年，境域螟害严重，禾谷歉收。

1931 年

12 月 19 日 11 时许，境域地震动，室内悬物均摇晃。

是年，富商以叶剑峰为首集资开设集成号轮船班，开通木渎境域至苏州航班，有公路后生意趋淡，抗日战争爆发后停发。另有香山、西山、湖州等轮船班途经木渎境域停泊载客。

是年，水灾，农业收粮比正常年减产 14.25%。

1932 年

7月中下旬，霍乱流行。

1933 年

7月，天旱无雨，稻禾枯萎。

1934 年

6月26日，最高气温达38.6℃，创60年来6月气温的最高纪录。

是年，夏大旱，60天无雨，农业收粮不足五成，比正常年减产29.29%。

是年，电影《桃李劫》在灵岩山麓拍摄。

1935 年

8月27日，途经境域的苏（州）木（渎）公路举行通车典礼。9月1日，始行客运业务。

1936 年

3月27日，途经境域的木渎至西山轮船通航，每天两班。

4月，筹建途经境域的木渎至光福段公路。次年5月29日通车。

1937 年

1月1日，途经境域的木渎至善人桥村公路通车。

是月，境域农村发生流行性脑脊髓膜炎。

7月23日，木渎在境域成立抗敌后援分会。

秋，第32后方伤兵医院在木渎境域建立。

11月13日，抗敌后援分会在境域伤病员全部撤走。

11月14日，吴县第二区抗日流亡宣传队8人，从灵岩山麓徒步向南昌进发，沿途作抗日宣传。

11月15日夜，日机沿横塘、西跨塘至木渎境域跟踪难民轰炸。

11月16日，日机空袭木渎，境域大火冲天。

1938 年

1月7日，境域大雪积至尺厚。

8月，中市街大火，乾生元茶食糖果店、老合成杂货店、恒大成酱油店、泰和与晋丰蜡烛店、严安德药店均被烧毁。

是年，日军在香山白马寺抓19名群众，带至木渎城隍庙前杀害。

1939 年

1月30日，半夜1时许，游击队200余人袭击木渎镇伪军绥靖队，击毙日伪江浙绥靖第二区第一支队三大队长纪宗贤，并有2名伪军被打伤，7名伪军被俘。

9月27日，木渎境域一带发生真性霍乱，蔓延甚速，各校停课6天。

1940 年

是年，乾生元茶食糖果店仓库（下塘）遭火灾，库存原辅物料被烧毁，损失1万多元（换算为人民币）。

1942 年

3 月 4 日，日伪军对苏西清乡，日军先头部队西原大佐部进驻木渎镇西街，并在通向胥口处设检问所，检查行人，控制物资流通。

5—9 月，吴县卫生部门派医务人员至木渎境域巡回治疗霍乱。

8 月 1 日，日伪在清乡地区实行食盐配给制，每人每月 1 市斤。

1943 年

1 月 8 日，境域遭遇严寒。

1 月 13 日，居民主要日用品开始按户配给，每月一次，在指定商店发售。

9 月 1 日，途经境域的苏州至木渎公共汽车恢复运行。

1944 年

2 月，境域流行脑脊髓膜炎。

1945 年

8 月 15 日，木渎恢复吴县第二区，境域为区公所驻地。

10 月 1 日，国民党第五师接收木渎区、镇日军武装。

1946 年

2 月，江苏太湖水上警察局第一分队进驻境域。

1947 年

2 月 16 日，木渎划为吴西区，境域隶属吴西区木渎。

10 月 2 日，秋大旱，虫害严重，境域水稻减产。

是年冬，乾生元茶食糖果店、某典当铺遭火灾，损失 5 万多元（换算为人民币）。

1948 年

1 月 11 日，国民政府委员、立法院副院长叶楚伧灵柩由沪运到苏州，葬于灵岩山南麓。

1 月 25 日，境域遭遇寒流袭击。

7 月 6 日，境域遭遇台风袭击。

10 月，中国民主同盟会苏州地下支部在石家饭店成立，陆志韦为负责人。

1949 年

4 月 27 日，境域解放。

7 月 24 日，6 号台风过境，昼夜降雨 132.9 毫米，境域农田遭遇洪涝灾害。

8 月 15 日，台风暴雨袭击境域，水位高达 4.3 米。

中华人民共和国

1949 年

10 月 1 日，中华人民共和国成立，境域居民参加由木渎镇组织的游行集会，欢庆建国盛典。17 日，境域居民参加木渎镇召开的诉苦大会，斗争匪特恶霸。

1950年

1月31日，境域废除保甲制度，成立新农村、红旗村等2个行政村。车渡村、王家村、念店村隶属新农村行政村；平界村、山前村隶属红旗村行政村。

8月，境域木渎镇老街上居民实行户政改革，废除保甲制，成立塔影、香溪等2个居民小组。

10月，木渎区木渎乡新农村、红旗村开展土地改革运动，至1951年5月结束。

1951年

春，境域居民在当地木渎镇党委、政府领导下，参加镇压反革命运动。

是年，境域乾生元枣泥麻饼被送至苏南无锡、上海两地物资交流会展览，历时3个月。

是年，吴县人民政府分别给新农村、红旗村颁发土地、房产所有证。

是年，境域农村遭遇洪涝自然灾害。

1952年

2月，为贯彻《中共中央关于农业生产互助合作的决议》，在苏州市郊区开办互助合作训练班，新农村有数名骨干分子参加学习。

8月29—31日，境域居民参加木渎区举办城乡物资交流会。

9月6日，苏南区委批准木渎镇和灵岩山、天平山及附近与风景区有关的新农村、红旗村等组成的木渎镇直属吴县领导。11月，木渎镇明确为县属镇。

12月，新农村兴办冬学、民校，村民掀起扫除文盲热潮。

是年，电影《南征北战》在境域灵岩山麓拍摄。

是年，境域农村遭遇洪涝自然灾害。

1953年

春，新农村成立3个互助组，共33户、187人，为常年组。

4月，木渎镇开展宣传贯彻《婚姻法》运动，境域青年参加宣传。

5月，久旱无雨，太湖水位降至2.4米。至8月，境域河港、沟渠干涸。

1954年

6月，新农村成立4个常年性互助组，共46户人家。

6月下旬至7月，出现梅雨型特大洪涝、太湖水位升至4.73米。境域农村大批农田遭受洪涝灾害。

9月1日，木渎镇及金山乡划归苏州市管辖，境域隶属苏州市。

12月，风雪交加，境域河道、水塘冰冻严重。

1955年

1月1日，境域居民购买煤油采取凭证、定点、限量的供应办法。

2月1日，境域居民食油定量供应，每人每月2两半；食糖定量供应，每人每月2两（1两等于50克）。

3月，境域新农村组建金星初级社，山前村组建红旗初级社。

春，木（木渎）东（东山）公路动工修建，境域村民参加路基建设。1956年初，路基建设完成。7月，试行通车，11月，正式通车。

9月1日，境域居民实行粮食凭证按人定量供应。

11月25日，境域山前村等自然村进行合作化试点，至12月15日结束。老街上6家饮食点心店和4家百货店，分别组成木渎镇第一合作饭店和第一合作商店。12家豆腐店组成木渎豆腐制品生产合作社。

12月，境域新农村与木渎镇新和村、新东村及七子山的三星村、谢巷村并入姑苏乡。1957年12月，属金山乡。

是年，电影《天罗地网》在灵岩山麓拍摄。

1957年

3月，境域金星、红旗初级社与新建、新星、建中、新光、银星初级社合并，提升为高级社，取名金星高级社。

是年，金星高级社贯彻执行防治血吸虫病方针，开展全社性查螺灭螺、粪便检查化验工作。

1957年

春，金星高级社试种双季稻10.4亩（1亩约等于666.67平方米）。

8月，金星高级社开展以"社会主义宣传教育"为主题的整社运动。

9月，中共金星高级社支部委员会成立，隶属中共金山乡委员会。

秋，木渎邮电局为境域金星高级社安装第一部手摇电话。

是年，吴县首家影剧院建于山塘街湾。

是年，太湖水位上升，境域农村部分农田被淹。

1958年

春，境域老街成立香溪、塔影居委会。

5月，境域在当地政府领导下宣传贯彻"总路线"，开展"大跃进"运动。

夏，境域金星高级社装上第一台变压器，并由县属企业提供一户一灯照明。

8月24日，境域复而划归吴县管辖。

9月，金山人民公社成立。金星高级社与姑苏乡第二高级社组建灵岩大队。

是月，境域遭遇大旱。

是月，境域以自然村为单位办起公共食堂，发出"放开肚皮吃饭，鼓足干劲生产"口号。1961年4月，公共食堂解体。

10月，金山人民公社实行政社合一管理体制。

是月，金山人民公社开展大办民兵师，成立民兵团，大队设立民兵营，生产队设立民兵连。

是年，电影《布谷鸟又叫了》在境域老街拍摄。

1959年

2月20日，境域宣传贯彻衡量器计量改革，将市斤16两制改为10两制。

4月，境域开展整风整社运动。

9月，境域车渡、王家、念店、平界、山前等5个自然村从灵岩大队划出，组建金星大队，后属木渎镇管辖。

秋，80多天无雨，境域遭遇干旱，秋粮歉收。

是年，电影《地下航线》《乔老爷上轿》在境域老街、斜桥、灵岩山麓拍摄。

1960年

3月17日，境域山塘街张永夫墓被吴县文管会列为全县第一批文物保护单位。

5月，境域遭受自然灾害，粮食歉收，群众以瓜、菜、糠代粮，因缺乏营养，患浮肿病较多，当地政府组织群众生产自救。

6月，木渎镇人民公社成立，境域香溪、塔影等2个居委会隶属木渎镇人民公社管辖。

1961年

1月，境域在当地政府领导下开展反"共产风、浮夸风、强迫命令风、干部特殊化风、生产瞎指挥风"为内容的整风运动，对平调的资产、资金进行了清理退赔。

夏，境域金星大队水稻出现草荒。

6月，境域古镇老街饭店开始供应高价面饭，商店开始出售高价糖果、糕点。

10月9日，台风过境，水稻倒伏。

是年，境域金星大队农业歉收。

1962年

1月20日，境域居民食盐凭证定量记录定点供应。

9月5日，14号台风袭击境域，连降暴雨，太湖水位高达4.25米，4小时内农田积水陡涨1.3米。13日，台风再次袭击，波及境域，早稻大面积倒伏。14日，金星大队受涝，干群奋力抢救，三天内排除内涝积水。

是年，境域金星大队因遭受自然灾害，农业歉收。

1963年

夏，境域农田遭旱灾。

是年，境域引种双季稻。以后逐年增植，改两熟制为三熟制，历时7年。1983年起，双季稻种植面积逐年减少，至1986年全部恢复稻麦两熟制。

是年，电影《早春二月》在境域下沙塘拍摄，电影《满意不满意》在境域中市街拍摄。

1964年

4—10月，中共吴县县委派工作队进驻木渎镇、金山人民公社，境内开展社会主义教育运动，农村清理自留地，割"资本主义尾巴"。

9月21—24日，吴县文化馆会同苏州文物管理委员会于灵岩山麓清理古墓5座，出土文物9件。

是月，境域老街塔影、香溪居委会开展下乡务农工作。

10月26日，国家卫生部副部长钱信忠至木渎视察血吸虫病防治工作。

是年，木渎镇人民公社血防领导小组成立，境域金星大队成立血防工作领导小组。

1965年

2月，境域在木渎镇人民公社组织下，开展"四清"（清政治、清思想、清组织、清经济）运动。

春，境域流行性脑脊髓膜炎严重。

7月2日，境域灵岩山区始行封山育林。

1966年

5月，境域金星大队由木渎镇划归金山人民公社管辖。

6月，"文化大革命"开始，后"文攻武卫"波及境域。

8月1日，境域实行免费治疗血吸虫病政策。

是月24日，"造反派"开始"破四旧"（旧思想、旧文化、旧风俗、旧习惯）运动。

11月，境域学生停课"闹革命"，部分教师及职工至各地大串联。

是年，高温干旱，夏、秋连续118天无透雨，境域农作物遭受旱灾。

1967年

3月，境域金星大队建立"革命生产领导小组"，主持日常工作。

1968年

2月20日，境域老街居民开始私房改造。

是月，境域村民参加疏浚胥江河道木渎至胥口段。全长7千米，用工10万多个，开挖土方18.18万立方米，4月竣工。

是月，境域村民参加疏浚胥江河道横塘至镇新苏桥机浚工程，全长8千米，挖掘水下土方2.92万立方米，12月竣工。

6月，境域金星大队改称金星大队革命委员会，下辖的6个生产队改称革命生产领导小组。

1969年

1月，境域老街一批知识青年去农村插队落户。

冬，中草药展览会在境域西街举办，设5个馆，历时3个月，参观者达5万多人次。

是年，境域金星大队实行合作医疗制度。

1970年

3月12日晚，气候突变，打雷下雪，雪深17厘米左右，是历史上罕见的自然灾害。

8月10日，吴县刀剪厂、木渎五金厂、金山竹器社、金山木器社等4个单位合并组建吴县五金电讯器材厂。1976年5月23日改名吴县煤炭防爆电机厂。1979年8月2日，该厂第一台400毫米台式电扇诞生，注册"骆驼牌"，在沪市场上供不应求。

1971年

3月28日，晚8点半左右，境域遭龙卷风、暴雨、冰雹袭击。

是月，境内选派基干民兵赴4号工地（地址光福）参与国防施工。

6月，境内金星大队党支部恢复活动。

夏，境域百日无雨，遭遇大旱。

10月中旬，吴县县委向支部书记以上党员干部，传达中共中央关于林彪叛国外逃事件，月底传达至群众。境内掀起批判林彪、陈伯达反党集团的活动。

是年，境域基本消灭血吸虫病。

是年，境内金星大队、香溪和塔影居民委员会先后成立毛泽东思想文艺宣传队，演唱革命歌曲，排演革命样板戏。

1972年

4月，境域金星大队开展"学大寨、学塘桥（属沙洲县）、学龙桥"活动，全面推广龙桥大队双季稻（前作稻）移栽技术。

5月，境域开展"一打三反"（打击反革命破坏活动、反对贪污盗窃、反对投机倒把、反对铺张浪费）运动。

9月，境域在当地政府领导下开展批林彪风，进一步批判林彪反党集团炮制的《"571工程"纪要》。

11月，境内金星大队抽调村民参与常熟白茆塘拓浚工程。

是年，广播喇叭装到境域村民家中。

1973年

8月1日下午，境域遭狂风暴雨袭击，半小时降雨100毫米以上，水稻倒伏严重。

是年，境域宣传推广饮用井水。

1974年

4月22日，8时29分，溧阳上沛东发生5.5级地震，境域有震感。

12月下旬，境域金星大队村民在万禄山（花园山）开挖河道。河道长1102米，底宽12米，面宽25米，挖土11.5万方。翌年春节前工程结束。

1975年

是年，境域西街拆除房屋63间，计1560平方米，建造苏州市第三水厂。翌年7月1日竣工，为县内第一座自来水厂。

1976年

1月8日，周恩来逝世，境域居民自觉佩戴黑纱，开展悼念活动。

7月6日，朱德逝世，境域居民怀着沉痛的心情进行悼念活动。

9月9日，毛泽东逝世，境域居民沉痛哀悼，金星大队设灵堂供群众吊唁。

10月24日，境域居民参加镇里举行盛大集会游行，欢庆粉碎"四人帮"。

1977年

8月21日，吴县县委在境域举行庆祝中共十一大胜利召开的大会。6000多人参加会议。县委书记李聚茂在会上讲话，工、农、兵、学代表相继发言，会后进行庆祝游行。

9月11日下午2—3时，8号强台风过境，下大暴雨。

是年，境域金星大队划归木渎镇管辖，时金星大队下辖车渡、王家、念店、平界、山前等5个自然村。

1978年

2月，木渎邮电支局安装400门纵横制自动电话交换机投入使用。1984年9月9日，在原来基础上增加400门。

1979年

7月9日，溧阳上沛东发生6级地震，境域有震感。

冬，降大雪14次，冻害严重。

1980年

5月17日，境域组织收听、收视中央人民广播电台、中央电视台转播的刘少奇追悼大会实况。

7月6日，宣传贯彻《江苏省革命委员会关于计划生育若干问题的暂行决定》，境内开始实施"一对夫妇只生一个孩子"的政策，对愿意终生只生一个孩子并落实节育措施的夫妇发放独生子女父母光荣证。

是年，途经境域的木（渎）蒋（墩）公路通车。

1981年

3月，境内广泛发动群众开展"五讲"（讲文明、讲礼貌、讲卫生、讲秩序、讲道德）、"四美"（心灵美、语言美、行为美、环境美）和"学雷锋、树新风"活动。

是月，境域金星大队开展家庭联产承包责任制试点，其主要内容是坚持"三不变"（集体所有制、按劳分配、基本核算单位不变），"四统一"（种植、经营、管理、投资统一），将土地按劳动力承包到户作业，联产计酬。

10月，境内金星大队革命委员会更名金星大队管理委员会，下辖的各生产队革命生产领导小组相继撤销，恢复村民小组。

11月下旬，境内村民参与东太湖复堤加固工程。

是年，境域鼓励和组织村民打井，改善饮用水。

是年，电影《月亮湾的笑声》在境域老街拍摄。

1982年

2月22日，中共吴县县委决定全面完善农业生产承包责任制，境内金星大队组织群众认真探索，积极开展试点。

3月，境域群众积极投入第一个"全民文明礼貌月"活动，大力治理"脏、乱、差"现象。

7月14日，吴县政府发布通告，严禁在风景区建立公墓，境域撤销灵岩公墓。

是年，吴县人民政府规划灵岩山至天平山为旅游风景线，禁止在该区域内开山采石。

1983年

6月，境域"四类分子"全部摘帽。

7月，家庭联产承包责任制在境域金星大队全面推行。

9月，政社分设，境域金星大队改为行政村，生产队改称为村民小组。

是年，电影《华佗与曹操》在境域老街拍摄。

1984年

春，建翠坊北路，翌年11月竣工通车。

11月6日，途径境域的苏福公路改建成为苏州市第一条高等级水泥公路。

1985年

1月，境域金星村实行养老金制度，是月起，男满60周岁、女满55周岁可享受每人每月10元养老补助金。

7月，第6号8级台风过境。

1986年

3月25日，境域山塘街严家花园前永安桥被列为县级文物保护单位。

7月22日，境域遭遇冰雹袭击。

9月27日，石家饭店举行上匾仪式，将北洋政府农商总长、辛亥革命老人李根源书"鲃肺汤馆"、国民党元老于右任书"名满江南"、著名人士叶恭绰书"石家饭店"三匾挂上饭店门楣。

1987年

5月，全国人大常委会副委员长费孝通视察小城镇建设时称赞说："灵岩山下的木渎镇，道路宽畅，绿树成荫，俨然是一座城镇公园。"

是年，拓宽长600米的翠坊南路。

是年，电视剧《庭院深深》在境域老街拍摄。

1988年

1月12日，境域县防爆电机厂生产的"骆驼牌"电扇荣获1987年度国家优质产品银质奖。

3月，对境内年满16周岁居民颁发身份证。

6月中旬，境域持续高温10多天，大旱。

1989年

7月14日，暴风雨袭击境域。

8月4日，第13号台风过境。

1990年

5月11日，木渎镇人民政府颁布《关于严禁在灵岩山至天平山风景区内挖沙采石的通知》。

8月31日—9月1日，15号台风过境，境域部分村民房屋遭台风袭击。

9月26日，全国人大常委会副委员长费孝通至石家饭店视察并题词。

1991年

6月下旬，境域遭大暴雨，境域低洼地被淹。金星村组织村民抗洪救灾，减少经济损失。

10月26日下午，苏州吴县旅港同会考察团在顾问施耀先夫妇率领下，考察了境域县防爆电机厂。

是年，境域开展第二个五年普法教育，简称"二五"普法教育。

1992年

5月24日—26日，中央电视台《神州风采》栏目摄制组至境域老街采访，拍摄《聚宝盆：木渎镇》专题片，介绍木渎镇旅游风光、传统工艺、乡镇工业新产品和古代名人等。

7月24日，连续普降暴雨，境内洪涝。

是年，北京电影制片厂至境域拍摄《天若有情》抗洪救灾纪录片。

1993年

7月26日，连续暴雨，境域水涝为患。

10月30日，林业部批准灵岩山一带建立"东吴国家森林公园"。

是年，建立山塘居民委员会。

是年，境域明月寺修复，并对外开放。

1994年

1月9日，上海宝山松南镇与木渎镇结为友好乡镇的签字仪式在境域金星村办公楼举行。

5月16日，境域始行大病风险医疗制度。

1995年

7月1日，吴县撤县建市，为吴县市。

7月17日，境域金星村民委员会经济合作社启用新印章。

是月，入梅以来，境域遭4次暴雨、2次龙卷风袭击，平均降水量达341.6毫米。

1996年

11月29日，电视剧《原野》在境域拍摄。

是年，境域村办企业始行转制。

1997年

2月19日，邓小平逝世，境域居民参加各种形式悼念活动。

6月，在山塘街西侧的香溪河上建起一座石桥，取名香溪桥。

是月，干旱少雨，境域金星村村民组织抗旱救灾。

1998年

是年，整修和修复境域蔡家桥至鹭飞桥商业街区，并将山塘街传统商铺与整修古松园往东的下塘商铺有机组合，形成古镇旅游特色购物街区。

1999年

3月，境域古松园修复并对外开放。

是年，山塘老街西增建青砖牌坊。

是年，电视剧《十五贯传奇》在境域老街拍摄。

2000年

是年，电视剧《策马啸西风》《武林外史》《酒结良缘》《关汉卿传奇》在境域严家花园、古松园拍摄。

是年，严家花园动工修复，历时岁余。

2001年

2月28日，苏州市在吴县市人民大会堂召开吴县机关干部大会，公布调整行政区域，撤销吴县市，设立苏州市吴中区、相城区，境域归属苏州市吴中区。

3月，第二届江南园林古镇木渎旅游节在严家花园举行开园仪式。

6月2日，受2号台风（飞燕）影响，境域连降暴雨，月降雨量达169毫米，警戒水位达3.5米。

8月，境域金星村组建村股份经济合作社，量化资产4295万元，每股金额8.38万元。26日，境域制定的股份合作社章程，获得社员代表大会通过。

是年，电视剧《挥戈江南》《行行出状元》《烧饼皇后》《李卫当官》《康熙王朝》《欢喜姻缘》《包公生死劫》《风在江湖》在境域古松园、严家花园、山塘老街拍摄。

是年，虹饮山房动工修复，翌年秋竣工。

2002年

3月，中共苏州吴中区委员会、苏州吴中区人民政府授予境域金星村"农村改革先进单位"的称号。

10月，境域古松园楼台式建筑近山楼、北园修复。

是月，第三届江南园林古镇木渎旅游节在虹饮山房举行开园仪式。

是年，电视剧《魂断秦淮》《江山为重》《乾隆王朝》《康熙微服私访记》《草民县令》《如来神掌》《胭脂红》《萧十一郎》《神医喜来乐》《李清照》在境域虹饮山房、严家花园、古松园拍摄。

2003年

11月，境域进行村改社区试点，金星村与木渎镇老街的山塘、塔影、香溪等3个居民委员会合并，更名为香溪社区居民委员会。

是年，电视剧《射雕英雄传》《金手指》《飞刀又见飞刀》《无忧公主》《我师傅是黄飞鸿》《走向共和》《真爱一世情》《六女当铺》在境域灵岩山麓、严家花园、虹饮山房、古松园、山塘老街拍摄。

2004年

1月，香溪社区居民委员会进行选举。

3月，中共苏州市吴中区委员会、苏州市吴中区人民政府授予香溪社区"新农村建设明星示范村（社区）"称号。

3月28日，境域山塘街古松园内设姚建萍刺绣艺术馆。

4月3日，香溪社区对境域原金星村村民实施农村医疗保险。

7月，中共香溪社区总支部委员会举行换届选举。第五届江南园林古镇木渎旅游节在境域推出"姑苏十二娘"品牌。

10月，香溪社区对境域原金星村村民推行养老保险。

11月，香溪社区居民委员会举行换届选举。香溪社区投资190万元，在王家桥南侧建造香溪社区办公楼，2005年8月竣工。

是年，境域"木渎古镇水巷"入选苏州市吴中区人民政府编辑、上海界龙艺术印刷有限公司印刷、五洲传播出版社出版的《吴中印象·名镇古村》明信片图录。

是年，境域"木渎虹饮山房""木渎严家花园""木渎古松园""灵岩晚霞"入选苏州市吴中区人民政府编辑、上海界龙艺术印刷有限公司印刷、五洲传播出版社出版的《吴中印象·吴中园林》明信片图录。

是年，境域"木渎·永安桥（明代）"入选苏州市吴中区人民政府编辑、上海界龙艺术印刷有限公司印刷、五洲传播出版社出版的《吴中印象·名胜古迹》明信片图录。

是年，电影《白门柳》，电视剧《原来就是你》《天下第一媒》《月影风荷》《杨门虎将》《首富》《风满楼》《警世情缘》《长剑相思》《大唐双龙传》《风吹云动星不动》《大宋惊世传奇》《大清徽商》《水月洞天》在境域灵岩山麓、严家花园、虹饮山房、古松园、山塘街拍摄。

2005年

5月，境域"木渎山塘街""古松园""虹饮山房""香溪""永安桥""羡园"入选古吴轩出版社出版、江苏省太平印务有限公司印刷的《中国历史文化名镇：木渎》明信片图录。

8月3—7日，台风"麦莎"来袭，境内涝灾严重。

9月，境域金星村组建富民置业股份合作社。

是月，第六届江南园林古镇木渎旅游节在境域举行"当代绣娘"评选大赛。

是年，电视剧《八阵图》《把酒问青天》《茉莉花》《飞花如蝶》在境域严家花园、虹饮山房、古松园、山塘街拍摄。

2006年

11月，香溪社区创建苏州市和谐示范社区，并通过镇、区现场验收。

是年，电视剧《谍战古山塘》《大明王朝》《江湖夜雨十年灯》《木棉花的春天》《春露》在境域严家花园、虹饮山房、古镇老街拍摄。

2007年

8月，境域金星村股份经济合作社投资4200万元，拆迁置换位于木东路413号地块，先后建起占地4.7万平方米、建筑面积5.14万平方米的厂房。

9月22日，第四届中国羊业发展大会暨首届中国羊肉美食节在木渎召开。是日，在境域游客中心广场举行了开幕式。

9月，中共香溪社区总支部委员会举行换届选举。

11月，香溪社区居民委员会举行换届选举。

2008年

1月27日，连续7天大雨，境内受涝严重。

7月，境域"木渎山塘街"入选古吴轩出版社出版的《苏州太湖全景图》明信片图录。

是月，第九届江南园林古镇木渎旅游节推出"木渎古镇旅游四季节庆"活动，境域灵岩山、山塘街景区为活动景点之一。

是年，电影《桃花庵》在境域严家花园拍摄。

2009年

3月，中共苏州市吴中区委员会、苏州市吴中区人民政府授予香溪社区"2008年度新农村建设双十佳村（社区）"称号。

是年，境域"山塘街御码头""严家花园""虹饮山房""古松园"入选江苏省邮政广告有限公司公布、中国邮政发行的《古镇木渎》明信片图录。

是年，电视剧《大屋下的丫鬟》在境域虹饮山房拍摄。

2010年

6月，中共苏州市吴中区委组织部授予香溪社区"党建工作示范点"称号。

8月，中共香溪社区委员会举行换届选举。

10月，香溪社区居民委员会举行换届选举。

是年，苏州市吴中区关心下一代工作委员会授予香溪社区"'四有五无'先进村（社区）"称号。

是年，电视剧《梨花泪》《在刀尖上行走》《天堂秀》《姑苏十二娘》《完美新娘》在境域严家花园、山塘街拍摄。

2011年

2月，中共苏州市委员会、苏州市人民政府授予香溪社区"村级经济发展百强村""农村增收致富十强村"称号。

2月11日，中共苏州市吴中区委员会、苏州市吴中区人民政府授予境域石家饭店"2010年度优秀餐饮企业"称号，苏州市人民政府授予香溪社区"2010年度集体稳定收入超千万元村（社区）"称号。

3月，中共苏州市吴中区委员会、苏州市吴中区人民政府授予香溪社区"农村经济发展先进集体"称号。

6月，境域吴珍堂的穹窿山乌米饭制作技艺入选吴中区非物质文化遗产名录。

9月，境域石家饭店鲅肺汤制作技艺、乾生元枣泥麻饼制作技艺列入江苏省第三批非物质文化遗产名录。

12月，苏州市人民政府授予香溪社区"绿色社区"称号。江苏省农业委员会授予香溪社区"百佳农民专业合作社"称号。

是年，香溪社区建造香溪健身活动中心。

2012年

1月14日，中共苏州市吴中区委员会、苏州市吴中区人民政府授予境域石家饭店"2011年度优秀餐饮企业"称号，授予香溪社区"2011年度集体稳定收入超千万元村（社区）"称号。

7月，境域金星村股份经济合作社投资1.25亿元，收购位于吴中经济开发区、占地6.1万平方米、建筑面积6.3平方米的横泾工业园。

是月，境域"姑苏十二娘风情园"举行开园仪式，"姑苏十二娘风情园"入选苏州明信片图录。

8月，香溪社区在严家花园南侧，动工兴建占地890平方米社区居家养老服务中心，同年12月竣工。内设多功能活动厅、健身房、棋牌室、图书阅览室、老年书法室、医疗室、温馨陪聊室、餐厅、休息室等休闲娱乐场所，外设180平方米的露天健身广场、200平方米的休闲公园。

是年，香溪社区建造石家饭店婚礼中心。

是年，电视剧《刀之队》在境域山塘街拍摄。

2013年

1月，中共江苏省农村工作领导小组授予香溪社区"新农村建设先进村（社区）"称号。

2月4日，中共苏州市吴中区委员会、苏州市吴中区人民政府授予境域石家饭店"2012年度优秀餐饮企业"称号，授予香溪社区"2012年度集体稳定收入超千万元村（社区）"称号，授予香溪社区股份经济合作社"农村合作经济发展先进单位"称号。

4月，香溪社区对车渡村进行老村环境改造。

5月，江苏省依法治省领导小组授予香溪社区"民主法治示范社区"称号。

6月，为实施当地政府规划的"两山一镇"环境综合整治生态提升工程，香溪社区逐对山前村进行老村动迁。

7月，境域金星村股份经济合作社投资9150万元，收购位于苏州高新区、占地8万平方米、建筑面积4.89万平方米的观山工业园。

8月，中共香溪社区委员会举行换届选举。

10月12日，苏州市吴中区委书记俞杏楠、区长金洁至香溪社区居家养老服务中心调研。

11月，香溪社区居民委员会举行换届选举。

2014年

1月31日，中央电视台9套在《舌尖上的中国》栏目中介绍驻地山塘街的吴中区非物质文化遗产——木渎乌米饭。是年12月，在中央电视台4套《生财之道》、2015年8月在中央电视台2套《第一时间》、2016年6月在中央电视台4套《传奇中国端午节》、2021年2月在中央电视台10套《味道》等栏目中先后介绍八宝乌米饭的渊源、吴珍堂业主方伟锋的传承。

2月14日，苏州市委副书记陈振一一行至香溪社区居家养老服务中心调研。

4月3日，中共成都市委一行至香溪社区调研。

是月，香溪社区对念店村进行老村环境改造。

6月，境域塔影新村（14幢、416户）进行老村改造。

9月，《农民日报》编委、《农民日报》长三角地区负责人、江苏记者站站长沈建华一行至香溪调研社区集体经济发展。

10月，中华人民共和国民政部授予香溪社区"全国和谐社区建设示范社区"称号。

11月，境域的苏绣盘金绣技法入选吴中区非物质文化遗产代表性项目名录。

12月11日，中共苏州市吴中区委员会，苏州市吴中区人民政府授予香溪社区"2011—2013年度文明单位"称号。

12月30日，江苏省档案局授予香溪社区"江苏省机关团体企业专业单位档案工作规范二星级标准"称号。

是年，境域修复木渎巡检司古迹，与木渎十景之一"虹饮晚照"相辉映。

是年，香溪社区设立崇文教育奖励基金。

2015年

2月，上旬气温骤降，境内水管冻损严重。

2月26日，中共苏州市吴中区委员会、苏州市吴中区人民政府授予香溪社区"2014年度作风效能建设先进集体"称号，授予香溪社区资产股份合作社"2014年度名牌企业"称号。

5月18日，中共张家港市委员会书记姚林荣一行至香溪社区调研。

7月，投入800余万元，整治王家村环境，重新铺设自来水管网2600米，新建公共活动场所500平方米，新设停车场3处，修理沥青道路3000平方米，新增健身路径一套，新增监控17处等，实施建筑物出新20000平方米。

8月，境域组建金星创业股份合作社；是年，合作社投资4200万元，收购位于胥口镇的马舍工业园。

是年，电视剧《东坡家事》《卿本佳人》在境域严家花园拍摄。

2016年

1月，境域吴氏疗疗诊治技艺入选江苏省第四批非物质文化遗产名录。

2月19日，中共苏州市吴中区委员会、苏州市吴中区人民政府授予香溪社区"稳定收入超2000万元的村（社区）"称号。

3月2日，中共江苏省委农办督察处处长仇九海一行至香溪社区的横泾工业园调研。

4月，苏州市老龄工作委员会授予香溪社区"敬老文明号"称号。

7月，江苏省科协、财政厅授予香溪社区"江苏省科普示范社区"称号。

8月8日，境域香溪新村136户居民老宅、下沙塘新村23户居民老宅、原防爆电器厂16户老房进行改造。

9月，中共香溪社区委员会举行换届选举。

11月，香溪社区通过司法拍卖平台成功竞得中华老字号"石家饭店"商标所有权。

是月，香溪社区居民委员会举行换届选举。

是年，苏州市人民政府授予严家花园、古松园景区苏州园林证书。

是年，电视剧《于成龙》《如懿传》在境域严家花园、虹饮山房拍摄。

2017年

2月4日，中共苏州市吴中区委员会、苏州市吴中区人民政府授予香溪社区"2016年度农村集体经济稳定收入超3000万元的村（社区）"称号。

2月13日，苏州市委农村工作办公室主任张伟一行至香溪社区调研。

2月14日，香溪社区与辖区28家企业责任人签订"2017年度香溪社区安全生产目标管理责任书""中小企业安全生产承诺书"，为企业的安全生产加戴"紧箍咒"。

3月1日，中共苏州市平江新城工委吴佩民一行至香溪社区调研。

是月，苏州市美丽村庄建设办公室授予香溪社区（王家村）"2016年度三星级康居乡村"称号。

5月，中共苏州市委、苏州市人民政府授予香溪社区"2016年度苏州市城乡发展一体化先进集体"称号。

9月，苏州市吴中区关心下一代工作委员会、苏州市吴中区精神文明指导委员会办公室授予香溪社区"关心下一代先进集体"称号。

12月，中共苏州市吴中区委员会、苏州市人民政府授予香溪社区"2014—2016年度文明单位"称号。

是年，境域成立金星村投资管理集团有限公司。

2018年

1月，境域居民生活小区始行禁放鞭炮。

3月，苏州市美丽村庄建设办公室授予香溪社区"2017年度三星级康居乡村"称号。

5月，共青团苏州市吴中区委员会授予香溪社区共青团"三敢三勇团组织"称号。

9月，苏州市精神文明建设指导委员会授予香溪社区"2015—2017年度苏州市文明社区"称号。

11月，共青团苏州市委员会授予香溪社区"2018年度苏州市青年学习社"称号。

12月，江苏省人力资源和社会保障厅授予香溪社区"江苏省创业型社区"称号。

是年，电视剧《你和我的倾城时光》在境域严家花园拍摄。

2019年

1月，江苏省爱国卫生运动委员会授予香溪社区"2016年度江苏省健康社区"称号。

2月2日，中共苏州市吴中区委书记唐晓东一行至香溪社区调研。

是月，中共苏州市吴中区委员会、苏州市吴中区人民政府授予香溪社区"2018年度收支盈余超千万元（前十名）农村经济发展先进单位""农村集体'三资'管理先进单位"称号。

3月6日，中共苏州市吴中区委副书记李朝阳至香溪社区调研。

4月，香溪社区开展"扫黑除恶、消除隐患、提升群众安全感"宣传教育活动。

10月1日，苏州第一部沉浸式夜游项目——"木渎往事"在境域严家花园演出，成为木渎夜游新看点。

12月，中共苏州市吴中区委员会、苏州市吴中区人民政府授予香溪社区"第二批吴中'海棠花红'先锋阵地"称号。

是月，中共苏州市委农村工作领导小组授予香溪社区"苏州市农村人居环境整治示范村（社区）"称号。

是年，电视剧《归还世界给你》在境域山塘街、西施桥拍摄。

2020年

1月下旬，香溪社区党员干部、志愿者170余人组成抗击疫情队伍，至居民生活小区宣传防控新冠病毒知识、开展疫情防控阻击战。

3月，中共苏州市吴中区委员会、苏州市吴中区人民政府授予香溪社区"2018年度集体经济发展、农村集体（三资）管理先进单位"称号、"2018年度农村经济发展先进单位、年度村级经济收支盈余超千万元（前十名）"称号。

4月8日，中共苏州市吴中区委员会、苏州市吴中区人民政府授予香溪社区民兵营"先进民兵营"称号。

5月7日，苏州市委宣传部副部长、市文明办主任范建青一行，在吴中区委宣传部部长顾建列、木渎镇党委书记刘叶明陪同下至香溪社区调研新时代文明实践工作。

6月1日，境域居民生活小区始行垃圾分类。6日，中共苏州市吴中区委书记陈嵘一行，至香溪社区调研农村人居环境整治工作。

7月1日，吴中区政府副区长王晓东至香溪社区调研农村人居环境整治工作。13日，境域退役军人黄志良、郑万江、冯学法、郑公金、沈恩济、宁德厚被授予"中国人民志愿军抗美援朝作战70周年"纪念章。

8月18日，苏州市委常委、政法委书记徐美健在木渎镇党委书记刘叶明陪同下，至香溪社区调研。

是月，连降大雨，境内低洼地受淹。

10月，中共苏州市全国依法治市委员会办公室、苏州市依法宣传教育领导小组办公室、中共苏州市委宣传部、苏州市司法局、苏州市文化广电和旅游局授予香溪社区"法治文化建设示范点"称号。

11月，苏州市文明办公室授予香溪社区"首批新时代文明实践站"称号。

是月，苏州市吴中区精神文明建设指导委员会授予香溪社区"2017—2019年度吴中区文明社区"称号。

12月，香溪社区对王家桥居民生活小区栽植海棠花树200棵，实行绿化升级改造。

2021年

1月，中共香溪社区委员会举行换届选举。

是月，香溪社区居民委员会举行换届选举。

2月苏州市吴中区城市管理局、苏州市吴中区农村环境长效管理办公室授予香溪社区"2020年度吴中区生活垃圾工作示范村（社区）"称号。

3月，中共苏州市委农村工作领导小组办公室、苏州市农村人居环境整治工作联席会议办公室、苏州市发展和改革委员会、苏州市农业农村局授予香溪社区"首批农村人居环境整治示范社区"称号。

4月5日，苏州市新闻出版局、苏州市志愿者总会授予香溪社区"苏州市农家书屋"称号。

是月，苏州市精神文明建设指导委员会办公室授予香溪社区"最佳金乡邻志愿服务社区"称号。

6月，香溪社区开展"百年奋斗路 启航新征程"文艺汇演。

7月，中共苏州市吴中区委员会授予香溪社区党委"先进基层党组织"称号。

11月，中共苏州市委组织部授予香溪社区"苏州'海棠花红'先锋阵地"称号。

是年，电视剧《点心之路》《我的助理六十岁》《姐姐的反击》在境域虹饮山房、香溪桥畔拍摄。

2022年

1月11日，江苏省精神文明建设指导委员会授予香溪社区"2019年—2021年度文明社区"称号。

2月，香溪社区组织党员干部、志愿者230余人至境内各居民生活小区进行防控疫情服务。

5月18日，"木渎老街"入选中国邮政发行的一套6枚的特种邮票《姑苏繁华图》图录。

7月14日，境域高温天气连续三天超过40℃。

8月1日，香溪社区王家村设立卫星消防站。消防站配有站长1名，控制室值班员1名、战士4名，以"救早，灭小和3分钟到场，扑救初起火灾"为目标。

8月5日，香溪社区与苏州和康中医院签订协议，自9月起，每月第三个周三、周四上午至社区居家养老服务中心为老年居民义诊。

10月5日，第一批国家非物质文化遗产苏绣代表传人、中国工艺美术大师顾文霞逝世，享年91岁。

是年，电影《同学好》在境域虹饮山房拍摄。

是年，香溪社区股份经济合作社股民分红总额1058.21万元，其中股份经济合作社每股2000元，富民置业股份合作社每股9000元，创业投资专业合作社每股3500元。

是年，境域景区入园旅游1484975人次，其中古松园291485人次、虹饮山房390393人次、严家花园423972人次。

2023年

3月23日，中共香溪社区委员会40余名党员至地处光福镇邓尉山麓的烈士陵园敬献花圈，缅怀革命先烈，传承红色精神。

4月，香溪社区"危房解危"工程完成，234户居民安置入住瑞福花园一期新居。

4月12日，昆明市盘龙区委组织部常务副部长李其兵一行至香溪社区调研党建工作。

5月10日，中共江苏省委员会组织部副部长、中共江苏省委员会编办主任李伟一行，在中共苏州市委员会组织部副部长、中共苏州市委员会编办主任周春良、中共苏州市吴中区委员会书记丁立新、中共苏州市吴中区委员会组织部部长孙艳等陪同下，至香溪社区调研"三治融合"乡村治理工作。

5月18日，日照市岚山区委常委、统战部部长孙志明一行在吴中区委常委、宣传部部长、统战部部长尤建丰，木渎镇党委书记秦晓良陪同下，至香溪社区调研农村集体产权制度改革。

9月22日，吴中区地方志办公室、木渎镇人民政府在香溪社区党群服务中心二楼会议室举行《香溪社区志》评审会。

是年，电视剧《孤舟》在境域虹饮山房、严家花园拍摄。

是年，香溪社区股份经济合作社股民分红总额1101.57万元，其中股份经济合作社每股2000元，富民置业股份合作社每股9000元，创业投资专业合作社每股3600元。

是年，境域景区入园旅游599832人次，其中古松园37812人次、虹饮山房47335人次、严家花园53287人次。

第一章 建置地理

香溪社区境域地属中亚热带北缘，四季分明，气候宜人；为丘陵冲积平原，河道纵横交叉，水资源丰富，土地肥沃，素有鱼米之乡之称，位于苏州吴中区西南的灵岩山麓，距苏州古城12千米，地处长江三角洲腹地，面积1.8平方千米。秦设吴县，除王莽新朝一度改为秦德县，境域一直隶属吴县，至今已有2500多年。北宋时，木渎始建镇，明清时，木渎为吴县六镇之一，境域隶属木渎。1949年，境域解放，1954年，划归苏州市郊区，1958年，复而划归吴县。2001年3月，吴县市撤市建区（吴中区、相城区），境域归吴中区。

　　明初，乡镇以下基层组织为里、甲，后改设都、图、村，清袭明制，保留都、图，日伪时期增建保、甲、牌制。中华人民共和国成立后，境域废除保甲制度，改设行政村、组。1958年，改村、组为大队、生产队。1983年，恢复村、组。2003年11月，境域金星村与木渎镇老街塔影、香溪、山塘等3个居委会合并，成立香溪社区。

第一节 建置沿革

公元前 12 世纪，商末，香溪社区境域属勾吴国。周时，先后为吴，赵，楚诸侯国辖地。

秦始皇二十六年（前 221），秦以吴国故都设立吴县，境域隶属吴县。

汉至唐，境域均属吴县。北宋始建镇，属吴县，镇以木渎名，境域隶属吴县木渎。

元代沿袭旧制，明清两朝时，木渎为吴县六镇之一，木渎置巡检司，设官分治，境域隶属木渎巡检司。清雍正年间，木渎归属吴县长寿乡，境域隶属长寿乡。清乾隆十一年（1746），吴县县丞移驻木渎，置巡检司省，境域隶属巡检司省。

清光绪三十二年（1906）七月，组织自治会（自治所），参照英美两国自治相关章程，董事由投票选举，两年一任，实行地方省自治，境域隶属吴县木渎自治所。

1913 年，实行地方自治，设木渎市，木渎金山隶属吴县，境域山塘、塔影、香溪区域归属木渎。车渡村、王家村、念店村、平界村、山前村等 5 个自然村归属金山。1916 年，建立木渎公益事务所。1928 年改为行政局，1929 年实行区乡建制，境域隶属吴县第二区（木渎）。

1937 年 11 月，木渎沦陷。

1945 年 8 月，恢复吴县第二区，境域隶属为吴县第二区（木渎）。

1947 年 2 月，吴县将第二区（木渎）、第三区（光福）合并为吴西区，境域隶属吴西区。

1948 年 2 月，吴县并编乡镇，木渎、金山归属吴西区，境域隶属吴西区。

1949 年 4 月 27 日，木渎解放，设立木渎区人民政府，区政府设在境域山塘街 23 号，并建木渎镇，境域隶属木渎区。

1950 年 5 月，境域车渡村、王家村、念店村隶属木渎区木渎镇新农村，平界村、山前村隶属红旗村。8 月，境域塔影、香溪建立街道居民小组。

1952 年 11 月，木渎镇晋升为吴县直辖镇，境域隶属木渎镇。

1954 年 9 月，木渎镇及金山、姑苏、石城、新华、七子等乡划归苏州市郊区，境域隶属苏州市郊区。

1956 年 3 月，境域成立金星高级社。

1958 年春，境域塔影、香溪居民小组建立居民委员会，即塔影居民委员会、香溪居民委员会。8 月，由苏州郊区划归吴县。9 月，境域隶属灵岩大队。

1959 年 9 月，境域车渡、王家、念店、平界、山前等 5 个自然村组合，成立金星大队，隶属木渎镇。不久，农业生产军事化，改成金星民兵营，下辖 6 个生产队，名一、二、三、四、五、六等 6 个民兵连。同年 12 月，境域恢复金星大队称呼，原下辖6个连恢复为一、二、三、四、五、六生产队。

1966年5月,境域金星大队划归金山人民公社。

1977年,境域金星大队由金山人民公社划归木渎镇,时金星大队下辖车渡、王家、念店、平界、山前等5个自然村。

1983年7月,木渎建立镇管村建制,金星大队改称金星村,下辖生产队改称一、二、三、四、五、六村民组。

1993年,境域成立山塘居民委员会,隶属木渎镇。

1995年6月,吴县撤县建市,境域隶属吴县市。

2001年3月,吴县市撤市建区(吴中区、相城区),境域隶属吴中区。

2003年11月,境域金星村与山塘、塔影、香溪等3个居民委员会合并,成立香溪社区居民委员会,隶属吴中区木渎镇。

2021年12月,香溪社区下辖5个居民生活小区,27个居民小组,1967户人家,6321人,外来人口4893人。

附录:2003年金星村,山塘、塔影、香溪居民委员会简介

金星村 坐落在灵岩山南麓。中华人民共和国成立后,隶属吴县木渎镇新农村、焦山乡红旗村,1954年9月划归苏州郊区,1958年8月划归吴县。1959年9月,境域车渡、王家、念店、平界、山前等5个村组建金星大队。1966年5月,划归金山人民公社。1977年划归木渎镇,仍名金星大队。1983年9月,改称金星村民委员会,下辖车渡、王家、念店、平界、山前等5个自然村,6个村民小组,265户,472人,均为汉族。总劳动力372人,耕地536亩,其中集体451亩,自营85亩。

山塘居民委员会 1993年建,因山塘街而名,位于木渎镇镇区西部,驻下沙塘口。东起下沙塘,南至山塘河,西至金灵路,北至香溪西路。2003年10月,居委会下设18个居民小组,787户,2040人。辖鹭飞浜弄、明月寺弄、金灵路等街弄。

塔影居民委员会 1950年8月成立居民小组,1958年春成立居民委员会。因塔影新村东侧原有一大池塘,每当夕阳斜照,水面映出灵岩塔影而名。位于木渎镇区中心,驻塔影新村内,东起翠坊路,南至胥口河,西至沙塘河,北至香溪西路。2003年10月,居委会下设23个居民小组,1003户,2052人。辖中市街、吴家巷、毛家弄、长弄、杜家弄、戴家弄等街弄。

香溪居民委员会 1950年8月成立居民小组,1958年春成立居民委员会。因境内有香水溪而名。位于木渎镇西部,驻香溪西路中段,东起翠坊北路,南至香溪西路,西至长家浜,北至苏福公路。2003年10月,居委会下设16个居民小组,313户,885人。辖仓基路、下沙塘北路、山塘街等街弄。

第二节　地理环境

一、地形地貌

香溪社区在苏州的西南部丘陵盆地中，呈东西走向，其东多宽广，西部较窄，境域的西北部为灵岩山，地势偏高，南部东南部地势平坦，由西向东略呈缓冲倾斜之势，境内除山上露基岩外，广泛分布为第四系洪积、波积、冲积相地层，地貌类型属丘陵冲积平原。境内地形标高，一般为2—5米（以吴淞标高为准）。西部及西北部为境域灵岩山，东部、中部为境域老街区，聚落形式为街区式、开放式典型集镇。

境内山丘主要为灵岩山。灵岩山因多奇石，状如灵芝而名。尤以灵岩塔前石壁耸起的灵芝石闻名遐迩。一说有仙佛显灵于山上故名。山南峭壁如城，故又名石城山。又因山南有石如鼓，故亦称为石鼓山，山势右旋似巨象回顾，故亦名象山。灵岩山处北纬31°16′，东经120°29′，西北走向，跨度纵向2.3千米，横向1.2千米，灵岩山主峰高程182米。

灵岩山山体呈独立状，地表均黄砂土，植被有松、竹、桃等经济林，是江南著名的风景游览区。

二、气候

香溪社区境域地处中亚热带北缘，受太湖水体调节，雨水丰沛，日照充足，无霜期长，具有明显的季风气候。气候温而湿润，干湿冷暖，四季分明。春季冷暖多变，夏季炎热多雨，秋季天高气爽，冬季寒冷干燥。夏季昼长夜短，盛行东南风，冬季日短夜长，常刮西北风。全年降雨量夏季最多，冬季最少。

气温　根据苏州气象台吴中站、东山站（1988—2015年）的观测记录统计，境域历年的平均气温为16.5℃至16.6℃。1月气温为最冷月，是月下旬为最冷旬，旬平均气温为3.7℃。最热月为7月份，月平均气温为28℃至28.6℃，7月下旬为最热旬，旬平均气温29.2℃。

境域极端最低气温吴中站为-7.9℃（1991年12月29日）、东山站为-6.7℃（1991年12月28日）。低于-5℃的天数由原来每年平均2到4天（1956—1987年）减少为平均每两年1天。极端最高气温吴中站为39.2℃（1992年7月29日）、东山站为38.3℃（2003年8月1日）。高于35℃的高温日数，每年平均13天，最多有27天（吴中站，2003年）、最少为1天（吴中站，1996年），最长连续天数为10天（吴中站，1988年7月12到21日）。

表 1–1　　　　　　1988—2015 年吴中站、东山站月平均温度一览表　　　　　　单位：℃

月份	1月	2月	3月	4月	5月	6月	7月	8月	9月	10月	11月	12月
吴中站	4.2	5.9	9.5	15.4	20.5	24.6	28.0	27.6	24.0	18.5	12.7	6.7
东山站	4.1	5.9	9.6	15.6	20.6	24.5	28.6	27.8	24.0	18.5	12.7	6.6

平均温度：吴中站 16.5℃，东山站 16.6℃。

日照　香溪社区境域历年平均日照数为 2189 小时，历年平均日照率为 49%，年最高日照数为 2352.5 小时，日照率 53%，年最低日照数为 1176 小时，日照率为 40%。

降雨量　香溪社区境域历年平均降雨量为 1096.9 毫米，最高年份降雨量为 1182.9 毫米（吴中站，1999 年），最低年份降雨量为 856.6 毫米（吴中站，1992 年）。

境域均降水日数 125.2 天，1993 年最多，为 145 天；1995 年最少，为 103 天。有两年最长连续降水 13 天，分别是 1991 年 6 月 8—20 日，降雨量为 265.7 毫米；1993 年 1 月 3 至 15 日，降雨量为 79.3 毫米。最长连续无降水期 34 天，有两年，分别为 1988 年 11 月 29 日—1989 年 1 月 1 日和 2000 年 12 月 2 日—2001 年 1 月 4 日。全年有 3 个比较明显的雨季，即 4 月、5 月的春雨，6 月、7 月的梅雨和 9 月的秋雨。

1988—2015 年，年平均暴雨日（日降水量 ≥ 50 毫米）4 天，其中 1999 年最多，为 14 天，1992 年、2003 年和 2004 年最少，各一天。暴雨发生在 3—11 月，其中 3 月、4 月、11 月各占 1.4%，5 月占 8.3%，6 月占 30.6%，7 月占 12.5%，8 月占 25%，9 月占 15.3%，10 月占 4.2%。

境域全年有 5 个相对多的雨期：桃花雨（清明至立夏）、黄梅雨（芒种至小暑）、处暑雨、台风雨、秋雨。冬季最少，占年降雨量的 15% 左右。

表 1–2　　　　　　1988—2015 年吴中站各月平均降水量一览表　　　　　　单位：毫米

月份	1月	2月	3月	4月	5月	6月	7月	8月	9月	10月	11月	12月
吴中站	72.3	65.6	102.5	200.1	105.6	200.1	149.0	163.3	100.9	51.6	19.4	41.9

平均年降水量：吴中站 1188.6 毫米。

无霜期　境域年平均无霜期 239 天，最长无霜期 256 天（1999 年 3 月 9 日—11 月 19 日），最短无霜期 213 天（1995 年 4 月 4 日—11 月 2 日）。初霜日最早为 1995 年 11 月 3 日，最迟为 1994 年 12 月 4 日；终霜日最早为 2002 年 2 月 25 日，最迟为 2000 年 4 月 6 日。

气压　境域历年均气压 1016.2 百帕。一年中，冬季最高，夏季最低。1 月、12 月为全年最高，1026.8 百帕；7 月为全年最低，1004.6 百帕。

湿度　境域历年平均相对湿度为 77%，7 月、8 月最高为 80%，8 月相对湿度最高，为 82.2%；1 月最低，为 72.7%；12 月次之，为 73.1%。相对湿度的日变化与温度的日变化正好相反，即一天中温度最低时，往往是相对湿度最大时，反之亦然。

最小相对湿度出现在冬、春季。

风向、风速 境域冬季受蒙古冷高压控制，盛行风向为北风，其中以北至西北风为主，其次是偏北风。春季是冬夏季风转换季节，盛行风向为东南风。夏季由于受副热带高压和印度洋热带低压的共同作用，盛行东南风。秋季是夏季风与冬季风交替季节，盛行风向接近冬季。春季平均风速最大，为每秒2.9—3.5米；秋季最小，为每秒2.4—3.2米。

海陆之间热力差异引起的局部地域性风环流也影响风向变化。早晨，陆地上的空气流向海洋，刮西风；下午到傍晚，空气从海洋流向大陆，刮东风。这种风向变化在晴天尤为明显。

雪 境域历年均积雪2.0天，最多是1990年12月，有6天。1993年、1995年、1999年和2001年，冬季至来年春季均无积雪天。最早初雪日为1993年11月21日，最迟终雪日为1996年3月25日。

结冰 境域历年均结冰30.9天，1996年最多，为51天。1989年、1991年最少，均为13天。最早结冰日为1997年11月18日，最迟结冰日为1998年3月22日。20世纪90年代起，由于暖冬效应，年结冰日数明显减少。1980—1987年，年均结冰46.6天，比1988—2005年期间年均结冰日数多15.7天。

雷暴 境域历年均雷暴25.2天，1998年和2003年最多，为37天；1990年最少，有14天。96%的雷暴集中在3—9月，7月、8两月占全年次数的50%。常年3月11日左右雷始鸣，最早是1月1日（1997年），最迟是4月16日（1995年）；终雷日期平均为10月2日，最早是8月21日（1988年）后无雷声，最迟是12月7日（1992年）还有雷鸣。雷鸣初、终间隔平均为206.1天，最长319天（1997年），最短142天（1995年）。

云量 境域6月份最多，12月份最少。总云量的年变化不到30%，低云量的年变化仅10%左右。总云量小于20%为晴天，大于80%为阴天。冬季晴天日数最多，春季阴天日数最多。6月份晴天日数最少，12月份晴天日数最多。

雾日 境域年均雾日27天，最多50天（1992年），最少7天（2001年）。一年中，12月月均雾日为5.1天，为最多；7月均雾日为0.6天，为最少。

灾害性天气 境域内因大气层结构不稳定性而引起天气的剧烈变化，既有时间较长的旱涝及连阴雨，也有时间较短的热带风暴（台风）、暴雨、寒潮，还有一些破坏性很大的剧烈天气现象，如冰雹、龙卷风、雷电等。

干旱 境域发生夏旱的概率约为2.5年一遇，连续5旬降水量小于10毫米的严重秋旱约为7年一遇。1995年，夏秋连旱3个月，10月上旬有所缓解；10月下半月至12月上半月又持续2个月干旱。1997年秋旱，整个秋季降水量仅41毫米。

雨涝 境域涝灾主要发生在春、夏、秋三季。出现春涝的概率约为8年一遇，大部分春涝是连续阴雨造成；出现夏涝的概率约为4.5年一遇，夏涝主要是由梅雨及热带风暴暴雨所致；出现秋涝的概率约为10年一遇，主要由热带风暴及连阴雨造成。20世纪90年代，洪涝灾害频繁。1991年，出现50年未遇的特大洪涝灾害，6月8到20日连续降水13天，过程降雨量为265.7毫米，梅雨量为557毫米；加之上游来水多，形成大涝。

暴雨　1998—2005年，境域平均每年出现4次暴雨，各年出现的暴雨次数差异较大，1999年最多，14次；2003年、2004年分别出现1次，最少。连续暴雨共出现7次，最多的一年出现2次（1999年），大暴雨出现最多的一年有2次（1990年）。1988—2005年，境内逐月发生暴雨的概率呈双峰型，6月份出现次数为最多，共22次，其中大暴雨3次（1990年、1995年、2001年）；其次为8月份和7月份，分别为17次和13次。

连阴雨　境域平均每年出现2次春季连阴雨，最多一年出现4次（1998年），最少的1989年和2000年整个春季未出现连阴雨。一年中连阴雨总天数最多的有28天（1998年）。3月出现连阴雨的次数最多，每次连阴雨的平均长度也最长，5月份出现连阴雨的次数最少。在3月、4月发生连阴雨过程中，出现大到暴雨的次数相当，共有11次，占春季连阴雨暴雨的91.7%；5月发生的连阴雨过程中，出现大到暴雨次数最少，仅有1次。2002年，春季阴雨54天，为历史最多。

热带风暴（台风）　境域的热带风暴最早出现在5月中旬，最迟持续到11月中旬，平均每年2.83个。1994年最多，有7个，其中集中时段为7月中旬到9月中旬，约占总数的78%。影响境域的热带风暴中出现台风机率占总数的80.2%，其次是强热带风暴占17.3%，而热带风暴占总数的2.5%。

境域的热带风暴中，最严重级影响（出现特大暴雨或大暴雨并伴有强台风过程）、严重级影响（出现大暴雨或强风）、较重级影响（出现暴雨或大风）、较轻级影响（无暴雨无大风）出现的概率分别为2.2%、2.2%、57.8%和37.8%。最严重级影响和严重级影响热带风暴大多出现在7到9月。

历史上以8406、8506号热带风暴（台风）的雨涝及8144、8310号热带风暴（台风）的风灾最为严重。0509号台风"麦莎"和0515号台风"卡努"是20世纪90年代以来影响境内最严重的台风。

强对流天气　强对流天气（冰雹、龙卷风、雷雨强风）是范围小但危害严重的灾害性天气之一。境内平均每年出现1次强对流天气，其中以冰雹为多数。强对流天气最早出现在2月中旬，7—8月最多，4—5月次之，10月份后未出现过强对流天气。2002年8月24日，出现强雷暴天气，瞬时风力达11级。

寒潮及冰冻　1988—2005年，境域共发生寒潮24次，平均每年1.3次。其中24小时寒潮16次，年均0.9次；48小时寒潮8次，年均0.4次。在早春（4月）季节有寒潮影响时，会出现晚霜冻。在隆冬季节有寒潮影响时，常伴有雨雪天气，有时还会引起香溪河封冰。

高温　1988—2005年，境内日最高气温高于35℃的高温总天数为231天，年平均为12.8天。高温主要集中在出梅后至8月上半月，也有一些年份高温天出现在梅雨前和9月下旬，最早出现在1991年5月25日，最晚出现在2005年9月25日。高温日数最多为28天，出现在2003年；最少1天，出现在1996年。出现持续高温的概率约为34%，最长12天（2004年7月），最短为6天（2004年8月）。持续高温集中在7月至8月上旬，6月和8月下半月出现持续高温的概率极小，一般一年只出现一段持续高温。1988年7月5—21日出现持续35℃以上的高温酷暑天气。1990年7月5—9日、7月13—20日出现持续高温天气。1992年7月15日至8月1日，出现持续高温天气，并创下极端最高气温39.2℃的历史记录。1995年9月2—7日，出现罕见的初秋持续高温天气。2004年、2014年分别在7—8月出现两段持续高温，年平均温度达17.61℃，创历史新高，首次实施人工增雨降温。

三、水文

河流池塘 境域主要河流有香溪河、盛家浜（又名念店村河）、鹭飞浜河、下沙塘河等，池塘有塔影池。这些河流是千百年来自然演变和人工治理的产物，它贯穿自然村庄，纵横交错，起着引调蓄纳和吞吐的作用，与胥江、香水溪河相衔，和京杭大运河沟通，形成了河网；大大小小池塘，星星点点，遍布境内各自然村。

水位 境域水位低于太湖水位。太湖水位西高东低，其水流由西向东，经胥江河流入苏州市郊，汇入京杭大运河。

境域的水位变化受太湖水制约，并与降水季节分配基本一致。

境域香溪，念店村河6—10月为丰水期，12月—来年2月为枯水期，其他月份为平水期。

根据苏州地区水文情况（以吴淞标高为准）：正常水位3米，警戒水位3.6米；最高年份平均水位3.38米（1952年），最低平均水位2.65米（1978年）；历史最高水位4.82米（1954年7月28日），历史最低水位1.95米（1972年8月17日）。当太湖水位低落时，胥江河就出现河水倒流现象。

太湖水位对境内河流水位影响较大，根据地质钻孔，其地表水均2至3米。渗水层一般初见于1米左右。常温保持在20℃左右，地表水，深层水一般无侵蚀作用。

地下水 境域地下水丰富，属第4系（松散积压积层）灰岩二类承压水。第4系中有1到2层含水层，出水量在150—250吨/日，水温在17℃—19℃，灰岩出水量在80—150吨/日，水温在18℃—21℃。两类水质都较好，尤以灰岩承压水为更好，是民用和工业用水的较好水源。

四、土壤

境域属高平原地区，地面高程3—4米，土壤以黄泥土为主，还有乌黄土、鳝血黄土、山地黄土、僵黄土、铁质黄土、白土、鳝血白土、淀浆白土、黏砂白土、黄泥白土、乌泥土、红壤土、乌松土、竖头乌土等16种。

黄泥土在水旱交替情况下，腐殖质得以积累，全量养分和速效养分均很多，微粒结构发达，透水性较好。

一般土壤缺少磷钾肥，特别是白土和乌泥土，因此在提高氮肥施用量的同时，应重视合理搭配使用磷钾肥。

第三节　自然村

1912年，吴县在木渎设吴县第二区，境域隶属吴县第二区。

1934年，吴县在区以下设镇、乡，境域隶属吴县二区金山镇。

1949年10月，中华人民共和国成立，境域有塔影、香溪等2个居民小组，车渡、王家、念店、平界、山前等5个自然村。

1950年1月，境域废除保甲制度，车渡、王家、念店等3个自然村隶属木渎镇新农村，平界、山前等2个自然村隶属焦山乡红旗村，同年9月，在当地政府领导下开展土地改革，至1951年5月结束。

1953年春，新农村由孙根寿、许根林、张三男担任组长，组成3个互助组，共33户、187人，为常年组。1954年6月，新农村由陈金元、朱福琪、徐老毛、谢龙生担任组长，成立4个常年性互助组，共46户人家。1954年9月，木渎镇及金山乡划归苏州市管辖，1958年8月复归吴县管辖。

1955年3月，木渎镇新农村组建金星初级社（社长徐老毛），山前村组建红旗初级社（社长徐根男）。12月，木渎镇新和村、新东村与七子山的三星村、谢巷村并入姑苏乡，1957年12月，属金山乡。

1956年3月，金星、红旗初级社与新建、新星、建中、新光、银星初级社合并，提升为高级社，取名金星高级社。

1957年9月，中共金星高级社支部委员会成立，书记徐老毛，隶属中共金山乡委员会。

1958年9月，金山人民公社成立。金星高级社与姑苏乡第二高级社组建灵岩大队。10月，灵岩大队按自然村设立10个生产队，一度改为营、连建制。

1959年9月，车渡、王家、念店、平界、山前等5个自然村从灵岩大队划出，组建金星大队，后属木渎镇管辖。

1966年5月，金星大队由木渎镇划归金山人民公社。

1977年，境域金星大队划归木渎镇。

1983年9月，实行镇管村，金星大队改称金星村，原金星大队的6个生产队，改称一、二、三、四、五、六村民组。

1993年，山塘居民委员会成立时，境域有山塘、塔影、香溪等3个居民委员会，车渡、王家、念店、平界、山前等5个自然村。

2003年，境域金星村的土地悉数被征用。

2003年11月，境域金星村与木渎古镇老街的山塘、塔影、香溪等3个居委会合并，成立香溪社区居民委员会。

2004年，境域对平界村进行老村改造，35户人家动迁至王家桥小区。

2013年4月，境域启动对车渡村环境整治。6月，为实施当地政府规划的"两山一镇"环境综合整治生态提升工程，境域对山前村实行动迁。

2014年4月，境域启动对念店村环境整治。

2015年7月，境域启动对王家村环境整治。

2017至2019年，境域车渡村、王家村、念店村、王家桥村先后被苏州市美丽村庄办公室、中共苏州吴中区委员会、苏州市吴中区人民政府授予"三星级康居乡村""第二批吴中'海棠花红'先锋阵地"称号。

2021年2月，苏州市吴中区城市管理局、苏州市吴中区农村环境长效管理办公室授予香溪社区"2020年度吴中区生活垃圾工作示范村（社区）称号"。3月，中共苏州市委农村工作领导小组办公室、苏州市农村人居环境整治工作联席会议办公室、苏州市发展和改革委员会、苏州市农业农村局授予香溪社区"首批苏州农村人居环境整治示范社区"称号。

一、车渡村

车渡村位于香溪社区东南，东为严家别墅，南临西街，西连御府，北是严家故居。

车渡村来历源于村中原有马家浜，旧时人工踏水车灌溉庄稼就在马家浜车水，因村庄临近水车，故名车渡村。

1949年10月1日，中华人民共和国成立。翌年1月，车渡村废除保甲制度，隶属木渎镇新农村行政村；同年9月，车渡村在当地政府领导下进行土地改革，时有6户人家，47人，房屋41间，其中33间瓦屋，8间草房。

1952年2月，车渡村自发组织农业生产互助组。1954年9月，车渡村划归苏州市郊区。1955年3月，车渡村开展农业合作化运动，木渎镇有27户亦商亦农人家，计91人并入车渡村，车渡村时有33户人家，138人，140亩田地，其中水稻田135.3亩，旱地4.7亩。1956年3月，金星高级社成立，车渡村隶属金星高级农业生产合作社。1958年夏，车渡村改称生产队，同年8月，划归吴县，9月，隶属灵岩大队。1959年9月，车渡村从灵岩大队分离出来，与王家、念店、平界、山前等4个自然村组建金星大队。车渡村被列为第一生产队，隶属木渎镇管辖。

1960年6月，木渎镇人民公社成立，车渡村隶属木渎镇人民公社。1966年5月，金星大队由木渎镇划归金山人民公社管辖。

1967年3月，金星大队建立革命生产领导小组，车渡村隶属金星大队革命生产领导小组管辖。1968年6月，金星大队成立革命委员会，车渡村改称金星大队革委

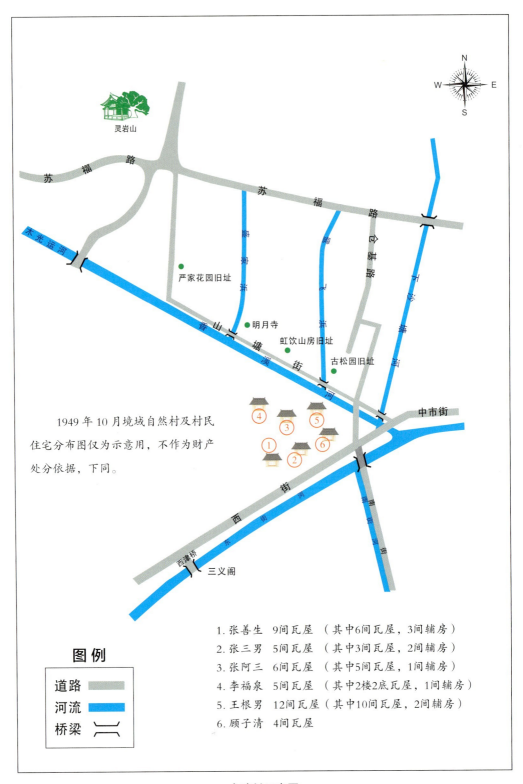

车渡村示意图

车渡村

会第一革命生产领导小组。1977年，车渡村划归木渎镇管辖。

1981年3月，车渡村开展家庭联产承包责任制试点，10月，车渡村改称金星大队管理委员会第一村民小组。1983年7月，车渡村全面推行家庭联产承包责任制，金星大队管理委员会第一村民小组改称金星村民委员会第一村民小组。

2000年，车渡村土地悉数被征用。

2003年11月，金星村与木渎老街山塘、塔影、香溪等3个居民委员会合并，成立香溪社区居民委员会，车渡村隶属香溪社区。

2005年，车渡村整治"脏、乱、差"环境乱象。2006年5月，车渡村完成创建先锋社区工作；同年11月，开展创建和谐社区活动。2011年，车渡村开展创建绿色社区活动。2013年4月，境域对车渡村进行环境整治。2017年3月，苏州市美丽村庄建设办公室授予车渡村"三星级康居乡村"称号。

2021年12月，车渡村生活小区居民58户，243人；生活小区面积50500平方米，居民住宅面积14898平方米。

历任车渡村生产队（村民小组）主要负责人：先后担任生产队（村民小组）队长（组长）的有张三男、盛杏珍、张增奎、王根宝、徐跃名、盛翔峰、周盘英、许金坤，先后担任生产队（村民小组）会计的有邵叔英、徐水庙、盛杏珍。

二、王家村

王家村位于严家花园南首，东为下四浜，南临南海坟，西连西弄里，北是香水溪。

王家村的来历与永安桥有关。永安桥俗称王家桥，为明弘治十一年（1498）建成的单孔拱形石桥，南北走向，横跨香水溪，距今500多年历史。王家村因临此桥，故名。

1949年10月，中华人民共和国成立，翌年，王家村废除保甲制度，隶属木渎镇新农村行政村。同年9月，王家村在当地政府领导下开展土地改革，时王家村有19户人家，110人，房屋43间，其中瓦屋35间，草屋6间，厢房2间，还有水田120亩，旱地30亩。

1954年9月，王家村划归苏州市郊区。1955年3月，进行农业合作化试点。1956年3月，金星高级农业生产社成立，王家村归属金星农业高级社。1958年夏，王家村改称生产队，同年8月，划归吴县，9月，隶属灵岩大队。1959年9月，王家村从灵岩大队分离出来，与车渡、念店、平界、山前等4个自然村组建金星大队，王家村列为第二生产队，隶属木渎镇管辖。

1960年6月，木渎镇人民公社成立，王家村隶属木渎镇人民公社。1966年5月，王家村由木渎镇划归金山人民公社金星大队管辖。

1967年3月，金星大队建立革命生产领导小组，王家村隶属金星大队革命生产

王家村

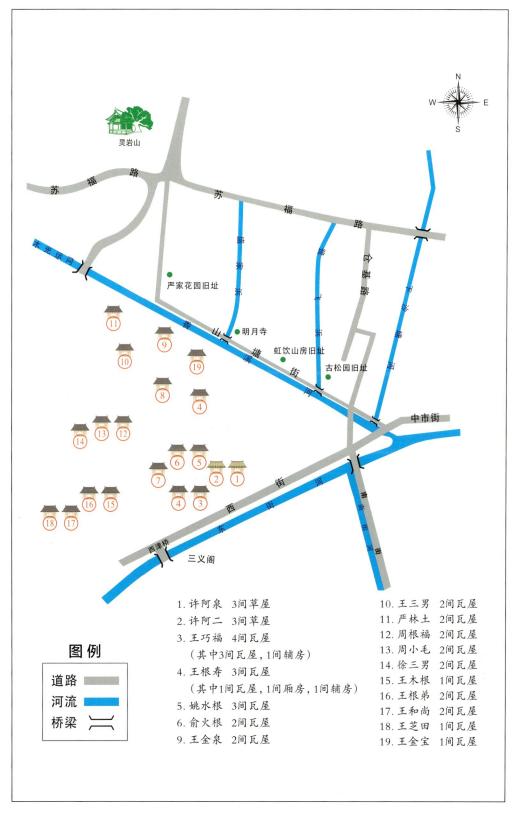

王家村示意图

小组管辖。1968年6月，金星大队成立革命委员会，王家村改称金星大队第二革命生产领导小组。1977年，王家村划归木渎镇管辖。

1981年3月，王家村开展家庭联产承包责任制试点；10月，王家村改称金星大队管理委员会第二村民小组。1983年7月，王家村全面推行家庭联产承包责任制，金星大队管理委员会第二村民小组改称金星村民委员会第二村民小组。

2000年，王家村土地悉数被征用。

2003年11月，金星村与木渎老街山塘、塔影、香溪等3个居民委员会合并，成立香溪社区居民委员会，王家村隶属香溪社区。

2015年7月，境域对王家村进行环境整治。2017年3月，苏州美丽村庄建设办公室授予王家村"三星级康居乡村"称号。

2021年12月，王家村生活小区居民50户，210人；生活小区面积38803平方米，居民住宅面积13800平方米。

历任王家村生产队（村民小组）主要负责人：先后担任生产队（村民小组）队长（组长）的有王木松、许阿二、王金泉、严林土、王兴男、王云松、薛金娣、王爱民，先后担任生产队（村民小组）会计的有王根泉、王素萍、薛金娣。

三、念店村

念店村位于香溪之北，东为鹭飞浜，南临山塘街，西连平界河头，东北为陆家村，西北是灵岩村。

念店村

念店村示意图

相传春秋时期，"兵圣"孙武曾率兵在该地练兵射箭，取"练箭"二字谐音，唤作念店村。又传说旧时该地商贸繁华，曾有近20家店铺，故名念（"廿"字异写）店村。

1949年4月，念店村解放。翌年1月，念店村废除保甲制度，隶属木渎镇新农村行政村。9月，在当地政府领导下开展土地改革。1951年9月，完成土地改革，时念店村有14户人家，101人，房屋34间，其中瓦屋31间，草屋3间，还有水田101亩，旱地30亩。

1952年4月，念店村5户贫下中农以互助、互帮的形式建起了互助组。1954年春，念店村逐步办起初级农业生产合作社。同年9月，念店村划归苏州郊区。1956年3月，金星高级农业生产合作社成立，念店村隶属金星高级农业生产合作社。1958年夏，念店村改称生产队；同年8月，划归吴县；9月，划归金山人民公社，隶属灵岩大队。1959年9月，念店村从灵岩大队分离出来，与车渡、王家、平界、山前等4个自然村组建金星大队。念店村为金星大队第三生产队，隶属木渎镇管辖。

1960年6月，木渎镇人民公社成立，念店村隶属木渎镇人民公社。1966年5月，金星大队由木渎镇划归金山人民公社管辖。

1967年3月，金星大队建立革命生产领导小组，念店村隶属金星大队革命生产领导小组。1968年6月，金星大队成立革命委员会，念店村改称金星大队革命委员会第三革命生产领导小组。1977年，念店村划归木渎镇管辖。

1981年3月，念店村开展家庭联产承包责任制试点；10月，念店村改称金星大队管理委员会第三村民小组。1983年7月，念店村全面推行家庭联产承包责任制，金星大队管理委员会第三村民小组改称金星村民委员会第三村民小组。

2003年，念店村土地悉数被征用。

2003年11月，金星村与木渎老街山塘、塔影、香溪等3个居民委员会合并，成立香溪社区居民委员会，念店村隶属香溪社区。

2014年4月，境域对念店村进行环境整治。2017年3月，苏州美丽乡镇建设办公室授予念店村"三星级康居乡村"称号。

2021年12月，念店村生活小区居民75户，285人；生活小区面积55700平方米，居民住宅面积19200平方米。

历任念店村生产队（村民小组）主要负责人：先后担任生产队（村民小组）队长（组长）的有陈金元、吴根元、陈世泉、韩土根、赵火根、顾海根、王爱民，先后担任生产队（村民小组）会计的有许金媛、徐世福、徐耀明、许美珍、翁荣华、许盘英。

四、平界村

平界村，又叫平介村、平家河头，位于香溪西南，东为山塘街东，南临木（木渎）光（光福）运河，西连山塘街西，北是苏福路（苏州至光福）。

相传该村原来住房沿河而筑，屋界相齐，故名平界村。

平界村示意图

平界村

1949年4月27日，平界村解放；翌年1月，平界村废除保甲制度，隶属焦山乡红旗行政村。同年9月，平界村在上级政府领导下进行土地改革，时有16户人家，80人，47间瓦屋，还有水稻田100亩，旱地50亩。

1952年2月，境域开展农业生产互助，继而建立互助组、初级社。1954年9月，平界村划归苏州市郊区管辖。1955年3月，平界村进行农业合作化试点。1956年3月，金星高级农业生产合作社成立，平界村隶属金星高级农业生产合作社。1958年夏，平界村改称生产队；同年8月，划归吴县；9月，隶属金山人民公社灵岩大队。1959年9月，平界村从灵岩大队分离出来，与车渡、王家、念店、山前等4个自然村组建金星大队。平界村为金星大队第四生产队，隶属木渎镇管辖。

1960年6月，木渎镇人民公社成立，平界村隶属木渎镇人民公社。1966年5月，平界村由木渎镇划归金山人民公社管辖。

1967年3月，金星大队建立革命生产领导小组，平界村隶属金星大队革命生产领导小组。1968年6月，金星大队成立革命委员会，平界村改称金星大队革委会第四革命生产领导小组。1977年，平界村划归木渎镇管辖。

1981年3月，平界村开展家庭联产承包责任制试点；10月，平界村改称金星大队管理委员会第四村民小组。1983年7月，平界村全面推行家庭联产承包责任制，金星大队管理委员会第四村民小组改称金星村村民委员会第四村民小组。

2000年，平界村土地悉数被征用。

2003年11月，金星村与香溪、山塘、塔影等3个居委会合并，成立香溪社区居民委员会，平界村隶属香溪社区。

2004年，平界村进行老村改造，时有34户人家动迁至王家桥小区。

2011年12月，王家桥小区开展创建苏州市绿色社区活动。2012年完成三星级康居村改造。2013年8月，王家桥小区被江苏村庄环境整治推进工作小组办公室、江苏省住房和城乡建设厅授予"三星级康居乡村"称号。

2020年12月，香溪社区对王家桥小区实行绿化升级改造，栽植海棠花树200棵。

2021年12月，王家桥小区居民52户，223人；小区面积38100平方米，居民住宅面积13312平方米。

历任平界村生产队（村民小组）主要负责人：先后担任生产队（村民小组）队长（组长）的有徐火根、马水珍、徐根龙、许金坤，先后担任生产队（村民小组）会计的有朱彩玲、徐新根。

五、山前村

山前村位于香溪社区境域的西北，东为灵岩山寺下院，南临木（木渎）光（光福）运河，西为官树村灵岩小学，北连灵岩山麓。

山前村名来历源于该村坐落在灵岩山南麓、灵岩山寺山门之前，故名。

山前村西有座庙，北面筑有御道。御道相传为清乾隆至光福玄墓山所筑之路。灵岩山寺下院东侧有张永夫墓。张永夫，即张锡祚（1672—1724），清代诗人。此墓为苏州市级文物保护单位。东面寺脚浜，一旁有座尼姑庵。1958年庵被拆除。

山前村

1.	韩土根	2间瓦屋	16.	徐明厂	2间瓦屋
2.	韩阿大	2间瓦屋	17.	许生泉	2间瓦屋
3.	吴根宝	2间瓦屋	18.	施根宝	2间瓦屋
4.	许根生	2间瓦屋	19.	赵小多	3间瓦屋
5.	戴美宝	2间瓦屋	20.	顾金虎	2间瓦屋
6.	徐毛毛	2间瓦屋	21.	陈金狗	2间瓦屋
7.	徐根寿	2间瓦屋	22.	顾阿妹	2间瓦屋
8.	朱三男	2间瓦屋	23.	许才生	2间瓦屋
9.	朱小男	3间瓦屋	24.	许根生	2间瓦屋
10.	孙根泉	2间瓦屋	25.	顾水生	3间瓦屋
11.	朱小男	2间瓦屋	26.	钱根大	2间瓦屋
12.	朱阿大	2间瓦屋	27.	徐木男	2间瓦屋
13.	朱木根	2间瓦屋	28.	徐小妹	2间瓦屋
14.	许金云	2间瓦屋	29.	徐木根	2间瓦屋
15.	许泉男	2间瓦屋	30.	袁杏根	2间瓦屋
31.	许根英	2间瓦屋			
32.	许根男	2间瓦屋			
33.	许根生	2间瓦屋			
34.	朱福元	2间瓦屋			

山前村示意图

1950年1月，山前村废除保甲制度，隶属焦山乡红旗行政村；9月，山前村在当地政府领导下开展土地改革运动。1951年9月，山前村完成土地改革，时有49户人家，234人，房屋212间，还有水稻田135.9亩，旱地23亩。

1952年2月，山前村开展农业生产互助，建立互助组。1954年9月，山前村划归苏州郊区。1955年3月，山前村进行农业生产合作化试点，成立红旗初级社。1956年3月，金星高级社成立，山前村隶属金星高级社。1958年10月，金山人民公社成立，山前村隶属金山人民公社灵岩大队。1959年9月，山前村从灵岩大队分离出来，与车渡、王家、念店、平界等4个自然村组建金星大队，为金星大队第五、第六生产队，隶属木渎镇。

1960年6月，木渎镇人民公社成立，山前村隶属木渎镇人民公社。1966年5月，山前村划归金山人民公社。

1968年6月，金星大队成立革命委员会，山前村改称第五、六革命生产领导小组。1977年，金星大队第五、第六革命生产领导小组划归木渎镇管辖。

1981年3月，山前村推行家庭联产承包责任制试点；10月，金星大队第五、第六革命生产领导小组改称为金星大队管理委员会第五、第六村民小组。1983年7月，山前村全面推行家庭联产承包责任制，金星大队管理委员会第五、第六村民小组改称金星村村民委员会第五、第六村民小组。2003年，金星村第五、第六村民小组土地悉数被征用。

2013年6月，为实施当地政府规划的"两山一镇"环境综合整治生态提升工程，香溪社区启动金星村第五、第六村民小组老村动迁，先后搬迁至附近玉景花园生活小区（隶属木渎镇金山浜社区）。

2021年12月，山前村生活小区居民26户，117人，生活小区面积36600平方米，居民住宅面积6656平方米；迁居玉景花园生活小区，居民57户，228人，生活小区面积80889平方米，住宅面积14400平方米。

历任山前村生产队（村民小组）主要负责人：先后担任第五生产队（村民小组）队长（组长）的有朱毛头、许爱红、朱双云、朱海明，先后担任第五生产队（村民小组）会计的有徐金玲、韩福兴。先后担任第六生产队（村民小组）队长（组长）的有徐毛毛、韩土根、徐寿男、许爱红、朱双云、朱海明，先后担任第六生产队（村民小组）会计的有许金媛、韩土根、徐幸福。

第二章 人口

早在约5000年前，境域已有人类生息。春秋末年，形成居民点（集散地）。秦汉隋唐时，中原人口有多次南迁至境，境域人口逐步增多。北宋时，木渎成为江南较大的集居地。明清时期，境域已是人丁兴旺。

民国以来，境域的山塘、塔影、香溪等地，成为居民城镇，金星村（大队）境域的车渡、王家、念店、平界、山前等自然村落，有不少村民农忙季节在村里种地，闲时即去集镇替人打工、开店经商。

境域常住人口中，以王姓为主，496人；其次是张、陈姓，张姓353人，陈姓346人。200人以上的姓有陈、朱、徐、吴、许；100人以上的有李、周、顾、刘、陆、沈、杨。

1949年10月后，境域人民生活逐步稳定，人口出生率一时迅速高涨，20世纪70年代，人口处于平均稳步增长阶段。80年代改革开放后，社会事业逐步发展，医疗水平得到提高，居民健康状况日趋好转，平均寿命不断提高。2021年12月，境域有1967户人家，6321人，其中男性3101人，女性3220人。80岁至89周岁老人233人，其中男性106人，女性127人。90岁以上高龄老人37人，其中男性15人，女性22人。

第一节 人口总量

一、人口

1951年，木渎镇（乡）有3个行政村，即新农村、新东村和新和村。境内车渡、王家、念店等3个自然村属于新农村。其时新农村除了境域车渡、王家、念店等3个自然村，还包括仓基、许家、吴家场、下沙塘等4个自然村，有156户人家、685人。

1953年，新农村有8个组，158户、601人，其中男性287人，女性314人。

1954年，新农村有8个组，624人，其中男性316人，女性308人。

1956年，金星高级社有464户，1930人，其中男性892人，女性1038人。

1959年9月，灵岩大队划出车渡、王家、念店、平界、山前等5个自然村，设立金星大队。其时，金星大队下辖车渡、王家、念店、平界、山前等5个自然村。

1967年，金星大队有172户人家，734人，其中男性358人，占48.8%，女性376人，占51.2%。

2003年11月，金星村与木渎镇老街的山塘、塔影、香溪等3个居委会合并，建立香溪社区居民委员会。其时，金星村265户人家，472人，其中男性206人，女性266人；山塘居委会787户人家，2040人，其中男性1011人，女性1029人；塔影居委会1003户人家，2052人，其中男性993人，女性1059人；香溪居委会313户人家，885人，其中男性436人，女性449人。合计2368户，5449人，其中男性2646人，占48.6%，女性2803人，占51.4%。

2021年12月，香溪社区1967户人家，6321人，其中男性3101人，占49.1%；女性3220人，占50.9%。

表2-1 　　1967—2003年境域金星村（大队）户籍人口选年统计表

年份	户数/户	人数/人	男女人数/人	
			男	女
1967	172	734	358	376
1968	219	827	404	423
1969	226	842	387	455
1971	234	876	402	474
1972	234	873	397	476
1973	234	873	397	476
1974	236	870	395	475

续表

年份	户数/户	人数/人	男女人数/人	
			男	女
1975	240	889	401	488
1976	291	933	431	502
1977	315	957	450	507
1978	314	976	456	520
1979	314	965	449	516
1980	326	952	443	509
1981	306	950	443	507
1982	309	959	446	513
1983	274	1011	499	512
1985	315	866	408	458
1986	308	822	380	442
1987	282	775	352	423
1988	278	782	350	432
1989	278	711	326	385
1990	285	698	316	382
1992	285	716	319	397
1993	260	607	276	331
1994	250	575	260	315
1995	250	540	244	296
1996	232	502	222	280
1999	213	466	202	264
2000	209	461	201	260
2001	207	454	197	257
2002	207	454	199	255
2003	265	472	206	266

表 2-2　　1979—2003 年境域居委会户籍人口选年统计表

年份	居委会名称	户数/户	人口/人	男女人数/人	
				男	女
1979	塔影	684	1999	1009	990
	香溪	490	1434	731	703

续表

年份	居委会名称	户数/户	人口/人	男女人数/人	
				男	女
1980	塔影	765	2350	1158	1192
	香溪	505	1607	818	789
1981	塔影	872	2646	1293	1353
	香溪	491	1547	767	780
1982	塔影	325	982	486	496
	香溪	385	1152	560	592
1984	塔影	606	1816	903	913
	香溪	504	1433	712	721
1985	塔影	588	1821	906	915
	香溪	591	1646	823	823
1986	塔影	619	1805	898	907
	香溪	701	1874	941	933
1989	塔影	603	1823	918	905
	香溪	706	2402	1206	1196
1991	塔影	711	1875	952	923
	香溪	946	2721	1386	1335
1992	塔影	1487	2685	1279	1406
	香溪	1014	2738	1393	1345
1993	塔影	1247	2589	1246	1343
	香溪	930	2771	1394	1377
1995	塔影	1246	2511	1221	1290
	香溪	500	1114	558	556
1996	山塘	524	1572	785	787
	塔影	738	2440	1183	1257
	香溪	546	1486	736	750
1999	山塘	621	1553	785	768
	塔影	1115	2322	1114	1208
	香溪	565	1556	772	784
2001	山塘	783	2051	1021	1030
	塔影	1006	2197	1058	1139
	香溪	300	790	392	398

续表

年份	居委会名称	户数/户	人口/人	男女人数/人	
				男	女
2002	山塘	770	2032	1013	1019
	塔影	972	2159	1043	1116
	香溪	324	855	423	432
2003	山塘	787	2040	1011	1029
	塔影	1003	2052	993	1059
	香溪	313	885	436	449

表2-3　　　　2005—2021年香溪社区境域在籍人口统计表

年份	户数/户	人数/人	男女人数/人		百分比/%	
			男	女	男	女
2005	1963	5849	2862	2987	48.9	51.1
2006	1948	5719	2745	2974	48.0	52.0
2007	1962	5867	2892	2975	49.3	50.7
2008	1985	5916	2907	3009	49.1	50.9
2009	1951	5712	2726	2986	47.7	52.3
2010	1964	5649	2780	2869	49.2	50.8
2011	1968	5583	2731	2852	48.9	51.1
2012	1973	5674	2731	2943	48.1	51.9
2013	2003	5016	2486	2530	49.6	50.4
2014	1969	5549	2741	2808	49.4	50.6
2015	1902	5743	2719	3024	47.3	52.7
2016	1854	6183	2984	3199	48.3	51.7
2017	1896	5871	2865	3006	48.8	51.2
2018	1889	5648	2796	2852	49.5	50.5
2019	1852	5596	2761	2835	49.3	50.7
2020	1910	6043	2943	3100	48.7	51.3
2021	1967	6321	3101	3220	49.1	50.9

二、劳动力

20世纪60—70年代，境域金星大队的劳动力主要集中在农副业生产上，70年代后期至80年代，随着村办工业和乡镇办企业的兴起，部分劳动力向村办、乡镇办工厂转移。

1967年，金星大队总人口734人，劳动力382人，其中12人在乡镇企业打工，占总劳力的 3.1%。1978 年，金星大队总人口 976 人，劳动力 495 人，其中 37 人在外打工。占总劳力的 7.5%。

改革开放后，1983 年 8 月，境内金星村总人口 1011 人，劳动力 543 人，其中有 132 人在外打工，占总劳力的 24.3%。1993 年，境域金星村在籍户口有 607 人，劳动力 309 人，其中有 201 人在外打工，占总劳力的 65%。

20 世纪 80 年代后，境域金星村的土地逐步被征，至 2003 年，已无农田。境域劳动力大部分转移至工矿企业或古镇老街巷给商家打工。据统计，2003 年，境域金星村有人口 472 人，劳动力 372 人，其中男劳力 154 人，女劳力 218 人，山塘、塔影、香溪等 3 个居委会有人口 4977 人，劳动力 3335 人，其中男劳力 1635 人，女劳力 1700 人。

2021 年，香溪社区有劳动力 4109 人，其中男劳力 2016 人，女劳力 2093 人。

表 2-4　　　　1967—2003 年境域金星村（大队）在籍劳动力选年统计表

年份	合计/人	男女人数/人	
		男	女
1967	382	188	194
1968	402	193	209
1969	459	198	261
1971	483	228	255
1972	493	237	256
1973	495	237	258
1974	498	240	258
1975	485	232	253
1976	432	207	225
1977	521	236	285
1978	495	232	263
1979	521	238	283
1980	509	246	263
1981	513	246	267
1982	518	249	269
1983	543	238	305
1985	468	218	250
1986	444	202	242
1987	415	186	229
1988	423	192	231

续表

年份	合计/人	男女人数/人	
		男	女
1989	569	254	315
1990	478	218	260
1992	381	175	206
1993	309	141	168
1994	348	152	196
1995	372	151	221
1996	254	109	145
1999	240	107	133
2000	311	126	185
2002	322	136	186
2003	372	154	218

表2-5　　　　2005—2021年香溪社区在籍劳动力统计表

年份	劳动力/人	男女人数/人	
		男	女
2005	3802	1860	1942
2006	3717	1784	1933
2007	3814	1880	1934
2008	3845	1889	1956
2009	3713	1772	1941
2010	3802	1807	1995
2011	3629	1775	1854
2012	3688	1775	1913
2013	3260	1616	1644
2014	3607	1782	1825
2015	3733	1767	1966
2016	4019	1940	2079
2017	3816	1927	1889
2018	3671	1817	1854
2019	3637	1794	1843
2020	3928	1913	2015
2021	4109	2016	2093

第二节 人口结构

一、年龄、性别

2021年12月，香溪社区境内0至4岁的儿童289人，占总人口的4.57%，其中男童163人，女童126人。5岁至9岁的儿童446人，占总人口的7.1%，其中男童244人，女童202人。10岁到19岁的青少年547人，占总人口的8.65%，其中男性280人，女性267人。20岁到59岁的中青年有3326人，占总人口的52.62%，其中男性1587人，女性1739人。60至79岁老人1443人，占总人口的22.82%，其中男性724人，女性719人。80岁到89岁的有233人，占总人口的3.69%，其中男性106人，女性127人。90岁以上的高龄老人37人，占总人口的0.58%，其中男性15人，女性22人。境内最年长的百岁老人朱根男（女），生于1921年10月15日。

香溪社区籍居民中6321人均为汉族。

表2-6　　　　2021年12月香溪社区在籍居民年龄构成情况一览表

年龄段/周岁	合计/人	男女人数/人	
		男	女
0—4	289	163	126
5—9	446	244	202
10—14	314	153	161
15—19	233	127	106
20—24	212	110	102
25—29	302	156	146
30—34	462	184	278
35—39	448	197	251
40—44	399	183	216
45—49	404	189	215
50—54	505	246	259
55—59	594	322	272
60—64	411	209	202
65—69	489	253	236
70—74	315	153	162
75—79	228	109	119

续表

年龄段/周岁	合计/人	男女人数/人	
		男	女
80—84	150	70	80
85—89	83	36	47
90及以上	37	15	22
合计	6321	3119	3202

表2-7　　　2021年12月香溪社区在籍80—89周岁人数一览表

年龄/周岁	合计/人	男女人数/人	
		男	女
80	33	16	17
81	26	10	16
82	35	19	16
83	28	12	16
84	28	13	15
85	18	6	12
86	23	9	14
87	18	5	13
88	15	10	5
89	9	6	3
合计	233	106	127

表2-8　　　2021年12月香溪社区在籍80—89周岁老人一览表

年龄/周岁	姓名	出生日期	性别	住址
80	孙火男	1941-12-18	男	山前村
	刘国钧	1941-11-23	男	塔影新村
	许金媛	1941-11-21	女	明清街
	顾巧玲	1941-11-06	女	山塘街
	洪根泉	1941-10-29	男	山塘街
	张凤媛	1941-10-12	女	车渡村
	朱琴霞	1941-10-10	女	下沙塘新村
	江秀君	1941-10-04	男	下沙塘
	许玲媛	1941-09-25	女	山前村
	王爱英	1941-09-14	女	香溪西路
	游培华	1941-09-03	女	塔影新村
	仇根妹	1941-08-26	女	车渡村

续表

年龄/周岁	姓名	出生日期	性别	住址
80	曹三男	1941-08-13	男	香溪新村
	杨有正	1941-08-07	男	香溪新村
	马 美	1941-08-07	女	山塘街
	陈国华	1941-07-17	男	香溪新村
	朱玉林	1941-07-11	男	下沙塘新村
	钟杏珍	1941-07-07	女	香溪新村
	李 兵	1941-06-30	男	下沙塘新村
	吴国熊	1941-06-04	男	香溪新村
	黄全媛	1941-06-01	女	念店村
	包雅珍	1941-05-21	女	香溪新村
	汤秀华	1941-05-03	女	下沙塘新村
	朱彩玲	1941-04-12	女	明清街
	张林男	1941-03-13	男	车渡村
	潘云泉	1941-03-05	男	塔影新村
	陈文英	1941-03-02	女	念店村
	钟全元	1941-02-28	男	下沙塘
	缪山金	1941-02-17	男	香溪新村
	邵家琛	1941-02-05	女	香溪新村
	王文秀	1941-01-20	女	明清街
	冯如龙	1941-01-12	男	山塘街
	徐福寿	1941-01-06	男	山前村
81	顾海根	1940-12-24	女	念店村
	孙粉娣	1940-12-15	女	香溪新村
	孙红英	1940-12-08	女	下沙塘新村
	王世英	1940-11-15	女	下沙塘新村
	姚秀英	1940-10-09	女	香溪新村
	秦惠芬	1940-10-06	女	山塘街
	张菊林	1940-09-26	男	车渡村
	江连娣	1940-09-25	女	下沙塘
	沈娟英	1940-09-14	女	塔影新村
	姚竹英	1940-09-02	女	塔影新村
	冯佩珍	1940-08-06	女	塔影新村
	许根云	1940-07-11	男	山前村
	尹凤珍	1940-07-07	女	香溪新村

续表

年龄/周岁	姓名	出生日期	性别	住址
81	吴瑞荣	1940-07-03	男	车渡村
	郁德根	1940-07-01	男	香溪新村
	尤凤珍	1940-05-29	女	塔影巷
	刘雪林	1940-05-09	男	香溪新村
	严林土	1940-03-31	男	王家村
	顾雪珍	1940-02-18	女	念店村
	马云泉	1940-02-17	男	塔影新村
	范素珍	1940-02-12	女	下沙塘
	吕根火	1940-02-12	男	山前村
	董培祥	1940-02-05	男	车渡村
	蔡火娣	1940-01-12	女	杜家弄
	苏祝平	1940-01-07	男	明清街
	张惠芬	1940-01-02	女	塔影新村
82	仇春元	1939-12-28	男	车渡村
	顾大文	1939-12-15	男	塔影新村
	韩福金	1939-12-03	男	山塘街
	王梅英	1939-12-01	女	山塘街
	沈芬芳	1939-11-30	女	下沙塘
	肖志新	1939-11-28	男	下沙塘新村
	陈玉琪	1939-11-27	女	下沙塘
	沈素英	1939-11-21	女	香溪新村
	钱常武	1939-11-20	男	古松街
	张六妹	1939-11-17	女	念店村
	张士娥	1939-11-15	女	塔影新村
	吴全金	1939-11-14	男	中市街
	杨志庆	1939-11-11	男	塔影新村
	陈荣林	1939-10-20	男	塔影新村
	郝三英	1939-09-15	女	车渡村
	顾振威	1939-09-14	男	香溪新村
	顾根妹	1939-09-12	女	山前村
	潘骏	1939-09-05	男	塔影新村
	马根妹	1939-08-29	女	中市街
	姚大男	1939-08-12	男	王家村
	卢桂林	1939-08-11	男	香溪新村

续表

年龄/周岁	姓名	出生日期	性别	住址
82	孙根娣	1939-08-10	女	山前村
	韩根兄	1939-08-08	女	塔影新村
	顾水森	1939-07-05	男	塔影新村
	杨坤石	1939-07-01	男	香溪新村
	杨根娣	1939-06-23	女	香溪新村
	陈寿根	1939-06-01	男	念店村
	顾彩娥	1939-05-22	女	王家村
	秦连久	1939-05-07	男	香溪新村
	夏水章	1939-04-25	男	香溪新村
	夏素英	1939-03-17	女	山前村
	陈金秀	1939-02-02	女	塔影巷
	陆火才	1939-01-24	男	山塘街
	沈玲娣	1939-01-18	女	山前村
	姚志德	1939-01-05	男	塔影巷
83	黄宋德	1938-12-27	男	塔影巷
	陈桂萍	1938-12-25	女	塔影新村
	杨荷珍	1938-12-24	女	下沙塘
	郭和曼	1938-12-24	女	山塘街
	毛中榛	1938-12-16	男	灵岩山庄
	沈珊云	1938-12-11	女	香溪新村
	马治兰	1938-12-03	女	香溪新村
	沙菊宝	1938-11-22	女	鹭飞浜里
	钱桂珍	1938-11-21	女	塔影新村
	陈金林	1938-11-19	女	念店村
	陈锡明	1938-11-11	男	塔影巷
	彭允孟	1938-11-07	男	山塘街
	方培生	1938-10-15	男	下沙塘
	王素英	1938-08-15	女	王家村
	李俊安	1938-08-06	女	塔影新村
	张巧英	1938-08-02	女	香溪新村
	刘红英	1938-07-23	女	香溪新村
	许海元	1938-06-06	男	香溪西路
	彭兰英	1938-06-06	女	山塘街
	陈春妹	1938-05-17	女	塔影新村

续表

年龄/周岁	姓名	出生日期	性别	住址
83	刘必忠	1938-04-27	男	下沙塘新村
	陈耀祖	1938-04-14	男	山塘街
	许梦珍	1938-03-17	女	香溪新村
	俞文虎	1938-02-17	男	翠坊北街
	褚秀贵	1938-02-15	男	香溪新村
	施恒龙	1938-01-23	男	下沙塘
	陆美珍	1938-01-06	女	明月寺弄
	钱金水	1938-01-02	男	山塘街
84	张树娟	1937-12-25	女	念店村
	顾德华	1937-12-21	女	翠坊北街
	朱才林	1937-12-20	男	山前村
	殷兴宝	1937-12-19	男	塔影新村
	司元珍	1937-12-03	女	山塘街
	陈秀英	1937-11-24	女	念店村
	李桃兰	1937-11-19	女	塔影新村
	邓士雄	1937-11-14	男	下沙塘
	华嘉淞	1937-11-14	男	下沙塘
	黎素芳	1937-10-26	女	念店村
	蒋小妹	1937-10-45	女	塔影新村
	秦进才	1937-10-09	男	香溪新村
	王东生	1937-10-07	男	王家村
	刘四金	1937-10-04	男	下沙塘
	陶松妹	1937-09-24	女	山塘街
	黄文祥	1937-09-23	男	念店村
	韩水林	1937-09-15	女	山前村
	高坤山	1937-09-09	男	翠坊北街
	金阿四	1937-06-29	男	车渡村
	盛林宝	1937-06-12	男	下沙塘新村
	谈玉英	1937-05-30	女	塔影新村
	方华娟	1937-05-19	女	塔影新村
	王根生	1937-05-12	男	香溪新村
	张幼生	1937-05-11	男	塔影新村
	顾金妹	1937-05-06	女	山塘街
	谷佩芳	1937-02-17	女	塔影新村

续表

年龄/周岁	姓名	出生日期	性别	住址
84	赵连英	1937-01-07	女	香溪新村
	苏玲妹	1937-01-02	女	车渡村
85	庄薇玉	1936-12-30	女	下沙塘
	饶佳珍	1936-12-30	女	毛家弄
	蔡寿宝	1936-12-28	男	塔影新村
	陈全娣	1936-11-21	女	王家村
	孙根荣	1936-11-08	男	香溪新村
	董瑞芳	1936-11-05	女	中市街
	孙水根	1936-10-17	男	灵岩山庄
	徐仙金	1936-09-10	女	灵岩山庄
	刘阿妹	1936-07-06	女	香溪新村
	陈玉成	1936-06-13	男	塔影新村
	许钎甫	1936-05-22	男	山前村
	顾爱妹	1936-05-03	女	山前村
	范锡珍	1936-02-19	女	明月寺弄
	杨树谷	1936-02-14	男	香溪新村
	张素莲	1936-02-13	女	翠坊北街
	盛兰英	1936-02-05	女	山塘街
	高凤琴	1936-01-27	女	香溪新村
	夏素珍	1936-01-15	女	明清街
86	范小媛	1935-11-10	女	念店村
	陆玲秀	1935-10-25	女	香溪新村
	孔才元	1935-10-24	男	香溪新村
	张才珍	1935-10-20	女	下沙塘
	秦勤才	1935-10-08	男	山塘街
	周月娥	1935-10-03	女	下沙塘新村
	陈阿妹	1935-09-27	女	念店村
	杨桂英	1935-09-23	女	香溪新村
	程兴元	1935-09-07	男	塔影新村
	李栋明	1935-08-25	男	翠坊北街
	黄秀英	1935-08-06	女	羡园街
	孙小毛	1935-07-18	女	塔影新村
	邹大男	1935-07-13	男	山塘街
	尤顺孚	1935-07-10	男	下沙塘

续表

年龄/周岁	姓名	出生日期	性别	住址
86	高景行	1935-06-22	女	下沙塘新村
	赵书奎	1935-06-10	男	香溪新村
	朱泉梅	1935-05-20	女	香溪新村
	张秀美	1935-05-17	女	香溪新村
	施英英	1935-03-07	女	山前村
	薛水宝	1935-02-18	女	香溪新村
	朱信城	1935-02-16	男	中市街
	吴兆丽	1935-02-10	女	塔影新村
	陈根火	1935-01-22	男	念店村
87	董桂英	1934-12-31	女	下沙塘
	陈祖英	1934-11-29	女	塔影新村
	甘荣兰	1934-11-29	女	长弄
	钟惠珠	1934-11-02	女	山塘街
	郑公金	1934-10-25	男	香溪新村
	蔡永娟	1934-09-02	女	下沙塘
	李敏珠	1934-08-19	女	山塘街
	张耀祖	1934-08-09	男	塔影新村
	徐毛头	1934-07-26	男	塔影新村
	俞泉元	1934-06-16	男	塔影巷
	濮秋玲	1934-05-18	女	念店村
	施宝兴	1934-05-01	男	下沙塘
	樊玉英	1934-04-11	女	中市街
	曹根古	1934-03-02	女	香溪新村
	邓玉芳	1934-02-17	女	明月寺弄
	柳华云	1934-01-23	女	车渡村
	孙宝珍	1934-01-21	女	塔影巷
	王月华	1934-01-10	女	下沙塘
88	刘小妹	1933-12-30	女	山塘街
	朱毛头	1933-11-23	男	山前村
	王观炳	1933-10-09	男	香溪西路
	朱多多	1933-09-30	女	山前村
	周小毛	1933-09-27	女	王家村
	沈才元	1933-09-10	男	香溪西路
	黄春静	1933-08-07	女	塔影新村

续表

年龄/周岁	姓名	出生日期	性别	住址
88	沈恩济	1933-08-03	男	念店村
	宋玉烈	1933-07-13	男	下沙塘
	夏惠英	1933-06-06	女	下沙塘新村
	沈守祥	1933-05-11	男	塔影新村
	梁阿才	1933-03-13	男	车渡村
	曹金狗	1933-02-13	男	塔影新村
	体 周	1933-02-04	男	中山西路
	王根宝	1933-01-05	男	车渡村
89	刘金林	1932-11-26	男	下沙塘
	俞 坚	1932 10 08	男	古松街
	陆 忠	1932-09-22	男	塔影新村
	汪才兴	1932-09-22	男	香溪新村
	胡根仙	1932-07-30	女	毛家弄
	钱明南	1932-06-05	男	塔影新村
	陈坤宝	1932-02-16	男	念店村
	李淑珍	1932-01-19	女	下沙塘
	李招娣	1932-01-06	女	下沙塘

表 2-9　　2021 年 12 月香溪社区在籍 90 周岁以上老人统计表

年龄/周岁	男/人	女/人	合计/人
90	2	5	7
91	6	2	8
92	2	3	5
93	—	4	4
94	2	4	6
95	1	2	3
96	1	—	1
97	—	1	1
99	1	—	1
100	—	1	1
合计	15	22	37

表 2-10   2021 年 12 月香溪社区在籍 90 周岁以上老人一览表

姓名	出生日期	性别	住址
彭冬桂	1931-12-24	女	山塘街
李菊珍	1931-11-07	女	山塘街
章俊山	1931-11-02	男	山塘街
冯学法	1931-09-20	男	念店村
韦 云	1931-02-04	女	山塘街
沈三媛	1931-01-11	女	塔影新村
栾秀兰	1931-01-07	女	香溪新村
陈国瑞	1930-11-08	男	香溪新村
陆岳云	1930-10-28	女	古松街
唐绍基	1930-10-22	男	下沙塘
邹桂林	1930-07-29	男	明清街
唐根宝	1930-05-12	男	王家村
朱世斌	1930-04-30	男	下沙塘新村
吕水兴	1930-04-18	男	塔影新村
莫秀珍	1930-04-05	女	杜家弄
王爱宝	1929-09-16	女	下沙塘
陆秀芳	1929-03-16	女	中市街
觉 山	1929-02-23	男	中山西路
汪云茵	1929-01-26	女	塔影新村
许诚意	1929-01-15	男	念店村
陈家英	1928-12-30	女	塔影新村
陈桂南	1928-10-06	女	下沙塘
王大妹	1928-09-29	女	车渡村
曹素英	1928-07-17	女	香溪新村
徐素珍	1927-12-19	女	山塘街
王素珍	1927-11-21	女	山塘街
余士良	1927-11-02	男	塔影新村
邹俊康	1927-10-02	男	香溪新村
许秀英	1927-05-21	女	王家村
董林风	1927-04-29	女	山塘街
袁小妹	1926-11-14	女	山前村
潘惠民	1926-07-19	女	翠坊北街
宁德厚	1926-06-10	男	中山西路
海 晏	1925-07-27	男	中山西路

续表

姓名	出生日期	性别	住址
李淮珠	1924-05-28	女	香溪新村
道 安	1922-08-16	男	中山西路
朱根男	1921-10-15	女	山塘街

二、姓氏

香溪社区境域地处木渎古镇及古镇周边乡村,来往商贾纷纭,不但流动人口频繁,而且客居户籍甚众,所以姓氏较多。2021年12月,境域户籍姓氏统计,共有308个姓氏。其中200人以上的姓氏7个,150人以上的姓氏3个,100人以上的姓氏4个,50人以上的姓氏8个,30人以上的姓氏20个,20人以上的姓氏15个;10人以上的姓氏31个,5人以上的姓氏50个,2—4人的姓氏88个,还有82个单独姓氏。

表2-11　　　　　2021年12月香溪社区在籍居民姓氏统计表　　　　　单位:人

编号	姓氏	人数	编号	姓氏	人数	编号	姓氏	人数	编号	姓氏	人数
1	王	493	21	金	72	41	江	39	61	梁	17
2	张	351	22	赵	63	42	郑	38	62	章	17
3	陈	344	23	曹	46	43	严	29	63	倪	17
4	朱	314	24	胡	46	44	夏	27	64	华	17
5	徐	279	25	范	45	45	叶	27	65	彭	16
6	吴	263	26	薛	45	46	郭	26	66	盛	16
7	许	233	27	唐	45	47	宋	26	67	龚	16
8	李	198	28	汪	45	48	蔡	25	68	肖	16
9	周	197	29	丁	42	49	汤	24	69	史	16
10	顾	182	30	施	42	50	缪	24	70	孔	16
11	刘	141	31	俞	42	51	董	24	71	陶	15
12	陆	140	32	蒋	41	52	何	23	72	姜	15
13	沈	132	33	高	41	53	谢	23	73	柳	15
14	杨	124	34	潘	40	54	殷	23	74	邹	15
15	孙	96	35	戴	40	55	吕	22	75	邱	15
16	钱	86	36	冯	40	56	毛	22	76	苏	15
17	黄	86	37	方	40	57	尤	21	77	罗	14
18	姚	78	38	袁	40	58	秦	19	78	杜	14
19	马	77	39	钟	39	59	翁	18	79	左	14
20	韩	73	40	郁	39	60	程	17	80	葛	13

续表

编号	姓氏	人数	编号	姓氏	人数	编号	姓氏	人数	编号	姓氏	人数
81	孟	12	115	沙	6	149	苗	4	183	广	3
82	诸	11	116	包	6	150	花	4	184	瞿	2
83	林	11	117	付	6	151	祁	4	185	熊	2
84	余	11	118	邓	6	152	关	4	186	谭	2
85	庄	11	119	颜	5	153	过	4	187	裴	2
86	魏	10	120	滕	5	154	邢	4	188	臧	2
87	谈	10	121	廖	5	155	司	4	189	源	2
88	计	10	122	管	5	156	牛	4	190	新	2
89	濮	9	123	智	5	157	支	4	191	解	2
90	游	9	124	崔	5	158	卜	4	192	詹	2
91	傅	9	125	庄	5	159	慧	3	193	照	2
92	郝	9	126	耿	5	160	阙	3	194	雷	2
93	纪	9	127	费	5	161	嵇	3	195	裘	2
94	石	9	128	祝	5	162	屠	3	196	普	2
95	卞	9	129	觉	5	163	戚	3	197	舒	2
96	万	9	130	项	5	164	梅	3	198	扈	2
97	鲍	8	131	居	5	165	能	3	199	悟	2
98	浦	8	132	府	5	166	凌	3	200	海	2
99	洪	8	133	邰	5	167	候	3	201	资	2
100	邵	8	134	妙	5	168	侯	3	202	乘	2
101	任	8	135	芦	5	169	咸	3	203	顿	2
102	田	8	136	仇	5	170	柯	3	204	胥	2
103	卢	8	137	水	5	171	房	3	205	娄	2
104	于	8	138	车	5	172	法	3	206	闻	2
105	樊	7	139	翟	4	173	岳	3	207	须	2
106	曾	7	140	褚	4	174	茅	3	208	段	2
107	常	7	141	满	4	175	巫	3	209	秋	2
108	贺	7	142	虞	4	176	安	3	210	钮	2
109	单	7	143	鲁	4	177	仲	3	211	荣	2
110	季	7	144	崇	4	178	光	3	212	於	2
111	道	6	145	贾	4	179	尹	3	213	武	2
112	莫	6	146	饶	4	180	心	3	214	劳	2
113	查	6	147	宗	4	181	贝	3	215	志	2
114	果	6	148	尚	4	182	韦	3	216	齐	2

续表

编号	姓氏	人数	编号	姓氏	人数	编号	姓氏	人数	编号	姓氏	人数
217	邬	2	240	惟	1	263	郎	1	286	闫	1
218	成	2	241	康	1	264	定	1	287	伍	1
219	兰	2	242	符	1	265	性	1	288	年	1
220	印	2	243	接	1	266	净	1	289	同	1
221	本	2	244	桑	1	267	庞	1	290	师	1
222	文	2	245	宽	1	268	明	1	291	毕	1
223	凤	2	246	悦	1	269	国	1	292	权	1
224	戈	2	247	席	1	270	郏	1	293	边	1
225	云	2	248	栾	1	271	证	1	294	弘	1
226	门	2	249	晏	1	272	宏	1	295	宁	1
227	曙	1	250	晁	1	273	闵	1	296	白	1
228	黎	1	251	柴	1	274	应	1	297	冉	1
229	稽	1	252	栗	1	275	言	1	298	申	1
230	僧	1	253	索	1	276	谷	1	299	北	1
231	窦	1	254	晋	1	277	体	1	300	平	1
232	赖	1	255	聂	1	278	岑	1	301	世	1
233	蒯	1	256	骆	1	279	时	1	302	甘	1
234	瑞	1	257	恒	1	280	吾	1	303	正	1
235	释	1	258	衍	1	281	束	1	304	义	1
236	储	1	259	禹	1	282	芮	1	305	大	1
237	焦	1	260	皇	1	283	贡	1	306	干	1
238	喻	1	261	信	1	284	如	1	307	乙	1
239	惠	1	262	柏	1	285	农	1	308	全	1

三、文化程度

民国时期，境域几个自然村儿童入学率低，能缴费读书的，主要是当地富裕人家，他们聘请塾师开设学馆，让子女入学读书识字。成年人尤其是女性，约90%是文盲或半文盲。

中华人民共和国成立初，在当地政府组织下，成年人上冬学或夜校，参加扫盲班学习，经过多年的努力，境内的文盲和半文盲人数逐渐减少，至1957年冬，境内基本完成了对成年人的扫盲任务，仅剩极少数的老年人不识字。学龄儿童入学率99%，具有小学或以上文化程度的人数不断增加。

20世纪80年代中期，境域不少成年人通过省、市级电视大学和成人教育中心培训学习，青年人报考中专、大学的人数越来越多，文化程度明显提高。

学生课外兴趣活动

2021年12月，香溪社区籍大专以上（含大专）文化程度的居民454人，为在籍人口的7.18%。其中研究生21名，博士2名。

第三节 人口变动

一、人口自然增长

1967年12月，境域金星大队在籍人数734人，其中男性358人，女性376人；出生26人，其中男性12人，女性14人，出生率为3.5‰；死亡2人，其中男女各1人，死亡率为0.3‰，自然增长率为3.3‰。

1999年，境域金星村在籍人数466人，其中男性202人，女性264人；出生14人，其中男性8人，女性6人，出生率为3.0‰；死亡5人，其中男性3人，女性2人，死亡率为1.1‰，自然增长率为1.9‰。

2021年，香溪社区在籍人数6321人，其中男性3101人，女性3220人；出生27人，

"情暖五月　感恩母亲"母亲节活动

其中男性14人，女性13人，出生率为0.4‰；死亡35人，其中男性22人，女性13人，死亡率为0.6‰，自然增长率为–0.1‰。

表2-12　　1967—2003年境域金星村（大队）人口自然增长情况选年统计表

年份	户籍人口/人			出生数/人			出生率/‰	死亡数/人			死亡率/‰	自然增长率/‰
	总数	男	女	小计	男	女		小计	男	女		
1967	734	358	376	26	12	14	3.5	2	1	1	0.3	3.3
1968	827	404	423	18	9	9	2.2	5	2	3	0.6	1.6
1969	842	387	455	28	13	15	3.3	6	4	2	0.7	2.6
1971	876	402	474	14	6	8	1.6	4	3	1	0.5	1.1
1972	873	397	476	22	13	9	2.5	6	4	2	0.7	1.8
1973	873	397	476	11	2	9	1.3	9	5	4	1.0	0.2
1974	870	395	475	15	12	3	1.7	5	2	3	0.6	1.1
1975	889	401	488	9	3	6	1.0	2	2	—	0.2	0.8
1976	933	431	502	11	5	6	1.2	2	1	1	0.2	1.0
1977	957	450	507	10	4	6	1.0	2	1	1	0.2	0.8

续表

年份	户籍人口/人			出生数/人			出生率/‰	死亡数/人			死亡率/‰	自然增长率/‰
	总数	男	女	小计	男	女		小计	男	女		
1978	976	456	520	18	7	11	1.8	9	5	4	0.9	0.9
1979	965	449	516	17	10	7	1.8	5	2	3	0.5	1.2
1980	944	443	501	10	7	3	1.1	5	3	2	0.5	0.5
1981	950	443	507	20	6	14	2.1	7	4	3	0.7	1.4
1982	959	446	513	10	7	3	1.0	5	3	2	0.5	0.5
1983	1011	499	512	23	12	11	2.3	4	3	1	0.4	1.9
1985	866	408	458	11	3	8	1.3	6	2	4	0.7	0.6
1986	822	380	442	14	5	9	1.7	5	2	3	0.6	1.1
1987	775	352	423	18	9	9	2.3	5	2	3	0.6	1.7
1988	782	350	432	8	2	6	1.0	5	2	3	0.6	0.4
1989	1011	499	512	18	8	10	1.8	5	4	1	0.5	1.3
1990	698	316	382	5	3	2	0.7	5	2	3	0.7	0.0
1992	716	319	397	9	4	5	1.3	3	1	2	0.4	0.8
1993	607	276	331	2	1	1	0.3	8	5	3	1.3	−1.0
1994	575	260	315	9	8	1	1.6	6	1	5	1.0	0.5
1995	540	244	296	7	2	5	1.3	7	3	4	1.3	0.0
1996	502	222	280	7	3	4	1.4	2	1	1	0.4	1.0
1999	466	202	264	14	8	6	3.0	5	3	2	1.1	1.9

表 2-13　　2005—2021 年香溪社区境域人口自然增长情况一览表

年份	户籍人口/人	出生数/人			出生率/‰	死亡数/人			死亡率/‰	自然增长率/‰
		小计	男	女		小计	男	女		
2005	5849	43	27	16	0.7	32	15	17	0.5	0.2
2006	5719	52	29	23	0.9	29	11	18	0.5	0.4
2007	5867	46	23	23	0.8	27	12	15	0.5	0.3
2008	5916	72	44	28	1.2	25	11	14	0.4	0.8
2009	5712	59	36	23	1.0	22	7	15	0.4	0.6
2010	5649	58	32	26	1.0	30	12	18	0.5	0.5
2011	5583	52	29	23	0.9	27	12	15	0.5	0.4
2012	5674	64	32	32	1.1	19	8	11	0.3	0.8
2013	5016	61	35	26	1.2	26	12	14	0.5	0.7
2014	5549	53	37	16	1.0	18	10	8	0.3	0.6

续表

年份	户籍人口/人	出生数/人			出生率/%	死亡数/人			死亡率/%	自然增长率/%
		小计	男	女		小计	男	女		
2015	5743	58	30	28	1.0	34	20	14	0.6	0.4
2016	6183	63	32	31	1.0	36	18	18	0.6	0.4
2017	5871	73	40	33	1.2	28	8	20	0.5	0.8
2018	5648	47	31	16	0.8	46	27	19	0.8	0.0
2019	5596	41	29	12	0.7	37	21	16	0.7	0.1
2020	6043	28	15	13	0.5	19	9	10	0.3	0.1
2021	6321	27	14	13	0.4	35	22	13	0.6	−0.1

二、人口机械增长

1967年12月，境域金星大队户籍人口734人，迁入16人，迁出5人，增加11人，机械增长率为1.50%。

1999年12月，境域金星村户籍人口466人，迁入9人，迁出6人，增加3人，机械增长率为0.64%。

2021年12月，香溪社区户籍人口6321人，迁入321人，迁出43人，增加278人，机械增长率为4.40%。

表2-14　1967—2003年境域金星村（大队）人口机械增长情况选年统计表

年份	迁入/人	迁出/人	增加/人	机械增长率/%
1967	16	5	11	1.50
1968	9	4	5	0.60
1969	17	7	10	1.19
1971	9	3	6	0.68
1972	8	11	−3	−0.34
1973	8	14	−6	−0.69
1974	5	5	0	0.00
1975	3	4	−1	−0.11
1976	13	8	5	0.54
1977	9	7	2	0.21
1978	2	8	−6	−0.61
1979	10	13	−3	−0.31
1980	12	30	−18	−1.89
1981	10	31	−21	−2.21

续表

年份	迁入/人	迁出/人	增加/人	机械增长率/%
1982	25	37	−12	−1.25
1983	11	4	7	0.69
1985	9	25	−16	−1.85
1986	20	73	−53	−6.45
1987	6	46	−40	−5.16
1988	13	3	10	1.28
1989	10	92	−82	−11.53
1990	5	29	−24	−3.44
1992	3	5	−2	−0.28
1993	27	60	−33	−5.44
1994	10	45	−35	−6.09
1995	8	4	4	0.74
1996	7	2	5	1.00
1999	9	6	3	0.64

表 2-15　　2005—2021 年香溪社区境域人口机械增长情况一览表

年份	户籍人口总数/人	迁入数/人			迁入率/%	迁出数/人			迁出率/%	机械增长率/%
		小计	男	女		小计	男	女		
2005	5849	56	28	28	0.96	32	15	17	0.55	0.41
2006	5719	50	27	23	0.87	180	87	93	3.15	−2.28
2007	5867	169	95	74	2.88	22	9	13	0.36	2.52
2008	5916	82	46	36	1.39	33	16	17	0.56	0.83
2009	5712	47	21	26	0.82	251	139	112	4.39	−3.57
2010	5649	33	17	16	0.58	96	51	45	1.70	−1.12
2011	5583	16	9	7	0.29	82	40	42	1.47	−1.18
2012	5674	140	74	66	2.47	49	23	26	0.86	1.61
2013	5016	34	18	16	0.68	692	368	324	13.80	−13.12
2014	5549	569	324	245	10.25	63	33	30	1.14	9.12
2015	5743	236	128	108	4.11	42	22	20	0.73	3.38
2016	6183	497	267	230	8.04	57	23	34	0.92	7.12
2017	5871	42	24	18	0.71	354	178	176	6.03	−5.32
2018	5648	37	20	17	0.66	260	122	138	4.60	−3.94

续表

年份	户籍人口总数/人	迁入数/人			迁入率/%	迁出数/人			迁出率/%	机械增长率/%
		小计	男	女		小计	男	女		
2019	5596	17	9	8	0.30	69	31	38	1.23	−0.93
2020	6043	498	278	220	8.24	51	26	25	0.84	7.40
2021	6321	321	167	154	5.08	43	21	22	0.68	4.40

第三章 名胜古迹

香溪社区境域具有2500多年的历史。西北是灵岩山景区，为苏州西部五个著名风景名胜之一。

灵岩山麓为古镇景区，商铺小店，鳞次栉比，一旁小桥流水，古宅一宅连一宅、石桥一座接一座、凉亭一亭挨一亭，人文景观，寓于之间。故清代诗人王汝玉有"山近灵岩地最幽，香溪名胜足千秋"的赞美诗句。清康熙皇帝3次下江南、乾隆6次南巡，都曾到过灵岩山麓。历代迁客骚人，纷至游历，从司马迁、李白、杜甫、唐伯虎、祝枝山到近现代的李根源、于右任，当代的费孝通等，均在境域留下了佳话轶事。

第一节　古宅园林

香溪社区境域的街道形成于宋朝，发展于元、明。至清代中叶，主街为山塘街，以后逐渐发展至中市街。古镇现有山塘街、中市街、东街（东中市）、西街（西中市）、下塘街、下沙塘、南街等 7 条街道，还有 16 条幽深曲折的街巷里弄。1998 年街道路面修复时用石板、石片或青砖铺砌，宽 1—2 米不等。

古老的山塘街西枕灵岩山，东连繁华的中市街，全长约 1000 米。街道中间铺上旧花岗岩石板，两边修复人字形青砖御道。街河并行，民居、商店鳞次栉比。古老的胥江横贯木渎全镇，而境域香水溪沿山塘街汇入胥江，胥江、香水溪，与东街、中市街、西街、山塘街等 7 条古街纵横交织，古宅园林（有古松园、虹饮山房、严家花园）错落其间，小桥流水，深宅大院，街巷幽深，古迹遍布，在江南诸多水乡古镇中具有独特的韵味。

一、严家花园

严家花园又名羡园，位于境域山塘街王家桥北侧。清道光八年（1828），木渎诗人钱照（字端溪）在王家桥北侧购得旧园，整理修复，新增眺农楼、延青阁诸胜，次年三月建成，取名端园。

清光绪二十八年（1902），木渎首富严国馨购得此园，聘请香山名匠姚承祖率良工进行重葺，在保留原有建筑的基础上，设计春夏秋冬"四季花园"格局，更名羡园。1926 年严家搬迁，羡园逐渐荒芜。1935 年，建筑学家刘敦桢两赴此园，撰文称："园面积颇广，院宇区划，稍嫌琐碎，然轩厅结构，廊庑配列，下逮门窗阑槛，新意层出，处处不肯稍落常套。最后得小池一处，中跨石梁，作之字形，环池湖石错布，修木灌丛，深浅相映，为境绝幽……人为之美，清幽之趣，并行而不悖，而严氏此园，又其翘楚也。"（《苏州古建筑调查记》）园林专家童寯亦称："园内布置，疏密曲折，高下得宜。木渎本多良工，虽处山林，而斯园结构之精，不让城市。"（《江南园林志·现状》）1937 年木渎沦陷后，侵华日军驻兵其间，园林被毁。

1999 年春，木渎镇人民政府重修严家花园，历时岁余。园林占地面积 1 万多平方米，建筑面积 3244 平方米，形成中路是住宅，三面为花园的新格局。中路为五进主体建筑，依次为门厅、怡宾厅、尚贤堂、明是楼、眺农楼（见山楼），以中路大厅尚贤堂与四季花园尤为著名。门厅门口屋檐正中悬挂翁同龢题"严家花园"匾额；正门悬挂赵朴初题"羡园"匾额；门楣嵌有 4 个圆木门簪，分别刻有牡丹、荷花、菊花、梅花四季花卉；大门两侧放置一对扁圆鼓形青石砷石，鼓面雕"双狮滚绣球"图案。正对门厅有一座青砖照壁，砖壁长 14 米、高 3.5 米，用御窑金砖斜铺，青石须弥座长 15 米、高 0.6 米，浮雕"双狮滚绣球"等图案，加上苏瓦硬山式壁顶，整个照壁

"桂馥兰芬"门楼

尚贤堂梓木

怡宾厅

长 15 米、高 5 米。

怡宾厅 俗称轿厅，正中为劳思的彩色漆雕作品《羡园览胜图》；上悬孙伯翔所题"怡宾厅"匾额，厅中圆柱有于曙光所书楹联"园中来客忘还府，云上游仙错认家"。厅里西侧有顶大红海棠花轿，又称龙凤花轿，运用浮雕、透雕、贴金等装饰手法，雍容华贵。整个花轿长 1.4 米、宽 1.1 米、高 2.6 米，共有轿基、轿身、挂落、轿面、轿栏、轿笼、牌坊、面首、轿亭、轿顶 10 层，由 650 块银杏木雕花板拼接而成，全部用木榫衔接。轿身镂雕有"百子闹春""五子夺魁""麒麟送子"图案，四面镶嵌的玻璃上配有"鲤鱼跳龙门""鹤鹿同春"等彩绘图文。花轿整体红漆所刷，再用金粉描框，富丽堂皇，吉祥喜庆。

厅后是座清代砖雕门楼，枋镌"桂馥兰芬"四字，为清光绪二十四年（1898）时任四川总督奎俊所书。上枋雕刻"四儒四士"像，即儒相、儒将、儒医、儒商和儒士、处士、名士、隐士。左右兜肚雕刻儒家之"入世""出世"两图，"入世"图一人端坐马上，春风得意，入仕朝廷；"出世"图一人侧坐马上，功成名就，归隐田园。下枋雕刻"独占鳌头"。

尚贤堂 即大厅，为明式楠木厅，建筑面积 200 多平方米，有 400 多年历史。厅内正悬沈鹏所书"尚贤堂"匾额，两侧大柱挂赵雁君所书对联"几多知，沈钱冯叶，巨著宏篇，咸是当年此寓呕心酬壮志；无不晓，陆范徐张，高风亮节，并非今日来游盲目仰名贤"。大厅直梁的两侧装饰有梓木，形状像古代官帽上的帽翅，故又叫官帽厅。大厅粗大的直柱由楠木所做，柱下楠木鼓墩坐青石莲花座之上。大厅陈列天然几、圈椅、四方桌及半圆桌等明式大红酸枝木家具，造型优美；厅里一对高大的清式紫檀红木落地屏风，中间镶嵌天然大理石，自然纹理如一幅山水画。

厅后清代砖雕门楼，字枋"绿野流芳"，由冯桂芬所书；上枋雕刻"恋故报恩"云鹤图；左右兜肚雕刻唐代"陆羽论茶"和东晋"书圣墨海"两图；下枋雕刻"众仙祝寿"图，图中祝寿的南极仙翁、麻姑、八仙等惟妙惟肖、栩栩如生；门楼顶部的砖雕斗拱结构紧密、雕刻精细。

明是楼 三楼三底苏式楼厅，是羡园内宅、严氏主人生活起居处；楼下正厅柱挂书法家谭以文所书对联"云崖缥缈，时隐三农，遥瞻佛界，茫然铁砚无心铸；山路崎岖，常颠一钵，顿悟人生，勤属樵风有日期"。底楼三间现改成山塘书院，邀请苏州评弹名家现场演出，供游客歇息欣赏。

眺农楼（见山楼） 相连的两幢双层绣楼，中间用风火墙隔离，是严家小姐和女眷的内宅。"见山"取自陶渊明"采菊东篱下，悠然见南山"诗句。在楼上凭栏远望，可看见对面灵岩山、天平山的秀姿，在这里可以眺望后面大片的田园景色及人们在田间躬耕劳作的情景。

西备弄 由门厅通向明是楼，长 65 米，将厅堂与西花园隔断。西备弄走廊两边墙壁上挂满在木渎取景的电视剧与电影宣传画，其中有中国首部无声武侠片《火烧红莲寺》、首部在国际上获奖的影片《渔光曲》、首部有声影片《桃李劫》及《南征北战》《华佗与曹操》《武林外史》《康熙王朝》《射雕英雄传》《姑苏十二娘》等。

四季花园 住宅西、北、东三面分别按春夏秋冬设四季花园，形成各具特色的小景区。花园由香山帮名匠姚承祖率良工历时两年修造完工，布局疏密有致，曲折多姿，局部处理精巧雅致。建筑学家刘敦桢、梁思成极为推崇，将其选入古典园林建筑教科书。

春景园 位于怡宾厅西边，以古玉兰为中心，园南部为清荫居，园西部为静中观，园北部为友于书屋。古玉兰树为端园旧物，历经百年沧桑，蓊郁如故，每逢春季来临，千葩万蕊，满园花香，树下湖石上书有"惜缘"两字。清荫居，造型似船，中间是船舱，两头是船头、船尾。

四季花园

静中观，出自《菜根谭》"静中观心，真妄毕见"之语，每当夜深人静，万籁俱寂，主人独坐此间省察内心。友于书屋，斋名引自《论语》"友于兄弟"，指兄弟友爱，地处幽偏，自成一体，前院湖石数片，院内植有松、竹、梅"岁寒三友"。书房前半部分是读书写作处，正中挂"友于书屋"匾额，两侧厅柱挂华人德所书对联"珠林墨妙三唐字，金匮文高二汉风"。书房后半部分是休息处，内置古罗汉床（又名懒人榻）。书屋是严家藏书之所，相传严家淦幼年曾在此通览经典古籍。

夏景园 位于友于书屋北假山尽头。园东有织翠轩、锦荫山房，园西有澹香亭、延青阁等建筑。织翠轩连接园中半廊，将整个夏景园分隔成水园和旱园两部分。锦荫山房，为圆洞门开放式山房，通向主人住宅明是楼。澹香亭，是园西墙风雨廊间的一个半厅，半厅内置放清宣统年间御窑金砖一方，墙上增添重修《羡园碑记》，碑文由钱仲联撰写。延青阁，在园西北尽头，两层小楼，是严家少主住宅，楼下有"阁邻佛寺经盈耳，窗对灵岩翠满晴"联。阁前立一块精美太湖石。

秋景园 由初秋和深秋两园组成。初秋园以闻木樨香堂为中心，前半为水园，东南角是鱼趣亭；后半为旱园，西北角是真趣亭，堂后有锁绿轩。园内假山用黄石堆砌。园四周遍植桂花，仲秋月夜，丹桂飘香，芬芳馥郁。闻木樨香堂为厅榭合一式建筑,前部水榭依水而筑,数鱼为乐,后部四面厅光明洞彻,尽收四周景色于窗棂内,轩正中悬挂"闻木樨香"匾额,两侧篆书"闻香思折桂,攻苦仰收萤"对联。鱼趣亭,偏踞水园东南一角,连接园东风雨廊,是观鱼的极佳处。真趣亭,独占旱园西北一隅,有闹中取静之趣。锁绿轩,园东风雨廊尽头小轩,是进入绣楼的门户。绣余小院,是第五进绣楼前独立小院,是连接初秋园和深秋园的通道;院内依墙有黄石小山一座,是绣楼内小姐及女眷登山健身场所。深秋园,在绣余小院东面,园内有座湖石假山,山巅一亭翼然,山间清流潺潺,临水的环山草庐、山顶的宜两亭以及园东一侧的清苑轩、采秀山房和爬山廊组成整个深秋园的娱乐情景。环山草庐,两层小楼,面阔三间,楼前宽大的平台面山临水,是演曲唱戏的舞台,内有鲍贤伦所写"楼台近水涵明鉴;琴酒和云入旧山"对联。清苑轩背靠东山墙,处于爬山廊下方,是小型室内舞台。采秀山房是园东南角敞开式小轩,爬山廊由此起步。爬山廊围绕整个东山墙,蜿蜒近50米,依地势而建,随地形升高,造型优雅。

冬景园　位于秋景园东,园内建筑密度较高,曲廊厅堂,交叉搭接。院中有小池,上跨石梁,作"之"字形,环池湖石错布,修木灌丛,深浅相映,环境绝幽。有听雨轩、疏影斋(画室)、益春亭、忆梅寮、海棠书屋、梅心琴房,建筑把空间分割为三个小院,彼此相隔又相连,互相穿插,为冬天游园增添乐趣。

听雨轩与风雨廊相连,植芭蕉树数株,取宋词"纵芭蕉不雨也飕飕"之意,是主人听雨下棋处。疏影斋(画室)为听雨轩对面三开间平屋,正堂挂沈玉山所写"疏影斋"匾额,柱上挂"新枝有意效夔牙,尧章词试作;常客无心成李杜,君复句偏吟"联,是主人作画处。益春亭为园西南小亭,内置落地屏风,上嵌镜子一面,增加小园层次。忆梅寮为园长廊尽头古建花窗,透窗而观,满植梅花,小雪初霁,红花绿萼,寮外层层黛瓦屋顶,步步高升,连接蓝天白云,寓意"平步青云"。海棠书屋是严家主人读书和教育子孙处,屋内挂"自古人斋偿梦笔,如今观匾解填词"联,前院遍植海棠。梅心琴房在冬景园和后花园之间。

后花园　以人造湖为中心,面积占整个园林的四分之一。园内设清漪桥、且闲亭,远植高大灌木,近植小草花木。

二、古松园

位于山塘街鹭飞桥东,园内有株明代罗汉松,苍翠遒劲,姿态优美,园因此得名。为清末木渎富商蔡少渔旧宅,占地面积3163平方米,建筑面积1920平方米。蔡少渔祖籍洞庭西山,在上海经商,发迹后回乡置地造屋。蔡少渔与严国馨(严家淦祖父)、郑龄九、徐凤楼合称"木渎四大富翁",富甲一方。园林主要有门厅、大厅、楼厅、东厢房、花园及北园。建筑布局紧凑,前宅后园,庭院小巧精致。宅内各处建筑古朴雅致,雕刻精细,现为江苏省文物保护单位。此园将门厅和轿厅合二为一,是其他园林的门厅进深的两倍。门头挂吴敔木所书"古松园"匾额,厅内置漆金《古松园鸟瞰图》屏风。厅后是砖雕门楼,深雕缀饰,形神有致,中间字枋刻有"明德惟馨"四字，两侧兜肚分别为"张良拾履""高山流水"。门楼上、下枋分别刻有"老子西游入关""疯僧扫秦""将相和""截江夺斗""张羽煮海""宁戚饭牛"等故事图案。

古松堂　即大厅，为清式建筑，硬山顶，哺鸡脊，由廊轩、步轩、内四界和后轩廊组成。步轩和内四界的梁架上各有四对棹木，形如古代官帽上的翼翅，俗称"纱帽厅"。步轩的四对棹木较小，分别刻有宝剑、葫芦、檀板、笛子、花篮等物，俗称"暗八仙"；内四界四对棹木则透雕戏文故事。内四界和步轩的轩梁上均雕刻各种戏曲人物，梁头的山雾云与抱梁云为"鹤鸣九皋"，气韵生动。明间梁架正中一根方椽上刻有八只琵琶，名为"八音联欢"。大厅门窗呈海棠形，上中下夹板和裙板均刻有云纹、如意与蝙蝠图案。大厅中央悬挂费之雄题写的"古松堂"匾额，前步柱上挂有楹联"醉月飞觞，顿教湖海豪情融作江南灵秀气；听松读画，当悟丛林妙趣传扬蓟北祥和音"。

凤凰楼　即楼厅，面阔五间，两侧厢房，楼上轩梁雕有16只凤凰，檐枋下端雕有16只倒挂花篮，因此亦称"花篮楼"，为清末木渎雕刻艺人赵子康的早期作品。楼上所有雕刻均为吉祥图案，楼下厢房的窗格上刻有梅、兰、竹、菊"四君子"；明间檐枋刻有画、书、信、元宝，寓意"书中自有黄金屋"；次间檐枋刻着花篮、箱子、宝剑、葫芦等"暗八仙"；厢房檐枋刻有海螺、风火轮、珊瑚、铜鼓等"八宝"；檐下挂落刻有放置梅、荷、菊、山茶的花瓶，称为"四季平安"；楼上栏杆为环形图案，中间花瓶里插有三根画戟，寓意"平升三级"；窗下栏杆刻有狮子和大象，前者象征权威，后者代表吉祥；檐下挂落插角为蝙蝠图案。凤凰楼二楼展出旅美画家王立鹏300多件书画艺术作品。

东厢房　紧靠整个厅堂东侧，由书房、绣楼、内花园组成。书房为门厅东侧的三开间平房，朝南内天井，现为劳思版画艺术馆。绣楼为书房北面的两层小楼，楼下现为明清古瓷馆，楼上现为"凤绣娘"工作室（陆彩凤刺绣馆）。内花园在书房、绣楼及凤凰楼东廊之间，园内四周上下高低蜿蜒的爬山廊将书房、绣楼组成一体，又连通古松堂、凤凰楼。园中有株明代罗汉松，高逾10米，树龄500多年，枝繁叶茂，郁郁葱葱。

花园　由纳漪榭、观景阁、影秀亭、假山群及水池曲桥建筑景观。纳漪榭为凤凰楼北廊伸出的水榭，伫立水池南首，榭内悬挂沈玉山所书"剪波纳漪"匾额，柱上对联"室幽喜依木；座宽知偕山"。水榭东十数步有株高大的银杏树，粗可盈抱，枝干挺拔，树龄200多年。观景阁在水池东面，为三开间半两层楼阁，与西面湖石假山隔水相对，楼阁南上下有廊连通内花园，一楼展出根雕艺术品，二楼是木渎廉政文化展示馆。湖石假山，贯穿整个花园的西、北两边，西边假山做双层瀑布，由假山南首的胜台长廊直通凤凰楼，北边假山多做山洞，穿洞可入北园。影秀亭，湖石假山西北之巅八角小亭，亭内有联"奇石尽含千古秀；异花常占四时春"。

北园　占地面积2000平方米，园内由东及西分别有画轩、绣廊、望山楼及库房等。

"明德惟馨"门楼

凤凰楼

画轩位于假山正北,为三开间平房轩式建筑;绣廊连通画轩和望山楼,似廊似楼,前有憩园;望山楼为楼台式建筑,四周有九曲石阶而上,登楼远眺,四周群山尽收眼帘,楼内有南宋方岳《山中》诗联"断无俗物敢排闼,尽有好山堪倚楼"。望山楼的一楼和二楼为姚建萍苏绣作品展示馆,陈列刺绣精品100多幅,其中有《沉思》

《父亲》《世纪和平百鸽图》《英国女王》《富春山居图（合璧卷）》等代表作品。

三、虹饮山房

位于山塘街严家花园东200米处，为清代乾隆年间苏州近郊著名园林。因门对香溪，背靠灵岩，"溪山风月之美，池亭花木之胜"远胜过其他园林，传说乾隆皇帝每次下江南游木渎的时候必至虹饮山房，在这里游园、看戏、品茗、吟诗，直到夜色降临，才依依不舍，顺着门前的山塘御道返回灵岩山行宫。因此，虹饮山房在当地民间有"乾隆民间行宫"之称。

《木渎小志》云："高庙四次巡幸，词臣随扈必信宿于此。刘石庵相国曾两寓之，手书《程子四箴》以赠士元，因写《虹饮山房图》合装成卷，子孙世宝焉。"虹饮山房占地面积1.29万平方米，建筑面积2451平方米，由中园（虹饮山房）、西园（秀野园）和东园（小隐园）三部分组成，建筑风格既有江南园林的秀美，又兼皇家园林的雄伟。

中园　南北中轴百米，设门厅、舞彩堂、春晖楼三进。建筑大气，在江南园林中罕见，故传说当年乾隆南巡到木渎时将虹饮山房作为其民间行宫。门厅为两坡硬山式建筑。石狮分立左右，门厅面阔五间，正中设将军门，左右次间设槛栏。大门金字"虹饮山房"匾额，由清人刘墉题写。门厅后的东首有座两层八角亭子，悬挂"翠幄"匾额，落款"景仰居士"。亭子仿照当年清皇太后随帝南巡时所用的帐幔外形，高9米，亭内设一层，亭中陈放清代大理石插屏。

舞彩堂　卷棚歇山顶，四角飞檐高挑，四平八稳，宽敞大气。厅内落地飞罩将大厅南北一分为二，两边圆柱挂翁同龢集句并书楹联"每临大事有静气；不信今时无古贤"。厅南有匾额"程子四箴"，由刘墉题赠主人徐士元。据记载，刘墉曾两度下榻山房，与徐士元相交默契。厅北，传说是当年乾隆帝奉太后看戏处，正对着堂后的戏台，陈设着御座、御案，背景是彩绘《虢国夫人游春图》。

春晖楼　古戏台建筑，中间是双层戏台，上下两层与后台楼房相通，两边长廊延伸至东西楼阁与东西双层长廊相连，组成整个古戏台前庭院。古戏台飞檐翘角，巍然耸立，中央高挂"春晖楼"匾，原是主人为孝顺父母而建，供二老观赏戏曲。后来乾隆皇帝六下江南，传说到此听戏，因此又称"御戏台"。

东西长廊　连接春晖楼和舞彩堂，廊中悬挂多块古旧的木制匾额；漏花窗上塑着花鸟虫鱼，琴棋书画；楼上长廊直通入古戏台，为大户人家女眷看戏包厢。

秀野园　原是仿明代别院，徐士元购院后仿照明末王心一灵岩山秀野园所构筑。布局南疏而北密，南面以水景取胜，荷香池占三分之二，池东环通虹饮山房整条走廊；池西花木假山环池而构，羡鱼亭、荷香舫、鸳鸯亭、蕉绿轩点缀其间，参差错落。园北秀野草堂临池面南而筑，与乐饥斋、桐桂山房、归耕课读庐组成主要建筑群。

羡鱼亭　为荷香池东临水方亭，连接池中九曲石桥，亭中对联"处处憨鱼憨处处；悠悠嚼水嚼悠悠"，池中立高大太湖石假山，似达摩赏荷。

秀野园

荷香舫 又名野人舟，是荷香池西南岸独立廊桥式建筑，恰似一艘泊岸的画舫。双层舫首昂扬挺立，正面挂"荷香"匾额，两旁对联"戏出金鳞摇婀娜；掠过翠羽带芬芳"；舫尾秀美颀长，正面草书"野人舟"，两旁对联"夕阳桂楫寻诗客；远水兰槎载酒人"；舫北有八角伞形小亭，以作候船避风之处。

鸳鸯亭 为园西假山巅，由竹啸、玉音两亭组成的方胜亭。竹啸亭有联"解箨虚心留粉馥；啸风高节拂云长"，玉音亭有联"邻寺经声时劝客；近山园景辄迷人"。

蕉绿轩 位于鸳鸯亭东，轩内置清同治年间金砖一块，两尺见方。

秀野草堂 为西园主体建筑，临池而筑。堂前设台伫立池中，堂中有藏头对联"秀才胆大，诗袋屡张偷胜迹；野老心平，林亭独坐享奇观"。

乐饥斋 位于秀野草堂西，平房三楹，游廊转折，曲径通幽。乐饥即"乐道而忘饥"的意思，喻有如饥似渴的求知欲望。

桐桂山房 位于园子西北角，两层折角小楼，现楼下展出清朝服饰，楼上展出清朝10位皇帝的12道圣旨，故亦称圣旨馆。

归耕课读庐 位于桐桂山房东侧，有爬山廊直接连接桐桂山房二楼。楼内现展览清朝科举试卷及相关用品，故亦称科举馆。

桐桂山房和归耕课读庐所有展出品与春晖楼东西两廊展出的20多方清朝匾额，组成虹饮山房的清朝皇家文化展览。

小隐园 以老树奇石和竹林茂盛著称。乾隆初，徐士元购得此园，增筑厅堂四进，南密而北疏，南面主要用于生活起居，北面后园疏池开径，叠石栽花，精巧雅致。清末，

蕉绿轩

徐家衰落，东园传说为陈家购得，又传说陈家外孙女沈寿从小在此长大，随外祖母和姐姐沈立学习女红，终成一代"刺绣皇后"，故东园又名沈寿故居，门楣挂有"沈寿故居"匾额。

离蘡堂 是当年徐士元迎客停轿处。"离蘡"两字出自《离骚》，徐士元以此告诫自己近君子、远小人。

大厅 为主人举办婚嫁喜事、祭祖典礼或招待贵宾处，悬挂《古木慈乌图》。两侧悬挂字画，其中一幅为书法《春山访友》，传为徐士元留存至今唯一的诗作，寄托诗人幽居隐逸的情怀；另一幅《夜读山房》，作者是木渎诗人谈汝龙。康熙皇帝南巡木渎时，传谈汝龙以秀才身份，当面向康熙帝献诗，深得赏识，被钦点进京。

雪宧楼 即楼厅原主人居住处，传后归陈家所有，成为沈寿绣楼，故亦名。

小隐斋 花园主体建筑，有曲廊连通小隐亭，并至虹饮山房东游廊，斋前荷花水池，斋后竹篁一片，门楣匾题"幽人贞吉"。

书斋 紧挨花园东墙，有曲廊分别与连通东园楼厅和小隐斋。

第二节 山塘街景区

山塘街西枕灵岩山，东连繁华的中市街，全长约1000米。街道中间铺上旧花岗岩石板，两边修复人字形青砖御道。街河并行，民居、商店鳞次栉比。古街上除严家花园、古松园、虹饮山房等园林外，还有斜桥、蔡家桥、鹭飞桥、虹桥、永安桥（王家桥），以及明月寺、怡泉亭等名胜古迹。

一、香溪桥梁

斜桥　位于西街与中市街相交处，初建于宋皇祐四年（1052），如今连接着中市街和西街、山塘街，和它相邻的郏巷桥则通往南街，桥下的水道汇聚香溪和胥江，形成水陆错综的立交格局，可以想见清晨的船夫背着朝霞，载着一船的太湖生鲜和水灵蔬菜，三三两两从薄雾中隐隐走来。这里水陆交会，自古就是繁华之地。因斜桥地处香溪和胥江的交汇处，河道干净时，香溪水清、胥江水混，两条水汇成一处，形成一条清晰的分界线，因名"斜桥分水"。这还是木渎十景之一。

蔡家桥　位于木渎古镇山塘街东侧，建桥年份不详，乃是山塘街"入街第一桥"。过桥沿香溪而筑的山塘街是木渎古镇的核心，桥后向西便是小桥流水、宅院幽深、人文荟萃的木渎古镇。

鹭飞桥　架在"丁"字形的香溪河上。其意为旧时此处白鹭成群，人来人往，惊起鸥鹭翔飞，故而名曰鹭飞桥。苏州名儒王韫斋（1798—1852）的《香蓬杂咏》有一章云："一区旧宅太萧条，耆硕惊心百岁遥。我亦寓公来过此，吟魂黯黯鹭飞桥。"袁枚的《随园诗话》亦有"是日舟泊木渎鹭飞桥"的记载。也有坊间几部武侠小说以此为地名书写。

虹桥　建于宋代，横跨香溪，清道光年间重修，1999年，木渎镇政府对该桥进

斜　桥

虹　桥

行修缮。桥面由三块狭长条石拼合而成，修复时将原来三块石条变为六块。其"虹桥晚照"景色曾经是木渎古镇十景之中的经典。欣赏此景的最佳季节当数夏秋之交，站在桥上，举目西望，会见夕阳正和虹桥、香溪形成一线，把香溪水染成一匹五彩绸缎，并疑心那桥是飘落人间的彩虹。清代文人吴溥诗曰："雨余霞绮落云间，绚作晴虹跨碧湾。好在红栏高处倚，举头无限夕阳山。"

永安桥　又名王家桥，单孔拱桥，全长 13.7 米，桥宽 2.2 米。桥洞宽敞，全景如环。明弘治十一年（1498）明帝朱祐樘命时任水利河道工部郎中傅潮所建，距今已有五百多年的历史。永安桥造型古朴拙雅，桥身通体由花岗岩组成。两边植被繁茂，青翠欲滴，桥头石质如意雕刻浑圆敦厚，取太平如意之意。一百八十多年前，王少牧有诗咏之："永安桥上祝长安，人自扬镳各往还。折柳应歌三叠曲，烟波浩渺忆乡关。"

永安桥古朴拙雅的造型，植被青翠欲滴，桥石的高低不平和裂缺，默默地见证了它历经沧桑。

二、明月寺

明月寺位于境域山塘街，占地面积 8000 平方米，建筑面积 3500 平方米。

明月寺建于后唐清泰二年（935），由僧明智所创，明洪武初归并普贤寺。清光绪十六年（1890），僧道根重修。"文化大革命"中遭毁，1993 年修复开放。明月古寺附近原有梨树林，每逢初春，"千树万树梨花开"，成为境域一景。清李果有"梨花明月寺，芳草牧牛庵"之句传诵。

明月寺建筑颇具特色，天王殿、大雄宝殿和藏经楼的布局结构与近在咫尺的灵岩山寺相仿。进入山门和天王殿，大肚弥勒端坐正中，一团和气，四大天王分列两旁，威武猛厉。

大雄宝殿是明月寺建筑群的中心，正殿 5 间，二层翘角飞檐，庄严肃穆。大殿

明月寺

中央供奉释迦如来,两侧分别是阿弥陀佛和药师佛,合称"三世佛"。大佛背面供奉观音菩萨,脚踏莲花,手持净瓶杨柳枝,神态矜持娴静。大殿两侧是十八罗汉,神态各异,栩栩如生。

明月寺内各座殿宇建筑均采用重檐歇山式,戗角上翘,使人有飘然欲仙的感觉。建筑基础也随地势南低北高,渐渐上升,显示出佛教追求超脱的深刻含义。明月寺悠远的佛教文化,加之寺内曲廊幽深,花枝繁茂,颇具园林胜概,吸引了不少迁客骚人。清代诗论家叶燮晚年游明月寺曾作诗一首:

> 杖底秋容倦眼收,招寻逸侣胜豪游。
> 地偏我惯闲寻寺,病后人扶怯上楼。
> 衰柳露寒初泣月,古塘蛩老竟吟秋。
> 五湖旧事茫茫里,若个知音共泛舟?

岁月的烟尘已将镇上其他寺庵庙观封存于古镇的记忆深处,唯有这座明月寺,穿越了一千多年的历史烟云,依然青烟缭绕,香火不绝。

明月寺东邻古宅园林虹饮山房、古松园等,西靠严家花园、明清商业街,是山塘街景区之一景。

三、怡泉亭

怡泉亭原在木渎东街殷家弄,2000年迁至山塘街。

怡泉亭建于明崇祯二年(1629)四月,清康熙四十三年(1704)井、亭屋顶重修。

亭子为四方亭，坐南朝北，亭顶用八块条石排列而成，为前三后四，以一块近似三角形的大条石作脊结顶。亭柱高2.38米，宽0.4米，厚0.3米，下半段断面为长方形，上抹角，成八角形，四根压柱托顶石梁，各长2.3米，厚0.17米，唯宽度不一，东、南、西三根宽0.26米，无纹饰。正面当中浮雕"锭胜"，两端浮雕花草，雕刻粗犷，线条浑厚，花纹简练。北侧眉梁上刻"怡泉亭"三个阴文楷体。南部的第二块盖顶石上刻"康熙肆拾叁年"等字。亭子东、南、西面设石条栏凳，以供人坐歇，栏凳长2.16米，宽0.26米，栏凳的榫头穿在柱子内。

怡泉亭中有井一眼，花岗石井栏高0.5米，外圆直径0.63米，内圆直径0.3米，圈壁厚度最小为0.1米，最大为0.16米，厚薄不一，凸凹不平，似圆非圆，有古雅拙朴之感。

第三节　灵岩山景区

灵岩山景区位于境域西北，自古以来有"灵岩秀绝冠江南""灵岩奇绝胜天台"之誉，它以千姿百态的嶙峋奇石，历史悠久的吴宫遗迹闻名海内外。其中山南部分属于本社区。

南山门牌坊　在山前坡下，临山前村，花岗石牌楼，于2004年建。前面正中上额"灵岩山寺"，左边为"净土道场"，右边为"佛教圣地"，背面中正为"弘扬佛法"，两边分别是"庄严国土""利乐有情"。凡从正山门上灵岩山，由此拾级而上。

古御道　自南山门牌坊至灵岩山顶，为古御道，御道以青砖依次侧砌而成，路较平坦。山路一侧是竹林，另一侧是石砌挡土墙。因年久踩踏，砖块侧面被踩平破损，雨天行走极易滑倒。20世纪末，采用花岗石小块逐段铺设，将侧砖路面改为平行道。古御道尚存继庐亭至迎笑亭之间，约长500米，以小青砖铺筑而成。

灵岩松林　古时灵岩山上多梅花，红苞绿萼，相错如锦。唐代诗人罗昭谏有"吴王醉处十余里，照野拂衣花正繁"之句。清康熙、乾隆二帝九次南巡，都曾在山上小驻，行宫就设在山顶，在他们诗作中，也多次提到梅花。宋代以后，山上以松柏为多，明清以后松柏更多，有"盈谷皆松，御道两旁尤密"之说。乾隆十五年（1750）皇帝南巡时驻憩迎笑亭中，见满山苍松翠柏，山风呼啸，松涛阵阵，改名为"松啸亭"。灵岩山多松柏，并形成环山的丛林和听松涛的佳境，更使其山不甚高而幽奇。

由姑岭　位于灵岩山东南麓，相传吴王由此登姑苏台，故名。另又相传吴王在此擂鼓登山得名，故又名擂鼓岭。俗误"由"为"娄"，因此又名娄姑岭。

继庐亭　位于灵岩山寺的大门，建于1943年秋，原地为头山门，故建成为山门式。此亭由姑苏人何桂芳倡建。有一次，何桂芳上山与妙真和尚商量救济国难，事毕，下山到此瞬间狂风暴雨骤起，无处避身。后来他捐赠3千元并邀友人集资建亭，却不幸突然身亡，其子何维石继父志建成此亭。据史载，灵岩山寺是印光法师继庐山之后开辟的又一净土道场。印公又号继庐行者，佛教界为纪念印公故命名该亭为"继庐亭"。此亭为长方形，上山道在亭中穿过。亭内两旁有石凳供人休憩，亭柱上刻有遐庵居士叶恭绰楷书对联和湘潭人彭飞健隶书对联。亭内还悬有明旸僧书题"继庐亭"匾额。游人到此，或浏览风光，或品味诗意，一下子就会被引入诗情画意之中。

灵岩山景区（公园） 位于灵岩山麓，主要景点有灵岩山馆、姑苏台。灵岩山馆原为清代状元、湖广总督毕沅建。原址在灵岩山西南麓，后毁。2003年在灵岩山东麓新建。原山馆有头门、二门、御书楼、张太夫人（毕沅母）祠、澄怀观等。现山馆包含砚石山房、浣香榭、还读庐、见南山斋、山余轩、风廊、钓鱼轩、待月亭、掬山亭、可眺亭、倚山亭、问梅精舍、接翠亭、烹雪寮等。姑苏台，相传原址在姑苏山，吴王阖闾造，夫差增筑。唐李白、许浑、宋杨万里等均至此游览，并有题咏。2003年12月重建。

第四节 入选明信片图录、影视取景

香溪社区位于灵岩山麓，青山绿水，风光秀丽，园林精巧秀美，名胜古迹众多，自1900年至2015年，境域景点频频入选明信片图录；自1928年至2021年，已作为有80多部影视片的拍摄取景基地。

一、入选明信片图录

明信片画面是摄影者或美术工作者的上乘之作，经邮政部门、出版商反复遴选，认定其经典和艺术价值后，精心设计制作而成。1896年3月，清朝建立邮政，1900年后，境域景致频频入选明信片图录，至今已有120多年。现将部分入选明信片图录按时间先后为序，记录如下。

1896年3月20日，清朝建立邮政，1900年，境域老街"永安桥"入选中国国际图片公司发行的《苏州风景》明信片图录。

2004年，"木渎·永安桥（明代）"入选苏州市吴中区人民政府编辑、上海界龙艺术印刷有限公司印刷、五洲传播出版社出版的《吴中印象·名胜古迹》明信片图录；"木渎古镇水巷"入选苏州市吴中区人民政府编辑、上海界龙艺术印刷有限公司印刷、五洲传播出版社出版的《吴中印象·名镇古村》明信片图录；"木渎虹饮山房""木渎严家花园""木渎古松园""灵岩晚霞"入选苏州市吴中区人民政府编辑、上海界龙艺术印刷有限公司印刷、五洲传播出版社出版的《吴中印象·吴中园林》明信片图录。

2005年5月，"木渎山塘街""古松园""虹饮山房""香溪""永安桥""羡园"入选古吴轩出版社出版、江苏省太平印务有限公司印刷的《中国历史文化名镇：木渎》明信片图录。

2008年7月，境域"木渎山塘街"入选古吴轩出版社出版的《苏州太湖全景图》明信片图录。

2009年，境域"山塘街御码头""严家花园""虹饮山房""古松园"入选江苏省邮政广告有限公司公布、中国邮政发行的《古镇木渎》明信片图录。

2012年7月，境域"姑苏十二娘风情园"入选中国邮政发布的苏州明信片图录。

2015年9月，境域老街"古松园"景点入选中国邮政发行的《畅游长三角》明信片图录。

二、影视取景

1928年，中国第一部无声武打电影《火烧红莲寺》在境域木渎老街取景，由此开始了境域与中国电影电视的结缘之旅。随之中国第一部在国际上获奖的电影《渔光曲》以及中国第一部有声电影《桃李劫》等一部部耳熟能详的老电影，相继在境域拍摄。

20世纪90年代始，作为乾隆皇帝六次到过的境域老街，重振旅游业并进入快速发展期，由此吸引了《大明王朝》《康熙王朝》《康熙微服私访记》《李卫当官》《武林外史》《萧十一郎》《天堂秀》《姑苏十二娘》等80多部影视剧到境域来取景拍摄，张国立、陈道明、李保田、鲍国安、唐国强、潘虹、陈好等著名演员成为境域古镇老街的常客，导演和摄影师把境域古镇老街誉为"天然影视摄影棚"。

表 3-1　　1928—2021年境域拍摄部分电影、电视剧作品一览表

拍摄年份	拍摄单位	体裁	片名	拍摄地点
1928	明星影片公司	电影	《火烧红莲寺》	严家花园
1934	电通公司制片厂	电影	《桃李劫》	灵岩山
1952	上海电影制片厂	电影	《南征北战》	灵岩山麓
1955	上海电影制片厂	电影	《天罗地网》	灵岩山麓
1958	天马电影制片厂	电影	《布谷鸟又叫了》	木渎老街
1959	上海电影制片厂	电影	《地下航线》	木渎老街
1959	上海电影制片厂	电影	《乔老爷上轿》	木渎斜桥、灵岩山麓
1963	长春电影制片厂	电影	《满意不满意》	木渎中市街
1963	北京电影制片厂	电影	《早春二月》	木渎下沙塘
1981	上海电影制片厂	电影	《月亮湾的笑声》	木渎老街

续表

拍摄年份	拍摄单位	体裁	片名	拍摄地点
1983	上海电影制片厂	电影	《华佗与曹操》	木渎古镇老街
1987	中华电视公司	电视剧	《庭院深深》	木渎古镇
1996	南海影业公司	电视剧	《原野》	木渎古镇
1999	浙江东阳中广影视文化有限公司	电视剧	《十五贯传奇》	木渎老街
2000	北京金英马影视公司	电视剧	《策马啸西风》	严家花园、古松园
2000	南京电影制片厂	电视剧	《武林外史》	古松园
2000	北京橙天智鸿文化经纪有限公司	电视剧	《酒结良缘》	严家花园、古松园、山塘街
2000	中央电视台、河北电视台	电视剧	《关汉卿传奇》	严家花园
2001	上海电影制片厂	电视剧	《挥戈江南》	古松园
2001	广东翡翠影视文化传播有限公司	电视剧	《行行出状元》	严家花园、古松园
2001	海南电视台	电视剧	《李卫当官》	严家花园、古松园
2001	无锡影视基地	电视剧	《烧饼皇后》	严家花园、古松园
2001	北京国立常升影视文化传播有限公司	电视剧	《欢喜姻缘》	严家花园
2001	中国国际电视总公司	电视剧	《康熙王朝》	严家花园、古松园
2001	中国国际广电总公司、广东电视台、广东有线电视影视频道	电视剧	《包公生死劫》	严家花园、古松园
2001	北京中北电视艺术中心	电视剧	《凤在江湖》	严家花园
2002	深圳招商文化艺术发展公司、深圳电视台	电视剧	《魂断秦淮》	严家花园、虹饮山房、古松园
2002	湖南电广传媒股份有限公司	电视剧	《乾隆王朝》	虹饮山房、严家花园
2002	长城影视传媒集团	电视剧	《江山为重》	榜眼府第、虹饮山房、严家花园
2002	九洲音像出版公司	电视剧	《草民县令》	严家花园
2002	广东巨星影业有限公司	电视剧	《康熙微服私访记》	严家花园、虹饮山房
2002	浙江长城影视有限公司	电视剧	《胭脂红》	严家花园、虹饮山房、古松园
2002	湖州中环影业有限公司	电视剧	《如来神掌》	严家花园、虹饮山房、古松园
2002	中央电视台、河北电视台	电视剧	《神医喜来乐》	严家花园、虹饮山房、古松园

续表

拍摄年份	拍摄单位	体裁	片名	拍摄地点
2002	海南周易影视制作有限公司、九洲音像出版公司	电视剧	《萧十一郎》	严家花园、虹饮山房、古松园
2002	香港亚视	电视剧	《李清照》	严家花园、虹饮山房
2003	华夏视听环球传媒（北京）股份有限公司	电视剧	《射雕英雄传》	灵岩山麓
2003	中国香港新世纪电影制作公司	电视剧	《飞刀又见飞刀》	严家花园、山塘街、虹饮山房
2003	河北电影电视剧制作中心	电视剧	《金手指》	严家花园、虹饮山房、古松园
2003	香港无线电视翡翠台	电视剧	《我师傅是黄飞鸿》	严家花园
2003	中视传媒股份有限公司	电视剧	《无忧公主》	严家花园、虹饮山房
2003	深圳广播电影电视集团、深广传媒有限公司	电视剧	《真爱一世情》	虹饮山房、严家花园
2003	中央电视台、北京同道影视节目制作有限公司、中国国际电视总公司、长沙电视台	电视剧	《走向共和》	严家花园
2003	北京世纪博英影视传媒有限公司	电视剧	《六女当铺》	严家花园、虹饮山房
2004	上海文广新闻传媒集团	电视剧	《原来就是你》	严家花园、虹饮山房
2004	中国国际电视总公司	电视剧	《天下第一媒》	严家花园、虹饮山房、山塘街
2004	上海文广新闻传媒集团、北京东泽云祥文化艺术发展有限公司	电视剧	《月影风荷》	严家花园、虹饮山房、古松园、山塘街
2004	金英马影视文化股份有限公司	电视剧	《首富》	严家花园、虹饮山房
2004	浙江华新影视有限公司	电视剧	《杨门虎将》	灵岩山
2004	浙江越剧团	电视剧	《警世情缘》	严家花园、古松园
2004	北京威克文化艺术有限公司	电视剧	《风满楼》	严家花园、虹饮山房、古松园、山塘街
2004	香港电视广播有限公司	电视剧	《大唐双龙传》	虹饮山房、严家花园
2004	中视传媒股份有限公司	电视剧	《长剑相思》	严家花园、虹饮山房
2004	喜天影视文化（北京）有限公司	电视剧	《风吹云动星不动》	严家花园、虹饮山房

续表

拍摄年份	拍摄单位	体裁	片名	拍摄地点
2004	中央新闻纪录电影制片厂（集团）（下称中央新影集团）、广东省戏剧家协会、广东汉剧传承研究院	电影	《白门柳》	严家花园、虹饮山房、古松园、山塘街
2004	中国国际电视总公司、安徽省委宣传部、安徽电视台	电视剧	《大清徽商》	严家花园、虹饮山房
2004	郑州电视台	电视剧	《大宋惊世传奇》	严家花园
2004	海南周易影视制作公司	电视剧	《水月洞天》	严家花园、虹饮山房、古松园、山塘街
2005	海南周易影视制作公司	电视剧	《八阵图》	严家花园、虹饮山房
2005	宁夏电影制片厂	电视剧	《茉莉花》	严家花园、虹饮山房、古松园、山塘街
2005	海南周易影视制作公司	电视剧	《把酒问青天》	严家花园、虹饮山房、古松园、山塘街
2005	上海文广新闻传媒集团影视剧中心	电视剧	《飞花如蝶》	严家花园、虹饮山房、古松园、山塘街
2006	苏州市亚细亚传媒娱乐有限公司	电视剧	《谍战古山塘》	木渎古镇
2006	中央电视台	电视剧	《春露》	木渎古镇
2006	中央纪委监察部电教中心、北京天风海煦影视文化传媒公司	电视剧	《大明王朝》	严家花园、虹饮山房
2006	广州市新迪欧音响制造有限公司、上海中路影视有限公司	电视剧	《木棉花的春天》	严家花园、虹饮山房
2006	上海飞迈影视制作有限公司	电视剧	《江湖夜雨十年灯》	木渎古镇
2008	河南电影电视制作集团有限公司、河南电影制片厂、河北电影制片厂	电影	《桃花庵》	严家花园
2009	陕西光中影视投资有限公司	电视剧	《大屋下的丫鬟》	虹饮山房
2010	中视传媒股份有限公司	电视剧	《梨花泪》	严家花园、山塘街
2010	上海松江影视基地	电视剧	《在刀尖上行走》	严家花园
2010	中国电视剧制作中心	电视剧	《天堂秀》	严家花园
2010	中视传媒股份有限公司、美迅影视传媒（北京）有限公司	电视剧	《姑苏十二娘》	木渎古镇
2010	广州影视传媒有限公司	电视剧	《完美新娘》	严家花园

续表

拍摄年份	拍摄单位	体裁	片名	拍摄地点
2012	北京天圆地方影业有限公司	电视剧	《刀之队》	山塘街
2015	香港电视广播有限公司	电视剧	《东坡家事》	严家花园
2015	安徽华星、笛女传媒、影达传媒、中恒汇通、长叶影视、好看传媒	电视剧	《卿本佳人》	严家花园
2016	山西影视（集团）有限责任公司	电视剧	《于成龙》	严家花园、虹饮山房
2016	新丽电视文化投资有限公司	电视剧	《如懿传》	严家花园、虹饮山房
2018	光彩影业、御嘉影视、杭州巨鲸、愚恒影业、阅文集团、永乐影视	电视剧	《你和我的倾城时光》	严家花园
2019	浙江钻石影业有限公司	电视剧	《归还世界给你》	西施桥、山塘街
2021	北京爱奇艺科技有限公司	电视剧	《点心之路》	香溪桥畔
2021	江苏稻草熊影业有限公司、扬州乐本影视文化传媒有限公司	电视剧	《我的助理六十岁》	虹饮山房
2021	北京联瑞影业有限公司	电视剧	《姐姐的反击》	虹饮山房

第五节 保护修复

一、古宅园林的保护修复

1998年起，境域先后修复严家花园、虹饮山房、古松园等三大古宅园林。

严家花园修复 1999年，当地木渎镇政府邀请张慰人等园林专家，对严家花园进行修复规划设计。按照民国时期的严家花园平面图，逐个修复四景园，并增设后花园。春景园修复以老树古玉兰和友于书屋遗址为主，重新整理花木及山石，修补全园内长廊，修复清荫居和静中观。夏景园恢复织翠轩、绵荫山房，在修复西长廊时按图修澹香亭，补上清朝御窑老金砖。初秋园按图修复厅榭合一式建筑，前院用黄石堆砌鱼池，后院多植花木，点缀小方亭、六角亭。秋景园修复环山草庐及临水演出平台，在东墙上修复爬山廊，依势在廊下修复清苑轩，修复太湖山石假山，复原山巅宜两亭。冬景园恢复原疏影斋、听雨轩、忆梅寮、涵青亭及海棠书屋等建筑。增设后花园，以人造湖为中心，设一桥一亭，远植高大灌木，近植小草花木。厅堂修复，特地从东山整体移建一座内四界建筑，其中以明代楠木建筑尚贤堂为严家花园主要厅堂建筑。修复大门前照壁，轿厅、大厅后增补清朝砖雕门楼。2000年动工修复，2001年完工并对外开放。

虹饮山房修复　修复前，虹饮山房为木渎粮管所粮库（西库）。2001年，镇政府筹资600万元收购，并组织修复。中园重点修复门厅、舞彩堂、春晖楼。御码头修复，因原东街御码头遗址破坏，故将原御码头的御碑及殷家弄的怡泉井亭等物迁至木渎粮管所的西库码头，并建亭保护御碑，恢复御码头旧观，与虹饮山房组成完整的景致。西园修复，按照原西园南虚北实的特点，参照明代秀野园修筑，清除园内搭建的库房和车间。清理出东园南部的羡鱼池，重植荷花，恢复池南羡鱼亭、曲桥、冰荷篷、竹啸亭。建筑或临水，或踞山巅，湖中小岛有笠亭点缀，园北秀野草堂临池面南而筑，与乐饥斋、桐桂山房、归耕课读庐组成主要建筑群。东园修复，按照原东园南密北疏的特点，并根据沈寿外婆家老照片的图样，首先回收东园沿街门面房，按照片修复南面四进厅堂及沈寿的绣楼雪宧楼，北面后园疏池开径，叠石栽花，恢复小隐亭、幽人贞吉斋等建筑，结构上曲廊随机，廊桥跨水，池岸湖石玲珑剔透。2002年秋竣工。

古松园修复　中华人民共和国成立后，该园为金山人民公社、金山乡人民政府所在地。1999年3月修复完工并对外开放。该园厅堂修复采用抬梁式扁作内四架结构，凤凰楼修复传统的苏式门窗，苏瓦屋面屋脊。东厢房及内花园的修复，拆除搭建的建筑，保留了南部书房及东边两层绣楼，更加突出镇园之宝罗汉古松，同时增置各种形式的连廊，或高或低，或曲或直，将院中各处建筑串联起来。花园修复首先建造近666平方米的水池，池中央建九曲石桥连通假山与观景阁。西围墙处堆叠湖石假山，山岩上喷泻的两级瀑布与远处灵岩山遥相呼应；假山尽头增建爬山廊直通凤凰楼二楼，山巅建影秀亭；东面保留三开间半的两层观景小阁，并增设两层长廊连接内花园。2002年10月，完成包括楼台式建筑近山楼在内的北园修复。

二、山塘老街的保护修复

境域山塘老街形成于宋朝，发展于元、明。至清代中叶，主街为山塘街及虹桥一带，以后逐渐发展至中市街。境域现有中市街、山塘街、下沙塘等街道，还有几条幽深曲折的街巷里弄。1998年街道路面修复时用石板、石片或青砖铺砌，宽1—2米不等。

山塘街　山塘街是木渎古镇最古老的街道，西枕灵岩山，东连中市街，全长1000米。清末民国初期，木渎严、蔡、郑、徐等各大家族的宅第占据整条老街。古街保护重点对香溪古河道及驳岸进行整体修葺保护，先后修复斜桥、蔡家桥、鹭飞桥、虹桥、王家桥（又名永安桥），并新增西施桥、新王家桥、永福桥、香溪桥，对古桥进行分流保护及景点完善。古街道原用青砖竖铺而成的"人"字形古御道，改为街道中间铺以旧花岗岩石板，两边修复"人"字形青砖御道。1999年，在老街尽头增建"山塘老街"青砖牌坊。

山塘桥湾　斜桥堍至蔡家桥，原有桥湾面点、粮店、杂货店、茶馆等。1957年，吴县首家影剧院就设在茶馆隔壁。20世纪90年代修复，重点保护原斜桥堍的山塘老河棚及河棚下老店面，修复棚下的古驳岸码头，回收原影剧院及茶馆所在房产，改造为开来茶馆。

木渎巡检司遗址 该遗址位于蔡家桥畔。南向对面是香溪河上始建于宋代的虹桥，现存桥梁为清道光年间重修单孔平板石桥。桥堍原有茶馆，传说清大臣刘墉到木渎曾在此品茗观景，并亲笔题名"晚照轩"。2013年，回收遗址上的山塘书场及居民住宅房产。2014年，修复木渎巡检司，与木渎十景之一"虹桥晚照"相辉映。

山塘商业街 1998年，全面整治和修复蔡家桥到鹭飞桥杂乱的商业街区，并将整修山塘传统商铺与整修古松园往东的下塘所有商铺有机组合，以形成古镇旅游特色购物街区。

虹饮山房及明月寺名胜区 原虹饮山房对面有老榆树，参天蔽日，古藤如虬，形成木渎十景之一的"山塘榆荫"。修复时，新建横跨香溪河的风雨廊桥——西施桥，南岸设有明清古瓷馆。将东街的御碑及怡泉亭搬迁至此，恢复御码头，与修复后的虹饮山房组成一个整体。明月寺，始建于后唐清泰二年（935），四周梨树成片，故有"梨花明月寺"美称。1993年修复明月寺，沿街居民住宅及店铺与虹饮山房组成名胜区。

严家花园名胜区 为保护明代古桥王家桥（永安桥），1988年9月在桥东侧建造新的王家桥公路平桥，2016年1月，又在永安桥桥西新建石拱桥永福桥，实行人员分流。严家花园东侧留出大块空地，设羡园街，作明清街憩息区，连通严家花园及明清街商业圈，严家花园西侧数家民宅错落有序。严家花园中间植有一株龙爪槐，婆娑成荫，平添景区风采。

第四章 社区经济

旧时，境域农村农民的耕地、古镇老街居民经营的店铺、手工业作坊，均为私人所有。

中华人民共和国成立后，境域农村在当地政府领导下实行土地改革，逐步走上互助合作之路，古镇老街个体经营的商铺、手工业作坊实行集体经营。

1981年，改革开放后，境域农村的村办企业逐步创建，先后办起烘漆厂、针织厂、泡沫厂、铜材厂、金属制品厂等17家工厂。农业方面实行家庭联产承包责任制，农副业产量逐步提高。古镇老街商铺逐步由私人承包经营，个体经营的商店如雨后春笋般涌现。

2001年8月，境域金星村推行股份合作制，成立股份经济合作社。随后又推行投资入股方式，建起富民置业股份合作社、创业股份合作社，面向海内外招商引资，发展经济。当地镇政府根据境域历史文化资源，投资修建古宅园林、山塘老街、灵岩山麓，先后开放严家花园、虹饮山房、古松园等景区，发展旅游经济。至2021年，境域不但有尧峰、横泾、观山、马舍等4个工业园，固定资产6亿元，集体年收益5266万元，而且旅游业得以长足发展，中外游客每年达245万人次。旅游业的兴起，带动了市场经济，境域现有明清街、山塘街、御景广场、灵岩山麓等商业网带。

第一节　农村生产关系变革

旧时，境内地主占有大量土地，贫困农民除少量自耕田外，主要通过租种土地和出卖劳动力来维持生计。

1951年5月，境内经过土地改革，贫苦农民有了自己的土地。1953—1956年，成立农业生产互助组、初级社、高级社。1958年9月，成立人民公社，实行政社合一的统一管理体制，生产资料为集体所有。

1983年初，境域全面推行家庭联产承包责任制。1998年，稳定和完善农村土地承包关系，发放土地承包经营权证书。2001年8月，境域金星村成立股份经济合作社，经济建设得到长足发展。

一、土地改革

旧时，境内车渡、王家、念店、平界、山前等5个自然村的大多数贫苦农民除少量自耕土地外，主要通过向地主、富农租地耕种或出卖劳动力来维持生计。境内村民除租田耕种之外，有的进茧行打工，有的摇船搞运输，有的上老街做小买卖。妇女大多从事刺绣、帮佣或给集镇居民打扫卫生、刷马桶等工作，以补贴家用。

1949年4月，境域解放。

1950年6月，中央人民政府颁布的《中华人民共和国土地改革法》第一条规定："废除地主阶级封建剥削的土地所有制，实行农民的土地所有制，借以解放农村生产力，发展农业生产，为新中国的工业化开辟道路。"同时规定，把过去征收富农多余土地、财产的政策，改为保存富农经济的政策，以便更好地孤立地主，保护中农以及小土地出租者，稳定民族资产阶级。是年7月，吴县农村土地改革工作团选择木渎区姑苏乡、浒关区保安乡试行农村土地改革，实行耕者有其田。境域车渡、王家、念店、平界、山前等5个自然村于当年9月，开始废除封建土地私有制的土地改革运动。当地人民政府成立土地改革工作队，并进驻境域开展土地改革，通过访贫问苦，发动群众、组织、培养贫苦农民为主的积极分子，建立了以贫、雇民为核心的农民协会，作为土改执行机构，随后清查丈量土地，划分阶级成分，对地主阶级进行面对面斗争。由农民协会没收地主的土地和财产，分配给无地、少地的农民。在划分阶级成分时，境域采取自报公议的方式，经农民协会小组，农会和乡农会三级审议确定，然后报区政府审定批准后正式公布。划分阶级成分后，为扫除障碍，境内掀起对恶霸和不法地主斗争的运动，彻底摧毁封建势力，确保土改运动顺利进行。当年，木渎镇焦山乡组织农民召开斗争地主、打击封建势力的诉苦大会，境内有200多人参加。

在土地改革过程中，境域在当地土改工作队领导下，依次没收地主"四大财产"（土地、耕畜农具、房屋家具、堆栈粮食），分给贫苦农民。木渎镇贫苦农民在土改中共分得土地1518.5亩，耕牛20头，大型农具（牛车、顺风车）41件，其中新农村行政村贫苦农民分得土地538.244亩，房屋20.5间。在土改分配中，先分户（指自耕户农民）每人平均分1.6亩，后分户（指无地缺地农民）每人平均分1.2亩。1951年5月，为保障农民土地和房产所有权，人民政府给分得土地、房屋的农民颁发土地、房产所有证，并进行土改复查验收。

注：时境域车渡、王家、念店等3个自然村隶属木渎镇新农行政村管辖，平界、山前等2个自然村隶属木渎镇红旗行政村管辖。

表4-1　　1951年新农行政村车渡、念店、王家自然村人口、土地统计表

户主名称	人口/人	耕地/亩	非耕地/亩	宅基地/亩	自然村	备注
许根云	1	5.585	—	0.151	念店村	
许云保	9	14.234	0.201	0.302	念店村	
翁　氏	6	12.797	0.756	0.373	念店村	
陈金元	5	8.904	0.101	0.141	念店村	
成巧生	7	9.257	0.472	0.252	念店村	
陈阿小	6	11.214	0.604	0.402	念店村	
顾全保	5	10.223	0.202	0.302	念店村	
吴阿桂	2	5.232		0.151	念店村	
陈阿大	5	8.702	0.232	0.201	念店村	
陈和尚	4	5.383	0.201	0.302	念店村	
陈云生	2	4.326	—	0.171	念店村	
陈火金	3	6.086	0.050	0.151	念店村	
赵林生	4	7.042	—	—	念店村	
陈仁卿	9	12.976	0.704	0.302	念店村	
刘海云	1	2.012	—	0.091	念店村	
刘恩锡	3	1.308	0.302	—	念店村	
姚广仁	4	1.509	1.408		念店村	
王阿根	3	1.157	—	—	念店村	
许早弟	1	—	0.002	—	念店村	
单德宽	4	1.006	—		念店村	
陈通善	7	11.119	0.252	0.312	王家村	
许水泉	5	7.877	0.352	0.201	王家村	
姚锦男	1	—	0.040	0.060	王家村	
周根宝	3	7.426	0.020	0.101	王家村	
倪和尚	1	0.141	—	0.111	王家村	
许荣生	6	8.510	0.252	0.101	王家村	

续表

户主名称	人口/人	耕地/亩	非耕地/亩	宅基地/亩	自然村	备注
王木根	5	9.918	—	0.101	王家村	
王芝田	4	13.401	0.050	0.302	王家村	
王和尚	3	8.331	0.050	0.302	王家村	
王金泉	5	6.428	—	0.080	王家村	
姚齐甫	8	1.409	—	—	王家村	
王根弟	3	3.943	0.101	0.151	王家村	
王东生	2	8.008	0.201	0.101	王家村	
沈根生	1	0.222	—	0.181	王家村	
严阿泉	3	5.483	0.403	0.604	王家村	
俞根妹	5	8.953	0.101	0.101	王家村	
徐三男	2	5.835	—	0.101	王家村	
周根福	5	6.639	—	0.151	王家村	
高山和	5	4.024	—	—	王家村	
姚水根	6	6.921	0.060	0.151	王家村	
王巧南	6	7.695	0.202	0.201	王家村	
周小弟	4	6.548	—	0.171	王家村	
王根寿	5	6.064	0.07	0.101	王家村	
王泉宝	6	5.192	—	0.141	王家村	
王三男	5	4.838	—	0.080	王家村	
顾小男	1	1.107	—	—	王家村	
王世昌	4	6.439	—	0.503	车渡村	
王根男	5	6.218	0.020	0.201	车渡村	
王小毛	4	5.452	0.322	0.203	车渡村	
张阿二	7	8.450	—	0.704	车渡村	
卢子鸣	3	0.221	0.080	0.201	车渡村	
李甫泉	1	3.066	—	0.101	车渡村	
龙福庵	—	—		0.906	车渡村	由蒋净喜代管
张火宝	8	6.247	0.242	0.050	车渡村	
张三男	7	9.577	0.010	0.050	车渡村	
张传生	10	8.521	0.010	0.362	车渡村	
盛 亮	4	5.583	0.101	—	车渡村	
盛嘉麟	4	10.029	0.150	0.181	车渡村	
盛惠麟	4	6.770	0.070	—	车渡村	
孟阿福	5	8.280	—	0.423	车渡村	

续表

户主名称	人口/人	耕地/亩	非耕地/亩	宅基地/亩	自然村	备注
盛宝泉	5	6.960	—	0.121	车渡村	
仇阿二	5	2.012	—	0.030	车渡村	

表4-2　　1951年红旗行政村山前、平界自然村人口、土地统计表

户主名称	人口/人	耕地/亩	非耕地/亩	宅基地/亩	自然村	备注
王水根	1	3.392	—	0.101	山前村	水旱田均在华家村
金火泉	4	4.509	0.0512	0.101	山前村	水旱田在车渡村
金云南	3	6.412	0.202	0.132	山前村	水旱田、桑地均在华家村
王海帆	1	—	1.013	—	山前村	由金云南代管
严水元	5	9.220	—	0.152	山前村	水旱田均在华家村
胡仁龙	—	—	0.013	—	山前村	坟地由严水元代管
严宗兴	—	—	0.304	—	山前村	坟地由严水元代管
方金元	5	6.790	0.760	0.203	山前村	有部分水旱田在车渡村
袁锡根	4	7.346	0.004	0.304	山前村	水旱田、桑地均在华家村
徐云根	5	16.413	0.607	0.309	山前村	大多数土地和房屋在华家村，部分土地在车渡村
方小男	4	9.319	0.203	0.304	山前村	土地房屋在华家村
徐双贵	3	9.249	0.922	0.294	山前村	土地房屋在华家村
徐福全	6	14.028	1.217	0.304	山前村	土地房屋在华家村
景阿全	6	8.510	—	0.253	山前村	土地房屋均在许家桥
徐根泉	4	13.888	0.913	0.304	山前村	土地在华家村及车渡村两地
许全大	7	16.299	0.203	0.303	山前村	土地房屋均在许家桥
徐小山	3	7.901	0.253	0.152	山前村	土地房屋在箭泾河
徐阿二	2	6.636	0.506	0.203	山前村	土地房屋在华家村
严林才	1	5.875	—	—	山前村	土地在箭泾河
戴菊贞	3	4.458	—	0.203	山前村	土地房屋在箭泾河
沈和尚	10	22.490	0.101	0.405	山前村	土地房屋在箭泾河
施三男	6	13.069	0.304	0.810	山前村	土地房屋在许家桥
方根林	4	4.873	0.305	0.101	山前村	水旱田均在华家村
周秋生	4	0.152	0.456	—	山前村	旱田坟地在华家村
徐金生	6	10.687	—	0.152	山前村	土地房屋在箭泾河
沈爱男	4	4.761	—	0.030	山前村	土地房屋在箭泾河
顾阿水	5	10.129	—	0.304	山前村	土地房屋在箭泾河
沈三男	3	5.470	—	0.304	山前村	土地房屋在箭泾河

续表

户主名称	人口/人	耕地/亩	非耕地/亩	宅基地/亩	自然村	备注
顾和尚	5	9.118	—	0.304	山前村	土地房屋在箭泾河
沈善贤	3	6.484	—	0.304	山前村	土地房屋在箭泾河
金阿小	1	2.431	—	0.061	山前村	土地房屋在箭泾河
陶狗大	4	8.055	—	0.203	山前村	土地房屋在箭泾河
戴和尚	3	7.395	0.101	0.203	山前村	土地在箭泾河和车渡村
金阿四	6	7.243	—	0.253	山前村	土地房屋在许家桥
许大妹	3	3.900	0.002	0.203	山前村	土地房屋在官池村
彭振英	4	5.673	—	0.101	山前村	土地房屋在官池村
许阿三	3	5.135	0.102	0.152	山前村	土地房屋在官池村
红庙	—	1.672	0.101	—	山前村	此庙由释道音代管
徐云土	2	4.842	0.051	0.304	山前村	
钱根大	3	9.879	0.355	0.304	山前村	
朱毛火	5	6.280	—	—	山前村	
顾金火	5	5.572	0.203	0.203	山前村	
顾二男	4	5.420	0.300	0.182	山前村	
严家震	—	—	0.101	—	山前村	由顾水生代管
徐木男	3	10.244	0.607	0.203	山前村	
严隽记	—	—	0.101	—	山前村	
徐金林	7	13.454	0.507	0.304	山前村	
吴筱北	—	—	0.051	—	山前村	由徐金林代管
徐水根	—	6.383	0.253	0.304	山前村	
徐金林	3	5.219	0.253	0.203	山前村	
袁杏根	5	6.435	—	0.304	山前村	
许根虎	8	9.523	0.304	0.203	山前村	
吕根虎	4	10.079	1.114	0.304	山前村	
杨小发	4	2.381	0.152	0.101	山前村	
包火根	5	15.652	0.425	0.476	山前村	土地房屋在官池村
苏火泉	3	4.104	1.723	0.253	山前村	土地房屋在官池村
许二元	4	5.968	0.415	0.152	山前村	
陈火金	3	6.607	0.152	0.152	山前村	
彭阿姜	7	6.736	0.051	—	山前村	
吴言珍	1	1.317	—	—	山前村	

续表

户主名称	人口/人	耕地/亩	非耕地/亩	宅基地/亩	自然村	备注
顾二泉	7	8.377	—	0.425	山前村	
许瑞生	2	4.763	1.064	0.354	山前村	
许根生	6	6.941	0.253	0.304	山前村	
许金元	3	4.985	—	0.101	山前村	
许根男	4	5.643	5.102	0.101	山前村	
施宝泉	3	3.900	—	0.203	山前村	
许生全	4	5.826	0.101	0.203	山前村	
徐涣泉	3	14.790	0.507	0.304	山前村	
陈金狗	6	8.002	1.114	0.203	山前村	
韩根火	4	8.965	—	0.304	山前村	
顾云根	2	3.343	—	0.101	山前村	
韩金男	5	5.168	—	0.203	山前村	
周谨厚	1	—	2.006	—	山前村	
戴村泉	4	1.216	0.253	0.304	山前村	
吴德保	5	9.928	0.101	—	山前村	
徐根寿	4	4.639	0.152	0.203	山前村	
徐毛毛	3	4.964	0.051	0.203	山前村	
朱水云	5	8.510	0.152	0.203	山前村	
孙阿三	1	2.329	—	0.101	山前村	
孙火生	4	7.091	0.558	0.151	山前村	
朱小男	5	10.791	0.153	0.506	山前村	
邹水根	1	0.101	—	—	山前村	由朱小男代管
朱阿大	4	8.662	0.152	0.253	山前村	
朱木根	3	7.948	0.203	0.203	山前村	
朱福元	5	9.167	0.538	0.456	山前村	
徐阿发	3	8.207	0.051	0.203	平界村	
朱泉云	3	3.699	—	0.152	平界村	
顾阿二	2	1.216	—	0.101	平界村	
朱小妹	1	1.469	—	0.152	平界村	
许福生	4	6.331	0.203	0.132	平界村	
陈春和	—	—	0.203	—	平界村	由许福生代管
许全生	4	7.647	0.558	0.203	平界村	

续表

户主名称	人口/人	耕地/亩	非耕地/亩	宅基地/亩	自然村	备注
朱全生	6	5.268	0.303	0.203	平界村	
范康明	—	—	0.203	—	平界村	由朱全生代管
徐仁泉	6	4.984	0.203	0.618	平界村	
徐申伯	—	—	0.709	—	平界村	由徐仁泉代管
颜福生	3	5.166	—	0.101	平界村	
周兆乾	1	1.267	—	0.203	平界村	
许小弟	4	6.837	—	0.203	平界村	
徐火金	1	5.877	0.203	0.304	平界村	
施介平	5	2.128	—	0.101	平界村	
徐寿根	2	6.189	0.273	0.203	平界村	
沈小弟	—	0.152	—	—	平界村	由徐寿根代管
徐仁福	4	5.369	0.101	0.608	平界村	
张 泩	—	—	0.507	—	平界村	由徐仁福代管
徐爱妹	1	4.711	0.203	—	平界村	
钟水泉	—	—	0.507	—	平界村	由徐爱妹代管
周老四	1	2.937	—	—	平界村	由徐爱妹代管
徐火根	3	4.418	0.203	0.101	平界村	
赵么妹	—	—	0.101	—	平界村	由徐火根代管
周龙卿	—	—	0.203	—	平界村	由徐火根代管
潘延秋	—	—	0.152	—	平界村	由徐火根代管
曹凤石	—	—	0.507	—	平界村	由徐火根代管
洪云生	—	—	0.203	—	平界村	由徐火根代管
刘德洪	—	—	0.304	—	平界村	由徐火根代管
周 姓	—	—	0.304	—	平界村	由徐火根代管
罗福林	—	—	0.304	—	平界村	由徐火根代管
王秋云	—	—	0.101	—	平界村	由徐火根代管
梁根林	—	—	0.335	—	平界村	由徐火根代管
刘阿根	—	—	0.102	—	平界村	由徐火根代管
徐云根	5	7.901	—	0.152	平界村	土地房屋在平家河
蔡 芹	—	—	0.304	—	平界村	由徐荣根代管
吴道巽	—	—	0.304	—	平界村	由徐荣根代管
吴仁甫	—	—	0.405	—	平界村	由徐荣根代管

续表

户主名称	人口/人	耕地/亩	非耕地/亩	宅基地/亩	自然村	备注
徐根生	—	—	2.026	—	平界村	由徐仁全代管
李福才	1	2.634	—	—	平界村	
王仁元	1	2.027	—	—	平界村	
徐泉保	2	3.242	0.004	—	平界村	
许银林	2	8.002	0.507	0.203	平界村	
许和尚	3	6.585	0.203	0.304	平界村	
王傅行	4	7.294	—	—	平界村	
许根兴	6	1.357	0.101	0.172	平界村	
李根男	2	0.913	0.304	0.203	平界村	
顾阿毛	1	—	—	0.152	平界村	
朱阿三	3	0.172	—	—	平界村	
钟同生	6	1.216	—	—	平界村	
董长林	5	1.216	—	—	平界村	
郁雪生	6	2.330	—	—	山塘街	
张相祥	2	3.040	—	—	平界河	
郑小根	4	2.026	—	—	平界河	
许小和	3	2.097	0.101	0.101	山塘街	土地房屋在山塘街
陈福如	1	1.520	—	0.101	山塘街	土地房屋在山塘街
张根生	5	2.585	0.051	—	平界河	
朱晋芳	4	—	0.051	—	山前村	
缪云生	—	—	0.355	—	山前村	
赵水根	1	—	0.203	—	山前村	
施王狗	—	—	0.101	—	山前村	
钱水德	—	—	0.204	—	山前村	由陈金狗代管
潘　姓	—	—	0.406	—	山前村	由陈金狗代管
尹惠珠	—	—	0.203	—	山前村	由陈金狗代管
翟国祥	—	—	0.203	—	山前村	由陈金狗代管
李青梅	—	—	0.102	—	山前村	由陈金狗代管
徐振祥	—	—	0.203	—	山前村	由陈金狗代管
范邦贤	—	—	0.304	—	山前村	由陈金狗代管

续表

户主名称	人口/人	耕地/亩	非耕地/亩	宅基地/亩	自然村	备注
丁河福	—	—	0.203	0.302	山前村	瓦屋在方家桥，由陈金狗代管
灵岩寺	—	—	—	39.721	—	—
灵岩小学	—	—	—	1.064	—	—

二、农业合作化

（一）农业生产互助组

1951年5月，土地改革后，境域贫苦村民分得土地、房屋等财产后，生产积极性提高。为了解决农忙时劳动力不足困难，政府提倡"村帮村，邻帮邻，种田人相帮种田人"。各村相继出现了相互伴工做的方式。"伴工做"分为临时性伴工做和季节性伴工做，后来发展成临时互助组和常年固定互助组。

1952年春，当地政府贯彻中共中央《关于农业生产互助组合作的决议》，木渎镇新农村派人参加县举办的农村互助组骨干培训班，随后隶属木渎镇新农村行政村的车渡、王家、念店等三个自然村掀起了成立互助组的热潮。

1953年5月，新农村由孙根寿、许根林、张三男担任互助组组长的共33户（其中贫农10户、中农23户），187人，为常年互助组；由陈金元担任互助组组长的有8户（其中贫农4户、中农4户），耕地53.4亩，耕牛1只，为常年互助组；由朱福祺担任互助组组长的有13户（其中贫农7户、中农6户），耕田90.9亩，为常年互助组；由徐老毛担任互助组组长的有13户（其中贫农8户，中农5户），耕田94亩，耕牛2头，为常年互助组；由谢龙生担任互助组组长的有12户（其中贫农5户，中农7户），耕田71.4亩，耕牛2头，为常年互助组。

另有山前村顾阿妹等3个互助组共15户（其中贫农7户，中农8户）60人，为常年互助组。

至1954年，新农村158户624人（男316人，女308人）中，尚有59户未参加互助组。山前村105户396人（男172人，女224人）中，尚有7户未参加互助组。

互助组（临时性或常年性）一般伴工形式有"并做"（各户主土地、劳动力基本相当，耕牛和农具合用，不算账、不计工）、"伴工做"（无论土地多少，耕牛和农具互用，采用以工抵工、计工算账）、"包水做"（有耕牛和农具的户与缺耕牛和农具的户伴工，以人工抵牛工算账）。其中境内以"伴工做"比较普遍。

表 4-3　　　　　　　　　　1954年新农村常年互助组情况统计表

互助组组长	户数/户	耕田/亩	耕牛/头	党员骨干/人	团员骨干/人	性质
陈金元	8	53.4	1	0	1	常年性
朱福祺	13	90.9	0	1	1	常年性
徐老毛	13	94.0	2	1	0	常年性
谢龙生	12	71.4	2	1	1	常年性

（二）初级农业生产合作社

1955年3月，新农村境域先后成立金星、新建、新星、建中、新光、银星初级社，山前村成立红旗初级农业生产合作社。其时，木渎镇新农村组建的金星初级社、新建初级社、新星初级社，三个初级社有耕田318.5亩、耕牛6头，山前村组建的红旗初级社有耕田241亩、耕牛1头。

初级社社员保留生产资料所有权，实行土地入股制，耕畜、大农具作价归合作社或由合作社租用。实行统一经营、统一核算的"土劳"分配制度，即按土地4分和劳动力6分进行经济分配结算。社员拥有自留地。

（三）高级农业生产合作社

1956年3月，金星、红旗、新建、新星、建中、新光、银星、初级农业生产合作社合并，成立高级农业生产合作社，名金星高级社。

金星高级社有464户村民，其中贫农159户、下中农116户、上中农171户、地主7户、富农3户、其他成分8户，1930人，其中男性892人，女性1038人，劳动力790个，耕地2565.818亩，耕牛11头。下设6个生产队：第一生产队队长徐云根，下设3个生产组；第二生产队队长王云根，下设3个生产组；第三生产队队长徐阿五，下设4个生产组；第四生产队队长周建荣，下设3个生产组；第五生产队队长吴云根，下设2个生产组；第六生产队队长张锦斌，下设2个生产组。

1957年，金星高级农业生产合作社种植水稻2451.82亩，亩产522.2斤，种植小麦1389.41亩，亩产56.3斤，当年总收入18.04万元，纯收入9.5万元，人均口粮407.5斤。

1958年秋季分配，金星高级农业生产合作社已列入金山人民公社，但此年，仍按高级社方式进行经济分配。是年，金星高级农业生产合作社有469户，1967人，总收入234130元，其中农业收入171092元，副业收入60783元、其他收入2255元，总支出76206元，农业税29074元，纯收入128850元，公积金3706元，公益金4349元，社员分配120795元。社员分配工资制按52%计算，平均每人37.2元；供给制按48%计算，平均每人32.2元。

高级农业生产合作社生产资料有偿转为集体所有，由合作社统一经营、统一核算，改土劳分配为按劳分配。夏季预分，秋季结算。社员有自留地，户均1—2分。

金星高级农业生产合作社由于对发展农业合作社操之过急，对入社个别社员思想工作做得不充分，发展中一些遗留问题未能及时解决，以致出现社员闹分社、退社现象。1957年8月，在当地政府领导下，金星高级社开展以"社会主义宣传教育"为主题的整社运动，发动群众围绕粮食征购和合作化问题进行大鸣、大放、大辩论。经过教育，部分农户打消了分社、退社的想法，原先不在高级社的农户也纷纷要求加入金星高级农业生产合作社。

附：1956年3月至1958年8月金星高级农业生产合作社管理人员名单

管委会主任：谢龙生
管委会副主任：许根男、顾阿妹、吴云根
党支部书记：徐老毛
大队长：徐阿五、张锦斌、周建荣、王木根、徐三男
副大队长：杨阿五
会计：沈金根
管委会监察委员：陈云媛（女）、吴根元、吴云根、蒋根金、袁杏娣（女）、张静传
管委会委员：方进媛（女）、许美心（女）

三、人民公社

1958年9月，金山人民公社成立，境内金星高级农业生产合作社随着人民公社成立，与姑苏乡第二高级社组建灵岩大队。境内的车渡村、王家村、念店村、平界村、山前村改称为生产队。

不久，境域农业生产实行军事建制，改灵岩大队为灵岩民兵营，生产队改称为连，一度推行"组织军事化，行动战斗化，生活集体化"。是年11月，以连（生产队）为单位办起农村公共食堂，社员就餐于公共食堂，提倡"吃饭不要钱"发出"放开肚皮吃饭，鼓足干劲生产"的口号。

1959年4月，境域取消军事建制，将灵岩民兵营恢复为灵岩大队，下辖的连改称生产队。同年9月，车渡、王家、念店、平界、山前等5个村从灵岩大队分离出来，组成金星大队。

1961年6月，境域金星大队贯彻执行中共中央《农村人民公社工作条例(草案)》，简称《农业60条》。1962年10月，根据中共中央《关于改变农村人民公社基本核算单位问题的指标》，金山人民公社实行"人民公社三级所有，以生产队为核算单位"的分配制度，同时恢复农民自留地、饲料地和家庭副业。

1964年始，境域掀起"农业学大寨"运动，推行大寨式劳动管理制度，实行"自报互评"的评工记分的方法。

1966年5月，境域由木渎镇划归金山人民公社管辖。是年6月，"文化大革命"席卷全国各地，金星大队大搞农田基本建设，以大干、实干加苦干，平高填低改造

农田，平整各生产队的田块。20世纪70年代初，境内响应上级号召，以粮为纲，全面推行种植双季稻。

1977年，境域划归木渎镇管辖，翌年12月中共中央召开十一届三中全会后，农业生产获得明显发展。

1981年3月，境域金星大队试行农业生产责任制模式。1983年7月，金星大队取消大队、生产队核算的管理体制，全面推行家庭联产承包责任制。恢复一年稻、麦两熟制种植方式。

四、家庭联产承包责任制

1981年3月，境域金星大队山前第5、第6生产队率先试行农业划田分户生产、联产计酬生产责任制模式（1983年家庭联产承包责任制在境内全面推行）。

家庭联产承包即农户以家庭为单位向集体承包土地和生产任务的农业生产责任制形式，土地等主要生产资料仍归集体所有，在生产经营活动中，集体和家庭有分有合。

金星村普遍推行家庭联产承包责任制后，农业生产实行"统一经营，分业承包，联产到户，包干分配"的制度。土地实行按人口分配，社员上交按国家任务和集体提留数再按责任田分摊，税费包干上交，农业税按耕地总面积分摊到户，对生产资料的处理和使用保管作出明确规定，并以村为单位建立农机、植保等专业组织。实行独立核算，自负盈亏，财产管理建立联队会计岗位责任制，一个会计负责几个生产队的财务资金管理工作，报酬由生产队分担或大队支付。农田基本建设资金来源一般依靠大队公共积累，农业建设用工按劳力分摊到户，劳动报酬作义务工处理。

1990年9月，境内金星村村民委员会为继续稳定家庭联产承包责任制模式，保护农民种田积极性，确保良田面积种足种好，粮食产量稳定增长，对农民已经承包的土地面积作了适当的调整。

第二节　农副业

境内农村素以种植水稻、三麦和油菜等农作物为主，间或种植红花草、蚕豆等经济作物，从事养蚕、养猪，以及刺绣、运输等传统家庭副业。

旧时，由于受封建生产关系束缚，小农经济力量薄弱，境域农业生产水平不高，难以抵御自然灾害，稻麦、油菜产量偏低，只能勉强生产糊口之粮。

中华人民共和国成立后，经过土地改革、实行集体生产、兴修水利、科学种田，境内农村粮油产量逐步提高。

长期以来，境域农村种植稻麦两熟，1963年，始行双季稻。实行"两季稻、一季麦"（俗称"双三熟"），产量有所提高，但农业成本提高，增产不增收。

1983年7月,全面推行以农户家庭为单位的联产承包责任制。翌年,双季稻淘汰,农村又恢复传统的一年稻麦两熟耕作制度。

1984年至2000年,境域农村的耕地先后被征用。2001年,境域无耕地。

一、农业

(一)水稻

境内传统的粮油种植是一年两熟。夏熟以三麦为主,油菜次之,还种植蚕豆、红花草。秋熟以水稻为主,兼种经济作物。长期以来,当地沿袭稻、麦两熟耕作方式,然而因所种水稻品种繁杂,产量低而不稳。中华人民共和国成立后,境域农村仍沿袭一年稻麦两熟的耕作制度。

选种 为了提高产量,20世纪50年代,境域不断引进新的品种,提高作物栽培的成功率,并以种植晚稻为主,当家品种粳稻有中晚稻"314"、晚粳节花白、矮子粳。1952年,引进晚稻品种老来青,推广水稻新品种"853"、苏稻1号、少数节籼稻。1957年春,试种双季稻。1959年,引进"农垦58"。1965年"农垦58"普及种植,成为单季水稻当家品种。1968年开始,前季稻引进早籼和矮脚南特号,后季稻以"农垦58"为主。之后,境域农村不断扩大双季稻种植面积。至1972年,境域大力推行粮食生产三熟制,先后引进后季稻品种农虎6号、农虎3-2号。

1973年,境域双季稻种植面积继续扩展,原稻麦两熟全面改为双三熟制,粮食产量有所提高。但由于劳力紧张,季节延误,肥料不足,土壤结构破坏及农业成本增加,经济效益下降。

1983年7月,境域农村推行家庭联产承包责任制,双三熟制种植面积逐年下降。1985年开始,境域推广晚粳良种"秀水04",并得以普及。1986年,境内淘汰双季稻,恢复了一年两熟耕作制度。

20世纪90年代初,境内种植水稻以早熟晚粳为主。当家品种为"88-122"、太湖粳2号、"95-22""91-17"、苏香粳、优辐粳、太湖粳等。90年代末,境内以"95-22"为水稻当家品种,搭配种植苏香稻、优辐稻、杂交粳稻申优1号等优良水稻品种。

育秧 在立夏前后,选好的稻谷进行浸种。旧时境域农村种田方法简单,耕作粗糙。一块大田经过耕翻、捣碎、灌水后,用门板压平做成秧板,踏脚印成沟,即便撒种落谷,再撒上草木灰即成。境内自1953年始,用盐水及药剂浸种,秧田做成垄式秧板,做到平、光、滑、肥。20世纪60年代,改水秧田为半旱秧田,即通气秧田,先将秧田放样,开沟成垄,浅削整平,灌水捣烂,并用门板将垄面推平。秧田与大田比例为1:8或1:10。种植双季稻时,育秧方式采用药剂浸种、温水催芽、塑料薄膜育秧。

移栽 单季稻在夏至前后移栽。早熟品种在5月底至6月初移栽,中晚熟品种在6月下旬移栽结束。旧时境域农村,移栽行距稀、株距大,每亩有1.3万—1.5万穴，10万—12万株基本苗。1957年境内推广合理密植，一般株、行距为4.5寸×5寸（1寸约为0.033米，下同）。20世纪70年代，采用拉绳插秧（除纵向拉绳外，横向也拉绳，拉绳的两人每插完一行秧，即刻将绳向后移动），属高密度移栽，插下的秧苗横竖匀齐，株、行距为3寸×4.5寸，每亩2.6万穴，9万—10万株基本苗。插秧要求严格，以浅、直、匀为上，而浅插不倒为优。浅插的优点是返青快，分蘖早。插秧要做到不插隔夜秧、不插落坑秧、不插清水秧、不插扯篷秧、不插大水秧、不插灰堆秧、不插烟筒秧。移栽后，保持田内有1—2寸深的水，以提升秧苗成活率。

田间管理　以水、肥和防治病虫害为主。移栽后灌深水防败苗，活棵后浅水勤灌，促进分蘖，分蘖末期脱水轻搁田，控制无效分蘖，促进根系生长；中期以浅水为主，大暑前后适当重搁田（把田间水放干，待土壤微白裂缝），扬花期保持浅水层（水没过脚背）；后期浅水勤灌，干干湿湿，以湿为主，灌一次"跑马水"（即灌即放），增加谷粒千粒重（1000粒稻谷的重量）。20世纪50年代，境域农村移栽半月后分别用大耥、小耥（耥稻工具）除草各一次。耥稻除去杂草，疏通土壤，耘稻两次，第一次人跪在田间用手除草，第二次连水带泥抹一遍。80年代始，除草使用药物，不再耥稻、耘稻。移栽三四天后施用除草醚，每亩500克，拌土撒入田内，保持深水三四天，杂草嫩芽即清除，省工省力。90年代采用乙草净、稻草畏与化肥混合施用法除草。一般耘耥前施用追肥，以农家猪羊灰掏灰水为主，搁田后施用人粪尿。50年代中期，逐年增施化肥，品种有碳铵、过磷酸钙、钾肥（用作基肥为宜）、尿素、氯化氨、复合肥等。水稻主要病虫害有稻蓟马、纹枯病、稻瘟病、螟虫、纵卷叶虫、稻飞虱等，一般用药剂、药粉防治，选用稻瘟净、稻脚青（粉剂）、马拉松混合剂、乐胺磷乳剂等农药防治病虫害。将药粉、粉剂按比例兑水泼浇或喷雾。

双季稻　双季稻按季节分为两熟（前茬休闲田或红花草田）、早三熟（前茬元麦、蚕豆）、晚三熟（前茬小麦或油菜）。前季稻秧田面积为种植面积的18%。育秧方法先后有露地育秧，尼龙棚架及尼龙平盖、尼龙打洞、地膜育秧，条寄育秧等多种。不同茬口和不同育秧方法在3月下旬或4月下旬落谷，每亩秧田播60—120千克（条寄育秧小秧田播200千克），每亩大田用种17.5千克。通过稀播、足肥、精管培育两熟嫩壮秧，早、中三熟健壮秧，晚三熟老健秧。大田前茬腾出后干耕，整平田面抢早栽，采用基肥足、面肥速、追肥早的"一轰头"施肥方法。中、晚三熟茬口多用"栽前施肥法"，把90%的化肥在移栽前一次性施下田，留10%的化肥在移栽后"捉黄塘"。后季稻按种植面积的20%留足秧田，每亩大田用种17.5千克。播种期为晚稻6月10—18日，中稻6月20—27日，早籼稻、早翻早7月8—13日。育秧方式以水育大苗为主，另有两段育秧、抽条留苗、秧田套种杂优稻等，培育绿中带黄、不披叶、不疯长的老健秧。移栽施足有机基肥，以每亩25千克碳铵为宜，移栽后原则上不施追肥。

（二）三麦

选种　旧时，境域农村传统种植三麦，品种单一，产量较低。中华人民共和国成立初期，境域农村小麦品种主要是菜子黄、早蚕麦，大麦品种有柴秆麦、芒麦，元麦品种有四柱头、老来光等。境内在推广新品种同时，加强对三麦开始普施基肥，冬前浇灌水河泥、人畜粪尿等腊肥、开春增施返青肥，因此产量逐步提高，同时主张选良种、药剂浸种，催芽播种，麦田实行全面耕翻、做垄讲究碎土、播种要求匀播。沟系狭且深，达到沟沟相通，雨停水干，同时改进施肥方法，增施面肥、腊肥、返青肥。1954年，境域引进华东6号。1956年，精选良种，推广"南大2419"、矮粒多、大方六柱品种。

20世纪70年代，境域农村小麦以扬麦为主，大麦引入"2-14"、早熟3号，元麦以海麦1号、"米麦757"为新品种，并改进耕作技术，薄片深翻，阔垄深沟，部分采用暗沟排水，扩大播种面积，同时施好基肥、猎肥、返青肥、拔节孕穗肥，做好病虫害防治，三麦亩产最高年份，超过150千克，大麦、元麦亩产100千克左右。

进入20世纪90年代，境域农村进一步科学种植三麦，小麦、大麦、元麦平均亩产达到250千克。

表4-4 　　　　　境域金星村（大队）稻、麦布局选年统计表　　　　　单位：亩

年份	单季稻	双季稻			三麦			
		小计	前季	后季	小计	小麦	大麦	元麦
1956	2564.4	—	—	—	1323.9	1285.2	38.7	—
1958	1646.4				1562.3	1519.4	8.5	34.4
1963	672.0	50.4	50.4		311.6	311.6	—	
1968	688.8	77.5	37.5	40.0	419.3	322.7	—	96.6
1969	728.7	182.1	182.1	—	456.5	203.5	—	253.0
1970	703.8	185.5	185.5		415.4	178.4	—	237.0
1971	708.8	165.5	165.5		451.8	300.8	—	151.0
1972	728.8	434.9	434.9	—	485.3	262.7		222.6
1973	727.0	646.7	646.7		436.7	189.5	—	247.2
1974	724.8	679.1	627.1	52.0	423.2	130.9	68.6	223.7
1975	661.0	554.0	514.0	40.0	377.9	130.9	165.8	81.6
1976	594.8	494.3	404.3	90.0	349.3	130.5	93.5	125.3
1977	592.4	465.6	465.6	—	344.0	122.5	101.1	120.4
1978	590.5	471.2	421.2	50.0	320.0	120.0	96.0	104.0
1979	575.3	517.0	443.0	74.0	344.4	110.5	103.6	130.3
1983	556.0	363.5	168.0	195.5	324.0	116.0	88.0	120.0
1984	511.9	112.0	72.0	40.0	293.0	98.0	102.0	93.0
1986	489.4	—	—	—	319.0	207.0	—	112.0

续表

年份	单季稻	双季稻			三麦			
		小计	前季	后季	小计	小麦	大麦	元麦
1987	989.7	—	—	—	320.0	166.8	153.2	—
1988	456.3	—	—	—	206.6	124.6	—	82.0
1990	453.8	—	—	—	200.0	60.0	50.0	90.0
1992	441.8	—	—	—	280.0	148.0	—	132.0
1997	334.8	—	—	—	312.0	240.0	72.0	—
2000	221.7	—	—	—	240.0	240.0	—	—

表 4-5　　　　　境域金星村（大队）稻、麦亩产选年统计表　　　　　单位：斤

年份	单季稻	双季稻		三麦		
		前季	后季	小麦	大麦	元麦
1956	544.5	—	—	185.0	188.0	—
1958	731.5	—	—	120.0	132.0	139.0
1963	540.5	—	—	159.0	—	—
1968	751.6	656.0	500.0	184.0	—	172.0
1969	970.0	632.0	—	280.0	—	—
1970	918.0	688.0	—	183.3	—	191.8
1971	923.0	587.0	—	317.4	—	356.0
1972	827.0	590.1	521.2	316.4	—	342.0
1973	1069.0	637.0	528.8	213.0	—	206.8
1974	1040.0	583.4	536.3	369.6	429.5	316.9
1975	975.0	610.4	539.5	306.4	299.2	214.0
1976	1183.0	10321.9	1743.6	318.0	203.0	197.0
1977	1113.0	694.6	567.6	150.0	145.5	102.0
1978	1086.0	623.2	589.5	207.0	132.0	196.0
1979	1083.0	626.4	600.7	217.0	206.0	483.4
1983	975.0	725.5	664.4	102.0	214.0	231.0
1984	1129.0	725.0	715.0	212.0	193.0	197.0
1986	930.0	—	—	234.3	—	239
1987	998.0	—	—	410.0	410.0	—
1988	982.0	—	—	442.0	375.0	—

续表

年份	单季稻	双季稻		三麦		
		前季	后季	小麦	大麦	元麦
1990	1052.0	—	—	500.0	450.0	460.0
1992	1020.0			508.0	—	508.0
1997	1144.0	—	—	540.0		
2000	1190.0			560.0		

表 4-6　　境域金星村（大队）稻麦总产选年统计表　　单位：斤

年份	单季稻	双季稻			三麦			
		小计	前季	后季	小计	小麦	大麦	元麦
1956	1408717.0	—	—	—	245037.6	237762.0	7275.6	—
1958	1962480.0	—	—	—	247489.0	241585.0	1122.0	4782.0
1963	357380.5				49544.0	49544.0		
1968	562442.0	44600.0	24600.0	20000.0	75992.0	59377.0	—	16615.0
1969	706839.0	115087.0	115087.0	—	93800.0	93800.0	—	—
1970	759952.0	127624.0	127624.0	—	78156.0	32700.0	—	45456.0
1971	763110.0	97148.5	97148.5	—	149230.0	95474.0	—	53756.0
1972	734638.6	256591.0	256591.0	15636.0	159267.0	83138.0	—	76129.0
1973	777625.0	408702.0	392838.0	15864.0	91484.6	40363.6	—	51121.0
1974	754434.0	393680.0	365792.0	27888.0	148699.0	48387.0	29421.0	70891.0
1975	694873.0	345326.0	323746.0	21580.0	109258.0	39985.0	49607.0	19666.0
1976	703699.0	361964.0	309656.0	52308.0	85153.0	41499.0	18980.0	24674.0
1977	659509.0	323406.0	323406.0	17028.0	45301.0	18375.0	14645.0	12281.0
1978	641796.0	291967.0	262492.0	29475.0	57896.0	24840.0	12672.0	20384.0
1979	623119.0	321947.0	277495.0	44452.0	108254.0	23978.0	21341.0	62935.0
1983	542207.5	239712.0	109622.0	130090.0	68824.0	22272.0	18832.0	27720.0
1984	578313.0	80800.0	52200.0	28600.0	58783.0	20776.0	19686.0	18321.0
1986	455786.6	—	—	—	74932.0	48500.0	—	26432.0
1987	987720.0	—	—	—	131200.0	68388.0	62812.0	—
1988	448436.0				85823.0	55073.0	30750.0	
1990	477314.0				113960.0	50060.0	22500.0	41400.0
1992	450636.0	—	—	—	142240.0	75184.0	—	67056.0
1997	383011.0	—	—	—	150336.0	129600.0	20736.0	—
2000	251924.0				134400.0	134400.0		

(三)油菜

旧时,油菜是境域农村农业生产主要作物之一。立冬时分移栽。移栽前先做好一米左右的田垄(俗称"坨头"),再在田垄上用石椎柱打穴后将油菜秧置在穴中,用小块泥护好菜秧根。

中华人民共和国成立初期,境域农村种植油菜以本地品种菜子黄、三月黄等白菜型油菜为主,产量低下,亩产在23千克左右。1956年,开始重视油菜秧苗培育,施足基肥、防治病虫害,抽薹期间,以人粪尿、猪羊灰水作追肥泼浇,切实加强管理。1957年,引进了"胜利52"、朝鲜油菜等甘蓝品种,以后又改种"甘蓝型胜利52"、胜利青梗等品种。

1970年始,境域农村采用合理密植、阔垄,改打塘移栽为劈横沟移栽方法,并推广新华油菜品种宁油5号和宁油6号。20世纪80年代,推广品种有宁油7号、胜利油菜等。1983年,推广劈横沟条栽,每亩密栽8000至10000棵苗,提高了土地利用率、菜秧成活率,又防止油菜倒伏。1986年,境域农村开始应用盖草能药剂防治油菜田杂草,油菜产量明显提高,亩产达到143千克。

1992年,境内继而引进"226""821"和"江油50"等品种,以后又以苏油1号品种当家。

表4-7　　　　　境域金星村(大队)油菜种植情况选年统计表

年份	面积/亩	亩产/斤	总产/斤
1968	92.2	135.5	12493.1
1969	92.4	142.0	13120.8
1970	94.9	156.0	14804.4
1971	75.7	124.0	9386.8
1973	85.6	123.6	10580.2
1974	72.8	112.6	8197.3
1975	83.4	115.2	9607.7
1976	83.4	116.0	9674.4
1977	83.4	155.0	12927.0
1979	94.9	155.0	14709.5
1986	62.1	186.0	11550.6
1987	69.5	172.0	11954.0
1990	90.0	182.0	16380.0
1992	73.0	161.8	11811.4
1997	150.0	148.0	22200.0
2000	151.0	158.2	23888.2

二、副业

民国时期，境域车渡、王家、念店、平界、山前等自然村村民除耕种农田外，还从事栽桑养蚕、养猪、刺绣等传统家庭副业生产。中华人民共和国成立后，村民依靠集体力量，发展副业生产，增加收入。1958年，金星高级社有469户、1967人，副业收入60783元。

1983年7月，境域实行家庭联产承包责任制，拓展副业生产门路，不少村民在栽种自留地的同时，开办手工作坊、养猪、刺绣，搞车船运输以增加家庭和集体经济收入。

（一）栽种瓜果蔬菜

旧时，境域村民在家前屋后种植瓜果蔬菜，除自家食用之外，拿去附近古镇街上叫卖，以换取几个小钱，买些油盐酱醋回家。

人民公社化后，大队按人划分自留地每人1—1.5分地，村民们便在自留地上种植瓜果蔬菜。

境域金星村(大队)种植的瓜果蔬菜品种有青菜、菠菜、萝卜、蚕豆、毛豆、韭菜、青葱、南瓜、冬瓜等，有的农户因地处在灵岩山麓，家前屋后栽种栗子树、枣树和橘树。

1959年9月，王家村划归金星大队管辖，由原来种植水稻、三麦庄稼改为栽种蔬菜为主，以供应木渎市镇居民需求。20世纪80年代，境内始种西红柿、白菜、卷心菜等，有的村民在自留地上种植山芋、土豆、西瓜、香瓜等。

境内村民对栽种瓜果蔬菜十分重视，即便夏收夏种、秋收秋种或种植双季稻的大忙季节，也不忘在饭前茶后抽空至自留地栽种和管理瓜果蔬菜。

20世纪80年代，境内的土地逐步征用，村民不再种植瓜果蔬菜。

表4–8　1959—1990年境域金星村（大队）蔬菜产量选年统计表

1959			1979			1990		
种植/亩	单产/斤	总产/斤	种植/亩	单产/斤	总产/斤	种植/亩	单产/斤	总产/斤
300	6500	1950000	310	6580	2039800	290	6700	1943000

（二）栽桑养蚕

旧时，境内村民几乎家家户户栽桑养蚕，有的在家前屋后空地上栽种桑树。抗战时期，日军侵华，以贱价收购蚕丝，致使村民饱受经济损失，因此，当地栽桑养蚕的村民数量锐减。

中华人民共和国成立后，当地政府成立蚕桑指导组派蚕桑专业人员至境内指导栽桑养蚕，推广新品种科学养蚕，栽桑养蚕户逐年增多，农村集体化后，境域农村实行按生产队为单位，集体栽桑养蚕。

1971年，境域金星大队有桑田64.5亩，全年饲养126张蚕种，产茧5257斤，每张41.7斤。1974年，境内贯彻上级有关文件精神，推行斤茧斤肥（化肥）奖励办法,各生产队蚕茧产量明显增长。在当年公社蚕桑指导员的帮助下,境域金星大队各生产队配备桑蚕组长,建立起公社、大队、生产队三级桑蚕指导网,每年定期组织起来传授和培训栽桑养蚕技术。是年,境域有桑田62亩,全年饲养135张蚕种,产茧8200斤,每张产茧达到61斤。

20世纪80年代中后期,因蚕茧市场价格回落,粮价上涨,养蚕村民对蚕桑生产热情锐减,把桑田改为粮田,至1993年,境域金星村各村民小组不再从事蚕桑生产。

表4-9 境域金星村(大队)栽桑养蚕情况选年统计表

年份	总计		春蚕			夏蚕			秋蚕			桑田/亩
	张数/张	总产/担	张数/张	单产/斤	总产/担	张数/张	单产/斤	总产/担	张数/张	单产/斤	总产/担	
1970	138	81.6	53	81.4	42.7	16	55.3	8.9	69	42.9	29.6	68
1972	126	56.2	57	71.0	40.5	36	16.7	6.0	33	146.0	48.2	65
1973	133	74.0	56	74.6	41.8	24	38.0	9.1	53	44.6	23.6	64
1974	135	82.0	51	70.7	36.0	21	52.1	11.0	63	56.3	35.5	62
1975	107	66.0	45	67.9	30.6	18	60.7	9.1	44	45.5	20.0	52
1976	85	50.8	36	80.0	28.8	14	34.0	4.8	35	50.0	17.5	46
1978	37	19.2	20	76.2	15.3	13	14.4	1.9	4	53.0	2.1	24
1979	41	19.9	17	64.1	10.9	4	42.4	1.7	20	30.5	7.7	20
1984	9	6.3	4	81.4	3.3	1	59.3	0.6	4	60.5	2.4	8
1986	2	1.1	2	57.5	1.2	—	—	—	—	—	—	3

(三)刺绣

刺绣曾是境域妇女掌握的活计,世代相传。

清代,境内几乎家家有刺绣,户户有绣娘。清末民国初期,境域苏绣艺术家沈寿开创了经营苏绣的一代新风。民国前中期,境域刺绣业兴盛,尤以盘金绣著名。

抗日战争期间,境内刺绣业陷入困境,农村绣女纷纷放弃刺绣,另谋生计。

中华人民共和国成立后,刺绣业得以恢复,成为境域农村主要的传统副业收入。

1951—1956年,新农村、新东村、新和村8户贫农刺绣收入301元,打金线收入401元;6户中农刺绣收入110元,打金线收入80元。

1954年4月,木渎镇供销社成立刺绣生产合作社,直接发放绣品给境域绣娘加工,消除了绣庄商人的中间剥削,新农村、新东村、新和村妇女刺绣积极性提高,有70余人加入刺绣队伍。大多数人以刺绣为家庭主要副业,利用业余时间和晚上进行,每天可挣3角左右,以补贴家用,更有少数人以其为主要生活来源。

1964年后,境域绣娘增多,绣品加工量大,遍及至各个生产队。20世纪70年代,生产队分配水平较低(一个劳力一天收入0.4—0.5元),妇女的刺绣收入成为每个家庭的重要经济来源。

1978年，木渎镇成立刺绣发放站，主要绣品为和服腰带、戏衣、双面等绣工艺品。一般农家都有1位绣娘，有的农家有2—3位绣娘，金星大队时有绣娘百余人之多。

1983年7月，实行家庭联产承包责任制，大多数绣娘弃绣从事其他行业，进入镇、村（队）办厂务工，刺绣加工业务逐年减少。进入21世纪，境域从事刺绣行业的人越来越少。

为了传承文化遗产，当地政府把"苏绣"列为非物质文化遗产加以保护。2004年3月，境域古松园设置苏绣展示馆。2005年9月，第六届江南园林古镇木渎旅游节，举行"当代绣娘评选大赛"。2006年5月，苏绣被列入首批国家级非物质文化遗产名录。2014年11月，境域苏绣盘金绣技法被列入吴中区非物质文化代表性项目名录。

（四）饲养禽畜

民国时期至中华人民共和国成立初期，境内村民几乎每家每户都饲养家禽家畜，饲养家禽主要以鸡、鸭、鹅为主，饲养家畜主要以猪、羊、兔为主。

1958年9月，人民公社成立，为了解决集体农田肥料问题，以增加粮食产量，提高村民经济收入，境域在当地政府的领导下发动各生产队兴办养殖场，饲养家禽家畜。是年，境内的6个生产队，队队都办起了养殖场，饲养以生猪为主的家畜，以鸡鸭为主的家禽。

"文化大革命"期间，公社号召各生产大队大办养殖场，大力饲养家禽家畜，要求饲养生猪达到"一人一头"。1969年，境内金星大队饲养家畜485头，家禽504只。1971年，境内饲养家畜750头，家禽435只。1975年，境内饲养家畜655头，家禽494只。

1983年7月，境内金星大队实行家庭联产承包责任制，饲养家禽家畜以家庭为主。是年，境内饲养家畜662头，家禽1155只。翌年，境内饲养家禽家畜剧增，饲养家畜2100头，家禽2101只。

1986年以后，境内土地逐步被征用，家庭饲养家畜的数量迅速下降。1987年，境内饲养生猪31头，后有所增多，到了1990年，村民饲养家畜580头，家禽1686只。

进入21世纪，因境内金星村农田被征用，村民不再饲养家禽家畜。

表4-10　　1967—1990年境域金星村（大队）饲养家禽、家畜情况选年统计表

年份	家畜数				家禽数			
	小计	猪/头	羊/头	兔/只	小计	鸡/只	鸭/只	鹅/只
1967	298	247	30	21	364	322	20	22
1969	485	413	41	31	504	425	61	18
1971	750	668	40	42	435	351	54	30
1972	701	636	37	28	608	564	24	20

续表

年份	家畜数				家禽数			
	小计	猪/头	羊/头	兔/只	小计	鸡/只	鸭/只	鹅/只
1973	634	563	21	50	777	715	38	24
1974	632	557	14	61	393	312	47	34
1975	655	575	2	78	494	422	22	50
1983	662	430	12	220	1155	1124	11	20
1984	2100	1835	15	250	2101	2051	20	30
1986	1420	1136	17	267	2000	1954	34	12
1987	210	31	30	149	1808	1741	52	15
1988	275	107	30	138	720	685	14	21
1990	580	401	30	149	1686	1648	20	18

（五）专业运输

1956年，金星高级社组建了一支专业运输队伍，有运输船13艘，劳动力40个。船只停泊在境域山塘街河一带，担负木渎古镇木渎粮管所、米厂、供销社及商业等部门的水上运输业务。运输目的地近至苏州城内，远至上海、浙江杭州等地。

1958年9月，专业运输队伍由金山人民公社灵岩大队统一管理，改名灵岩运输组，又称灵岩运输社。

1959年9月，境域时属灵岩大队的车渡、王家、念店、平界、山前等5个自然村组建金星大队，灵岩运输组与境域脱钩。

第三节　集体经济

民国至解放初期，境域老街只有几户家庭手工业和私人作坊。20世纪70年代，境域始有吴县防爆电机厂等县、市企业和金星建筑站等村办集体企业。随着改革开放，境内老街改造，旅游、商贸业得以蓬勃发展。

一、金星村（大队）办企业

民国时期，境域只有私人作坊和家庭手工业。

1964年7月，金星大队创办建筑站，为村民建造住宅，为厂家商户建造车间和厂房。

1977年7月，金星大队办起第一家集体企业金星化工厂；翌年3月，金星大队办起金星烘漆厂；8月，金星大队建起金星针织纺机厂。

1979年7月,金星大队创办了泡沫塑料厂。

1980年10月,金星大队在灵岩山麓东侧辟地40亩,建起了金星工业园。随后即与苏州铜材厂联营,建起吴县铜材厂。至1981年12月,金星大队办企业年产值达43万元,净收入达8万元。

1985年6月,金星村创办金属制品厂,随后又组建金耀集团,村办集体企业钢材厂、管坯厂、上引冶炼厂等3家村办集体工厂。不久,境内烘漆厂、纺织厂、泡沫塑料厂等村办工厂,先后搬至金星工业园。至1987年,境域金星村办厂职工达472人,其中女职工286人。是年,境域村办工业产值达1080万元,销售收入达133万元。1998年,金星村村办企业产值达10410万元。

表4-11　　　　　境域金星村(大队)村办企业情况选年统计表

年份	职工/人	企业/个	年产值/万元	销售收入/万元
1974	18	2	1.3	0.2
1975	22	2	1.4	0.3
1981	212	5	43	2
1983	322	6	56	5
1984	402	7	147	19
1987	472	9	1080	133
1988	760	10	1145	138
1989	319	9	1429	226
1997	270	7	9328	8254
1998	270	7	10410	8281
1999	252	6	13048	10420
2001	247	5	13139	11978
2002	283	5	16722	15150
2003	290	5	17368	16487
2004	303	5	19704	17510

二、金星村主要村办企业

金星村(大队)自1964年办起大队建筑站,至2001年8月,先后办起17家企业(工厂)、其中主要村(大队)办企业有烘漆厂、针织厂、泡沫塑料厂、铜材厂、金属制品厂。

金星烘漆厂　1978年3月创办,位于境域王家村。主营电扇烘漆,1980年厂房搬迁至灵岩山麓金星工业园,占地面积4000平方米,厂房建筑面积2000平方米,从业人员100人,注册资金50万元。

金星针织纺机厂　1978年8月创办,位于境域平界河头。主营生产针织汗布台车。

占地面积3000平方米，厂房建筑面积2000平方米，从业人员90人，注册资金150万元，2000年时因业务短缺关闭。

金星泡沫塑料厂 1979年7月创办，位于境域平界河头。主营电扇包装填充物泡沫塑料。1980年1月该厂搬迁至金星工业园，占地面积5000平方米，厂房建筑面积3000平方米，从业人员150人，注册资金100万元。1997年7月，转制个人承包。

吴中（吴县）铜材厂 1980年10月，金星村与苏州铜材厂联营厂创办，位于境域灵岩山东侧金星工业园。主营制造空调、热水器、冰箱等电器和铜管。占地面积4000平方米，厂房建筑面积3000平方米，从业人员98人，注册资金200万元。其间，曾与北京铜铁研究院研制出全国第一根湍流管。1992年7月，转制个人承包。

金星金属制品厂 1985年6月创办，位于境域灵岩山东侧金星工业园，主营制造烘衣台面。占地面积1000平方米，厂房建筑面积600平方米，从业人员60人，注册资金30万元。2000年3月，因业务短缺停办。

三、县（区）办工业

旧时，境域工业相对落后，自中共十一届三中全会以后，境域工业日渐兴起，先后办起了吴县防爆电机厂、农具厂、柴油机厂、矿山机械厂、工艺服装厂、苏州第六制药厂等。20世纪90年代后，境域有的企业因产品落后被淘汰，有的由集体转制给私人企业，有的因地处古镇，古镇老街重点发展旅游、商贸业，被迁移至境域之外。

江苏骆驼电器集团有限公司 位于境域山塘街9号，其前身是1970年建立的吴县五金电讯器材厂。1975年被国家煤炭工业部列为防爆电机定点生产厂。1976年改名为吴县煤炭防爆电机厂。1985年更名为吴县防爆电机厂，为县属大集体企业。该厂于1979年5月利用生产防爆电机的现有设备和工艺试制成功家用电扇。1980年1月建成电扇生产流水线，日产电扇100—150台。3月，"骆驼牌"注册商标经国家工商行政管理总局批准正式使用。5月，骆驼电扇进驻上海市场。6月，该厂扩大生产规模，年产电扇近十万台。7月18日，《新华日报》以头版头条位置刊登"小骆驼跨进大上海"一文，电扇产品声誉大增。1981年9月获中华人民共和国第一机械工业部"优质产品"证书。1983年后，"骆驼牌"400毫米台式、落地式电扇再次获机械工业部和省"优

骆驼牌电扇

质产品"证书。1985 年，"骆驼牌"电扇在国家经委质量抽检中名列第二。3 月，又荣获"省优先进集体"称号。《人民日报海外版》《经济日报》《工人日报》等 30 多家报刊和中央、上海、江苏、苏州等电台、电视台对骆驼电扇及其经营之道进行了上百次宣传报道。1986 年 6 月，以吴县防爆电机厂为龙头，与吴县机电厂联合成立较大规模横向经济合作体系——骆驼电器集团公司。骆驼电扇的生产渐趋网络化和系统化，扇头生产和组装由吴县防爆电机厂承担，电扇的中间部件由 20 多个乡镇 60 多家企业加工生产，产品除畅销全国外还多次出口，并被推荐参加澳大利亚、伊朗、伊拉克等国际博览会，行销 26 个国家与地区。1990 年获国家机械电子工业部"二级大中型企业"称号，并荣获产品质量最高奖——国家银质奖（全国仅 5 家）。1992 年 8 月，组建成江苏骆驼电器集团企业。1996 年后，转制为民营企业，生产小骆驼电扇、小骆驼电动车等产品。

苏州第六制药厂　位于境域西街 64 号。1970 年 3 月建，为县属全民企业。占地面积 32665 平方米，建筑面积 13000 平方米。1978 年研制的溃疡病愈合消炎药——糜胰蛋白酶，获 1978 年省科技成果奖。"灵岩牌"10% 葡萄糖注射液于 1980 年获江苏省大输液质量评比第一名。静脉注射用脂肪乳剂于 1981 年获省科技成果奖，并被国家医药管理局授予优秀技术二等奖，获国家医药管理局和省经济委员会评为优质产品。同年，注射用精品糜胰蛋白酶获国家级发明 4 等奖。1985 年获国家医药管理局颁发的药品生产合格证书。1998 年，该企业并入吴中集团。1999 年 4 月 11 日，吴中集团在上海证券交易所上市，证券代码 600200。苏州第六制药厂也更名江苏吴中医药集团有限公司苏州制药厂。

吴县市农具厂　位于境域山塘街。为县属集体企业。1975 年列为省定点农具生产单位，所产锯齿镰刀远销福建、广西等 10 多个省、市并出口坦桑尼亚、几内亚和布基纳法索等国。1995 年以 220 万元拍卖给金星村。

吴县市柴油机厂　位于境域西街 144 号。1971 年 1 月建，为县属全民企业。1990 年获省级先进企业称号。主要产品为农用柴油机配件等。后兼并吴县市农具厂，不久转制为民营企业。

吴县市矿山机械厂　位于境域西街梢，初名吴县碳素厂。1976 年 2 月改名吴县机床配件厂，后改现名。主要生产矿山机械设备及配件。1990 年以后不久便停产。原厂址已成为市民休闲广场。

吴县工艺服装厂　位于境域山塘街 63 号。20 世纪 70 年代创办，初名木渎服装联合工场，1971 年改名吴县劳保用品厂，后改名吴县服装用品厂，1978 年改现名，为县属集体企业。曾为上海丝绸进出口公司的 8 个丝绸服装定点生产厂之一，专业生产各种真丝工艺服装等。后转制为民营企业。

吴县工艺服装厂

四、金星村经济合作社

1981年9月，境域恢复村级建制，金星大队改为金星村。1983年7月成立村经济合作社。

金星村经济合作社为所在村的经济组织，分设社长、副社长和会计等职。村经济合作社承担全村的农业、多种经营、村办企业的生产服务和协调工作，管理村内土地和资产。

历任金星村经济合作社社长、副社长：1983年8月，王根泉任金星村经济合作社社长，赵金妹、徐幸福任副社长，徐金根任会计。1985年4月，陈海南任金星村经济合作社副社长。1989年9月，陈海南任金星村经济合作社社长，顾阿三任金星村经济合作社副社长。1997年2月，姚惠泉任金星村经济合作社副社长。

第四节　股份经济合作制

一、金星村股份经济合作社

2001年，金星村有6个村民组，207户人家，454人。金星村在农村家庭承包经营的基础上，推行股份经济合作制，成立股份经济合作社。股份经济合作社村民自愿入股，按股分红，利益共享，风险共担；民主管理，民主监督，依法登记，依法经营。是年，金星村由市、区、镇农办、经营办组织村级领导至先进单位学习考察，并结合本村实际，制订计划方案，重点做好资产确定、户籍排摸及劳动力变动情况，拟定股权界定、折股量化办法及合作社章程草案，向上级政府呈报试点方案，以获得批准。同年6月完成村级集体资产清理核实后，聘请苏州市永信会计师事务所对村级集体资产进行评估。评估核实该村拥有集体净资产总额为4295.44万元，其中，实物性净资产为2643.05万元，占61.53%，村办公、商业用地使用权折价1652.39万元，占38.47%。

股权设集体股和个人分配股两类，其中，集体股占总股本的8%，持股者为村经济（股份）合作社，个人分配股（包括基本股、享受股和现职村干部分配股3种）占总股本的92%，持股者为村民（社员）个人。首先确定享受对象，即截至2001年6月30日，户籍在本村年满18周岁以上村民，截止日以后新增及原有户籍人员不再分配股份。经民主评议，初步确定总股股份为527.98股，其中，集体股为42股，个人分配股为485.98股，419名户籍在村内的18周岁以上村民享受每人1股的基本股，125人为"职在股在、职离股消"的现职干部分配股，以及8种对象18项内部照顾享受股，加上占8%的集体分配股，股份经济合作社设定的总股为513.8股。同时对4295.44万元村集体经营性净资产按513.8股折股量化给村民，每股净资产83601元。规定股份经济合作社每年净收益的60%左右用于积蓄，30%—40%用于按股分红，起点为每年每股826元。明确股权暂不得继承、转让，不得买卖、抵押，不得退股提现。

在此基础上，制定《金星村股份合作社章程》，共8章25条。2001年8月26日召开成立大会，经42名村民代表无记名投票、选举产生金星村股份经济合作社董事会、监事会，207户农户领到了村股份经济合作社股权证。

二、香溪社区股份经济合作社董事会

2001年8月，金星村股份经济合作社成立董事会。董事会由张国荣、许盘英、徐金根、陈世泉、许培育等5人组成。张国荣任金星村股份经济合作社董事长，许盘英、徐金根、陈世泉、许培育任董事。

2011年9月，许春华任金星村股份经济合作社董事长，徐金根、许盘英、王兴男、许培育任董事。

2012年7月，金星村股份经济合作社更名为香溪社区股份经济合作社。张国荣任香溪社区股份经济合作社董事长，许盘英、徐金根、王兴男、许培育任董事。

2017年8月，许春华任香溪社区股份经济合作社董事长，张咏梅、朱秋媛、王爱民、周卫民、姚惠泉、韩永春任董事。

2021年1月，张咏梅任香溪社区股份经济合作社董事长，许坚堃、朱秋媛、王爱民、周卫民、姚惠泉、韩永春任董事。

表 4-12　　　　　　2016—2021 年香溪社区股份经济合作社经济收益统计表　　　　　单位：万元

年份	收入	年份	收入
2016	3600	2019	5165
2017	3657	2020	5467
2018	4153	2021	5766

三、香溪工业园

境域水陆交通便捷，且山清水秀，环境优美，改革开放后，不少厂家（公司）纷纷落户境域及周边乡、镇，一时间工业、商贸用房短缺。2001 年 8 月，金星村成立股份经济合作社后抓住商机，动用集体经济，在木渎及苏州近郊收购工业用地和空置废弃的厂房，发展地方经济。随后又推行投资入股形式，组建富民置业股份合作社、创业投资专业合作社。

2012 年 7 月，金星工业园更名为香溪工业园，至 2021 年 12 月，香溪工业园下辖尧峰、横泾、观山、马舍等 4 个工业园，分布于木渎镇木东路、吴中区经济开发区横泾街道、苏州高新区观山路、吴中区胥口镇等地。

尧峰工业园　　位于木渎镇木东路。2007 年 8 月先后投资 4200 万元建起占地 71 亩、建筑面积 5.14 万平方米的标准厂房，随后对外招商引资。2018 年 6 月，对该工业园区进行升级改造，新增停车位 60 个，并完成了雨水、污水管道分流改造。2021 年，该工业园年收益 1000 万元。

横泾工业园　　位于吴中经济开发区横泾街道天鹅荡路。2012 年 7 月，先后投资 1.25 亿元，收购占地 92 亩、建筑面积 6.3 万平方米的苏州星广建材有限公司，随后进行升级优化，招商引资。2021 年，该工业园年收益 1000 万元。

观山工业园　　位于苏州高新区浒墅关经济开发区观山路。2013 年 7 月，投资 9150 万元，收购占地 120 亩、建筑面积 4.89 万平方米（厂房 12 幢）的国华工贸有限公司。随后进行升级改造。因该工业园地处树山景区，环境优美，设施完善，绿化覆盖率达 30%，招商引资后吸引了 14 家工贸企业入驻。2021 年，该工业园年收益 1200 万元。

马舍工业园　　位于吴中区胥口镇吴中大道。2015 年 8 月，投资 4200 万元收购了占地 55 亩、建筑面积 1.9 万平方米（厂房 8 幢）马舍工业园。收购后进行升级优化，随后招商引资。2021 年，该工业园年收益 500 万元。

四、香溪社区股民经济收益

2001 年 8 月，境域金星村成立股份经济合作社，对存量资产 4295.44 万元实行股份经济合作制，集体股 42 股，计 351.19 万元，个人分配股 485.98 股，计 3944.25 万元。每年村民根据金星工业园收益多少持股分红。是年，村民每股年分红收益 413 元。2005 年 9 月，金星村组建富民置业股份合作社，村民每股投资 20000 元，投资入股 690 人，计 566 股。翌年，村民每股分红收益 700 元。2012 年 7 月，金星股份经济合作社更名香溪社区股份经济合作社。2015 年 8 月，金星村组建创业投资专业合作社，股民每股投资 30000 元，投资入股 1405 人，计 1405 股。翌年，股民每股年分红收益 2400 元。是年，香溪社区股份经济合作社存量资产股、富民置业股、创业股三股合计年分红收益 13150 元。2021 年，香溪社区股份经济合作社资产存量股，股民每股年分红收益 2000 元；投资富民置业股，股民每股年分红收益 9000 元；投资创业股，股民每股年分红收益 3400 元，三股合计年分红收益 14400 元。

表 4-13　2001—2021 年香溪社区（金星村）股份经济合作社股民分红一览表

年份	股份经济合作社股民分红/元	富民置业股份合作社股民分红/元	创业投资专业合作社股民分红/元	合计/元	当年集体收益/万元	当年分红总额/万元
2001	413	—	—	413	—	—
2002	900	—	—	900	—	—
2003	966	—	—	966	—	—
2004	1100	—	—	1100	—	—
2005	1300	—	—	1300	—	—
2006	1500	700	—	2200	—	—
2007	1800	700	—	2500	—	—
2008	2000	1000	—	3000	—	—
2009	2000	1500	—	3500	—	—
2010	2000	2400	—	4400	—	—
2011	2000	3000	—	5000	—	203.93
2012	2000	4500	—	6500	—	278.00
2013	2000	6200	—	8200	—	352.47
2014	2000	8000	—	10000	—	462.37
2015	2000	8500	—	10500	—	493.32
2016	2000	8750	2400	13150	3600.00	839.64
2017	2000	9000	2400	13400	3657.00	858.35
2018	2000	9000	3000	14000	4152.56	961.85
2019	2000	9000	3200	14200	5164.64	1000.00
2020	2000	9000	3300	14300	5466.80	1040.24
2021	2000	9000	3400	14400	5766.37	1063.00

附：金星村股份合作社章程

（2001年8月26日社员代表大会通过）

第一章　总则

第一条　为了适应社会主义市场经济发展的需要，明确村级集体经济组织财产的权属，充分发挥集体经济组织和社员两个积极性，巩固壮大集体经济，实现共同富裕目标，促进社区"两个文明"建设，根据国家有关法律、法规和政策，成立木渎镇金星村股份合作社（以下简称本社），特制定本章程。

第二条　本社是以社会主义公有制为主体的社区性合作经济组织，实行独立核算，民主管理，利益共享，风险共担，确保集体资产保值增值。

第三条　本社受村党支部领导，接受上级主管部门的指导、管理和监督。

第四条　本社所属的集体财产、土地、山林等经营性、资源性、非经营性资产，均为本社全体成员所有，任何单位和个人不得侵占、平调、肢解。

第五条　本社所在地：苏州市吴中区木渎镇金星村（木渎镇中山西路29号）。

第二章　社员与股权

第六条　社员。截至2001年6月30日（以下简称截止日）。户籍在本村年满18周岁以上及正常婚入3年以上的村民，历年由村经济合作社统一变更户籍后户口不在本村，但尚未安置就业的18周岁以上的人员，承认本章程，取得基本股股权的，以及取得分配股股权的现职村干部，均为本社社员。

截止日后增加的本村户籍人员，不再分配股权；截止日后随年龄增长的人员不再另增股权。

第七条　股权。本社设集体股和个人分配股，其所有股权均归本社集体，个人取得的股权只享有分配权。股权不得继承、转让，不得买卖、抵押，不得退股提现。

第八条　股权设置。

（一）股权设置比例：

1. 集体股：占总股本的8%，持股者为本社。

2. 个人分配股：占总股本的92%，并按户发给股权证。

（二）个人分配股设定：

1. 基本股。截止日户口在本村（除买入户口、历年照顾迁入、土地工配偶、婚配未满3年、有退休养老金的人员外）和六组由村统一农转非的年满18周岁以上人员，每人得1股。

2. 现职村干部分配股，按镇党委、政府批复设立。

3. 享受股。

（1）户口在本村和六组由村统一农转非的人员中，年满10周岁，但不足13周岁的人员每人得0.5股；10周岁以下人员，每人得0.3股。

（2）通过买户口，入户本村，按买入户口时年满18周岁以上的人员每人得0.5股。

（3）土地工配偶，指本人由村统一以土地工安排户口迁出就业，但婚后配偶户口要求迁入本村的，每人得0.5股，其子女年满10周岁，不满18周岁每人得0.5股；10周岁以下的每人得0.3股。

（4）历年照顾迁入户口，本人得0.5股；其子女年满10周岁，不满18周岁的每人得0.5股，10周岁以下每人得0.3股。

（5）知青家属及子女，指知青响应国家号召来村后婚配，知青本人由国家安排就业，家属子女户口随迁出村，但截止日未安置就业的，家属每人得0.6股；年满10周岁，不足18周岁子女每人得0.3股；10周岁以下子女每人得0.18股。

（6）下放老职工家属及子女，指按国家政策，国有企业职工下放到村，其家属、子女户口按政策已迁出本村，但截止日国家未安置就业，家属每人得0.6股；年满10周岁，不足18周岁子女每人得0.3股；10周岁以下子女每人得0.18股。

（7）本人要求农转非，占用村农转非指标，户口迁出后，截止日工作未安置的，年满18周岁以上人员每人得0.6股；年满10周岁，不足18周岁的每人得0.3股；10周岁以下的每人得0.18股。

（8）正常婚入人员未满3年的每人不得任意增减股数或本金得0.5股。

（三）下列情况之一者，暂停股红分配：

1. 被劳改、劳教的人员，在劳改、劳教期内的。
2. 违反国家法律、地方性法规、计划生育的。
3. 股份分配权证转让、买卖、抵押的。

（四）有下列情况之一者，取消股权：

1. 迁出户口的大中专学生学业毕业的。
2. 义务兵役期满在外供职的。
3. 上年度死亡的。

（五）凡下列情况之一者，仍享有股红分配：

1. 迁出户口的大中专生在校期间的。
2. 义务兵役期间的。

（六）户口在本村，但按现行规定未取得个人股股权，今后年度退保金低于本社社员个人分红的，经由董事会批准可适当补助。

第三章　股份与管理

第九条　股份。本社总股份由集体股、个人分配股二部分构成。总股本以截止于2001年5月31日，经苏州市永信会计师事务所评估的村经济合作社集体资产净值为基准。

净资产总值为4295.44万元；总股份513.8股。每股为8.36万元。其中：

1. 集体股：42 股，计 351.19 万元。
2. 个人分配股总数为 471.8 股，计 3944.25 万元。

第十条　原村经济合作社所有的农业用地、山林河塘等资源性资产、非经营性资产、文化卫生等福利设施以及无形资产暂不折股，这些资产由本社统一管理或发包、发租。

后国家征用土地，除地面青苗费归经营者外，其他补偿一律属本社所有。

第十一条　本社负责经营和管理上述资产、股权，并受国家法律保护，任何单位和个人不得侵犯。

第四章　权利与义务

第十二条　社员有选举权和被选举权。

第十三条　凡拥有本社股权的人员，有下列权利：

（一）有权对本社的各项工作提出意见和建议，对财务、资产运行情况进行民主监督；

（二）有承包、租赁、购买集体资产和受聘的优先权；

（三）享有本社提供的生产、生活服务和集体福利；

（四）有权对本社工作人员违法违纪行为向上级反映或举报。

第十四条　凡拥有本社股权的人员，应履行下列义务：

（一）执行党和国家的方针、政策和法律、法规，遵守本章程、《市民守则》和《村规民约》的各项规定；

（二）积极参加社区各项社会公益活动；

（三）按规定足额缴纳各类税、费；

（四）履行国家法律、法规规定的相应义务。

第五章　组织与机构

第十五条　社员代表大会第一届社员代表共 42 名，社区代表由党支部提名，公开征求意见后产生。社员代表每届任期 5 年，可连选连任。

社员代表大会每年至少召开一次，遇到特殊情况或半数以上社员代表提议，可以召开社员代表临时会议。

社员代表大会行使以下权力：

（一）通过和修改章程；

（二）选举和罢免董事会、监事会成员；

（三）审议和批准本社发展规划、年度计划、财务预算，决算和分配方案；

（四）听取董事会、监事会的工作报告；

（五）讨论和通过董事会提议的其他事项。

第十六条　董事会

董事会是社员代表大会选举产生的常设执行机构。董事会由 5 人组成，每届任期 5 年，可连选连任。董事长和副董事长由董事会推选。

第十七条　监事会

监事会由社员代表大会选举产生。监事会由 3 名成员组成，任期 5 年，可以连选连任。监事会人员不得由董事、财务负责人兼任。

监事会行使下列职权：

（一）决定民主理财小组检查本社财务，并定期公布；

（二）对董事成员、董事长执行社务进行监督，对董事会人员有违反法律、法规和本章程的行为，要求予以纠正；

（三）提议召开董事会、临时社员代表大会；

（四）列席董事会会议。

第六章　财务与管理

第十八条　本社执行财政部、农业部颁布的村经济合作组织财会制度（试行），实行民主理财和监督。财务收支情况和资产营运情况，向社员公布，实行社务公开。

本社的财务部门，负责对下属企业实施财务指导、检查和监督。

第十九条　本社所有的财产，必须登记造册、建立台账。固定资产必须按规定提取折旧。

第二十条　本社贯彻勤俭办社、民主理财的方针，三支要有预算，严格审批制度，正确处理国家、集体、社员三者关系，严格控制非生产性开支，杜绝铺张浪费。

第七章　收益与分配

第二十一条　本社的收益主要来源于资产发包、出租转让的增值部分和其他相关的经营性收入。本社的可分配收益，是指当年的各项收入，减各项支出（包括村务支出）减应缴纳的税金。对土地等资源性资产的转让、征用等收入，暂以集体积累的形式扩充发展基金，经社员代表大会、董事会商定，也可提取一定份额参加分配。

（一）股红分配顺序：本社当年可分配收益中，提取 60%—70% 公积金（发展基金）、公益金，其余的 30%—40% 按股分红。

（二）粮差补贴。

1. 原无田队发给的粮差补贴，按镇规定每人每年发给 198 元。

2. 农户将第二轮土地承包经营权统一流转给本社后，发给粮差补贴每人每年 198 元。

第二十二条　本社的股红分配，严格遵循股权平等、同股同利的原则，每年一次。在每年年终结算后于春节前兑现，凭股权证书领取。股权证书限作领取红利的凭证，不作其他使用。股权证书遗失时要向本社报失，申请办理补发手续。

本社为了发展需要，经社员代表大会讨论通过，可适当调整当年提留和分红的比例。

第二十三条　本社遇不可抗拒的自然灾害和不可预料的自然、市场变故而造成减收或亏损，可减发或停发当年红利，但第二年不再补发。

第八章　附　则

第二十四条　本章程如与国家法律、法规相抵触时，按国家的法律、法规执行。

第二十五条　本章程第一届第一次社员代表大会通过后生效，由董事会负责解释。

第五节　旅游、商业

旧时，境域老街商铺、作坊有 10 多家。1949 年 10 月，中华人民共和国成立后，商铺、作坊得到改造升级，有所发展。1980 年后，境域因地处灵岩山麓、古镇老街，景色秀丽，文化底蕴丰厚，当地政府修筑公路、清理街道、巷弄，并对境内老宅、文物古迹等进行修缮，先后对外开放，海内外游客慕名纷至沓来，随即经营各种工艺品、名优特产、农副产品的店铺蓬勃兴起。至 2021 年 12 月，形成了明清街、山塘街、御景广场、灵岩山麓等商业网带。

一、旅游

境域灵岩山麓、古镇老街历史悠久，不但文物古迹众多，而且景色旖旎。20 世纪 80 年代，改革开放后，当地政府根据灵岩山麓、古镇老街历史文化资源，修缮后对外开放，发展旅游经济。

1982 年 10 月，灵岩山寺等被列为苏州市文物保护单位；同年，当地政府规划灵岩山为旅游风景区。

1986 年 3 月，山塘街严家花园前永安桥被列为县级文物保护单位（2001 年 3 月，被列为苏州市文物保护单位）。

1993 年 10 月，灵岩山一带建立东吴国家森林公园。

1999 年，修复山塘街鹭飞桥东 3163 平方米的明清建筑古松园。

2000 年 9 月，以木渎拥有 30 多处明清时期私家园林为基础，推出"中国园林古镇"品牌。

是年秋，建于明代崇祯二年（1629）的怡泉亭自东街殷家弄移至山塘街。

2001 年 3 月，修复山塘街 10000 平方米的清代建筑严家花园，并举行严家花园开园仪式，木渎历史名人丛书首发仪式，推出"水乡民俗婚礼"等活动。

2002年10月，修复山塘街古松园楼台建筑近山楼、北园；同年，修复清乾隆年间建起的12900平方米的虹饮山房，并对外开放。推出"乾隆游木渎""水乡民俗婚礼"等活动。

2003年12月，在灵岩山南麓、香溪河北侧建起66700平方米的灵岩山公园。

2004年9月，举办"当代绣娘"评选大赛，推出"姑苏十二娘"品牌。

2005年9月，举办"当代绣娘"评选大赛，推出中国四大名绣民间艺术家精品联展，开展"九九重阳登高节""采摘美食游木渎"等活动。

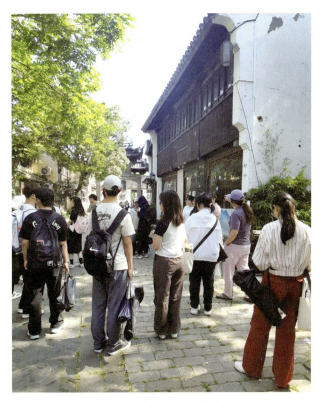

2019年境内络绎不绝的游客

2008年，举办木渎古镇四季节庆游，春季木渎踏青文化节、夏季木渎亲子童玩节、秋季园林木渎旅游节、冬季欢乐木渎游等活动。

2012年7月，姑苏十二娘风情园开园，为游客提供体验木渎古镇民俗文化场所。

2014年秋，修复清代木渎巡检司，与古镇十景之一的"虹桥晚照"相互映辉。

2015年，国家体育总局把木渎古镇旅游列为"全国青少年户外体育活动营地"；江苏省归国华侨联合会、苏州市归国华侨联合会把木渎古镇旅游列为"苏州市华侨文化交流基地"。

2016年，中共苏州市吴中区委员会、苏州市吴中区人民政府授予木渎旅游发展实业有限公司"2015年度优秀旅游企业"称号。

是年，苏州市人民政府授予"严家花园""古松园"景区苏州园林证书。

2017年7月，木渎古镇开展游学旅游项目，全力打造特色鲜明游学基地，是年7月25日，国家旅游局召开港澳青少年游学推广活动暨内地游学联盟大会，木渎古镇被列为全国首批游学基地之一（全国24家，其中江苏3家）。

是年，开展"寻找最美姑苏十二娘""姑苏十二娘风情游""九九重阳温情游"等木渎古镇旅游活动。

是年，中共苏州市吴中区委员会、苏州市吴中区人民政府授予木渎旅游发展实业有限公司"2017年度优秀文体旅游企业"称号，苏州市人民政府授予木渎旅游发展实业有限公司"2017年苏州市劳动关系和谐企业"称号。

2018年,江苏省旅游局授予木渎旅游发展实业有限公司"2017年度江苏省旅游百佳单位"称号,江苏省放心消费创建活动办公室授予木渎古镇文化旅游"2018年度江苏省放心消费创建示范单位"称号。

2019年3月,蔡少渔旧宅(古松园)被列为第八批江苏省文物保护单位。

2019年,苏州市民卡有限公司授予木渎古镇文化旅游"2019年苏州惠民休闲卡特色景区评选'万人迷景区'"称号,苏州市爱国卫生运动与健康促进委员会授予木渎古镇文化旅游景区"苏州市健康单位"称号。

2020年,苏州市"平安企业"创建活动领导小组授予木渎旅游发展实业有限公司"2018—2019年度市级平安企业"称号,苏州市商务局授予木渎古镇山塘街"2020年苏州市商业特色街培育创建街区"称号。

是年,苏州市文化广电和旅游局授予木渎旅游发展实业有限公司"2019年度苏州市最佳旅游咨询服务机构"称号;苏州市文化广电和旅游局授予木渎古镇文化旅游"2020年度苏州市夜间文旅消费集聚区"称号。

2021年12月,严家花园、古松园、虹饮山房、灵岩山等景区年接待中外游客达245万人次。

表4-14　　　　　2001—2021年境域景区入园旅游人次统计表　　　　　单位:人次

年份	古松园	虹饮山房	严家花园	灵岩山景区	小计
2001	39629	65272	58281	37298	200480
2002	50978	83965	74968	47979	257890
2003	59779	98455	87907	56260	302401
2004	72623	119615	106798	68352	367388
2005	98829	162773	145333	93013	499948
2006	122963	202530	180829	115730	622052
2007	149399	246070	219705	140611	755785
2008	245912	405035	361636	231447	1244030
2009	271863	447771	399795	255869	1375298
2010	407653	671425	599487	383671	2062236
2011	449835	740905	661523	423377	2275640
2012	492546	811255	724334	463573	2491708
2013	536967	884420	789658	505381	2716426
2014	554150	912718	814930	521553	2803351
2015	571239	940866	840058	537637	2889800
2016	589166	970388	866418	554507	2980479

续表

年份	古松园	虹饮山房	严家花园	灵岩山景区	小计
2017	627886	1034161	923358	590949	3176354
2018	647975	1067257	952905	609859	3277996
2019	668671	1101341	983342	629337	3382691
2020	437202	720097	642946	411485	2211730
2021	485643	799885	714182	457076	2456786

附录：姑苏十二娘风情园

姑苏十二娘风情园位于山塘街香溪南岸、永安桥西南堍。建于2009年，2012年7月开园，融民宿体验、餐饮、茶馆、文化展示于一体。园内以十二娘之船娘、绣娘、织娘、茶娘、扇娘、灯娘、琴娘、蚕娘、花娘、歌娘、画娘、蚌娘的特征，分别布置了相应的文化展示空间，表现了水乡女性的十二项技艺，展示了十二种职业女性自信勤劳、才艺兼备的形象，以及江南水乡特有的吴文化风情，浓缩了吴文化精致深厚的历史内涵。此外，园内建筑融入苏州园林、街巷、双桥、平桥、牌坊、店铺、农家小院、河埠码头等，展现了木渎古镇的景象。

附：旅游公司简介

木渎旅游发展实业有限公司位于山塘街西侧，成立于1990年6月20日，从业人员112人，经营范围为木渎镇境域的旅游景点的开发、经营与管理；园林绿化、雕塑服务；果树、苗木、花卉的种植和票务管理；旅游纪念品、工艺品设计销售；企业营销、形象宣传策划；展览展示、会务服务；文化艺术交流活动的组织、策划和推广宣传；水上旅游项目开发与管理等。

木渎旅游发展实业有限公司下辖严家花园、古松园、虹饮山房、灵岩山景区（公园）等景区。

古镇游客中心位于境域山塘街188号，成立于2008年1月，占地面积20000平方米，建筑面积3500平方米，内设大型停车场、票务中心、商务中心，开通"木渎古镇"微信公众号、微博号、天猫旗舰店。

二、商业

20世纪50年代，境域山塘街上有20多家供销合作社经营的商铺。1980年3月，千年古刹灵岩山寺经修缮后重新对外开放后，游客、香客逐渐多了起来。境域内经济也被带动起来。20世纪90年代，当地政府在境域成立旅游公司，修缮严家花园、古松园、虹饮山房等景区的同时，于1998年整修和修复境域山塘街蔡家桥至鹭飞桥商业街区，并将山塘街传统商铺与整修古松园往东的古松街、下沙塘、中市街等商铺有机组合，形成古镇旅游特色购物网带。

2003年12月，境域山塘街西入口处建起灵岩山公园，为满足旅游者需求，山麓东侧建起20多家店铺、在山塘西南设10多家店铺。2007年3月，为保护寺院整洁、安宁，境域在灵岩山麓南侧新建39家板房店铺，将寺院面前的摊位店铺门面移至此处经营。至2021年12月，境域已有明清街、山塘街、御景广场、灵岩山麓等商业网带。

表4-15　　　　　　　　　　2021年12月境域老街店铺统计表

名称	地址	经营项目（参照营业执照）	从业人员/人
家园楼酒店	明清街	制售中餐（含凉菜）	7
天添包子	明清街	热食类食品制售	2
阜阳格拉条	明清街	热食类食品制售	2
藏书羊肉	明清街	热食类食品制售	2
河南羊肉烩面	明清街	热食类食品制售	2
随意快餐	明清街	热食类食品制售	2
金寨老鹅	明清街	热食类食品制售	2
江西农家土菜馆	明清街	热食类食品制售	5
碧林小吃店	明清街	热食类食品制售	2
太湖渔村	明清街	热食类食品制售	2
阿二饭店	明清街	热食类食品制售、冷食类食品制售、自制品制售（不含使用压力容器制作饮品、不含自酿白酒）	4
皖香阁	明清街	餐饮服务	3
安徽农家饭店	明清街	热食类食品制售	2
裕典记	明清街	餐饮服务	2
皖西私房菜	明清街	热食类食品制售	2
横泾月饼	明清街	热食类食品制售	2
天隆饭店	明清街	热食类食品制售、冷食类食品制售	3
淮南牛肉汤	明清街	热食类食品制售	2
三生三世麻辣香锅	明清街	热食类食品制售	2
手擀面	明清街	热食类食品制售	2
渝满堂酸菜鱼	明清街	餐饮服务	2
美邦便利店	明清街	预包装食品	2
正宗山东手工水饺店	明清街	热食类食品制售	2
古镇土菜馆	明清街	热食类食品制售	2
老味馆饭店	明清街	热食类食品制售	2
木渎农家菜馆	明清街	热食类食品制售	2

续表

名称	地址	经营项目（参照营业执照）	从业人员/人
源源饭店	明清街	热食类食品制售	6
老木渎面馆	明清街	热食类食品制售	2
太湖老鹅汤	明清街	热食类食品制售、冷食类食品制售	5
难忘农家菜	明清街	热食类食品制售	4
聚渔香	明清街	热食类食品制售	6
老山塘点心店	明清街	热食类食品制售	2
爱佳超市	明清街	食品销售、烟草制品零售	2
苏州银楼	明清街	工艺品食品零售、厨具零售、日常百货零售	3
悦美	明清街	美甲服务、化妆品零售	2
炎龙文身	明清街	美容服务	2
友好渔具	明清街	渔具零售	2
万佳超市	明清街	包装食品	2
天竺草	明清街	理发服务	2
星花甲子	明清街	黄金、白银、珍珠、彩宝、玉石设计加工	2
旗袍专卖	明清街	照相服务、服装服饰零售	2
梅姐美容	明清街	生活美容美发	2
西山精品土特产	明清街	食品经营、食用农产品零售	2
合力广告	明清街	设计制作路牌、灯箱、霓虹灯、墙面广告	2
本色刺青	明清街	美容服务	2
金利园健康咨询	明清街	生活美容服务、健康咨询服务、日用百货销售、技术服务、技术开发、技术咨询、技术交流、技术转让、术推广	2
焦点广告	明清街	广告材料、办公用品、设计制作、广告服务	2
听泉居	明清街	保健按摩服务	2
苏州江南晨曦农产品有限公司	明清街	预包装食品销售	2
无人超市	明清街	预包装食品销售	2
兵品坊	明清街	食品经营、烟草制品零售、酒类经营、玩具销售、农副产品销售、食用农产品销售、食用农产品批发	2
偶遇百货	明清街	批发日用品	2
尊卡汽车维修	明清街	汽车维修服务、销售汽车用品及配件、汽车科技领域的技术服务、技术咨询	2
康美来	明清街	食品销售、保健食品销售、化妆品零售、家用电器销售、日用化学品产品销售、办公室用品销售	2

续表

名称	地址	经营项目（参照营业执照）	从业人员/人
纤手造型	明清街	理发服务	2
业祥养生	明清街	养生保健服务、日用百货销售、针纺织品销售、服装服饰零售、文具用品零售、家用电器销售、化妆品零售、鞋帽销售、箱包销售、珠宝首饰零售、五金产品零售、互联网销售	2
筋骨养护中心	明清街	美容服务	3
便利店	明清街	烟草制品零售、酒类经营、食品经营、日用百货销售、文具用品零售、办公室用品销售	2
天福宾馆	明清街	住宿服务	2
陈亮核雕	明清街	工艺品制作销售	2
雷姐修脚	明清街	保健按摩服务、耳部护理	2
花清馨	明清街	礼品花卉销售	2
美加康药房	明清街	药品销售、食品销售	2
苏州刺绣	明清街	丝绸工艺品零售	2
安益健康管理	明清街	保健食品销售，食品经营	2
怡涵婷炸串	明清街	小餐饮	2
香依阁	明清街	工艺品零售、佛像零售、香烛零售、佛珠零售	2
一号人家服饰店	明清街	服装服饰批发、服装服饰零售、鞋帽批发、鞋帽零售	2
贯神通	明清街	非医疗健康信息咨询	2
秋生园	明清街	销售食品	2
品雅居	明清街	食品销售、茶具销售、日用百货销售	2
寒石坊	明清街	工艺美术品及收藏品零售	2
贡茶	明清街	餐饮服务	2
苏州特产	明清街	销售食品	2
宜兴紫砂	明清街	工艺品批发零售、茶具批发零售	2
快火生活馆	明清街	互联网销售、日用百货销售、食品销售	2
马杰玉雕工作室	明清街	珠宝首饰批发、珠宝首饰零售、珠宝首饰回收修理服务	2
藏书羊肉	沿河	餐饮服务	2
华逸川菜馆	香溪西路	餐饮服务	2
兰州拉面	香溪西路	餐饮服务	2
唐秀珍小吃店	香溪西路	热食类食品制售	2
手工水饺	香溪西路	热食类食品制售	2
淮南牛肉汤	香溪西路	热食类食品制售	2
朱新年汤圆点心店	香溪西路	热食类食品制售	6

续表

名称	地址	经营项目（参照营业执照）	从业人员/人
安徽土菜馆	香溪西路	热食类食品制售	2
正宗山东水饺	香溪西路	餐饮服务	2
老苏州面馆	香溪西路	热食类食品制售	3
静雅居饭店	香溪西路	热食类食品制售	5
香溪燺鹅店	香溪西路	食品销售	2
东东烧烤	香溪西路	餐饮服务	2
小笼包早餐店	香溪西路	糕点类食品制售	2
麻辣鹅	香溪西路	食品销售	2
天艺美发	念店村	理发服务	2
足缘修脚店	念店村	足浴服务	2
电脑维修	念店村	网络设备销售、电子元器件零售、光通信设备销售	2
泰华宾馆	木东路	住宿服务	2
佳得利超市	木东路	预包装食品兼散装食品、乳制品、香烟、食用农产品销售，日用百货销售	2
家科快餐	木东路	餐饮服务	4
风驰网咖	木东路	互联网上网服务、预包装食品零售	2
中国福利彩票	木东路	彩票	2
慧洁电脑	木东路	电子设备、数码产品、数字办公用品销售	2
广荣堂大药房	木东路	药品销售、药品互联网信息服务	2
黄焖鸡米饭	木东路	热食类食品制售	2
沈氏牛肉汤馆	木东路	热食类食品制售	2
实惠小厨	木东路	热食类食品制售	4
宣联便利店	木东路	日用百货、针织品、文化用品零售，食品、卷烟销售	2
沙县小吃	木东路	热食类食品制售	4
藏书羊肉	山塘街	预包装食品（含冷藏冷冻食品）	2
藏书周记羊肉馆	山塘街	预包装食品、销售散装食品	2
长沙臭豆腐	山塘街	预包装食品、销售散装食品	2
鲜果与茶	山塘街	热食类食品制售、糕点类食品制售	2
冰糖雪梨	山塘街	自制饮品制售	2
御名堂	山塘街	热食类食品制售	2
帮贵自助火锅	塔影巷	自助餐（火锅）制售	7
重庆川菜馆	翠坊北街	热食类食品制售	2
随意饭店	翠坊北街	热食类食品制售	2

续表

名称	地址	经营项目（参照营业执照）	从业人员/人
老四川菜馆	翠芳北街	热食类食品制售	2
杭州小笼包	香溪西路	热食类食品制售	2
蜜雪冰城	翠坊北街	预包装食品制售	4
花涧茶寮	老园上	热食类食品制售、自制品制售	3
刘记馄饨	中市街	热食类食品制售	2
特色炸酱面	中市街	热食类食品制售	2
老街面馆	中市街	热食类食品制售	2
虹桥老面馆	中市街	热食类食品制售	3
罗姐美食坊	中市街	热食类食品制售	2
方纳手撕烤鸭	中市街	热食类食品制售	2
汪记炒货	中市街	预包装食品（含冷藏冷冻食品）、散装食品销售	2

表 4-16　　2021 年 12 月境域御景广场主要店铺统计表

名称	地址	经营项目	从业人员/人
海傍陈记店	御景广场商厦 1 楼	餐饮	10
谭鸭血老火锅店	御景广场商厦 1 楼	餐饮	10
叶尚服装店	御景广场商厦 1 楼	服装	3
百分茶奶茶店	御景广场商厦 1 楼	奶茶等饮料	3
茉沏奶茶店	御景广场商厦 1 楼	奶茶等饮料	3
ALL or Nothing 咖啡店	御景广场商厦 1 楼	咖啡饮料	3
指爱你美甲店	御景广场商厦 1 楼	美甲	2
福居德素食店	御景广场商厦 1 楼	餐饮	10
金丝利零售店	御景广场商厦 1 楼	百货	2
伴山晚酒江南菜店	御景广场商厦 1 楼	餐饮	10
亚朵酒店	御景广场商厦 1 楼	旅馆	30
星巴克咖啡店	御景广场商厦 1 楼	咖啡等饮料	3
麦当劳餐饮店	御景广场商厦 1 楼	餐饮	10
鑫盛乔氏台球俱乐部	御景广场商厦 2 楼	台球运动	8
魅 KTV	御景广场商厦 2 楼	唱歌娱乐	20
妙香园棋牌室	御景广场商厦 3 楼	棋牌娱乐	3

续表

名称	地址	经营项目	从业人员/人
德天雪花肥牛火锅店	御景广场商厦3楼	餐饮	10
御景沐歌休闲会所	御景广场商厦4楼	娱乐	20
三江汇足浴店	御景广场东北侧中山西路	保健养身	20
瑞香早餐店	御景广场东北侧中山西路	餐饮	2
捷晟寄卖行	御景广场东北侧中山西路	典当	2
叶红宾馆	御景广场东北侧中山西路	旅馆	3
木渎永卫商行	御景广场东北侧中山西路	百货	3
睿宇网络智慧生活馆	御景广场东北侧中山西路	电子百货	3
紫雅宾馆	御景广场东北侧中山西路	旅店	3
百梁存酒坊	御景广场东北侧中山西路	酒水	3
振兴面馆	御景广场东北侧中山西路	餐饮	5
虾言蟹语	御景广场东北侧中山西路	餐饮	3
米米糯绿豆汤	御景广场东北侧中山西路	饮品	2

表4-17　　　　2021年12月境域灵岩山麓主要店铺统计表

名称	地址	经营项目	从业人员/人
有缘堂香烛店	灵岩山麓东	香烛	3
烟酒店	灵岩山麓东	小百货	2
福禄顺香烛店	灵岩山麓东	香烛	3
灵岩小吃店	灵岩山麓东	小吃	2
佛缘堂香烛店	灵岩山麓东	香烛	2
老苏州面馆	灵岩山麓东	食品	4
便利店	灵岩山麓东	小百货	2
香烛店	灵岩山麓东	香烛	3
苏灵香烛店	灵岩山麓东	香烛	3
苏灵工艺品店	灵岩山麓东	工艺品	3
咖啡店	灵岩山麓东	小吃	2
复新春食品店	灵岩山麓东	食品	4
春树服装店	灵岩山麓西	服装	2
兴隆小吃店	灵岩山麓西	小吃	3
翡翠玉器专卖店	灵岩山麓西	工艺品	2
旺元盛工艺店	灵岩山麓西	工艺品	2

续表

名称	地址	经营项目	从业人员/人
香烛店	灵岩山麓西	香烛	2
灵岩小吃店	灵岩山麓西	小吃	2
娃娃玩具店	灵岩山麓西	玩具	2
佛缘斋	灵岩山麓西	小吃	2
长沙臭豆腐	灵岩山麓西	小吃	2
娃娃玩具店	灵岩山麓西	玩具	2
香烛店	灵岩山麓西	香烛	2
欢迎玩具店	灵岩山麓西	玩具	2
盛福僧衣店	灵岩山麓西	服装	2
小百货店	灵岩山麓西	小商品	2
米上刻字店	灵岩山麓西	工艺品	2
迎红百货店	灵岩山麓西	小百货	2
古玩店	灵岩山麓西	工艺品	2
长沙臭豆腐	灵岩山麓西	小吃	2
金星小百货	灵岩山麓西	小百货	2
野生板栗店	灵岩山麓西	食品	2
福缘香烛店	灵岩山麓西	香烛	2
章记扣肉店	灵岩山麓西	食品	2
招福香烛店	灵岩山麓西	香烛	2
美华眼镜店	灵岩山麓西	眼镜	2
铁板鱿鱼店	灵岩山麓西	小吃	1
丁卯香烛店	灵岩山麓西	香烛	1
根金香烛店	灵岩山麓西	香烛	2
天缘杂货店	灵岩山麓西	小百货	2
钯玛寿山泉店	灵岩山麓西	小吃	2
白屿手工饰品店	灵岩山麓西	工艺品	2
潼关肉夹馍店	灵岩山麓西	小吃	3
手机壳店	灵岩山麓西	手机维修	2
老三香烛店	灵岩山麓西	香烛	2
万源小百货店	灵岩山麓西	小百货	2
陈记手工姜糖店	灵岩山麓西	小吃	2
天赐百货店	灵岩山麓西	小百货	2
竹木工艺品	灵岩山麓西	工艺品	2
香烛店	灵岩山麓西	香烛	2

续表

名称	地址	经营项目	从业人员/人
新老工艺品店	灵岩山麓西	工艺品	2
芙拉薇赫奶茶店	灵岩山麓西	食品	2
彩珍香烛百货店	灵岩山麓西	小百货	2
美丽副食工艺品店	灵岩山麓西	工艺品	2
小妹小吃店	灵岩山麓西	小吃	2
林娣小百货	灵岩山麓西	小百货	2
艺术品货店	灵岩山麓西	工艺品	2
萍萍小吃店	灵岩山麓西	小吃	2
江枫工艺品店	灵岩山麓西	工艺品	2
老徐民间特色小吃店	灵岩山麓西	食品	3
娟娟工艺品店	灵岩山麓西	工艺品	2
齐福香烛店	灵岩山麓西	香烛	2
面人陶艺店	灵岩山麓西	工艺品	2
小吃店	灵岩山麓西	小吃	2
馄饨店	灵岩山麓西	食品	2
香烛店	灵岩山麓西	香烛	2
香烛店	灵岩山麓西	香烛	2
聚缘堂香烛店	灵岩山麓西	香烛	2
明远百货店	灵岩山麓西	小百货	2
长沙臭豆腐店	灵岩山麓西	小吃	2
创艺石碑雕刻店	灵岩山麓西	工艺品	2
春祥花佛具店	灵岩山麓西	香烛	2
茶铺	灵岩山麓西	茶叶	2
天福楼	灵岩山麓西	香烛	1
佛缘堂相馆	灵岩山麓西	照相	3
佛缘堂吉祥专卖店	灵岩山麓西	香烛	2
步云轩	灵岩山麓西	香烛	2
竹珍养生堂	灵岩山麓西	香烛	2
香烛批发店	灵岩山麓西	香烛	2
泉娣香烛批发店	灵岩山麓西	香烛	2
洋洋小百货店	灵岩山麓西	小百货	2
忆江南古装摄影店	灵岩山麓西	古装摄影	2
彩凤香烛百货店	灵岩山麓西	香烛	2
鸡蛋仔冰激凌店	灵岩山麓西	小吃	2

续表

名称	地址	经营项目	从业人员/人
卤汁豆腐干店	灵岩山麓西	小吃	2
小吃店	灵岩山麓西	小吃	2
香烛店	灵岩山麓西	香烛	2
小吃店	灵岩山麓西	小吃	2
玲玲百货店	灵岩山麓西	小百货	2
香烛店	灵岩山麓西	香烛	1
菊妹香烛百货店	灵岩山麓西	小百货	2
灵岩小百货	灵岩山麓西	小百货	2
灵岩奶茶铺	灵岩山麓西	小吃	2
文明小吃百货店	灵岩山麓西	小吃	2
开心休闲娱乐屋	灵岩山麓西	玩具	2
金世缘香烛百货店	灵岩山麓西	小百货	2
小百货店	灵岩山麓西	小百货	2
香烛店	灵岩山麓西	香烛	2
屈氏推拿店	灵岩山麓西	健身	1
香烛店	灵岩山麓西	香烛	1
农家面饭馆	灵岩山麓西	食品	4
香烛店	灵岩山麓西	香烛	3
香烛批发小百货	灵岩山麓西	小百货	3
香烛店	灵岩山麓西	香烛	2
香烛店	灵岩山麓西	香烛	1
僧衣店	灵岩山麓西	服装	2
中国体育彩票销售点	灵岩山麓西	彩票	2
合成人力资源服务有限公司	灵岩山麓西	中介	3
香烛店	灵岩山麓西	香烛	2
世缘香烛百货店	灵岩山麓西	小百货	2
金帝相机出租店	灵岩山麓西	出租相机	3
金灵百货店	灵岩山麓西	小百货	2
锅巴店	灵岩山麓西	食品	2
平安香烛百货店	灵岩山麓西	小百货	3

第五章 城市化建设

香溪社区境域山塘街，旧时周边为自然村落，居民以行商和替商家打工为主，然而致富者甚少，且大多为打工者。老街周边农村以耕为生，不乏闲时去古镇老街的商家打工赚钱的。其时，境域农村不但住房低矮破旧，出门之路均为泥沙小道，一下雨，坑坑洼洼，而古镇老街石子路面，也高高低低，弯弯曲曲。

1949年4月27日，境域解放以后，居民生活开始有了好转，但经济发展缓慢。

20世纪80年代，改革开放后，当地政府制订了城镇和农村建设规划，在发展社区经济的同时，对境域的道路铺设和开拓，对桥梁进行修缮和搭建，对河道进行疏通和清淤，对居民低矮的旧宅进行拆迁改造。居民生活环境、卫生条件得到了改观，城市化新貌初见端倪。

至2021年12月，境域修筑老街道路（包括步行街巷里弄）20余条，疏通开掘香溪、下沙塘、山塘、箭泾等河道5条；新筑通善桥、西施桥、香溪桥、永福桥、盛家浜桥等步行桥梁5座，王家桥、春风桥、方家桥、香溪西路桥等交通桥梁4座。供电供水方面，境域设有变压器11台、698千瓦，自来水用户1967户，持有座机电话2500部，移动电话3890部。同时，境域设立了党群服务中心、居家养老中心、文化活动中心等公共便民服务设施。

第一节　基础设施

一、交通

（一）道路

旧时，香溪社区境域老街道路狭窄，附近农村均为泥泞的小道。1935 年，境域北首始建公路。

1949 年 10 月，中华人民共和国成立之后，通往周边区域道路不断增建。1985 年，境域之北建成木渎汽车站，境内设中山路、灵岩山等站点，开通了境域至苏州、东山、西山、镇湖、太湖（光福）、浒关（阳山）、金山浜等 7 条线路。

2021 年 6 月 29 日，苏州地铁 5 号线在境域设"灵岩山站"。

12 月，途经境内的省市级公路有苏福公路、灵天公路、木蒋公路，市镇公路有香溪路。

苏福公路　即 209 省道（苏州市经木渎至无锡市），苏州经境域老街至光福段。1935 年，苏州至木渎开通班车，每天 7—8 班。

灵天公路（灵岩山至天平山）　全长 3.5 千米，宽 9 米，1957 年通车，为黑色路面。

木蒋公路（木渎至蒋墩）　长 15.6 千米，宽 7 米，双车道，黑色路面，1980 年通车，穿越木渎镇西街，1984 年秋改走境域山前村。

香溪路　建于 1990 年，为钢化路面，东起金枫南路，途经灵岩村，西至境域明清街。长 2.2 千米，宽 5 米，东西走向，为混车道。

翠坊北街向东至金枫南路段，称香溪东路；翠坊北街向西至明清街段，称香溪西路。

境域老街主要道路（包括步行街巷里弄）有 21 条。

表 5-1　　　　　　　　2021 年境域道路一览表

路名	起止地点	长度/米	宽度/米
中山路	东起大观桥，西至灵岩山	1920	22
金灵路	南起香溪西路，北至中山西路	280	7
东河路	西起翠坊北路，东至栏杆浜	560	5
乐园路	北起中山路，南至香溪路	302	7
仓基路	南起香溪西路，北至中山西路	310	7
怡泉亭巷	西起翠坊北路，东至灵岩村二组	440	5
吴家巷	南起塔影巷，北至灵岩村二组	440	5
东街	西起翠坊北路，东至同春桥	1310	9

续表

路名	起止地点	长度/米	宽度/米
中市街	东起翠坊北路，西至蔡家桥	286	12
西街	东起斜桥，西至东风桥	1680	7
香溪东路	西起翠坊北路，东至金枫南路	1400	9
香溪西路	东起翠坊北路，西至明清街	780	9
明清街	南起新姜窑路，北至中山西路	1000	12

表 5-2　　　　　　　　　2021 年境域步行街巷里弄一览表

路名	起止地点	长度/米	宽度/米
山塘街	东起中市街，西至山前村	1000	3
迎号弄	南起西街，环至车渡弄	184	3
塔影巷	东起翠坊北街，西至下沙塘	212	5
杜家弄	南起中市街，北至塔影巷	190	3
戴家弄	西起下沙塘，东至民居	45	2
鹭飞浜弄	南起山塘街，北至香溪西路	275	3
明月寺弄	南起山塘街，北至香溪西路	112	3
古松街	南起山塘街，北至香溪西路	280	5

（二）河道

境域河道纵横，与太湖、大运河相沟通。旧时，农用排灌水处于自然状态，常遭旱涝灾害。中华人民共和国成立后，境内村民在当地人民政府领导下，大搞农田水利建设，发展机电排灌，逐步建成旱涝保收的农田水利体系。自 20 世纪 80 年代以来，为发展生产，疏通和开拓香溪河、下沙塘河、盛家浜（又名念店村河）、鹭飞浜河等河道。

香溪　又名香水溪，位于境域山塘街南侧，东西走向，河道宽 30 米左右，自斜桥东往西，筑有虹桥、西施桥、王家桥、永安桥、永福桥、香溪桥、方家桥，直通木（木渎）光（光福）运河至光福镇，全长 17 千米。明嘉靖元年（1522）开通光福段，河底宽 29 米左右，木渎至善人桥，自清同治十二年（1873）拓浚后长期失治，原河底宽大部分在 5—10 米左右，河底高 1 米左右，主要淤塞段在善人桥至灵岩山南麓，多由于开采矿石、频繁运送砂石流入淤泥，日积月累变浅。1975—1979 年分 4 期按 7 级航道标准对其拓宽加深，进行改造。

与香溪相衔后与外界接连的人工河有胥溪、香水泾。据史记载，胥溪、香水泾为春秋时期吴国开凿的两条人工河。

胥溪　又名胥江、胥江河、胥口塘。周敬王十四年（前 506），吴国首相伍子胥率众开挖，因此得名。一说因胥山得名。它是世界上最早的人工开凿的运河之一，是太湖东西向主要出水河道。西起胥口（今苏州太湖国家旅游度假区香山街道）的太湖，经木渎古镇香溪、西跨塘，至苏州虎丘区横塘，与京杭大运河相接，沿苏州枣市街在泰让桥与外城河汇合，全长16.6千米，底宽10至20米，横贯木渎东西，为境内重要的交通、运输航道。木渎古镇市河段长2千米、宽8米、深1.5米。1959年，在木渎古镇南木东公路（木渎至东山）与胥江交汇处建造船闸，为绕开木渎古镇开挖月牙形走向新河，在园春桥和西津桥西分别与老河交汇，新河全长2.41千米，底宽20米。船闸现已移至太湖入口处。

采香泾 位于境域灵岩山南，从胥口香山南受太湖之水，向北流至灵岩山麓，与香水溪汇合。传说当年吴王夫差为讨得越女西施欢心，在灵岩山上弯弓搭箭下令按照箭飞行路径，开凿运河，故俗称箭泾河、一箭河。采香泾北起灵岩山前香水溪，南接胥口香山嘴，在津桥附近流入胥江，全长4.41千米，河面宽15米，底宽8米，河底高程1米。

盛家浜 又名念店村河，位于境域严家花园东、明月寺西，南北走向，河道宽8米左右，窄处约6米，自香溪河往北，直至中山北路南。全长0.45千米。1991—1992年进行人工疏浚，建修驳岸。

鹭飞浜 位于境域虹饮山房东，古松园西，南北走向，河道宽约10米，窄处约8米，自香溪河向北直至天平村。全长0.5千米。1991—1992年进行人工疏浚，建修驳岸。

下沙塘河 位于境域古松园东、山塘街北，南北走向，河道宽约10米，窄处约8米，自香溪河向北经上沙河、南浜河、白塔浜，直至金山浜。全长3千米。

下沙塘河

1991—1992年进行经疏浚，修筑驳岸。

春风河 位于境域王家桥西侧，因河的北面建有春风桥而名。又因此河是沟通光福与胥口，为此有人亦称它为光胥河。春风河南北走向，河道宽约15米，窄处约8米，全长0.4千米，系1974年因运输藏书大焦山石头船只途径木渎镇区拥挤而开凿。

二、桥梁

境域为江南水乡，河流纵横成网，为方便行人，旧时桥梁众多，但多为小桥。桥的造型有石拱桥和石梁式平桥。中华人民共和国成立后，当地政府对古桥进行了修缮，为了改善交通，新筑了一些石桥、水泥桥。至2021年，新筑的景观桥有通善桥、西施桥、香溪桥、永福桥等，交通桥梁有新王家桥、春风桥、方家桥等。

通善桥 位于木渎古镇下沙塘段。古镇下沙塘段北起中山西路，南至蔡家桥，全长614米。古镇下沙塘段自北至南，原有长兴桥、通善桥、新农桥、下沙桥等4座，至2021年12月，通善桥尚保留古桥石基。

西施桥 位于鹭飞桥西30米处，跨香溪。桥为方形桥洞，两旁各有一圈用以泄洪，上下石阶平缓，桥上筑有凉亭。西施桥为2005年6月木渎古镇旅游开发新筑的桥梁。

香溪桥 位于山塘街西段，为香溪北侧山塘街上的连接桥。相传春秋末年，西施在馆娃宫中梳妆沐浴，所用之水，散发出阵阵香气，于是人们把一旁汩汩细流的小溪唤作香水小溪，"香溪"之名由此而来。香溪桥为2005年1月木渎古镇旅游开发新筑的桥梁。

永福桥 位于严家花园西南侧，南北走向，横跨香溪河。2016年初建造的景观桥，为花岗石拱桥。

新王家桥 位于明清南街，与山塘街交叉路口，跨香溪与明清街连接，距永安桥75米，1988年9月新筑。

春风桥 位于境域西首，东西走向，跨南北向木（木渎）光（光福）运河（香溪段），桥西为胥口镇东欣村的陈家村。春风桥为20世纪80年代初建成的钢筋混凝土桥梁，宽7米，长28米。桥栏为花岗石所筑。

方家桥 位于境域西首，桥长200米、宽约100米，横跨香溪河，通往太湖之滨的苏州太湖国家旅游度假区，桥上筑有廊亭，飞檐凌空。轨道交通5号线时并设"灵岩山站"，方家桥为此于2021年重筑。

三、供电供水

供电 旧时，境域居民晚上照明用菜油燃灯草的灯具，俗称"油盏头"，或用蜡烛照明，启用煤油灯，已属奢侈，只有操办婚丧事或剧场演戏时用来照明。晚上外出照明大多用灯笼，后改用桅灯。

1957年秋，金星高级社通电，电力主要用于农田灌溉。1958年夏，金星高级社装上第一台变压器，并由县属企业提供一户一灯的照明。20世纪70年代，境域村村通电，家家用电灯。80年代，不但古镇老街装上了路灯，境域农村也装上了夜里行走照明之灯。电扇、冰箱、洗衣机、电饭锅等家用电器普及，部分居民装上了空调。

2021年12月，境域设有变压器14台，共计发电6980千瓦。

表5-3　　　　　　　　2021年12月境域安装变压器分布情况统计表

生活小区名称	变压器/台	功率/千瓦	生活小区名称	变压器/台	功率/千瓦
车渡村	3	400	山前村	3	400
王家村王家桥	2	630	塔影	2	400
念店村	2	630	山塘	2	630

供水　境域老街及附近自然村，河道流畅，有香溪、盛家浜、鹭飞浜、下沙塘河等。旧时，当地居民以河水和井水作为日常生活用水，以矾澄纯水为饮用水，由于河水不卫生，传染病发病率高。

1949年10月，中华人民共和国成立后，境域在当地政府倡导下，开展爱国卫生运动，倡导居民饮用清洁卫生的井水，并规定给予自行打井户经济补助。为此，居民在改建房屋同时开挖水井，始用井水作为饮用水。

1960年春，当地政府大力倡导开挖水井，境域逐步普及井水作为饮用水。

1977年，境域西街建造了苏州市第三水厂，翌年7月1日竣工，为当时县内第一座自来水厂。1984年下半年，境域大多数居民率先用上了自来水。至1996年，境域自来水大水管铺设完善，居民家家户户用上自来水。

2021年12月，境域自来水用户1967户。

附：木渎自来水厂简介

1977年7月1日，苏州自来水公司从太湖胥口作水源取水，建成苏州横山自来水厂，因水管途经木渎，故在镇西街同时建成木渎自来水厂，位于李家弄2号，隶属苏州自来水公司，日产水80吨，境域部分居民开始饮用自来水。1984年5月水厂扩建，日产水增至2000吨，铺设输水管道8693米，木渎镇约有45%的居民和灵岩山寺以及金星、天灵、灵岩等三个村饮用上自来水。随着村镇工业的发展，用水矛盾日益突出，尤其是夏季用水高峰时，因水厂出水压力较小，很多4—6层高房常出现断水情况。为此，木渎自来水厂于1989年投资718万元，在苏福公路南侧、海光加油站西侧，征地13亩，与苏州自来水公司联营建造木渎第二水厂，第一期工程日产水5000吨，于1991年建成，与此同时原西街水厂为其附属车间，也扩建成日产水5000吨，铺设给水管道增至12661米。其中工业用水占40%，居民用水占55%，消防用水约0.5%。木渎镇内自来水用表户840户，公用自来水龙头增至15只。

1992年7月，水厂日产1万吨的第二期工程竣工投产，日产水量计2万吨。1993年，木渎镇100%居民饮用自来水，全年供水能力600万吨（含农村）。1996年，年供水量达601万吨，月最高供水量51.09万吨，除石油机械厂外，原使用深井水的几个厂都改用了自来水。为了消防的需要，在铺设水管的同时，在主要道路两侧和居民区设置消防栓107个，为扑救火灾提供水源。

四、电信

元明时期，境域老街有驿站，均通驿道，传送官方文书。

清代，设专人往返在境域古镇木渎与苏州之间递送信件。清光绪二十二年（1896）开办邮政官局，光绪三十年（1904），境域驿站和专人送递制度逐渐自行淘汰。

民国时期，逐渐发展邮件收发并开通电话，始称邮电局。1929年，境域装有电话2处，为磁石摇把式电话机，一是在东街，为交通部所属，二是在境域老街区公所内，为县政府所属。1930年架设电话线路，同年10月1日，设有专人负责木渎电话线路。

1949年10月，中华人民共和国成立，境域成立木渎邮电支局，隶属苏州市邮电局管辖。

1957年，木渎邮电支局为境域金星高级农业生产合作社安装第一部手摇拨号电话机。

1978年2月，木渎邮电支局在吴县开通首家内部自动交换的纵横制400门自动电话，告别了手摇磁石式人工电话，境域金星大队为县内首次使用程控电话机村之一。

1979年，境域铺设通苏州的60路小同轴电缆，1981年扩容400门，变总容量600门。

1989年，境域推行邮政编码（215101）。9月28日，开通了HJ912型纵横制城市自动电话交换机2000门，是间传输为三群480邮字微波。

1991年6月25日，境域正式与苏州市话并网，具有等位拨号，全国长途电话直拨功能。

1995年，境域发展无线电通信业务，用户即可用BP机、手机通信。

1998年10月，邮政、电信分开经营，木渎邮电支局分设为木渎邮政支局、苏州电信局55分局（2001年3月，改称吴中区电信局）。

2021年12月，境域居民1967户，持有家用座机电话2500部，移动手机3890部。

第二节　公共设施

一、社区党群服务中心

2005年8月，香溪社区成立居民来访接待服务中心；2013年1月，更名为便民服务中心。

2017年1月，香溪社区设立党群服务中心。

境域党群服务中心位于明清街111号，坐北朝南，建筑面积1853.46平方米。大楼一层为服务大厅，配有固定电话、计算机、复印机、电脑、出示公示栏、投诉箱等，并以台卡表明服务项目。

社区党群服务中心有工作人员8名，对辖区居民社会保障、困难救助、优生优育、法律咨询、妇幼维权、劳动就业、残疾人事务等方面进行开放式、一站式服务。另设党、团员、民兵、工会等活动室，以及纠纷调解、信访接待办公室等。办公室二楼西侧设有200平方米的社区村史展览馆，楼前场地用作停车场，西首北侧建有300平方米的体育健身场地。

二、文体活动设施

2012年12月，香溪社区在明清街王家桥小区党群服务中心西侧，建起180平方米的露天健身广场。翌年2月，在养老服务中心一楼增设200平方米的综合性文化服务中心，内设多功能文化娱乐剧场。

2013年12月，社区在胥江河畔车渡村建起公共活动场地250平方米，设健身路径1套。

2014年9月，社区在明清街念店村建起500平方米的公共活动场地，设健身路径1套。

2015年11月，社区在王家桥村建起500平方米公共活动场地，设健身路径1套。

2016年9月，社区在王家桥小区建起休闲公园，内设300平方米的少年儿童游乐场，沿河铺起250米长的健身步道。翌年，新增健康科普展览室、传统文化长廊20处，以及500平方米篮球场、文明实践站各一处。

第三节　营造美丽家园

一、拆迁改造

2003年11月，香溪社区居民委员会成立。是年12月，境域车渡、王家、念店、平界、山前等5个自然村按照当地人民政府整体条块规划进行老村改造、动迁安置。

2004年2月，境域对平界村进行老村动迁改造，时有34户村民动迁至王家村附近安置，因地临永安桥（俗称王家桥），故名王家桥小区。

2013年2月，境域对车渡村进行环境整治改造；6月，对山前村进行环境综合整治，启动生态提升工程动迁改造。

2014年4月，境域对念店村进行环境整治改造。

2021年12月，境域对山前村83户进行老村动迁改造，其中57户已搬迁至金山浜玉景小区。

表 5-4　　　　　　　　香溪社区平界村动迁改迁安置一览表

房屋产权人	面积/平方米	房屋产权人	面积/平方米
徐新根	400	苏祝平	400
徐金根	400	许建敏	400
马水珍	400	徐梅玲	280
许建华	400	朱全福	400
许振华	400	王文秀	400
顾卫东	400	徐根龙	400
徐连元	400	钟建华	400
范克荣	400	吴维杰	400
许向东	400	徐金龙	400
吴维雅	400	徐寿金	400
徐菊华	280	徐根元	400
徐银龙	400	陈文男	280
韩永春	280	许金坤	400
韩永明	280	许金土	400
史冬明	280	许金木	400
史旭明	400	戴永新	400
史国英	400	胡金杰	140

表 5-5　　　　　　　　香溪社区山前村动迁安置一览表

房屋产权人	面积/平方米	房屋产权人	面积/平方米
许培生	264	许秋根	240
杨林章	240	朱兴龙	264
朱坤元	240	许玲娣	240
许培育	264	赵林文	240
钱其福	264	顾五妹	264
顾国军	264	顾建珍	240
朱庆平	240	朱卫明	240
徐才根	264	杨阿四	240
顾炎生	264	许建华	264
王玲娜	240	徐　龙	240
徐　燕	264	杨建伟	240
徐建新	240	沈玲娣	240
许卫华	264	朱招娣	264
朱红华	264	杨建林	264
徐建国	240	朱玉坤	240
符秀英	240	杨阿二	240
许益锋	240	孙金虎	240
袁翠芳 吴振华	264	顾根妹	264
韩福兴	240	徐金才	264
徐元林	264	徐雪生	240
杨阿三	264	朱庆丰	240
许建英	264	朱峥嵘	240
徐寿男	264	许根云	240
徐寿生	264	许锴锋	240
顾　勇	264	朱双云	264
朱根大	264	徐幸福	264
陈雪根	240	钱华珍	264
袁金龙	264	顾金虎	264
薛雪男	264		

二、环境整治

2013年7月，香溪社区启动对境内村庄环境整治。至12月底，新增垃圾桶（箱）12只，铺设污水管2800米，清理乱堆乱放60处，新设停车场3处，卫生厕所改造67户，修建道路（沥青路）5000米，新增路灯5盏，实施建筑物出新2.72万平方米，为每户居民檐口翻新，更换自来水管网，燃气管道入户率达100%。

2014年4月，香溪社区对念店村进行环境整治。更换垃圾桶（箱）16只，重新铺设自来水管网3600米左右，新设停车场2处，修建道路（沥青路）3000平方米；实施建筑物出新3.23万平方米，檐口翻新，强、弱电三线入地，管道燃气入户率100%。

2015年7月，香溪社区启动对王家村生活小区环境整治。重新铺设自来水网2600米左右，新建门头3处，新设停车场4处，修建道路（沥青路）3000平方米，实施建筑物出新2万平方米，檐口翻新，强、弱电三线入地，管道燃气入户率100%，并新增两个630千瓦变压器，监控17处。

2016年9月，香溪社区启动对王家桥小区环境整治。新设118个停车位，修建道路（沥青路）5000平方米，管道燃气53户入户，监控设备全村覆盖，增加监控20处左右，新增及更换路灯50处，雨污水管改造1000米左右，强、弱电三线入地。

2020年4月15日，车渡村实行垃圾分类；是月20日，王家村、王家桥村实行垃圾分类；6月，念店村实行垃圾分类，并制定"三定一督"长效管理措施。

2021年，香溪社区对境内生活小区环境整治后，为加强长效管理，成立香溪社区"安全、消防、263、331"综合管理小组。同时，对境域车渡、念店、王家、王家桥小区实行村民自治全封闭式管理。

三、绿化

清代，境域老街上

2018年香溪河面清洁

有12家富翁建有花园式住宅，并形成山塘榆荫、下沙塘等绿化带。民国期间疏于管理，绿荫街道上林木逐渐枯萎衰亡。山塘、下沙塘等街道、河道两岸留有一些古老零星树木。境域其他街巷、居民住宅所种树木极为稀疏。

境域金星村地处古镇镇郊，旧时绿化覆盖率低。中华人民共和国成立初，据抽样调查，车渡村时有耕地面积113.8亩，村庄面积21.5亩，绿化面积3.877亩，绿化覆盖率仅18%。境域老街每逢清明前后，各单位和居民育苗植树，因无种植计划，且管理不善，成活率较低。

20世纪60年代，境域绿化植树还处于自流状态，农户"四旁"植的树木还因"割资本主义尾巴"被砍掉不少。

1981年3月始，境域在当地政府领导下，开展义务植树活动，绿化面积逐年增加。1985年1月，《中华人民共和国森林法》颁布实施。境域逐步对道路、河道、堤岸进行绿化，种植行道树。主要道路以种香樟、广玉兰为主。山塘素有榆荫街之称，境域分年种植榆树，逐年恢复山塘榆荫之貌。1988年，境域山塘街道路两旁绿化率达百分之八十以上。

1996年，境域对境域塔影、香溪新村别墅进行重点绿化，绿化覆盖率迅速上升。2003年11月，境域加强对生活小区树木的种植与管理，在3月份植树节时，组织志愿者绿化环境。

2013年12月，车渡村绿化面积30000平方米，占小区面积的30%；2014年9月，念店村绿化面积52000平方米，占小区面积的34.6%；王家桥村绿化面积52000平方米，占小区面积的34.6%；王家村绿化面积45000平方米，占小区面积45%。2017年12月，灵岩山庄绿化面积60000平方米，占小区面积60%。

2020年2月，香溪社区28名志愿者募集了13900元，对王家桥小区栽植海棠花树200棵，实行绿化升级改造。是年，境域1900000平方米，绿化面积达到770000平方米，绿化面积达40.5%。

2021年3月，中共苏州市委农业工作领导小组办公室、苏州市农村人居环境整治工作联席会议办公室、苏州市发展和改革委员会、苏州市农业局授予香溪社区"首批苏州市农村人居环境整治示范社区"称号。

表5-6　　　　　2020年王家桥生活小区海棠花树木认养募集统计表　　　　　单位：元

（按姓氏笔画为序）

序号	认养人姓名	募集金额	序号	认养人姓名	募集金额
1	王建荣	200	15	杨廉忠	200
2	朱全福	200	16	张咏梅	2000
3	朱俊杰	200	17	陆孝治	200
4	朱海明	200	18	陈　红	200

续表

序号	认养人姓名	募集金额	序号	认养人姓名	募集金额
5	朱静雅	200	19	陈海南	200
6	安 燃	100	20	周 凯	500
7	许云峰	300	21	姜政书	200
8	许兆杰	200	22	袁 冬	400
9	许坚垄	500	23	钱丽佳	300
10	许利晴	200	24	徐金根	800
11	许春华	5000	25	徐新根	200
12	许晴洁	200	26	唐 燕	200
13	苏祝平	200	27	葛振华	300
14	杨春刚	300	28	韩永春	200
合计			13900		

表 5-7　　　　2021 年 12 月香溪社区绿化覆盖率统计表

地名	面积/平方米	绿化面积/平方米	绿化率/%
车渡村	100000	30000	30.0
王家村	100000	45000	45.0
王家桥村	150000	52000	34.7
念店村	150000	52000	34.7
平界村	100000	20000	20.0
山前村	210000	120000	57.1
香溪新村	150000	65000	43.3
塔影新村	200000	90000	45.0
下沙塘新村	100000	40000	40.0
灵岩山庄	100000	60000	60.0
山塘街	200000	86000	43.0
中市街	90000	20000	22.2
香溪西路	100000	40000	40.0
鹭飞浜里	50000	10000	20.0
塔影巷	100000	40000	40.0
合　计	1900000	770000	40.5

第六章 基层组织

1950年5月，吴县人民政府成立，时境内5个自然村隶属吴县木渎镇新农村、吴县木渎区红旗村等2个行政村。1955年3月，境内新农村行政村成立金星初级社，山前村成立红旗初级社。

1956年3月，境内成立金星高级社，1957年9月建立党支部。

1958年9月，金山人民公社成立，金星高级社与姑苏乡第二高级社组建灵岩大队。翌年9月，车渡、王家、念店、平畀、山前等5个自然村从灵岩大队划出，组建金星大队。1966年5月，金星大队划归金山人民公社。1969年3月，"文化大革命"期间，金星大队成立革命委员会。1977年，金星大队划归木渎镇。

1983年9月，木渎镇撤大队建制，金星大队改称金星村，设立村民委员会。

2003年11月，金星村与塔影、山塘、香溪等3个居民委员会合并，成立香溪社区。随后，建立中共香溪社区委员会、香溪社区居民委员会。

第一节　中国共产党组织

一、农业生产合作社党组织

1956年3月，金星高级社成立；1957年9月，建立中共金星高级社支部委员会，隶属中共姑苏乡委员会。时共产党员有徐老毛（1954年6月入党）、张锦斌（1955年10月入党）、杨林元（1956年3月入党）、袁杏娣（女，1955年11月入党）、孙德镛（1952年10月入党）、周火金（1954年8月入党）、杨阿五（1955年11月入党）、高毛狗（1954年6月入党）、陈云媛（女，1956年2月入党）、汤耕月（1956年10月入党）、沈良甫（1956年10月入党）、吴云根（1952年12月入党）、周建荣（1955年9月入党）、谢龙生（1953年7月入党）、蒋根金（1955年10月入党）、薛荣根（1955年12月入党）、张静修（1955年12月入党）、张五男（1954年6月入党）、姚金林（1956年4月入党）。徐老毛任中共金星高级社支部委员会书记。

二、生产大队、行政村、居委会党组织

1958年9月，金山人民公社成立，金星高级社与姑苏乡第二高级社合并，组建灵岩大队，徐老毛任中共灵岩大队支部委员会书记。1959年7月，谢龙生任中共灵岩大队支部委员会书记。

1959年9月，车渡、王家、念店、平畀、山前等5个自然村从灵岩大队划出，组建金星大队，徐云木任中共金星大队支部委员会书记，陆小男任副书记。

1961年4月，许根男任中共金星大队支部委员会书记。

1971年4月，许钰根任中共金星大队支部委员会书记。

1972年4月，许根男任中共金星大队支部委员会书记，赵金妹任副书记。

1975年4月，赵金妹任中共金星大队支部委员会书记。

1978年12月，许根男任中共金星大队支部委员会书记，赵金妹任副书记。

1983年7月，境域村级体制改革，撤销大队，设立行政村。金星大队改称金星村。吴维忠任中共金星村支部委员会书记，王根泉任副书记。

1988年3月，王根泉任中共金星村支部委员会书记；4月，张国荣任中共金星村支部委员会书记。

1997年7月，中共金星村支部委员会举行换届选举，张国荣、许盘英、徐金根当选中共金星村支部委员会委员，张国荣任中共金星村支部委员会书记。

2000年1月，姚成宝任中共香溪居委会支部书记。

三、社区党组织

2003年11月,金星村与山塘、塔影、香溪居委会合并,建立中共香溪社区党总支委员会,党总支委员会由张国荣、许盘英、姚成宝、徐金根、钱乃国等5人组成,张国荣任中共香溪社区总支部委员会书记,许盘英、姚成宝任副书记。

2004年9月,中共香溪社区总支部委员会举行换届选举,张国荣、许盘英、姚成宝、徐金根、钱乃国当选中共香溪社区总支部委员会委员,张国荣任中共香溪社区总支部委员会书记,许盘英任副书记。

2007年9月,中共香溪社区总支部委员会举行换届选举,张国荣、许盘英、许春华、孙健当选中共香溪社区总支部委员会委员,张国荣任中共香溪社区总支部委员会书记,许盘英、许春华任副书记。

2010年8月,中共香溪社区委员会举行选举,张国荣、许盘英、许春华、孙健当选中共香溪社区委员会委员,张国荣任中共香溪社区委员会书记,许盘英、许春华任副书记。

2011年9月,许春华任中共香溪社区委员会书记;11月,许春芳任副书记。

2013年8月,中共香溪社区委员会举行换届选举,许春华、张咏梅、许春芳、顾敏、徐赟当选中共香溪社区委员会委员,许春华任中共香溪社区委员会书记,张咏梅、许春芳任副书记。时,香溪社区下设11个党支部,许春芳任第一党支部书记,徐新根任第二党支部书记,王兴男任第三党支部书记,俞美娥任香西党支部书记,冯菊芳任塔影党支部书记,汪惠芳任山塘党支部书记,徐金根任苏州同欣五金机械有限公司联合党支部书记,冯菊英任苏州吴中区木渎天赟印刷厂联合党支部书记,葛栋明任苏州安康建筑安装有限公司联合党支部书记,谈宜兵任苏州吴中区木渎谈宜兵饭店党支部书记。

社区党组织学习活动

2016年9月，中共香溪社区委员会举行换届选举，许春华、张咏梅、许春芳、周凯、顾敏等5人当选中共香溪社区委员会委员，许春华任中共香溪社区委员会书记，张咏梅、许春芳任副书记。

2020年9月，张咏梅任中共香溪社区委员会书记。

2021年1月，中共香溪社区委员会举行换届选举，张咏梅、周凯、许坚垒、许云峰、钱丽佳当选中共香溪社区委员会委员，张咏梅任中共香溪社区委员会书记，周凯、许坚垒任副书记；12月，中共香溪社区委员会有242名中共党员，下设山塘、羡园、虹饮、香西、古松、塔影、车渡村、念店村、山前村、香溪工业园等10个党支部。

表 6-1　　　　2021年12月中共香溪社区委员会党组织一览表

党委会成员	下设党支部名称	支部书记	支部委员	党员/人
书记：张咏梅 副书记：周凯、许坚垒 委员：钱丽佳、许云峰	车渡村党支部	许兆杰	张水根、陈　红	26
	念店村党支部	许云峰	周卫民、许明华	26
	山前村党支部	袁　冬	郭　庆、朱秋媛	17
	古松党支部	许晴洁	丁荣华、程秀云	28
	虹饮党支部	周　凯	龚润民、郁珊宝	31
	山塘党支部	钱丽佳	汪惠芳、范建国	26
	塔影党支部	杨春刚	冯菊芳、吴秋亚	29
	羡园党支部	许坚垒	苏桂珍、徐茂诜	25
	香西党支部	许利晴	俞美娥、陈耕寿	30
	香溪工业园党支部	韩永春		4
党员合计				242

第二节　行政组织

一、村、合作社组织

1950年5月，吴县人民政府成立，时境域车渡、王家、念店等3个自然村隶属新农村行政村，新农村归属吴县木渎区木渎镇管辖；平界、山前隶属红旗村行政村，红旗村归属吴县木渎区焦山乡管辖。

1954年，新农村村主任为孙德铺、副主任为陈金元，委员为王木根、徐老毛、孙慰祖、王林林、谢龙生、朱福元；红旗村村主任为许根男，副主任为许根生，委员为徐火根、朱俊芳、钟吉林、徐荣根、朱云南。

1955年3月,新农村成立金星村初级社,徐老毛任金星村初级社社长。红旗村成立红旗初级社,徐根男任红旗村初级社社长。12月,新农村、红旗村划归姑苏乡管辖。

1956年9月,金星高级社成立,代替行政村。谢龙生任金星高级社管委会主任,许根男、顾阿妹、吴云根任管委会副主任,徐阿五、张锦斌、周建荣、王水根、徐三男任管委会大队长,杨阿五任管委会副大队长,沈全根任管委会会计,陈云媛、吴根元、吴云根、蒋根全、袁杏娣、张静修任管委会监察委员,方进媛、许美心任管委会委员。

1957年12月,金星高级社划归金山乡管辖。

二、生产大队、行政村组织

1958年9月,金山人民公社成立,金星高级社与姑苏乡第二高级社合并,组建灵岩大队,谢龙生任灵岩大队大队长。

1959年9月,灵岩大队划出车渡、王家、念店、平界、山前等5个自然村,组成金星大队,下设6个生产队,陆小男任金星大队大队长。

1965年4月,徐荣根任金星大队大队长,王木根任副大队长,王根泉任大队会计;5月,金星大队划归金山人民公社。

1969年4月,金星大队革命委员会举行换届选举,许根男、陈金男、王坤元、徐荣根、许钎甫、赵金妹、严林土等7人当选金星大队革委会委员,许根男任金星大队革命委员会主任,陈金男、王坤元任副主任。

1972年5月,许钰根任金星大队革命委员会主任,陈金男、王坤元任副主任,许钎甫任会计。

1973年3月,许根男任金星大队革命委员会主任,陈金男任副主任。

1977年11月,赵金妹任金星大队革命委员会主任,陈金男任副主任。是年,金星大队划归木渎镇管辖。

1978年12月,陈根寿任金星大队革命委员会副主任。

1979年12月,木渎镇撤销大队革命委员会,改称大队管理委员会(简称管委会)。陈金男任金星大队管理委员会主任,苏祝寿任副主任,徐幸福任会计。

1982年7月,赵金妹任金星大队管委会副主任。

1983年7月,木渎镇恢复村级建制,金星大队改称金星村,吴维忠任金星村村民委员会主任,徐金根任会计。

1986年4月,张国荣任金星村村民委员会主任,钟宝南、荣华任村民委员会委员。

1989年9月,许盘英任金星村村民委员会主任,顾阿二任副主任。

1992年9月,金星村村民委员会举行换届选举,许盘英、徐根龙、朱双云、陈娟红、徐雪琴当选金星村村民委员会委员,许盘英任金星村村民委员会主任,徐根龙任副主任。

1996年5月，金星村村民委员会举行换届选举，许盘英、徐根龙、王春英、朱双云、徐雪琴当选金星村村民委员会委员，许盘英任金星村村民委员会主任，徐根龙任副主任。

三、山塘、塔影、香溪居委会行政组织

历任山塘居委会主任：蔡永娟、韩也玲。历任副主任：朱丽敏、曾玲珠。

历任塔影居委会主任：顾佩珍、姚玲珍。历任副主任：汪云茵。

历任香溪居委会主任：沈珊云、洪玉英。历任副主任：王爱英。

四、社区行政组织

2003年11月，金星村与山塘、塔影、香溪等3个居民委员会合并，成立香溪社区，徐金根任香溪社区居民委员会主任，姚成宝、韩也玲、钱乃国任副主任。

2004年11月，香溪社区居民委员会举行换届选举，徐金根、曾玲珠、朱双云、徐雪琴、洪玉英、朱秋媛当选香溪社区居民委员会委员，徐金根任香溪社区居民委员会主任，曾玲珠任副主任。

2007年11月，香溪社区居民委员会举行换届选举，徐金根、曾玲珠、朱双云、徐雪琴、洪玉英、朱秋媛、张咏梅当选香溪社区居民委员会委员，徐金根任香溪社区居民委员会主任。

2010年10月，香溪社区居民委员会举行换届选举，许春华任香溪社区居民委员会主任，孙健、张咏梅任副主任。

2013年11月，香溪社区居民委员会举行换届选举，张咏梅、许坚堃、许晴洁、杨春刚、王建荣当选香溪社区居民委员会委员，张咏梅任香溪社区居民委员会主任，许坚堃任副主任。

2016年11月，香溪社区居民委员会举行换届选举，张咏梅、许坚堃、许晴洁、杨春刚、王建荣当选香溪社区居民委员会委员，张咏梅任香溪社区居民委员会主任，许坚堃任副主任。

2021年1月，香溪社区居民委员会举行换届选举，张咏梅、周凯、许云峰、许利晴、许晴洁、杨春刚、王建荣当选为香溪社区居民委员会委员，张咏梅任香溪社区居民委员会主任，周凯任副主任。

五、香溪社区居务监督委员会

2021年1月，香溪社区成立居务监督委员会。香溪社区居务监督委员会由许坚堃、钱丽佳、袁冬、许兆杰、朱俊杰组成，许坚堃任香溪社区居务监督委员会主任。

第三节　群团组织

一、农民组织

（一）农民协会

1950年3月，木渎镇农民协会（简称"农会"）成立，乡、镇设农会主任，境域新农村、红旗村行政村设农会大组长，车渡、王家、念店、平界、山前等自然村设农会小组长。农民协会职能，即在巩固人民政权、镇压反革命、土地改革、抗美援朝和发展互助合作及农业合作化等运动中发挥作用。

1955年，农业合作化全面展开，农会活动日渐减少，以后，农会组织职能自行消失。

（二）贫下中农协会

1964年初，社会主义教育运动中，农村建立贫下中农协会（简称贫协），5月，金星大队贫下中农协会成立。

1966年6月，"文化大革命"开始，境域贫协组织被造反派组织所替代。

1972年，境域恢复农村大队贫协组织，更名为贫下中农代表大会（简称贫代会）。

1977年11月，陈金男任金星大队贫下中农代表大会主任，朱毛头、严林土任副主任，徐泉玲、韩水林、朱双云、张三男、陈坤坚、王根弟任委员。

1980年以后，境域贫下中农代表大会不复存在。

二、青年组织

1953年，境域建立中国新民主主义青年团。1957年，中国新民主主义青年团改称中国共产主义青年团（简称共青团）；9月，金星高级社建立共青团支部，隶属共青团姑苏乡总支部委员会。

1958年9月，金山人民公社成立，境域金星高级社隶属金山人民公社管辖，与姑苏乡第二高级社组建灵岩大队，灵岩大队共青团团支部建立，隶属共青团金山人民公社委员会。

1965年4月，许钎甫任共青团金星大队支部委员会书记。

1972年5月，赵金梅任共青团金星大队支部委员会书记，许小妹、钟宝江任副书记，钟宝江任支部委员。

1976年4月，周菊英任共青团金星大队支部委员会书记，徐连元、张月云任副书记。

1977年11月，朱双云、顾菊任共青团金星大队支部委员会支部委员。

1982年4月，韩永春任共青团金星村支部委员会书记。

1986年6月，陈海南任共青团金星村支部委员会书记，韩永明任副书记。

1989年4月，陈娟红任共青团金星村支部委员会书记。

1995年4月，王春英任共青团金星村支部委员会书记，许春英、周建男、许英、缪绘任支部委员。

2003年11月，金星村与山塘、塔影、香溪等3个居民委员会合并，成立香溪社区居民委员会，徐雪琴任共青团香溪社区委员会书记。

2005年11月，张咏梅任共青团香溪社区委员会书记。

2007年11月，许春芳任共青团香溪社区委员会书记。

2011年11月，孙健任共青团香溪社区委员会书记。

2012年1月，许利晴任共青团香溪社区委员会书记。

2014年12月，杨春刚任共青团香溪社区委员会书记。

2016年7月，钱丽佳任共青团香溪社区委员会书记，朱静雅任副书记。

2021年7月，钱丽佳任共青团香溪社区委员会书记，朱俊杰任副书记。

三、妇女组织

1950年《中华人民共和国婚姻法》颁布后，吴县妇女联合会（简称吴县妇联会）成立，吴县妇联会至木渎镇进行《中华人民共和国婚姻法》宣传。境内念店村女青年陆云媛在《中华人民共和国婚姻法》的宣传影响下，与家住吴家浜的男青年周火金自由恋爱，两人在工作和劳动中建立感情，于1951年10月领取了木渎镇第一张结婚证书，组成幸福美满的家庭——此事当时传为一段闻名遐迩的佳话。

1956年3月，境内金星高级社建立妇女代表大会分会，高级社管理委员会中配备妇女委员。

1959年9月，金星大队建立妇女代表委员会（简称妇代会），刘阿妹任金星大队妇代会主任。生产队建立妇女代表小组，组长由生产队妇女队长担任。

1966年6月，"文化大革命"开始后，金山人民公社妇联会和下属各大队妇代会组织停止活动。

1972年4月，金山人民公社各大队重建妇代会组织；5月，赵金妹任金星大队妇代会主任；7月，金星大队妇代会举行选举，赵金妹、许盘英、顾阿妹、徐小妹、韩水妹、赵云妹等6人当选金星大队妇代会委员，赵金妹任金星大队妇代会主任，许盘英、顾阿妹任副主任。

1977年11月，金星大队妇代会举行选举，周菊英、徐小妹、顾阿妹、韩水林、马水珍、范小媛等6人当选金星大队妇代会委员，周菊英任金星大队妇代会主任，徐小妹、顾阿妹任副主任。

1987年10月，许盘英任金星村妇代会主任，顾玉玲任副主任。

1992年3月，徐雪琴任金星村妇代会主任。

2003年11月，金星村与山塘、塔影、香溪等3个居委会合并，建立香溪社区妇女联合会，徐雪琴任香溪社区妇女联合会主席。

2016年5月，许晴洁任香溪社区妇女联合会主席。

2016年7月，许晴洁任香溪社区妇女联合会主席，许利晴、徐雪琴、朱静雅任副主席。

2021年5月，许晴洁任香溪社区妇女联合会主席，许利晴、徐雪琴、钱丽佳任副主席。

四、治保组织

1949年4月27日，境域解放，当地治安保卫工作由民兵组织负责。自然村的治安保卫，主要工作是帮教反动分子、环境综合治理、外来人员管理等。经过土地改革，镇压反革命，互助合作化运动，境域治安情况日趋好转，自乡至村，成立了治安组织，常态化负责地方治安。

1954年，木渎镇人民政府由朱耀轸、徐崇钦任镇治安正副主任，顾雪良、沈三媛任镇调解民事纠纷正副主任。新农村徐毛毛任村治保委员，红旗村（山前村）徐火根任村治保委员。新农村王林林任村调解民事纠纷委员，红旗村（山前村）钟吉林任村调解民事纠纷委员。

1956年4月，许全男任金星高级社治保主任。

1972年5月，王坤元任金星大队治保主任。

1977年10月，许盘英任金星大队治保主任。

1987年8月，韩永春任金星村治保主任。

1992年5月，朱双云任金星村治保主任。

2003年11月，金星村与山塘、塔影、香溪等3个居委会合并，建立香溪社区。翌年1月，朱双云任香溪社区治保主任。

2016年6月，许坚垄任香溪社区治保主任。

2020年1月，王建荣任香溪社区治保主任。

2021年11月，许卫东任香溪社区治保主任。

附：1959—2021年历任村（大队）、社区民兵营营长

1959年9月至2021年12月历届任金星村（大队）民兵营营长的有陈金男、许盘英、许小萍、吴维忠、许钎甫、朱双云、洪玉英、孙健；历届任金星村（大队）民兵营副营长的有徐幸福、赵金妹、陈国荣、许盘英、李杰、周菊英、钟宝江；历届任香溪社区民兵营营长的有朱双云、孙健、王建男、周凯、许云峰。

第四节　党员教育

境域党组织主要是通过会议、党课、冬训等多种形式对党员进行教育活动。

在抗美援朝时期，境域党组织对党员教育以"保家卫国"为主要内容。此时中华人民共和国成立不久，党员受了教育后在广大群众中宣传"谁是最可爱的人"，怎样才能保护来之不易的胜利成果。不少群众捐钱、捐物，支持抗美援朝；不少热血青年，纷纷报名参军。经政审和体检，至1953年间，境内有冯学法、郑公金、沈守祥、郑万江、潘寿荣、赵书奎等6名青年应征入伍。

土地改革时期，境域党组织以中央人民政府颁布的《中华人民共和国土地改革法》规定的"废除地主阶级封建剥削的土地所有制，实行农民的土地所有制，借以解放农村生产力，发展农业生产，为新中国的工业化开辟道路"为内容，对党员进行教育。

1951年始，境域党组织通过党员教育，宣传土地改革政策，使"耕者有其田"，所以广大农民热烈拥护。其时境域车渡、王家、念店等3个自然村隶属木渎镇新农村行政村，平界、山前等2个自然村隶属红旗村行政村。通过土地改革，在土地分配中，先分户每人平均分至1.6亩耕地，后分户，即无地缺地农民，每人平均分得1.2亩耕地。

1952年春，境域党组织的党课教育以宣传农业合作化优越性为主要内容，教育党员带领群众走农业集体化道路，贯彻执行中共中央《关于农业生产互助组的决议》。1953年5月，境域党员和农民积极分子孙根寿、许根林、张三男、陈金元、朱福祺、徐老毛、谢龙生等先后办起了农业生产互助组。1955年3月，境域办起了初级社；1956年3月，境域办起了金星高级社；1958年9月，境域加入人民公社。

1964年，根据上级党委要求，境域金星大队党支部开展社会主义宣传教育运动，通过对党员正面教育、检查当地方针政策贯彻执行情况、总结先进、制订计划，健全各项制度。

20世纪70年代，境域每年轮训党员和生产队干部两期，每期3天。教育党员与社员群众共甘苦，健全参加集体生产劳动的制度，并严格规定大队主要党员干部（支部书记、大队长、大队会计）在做好本职工作同时，参加集体生产劳动的天数全年不得少于120天。

1979年后，金星大队党支部则以党的十一届三中全会为主要内容教育党员，改革开放，发展集体经济，走共同富裕之路，在搞好家庭联产承包责任制的同时，发展村（大队）办企业。党员经教育后，身先士卒，白手起家，先后在境内办起了17家村（大队）办企业。

1998年始，境域金星村因挨木渎古镇，大量土地被区（县）、市属企业和单位征用。为了使村民早日步上小康之路，党支部在教育党员中，一起参加当地镇党委、政府召开的"三个代表"重要思想学习。2001年8月，金星村党支部教育党员根据境内的实际情况，利用村（大队）办企业的存量资产，推行股份合作制。2005年9月，组建富民置业股份合作社，以后又组建创业投资专业合作社。

2012年11月，党的十八大召开后，香溪社区党委的党员教育以贯彻党的十八大精神，开展创"五好"（支部班子好、党员管理好、组织生活好、制度落实好、作用发挥好）活动。

2017年10月，党的十九大召开，香溪社区党委组织党员学习，坚持中国特色社会主义的一系列重大理论，作为党员教育内容。

2021年1月，香溪社区党委开展迎接建党百年华诞活动，对党员实施学史教育。

自香溪社区党组织开展一系列党员教育活动，至2021年12月，12名党员被区（县）以上党政有关部门授予"先进工作者""劳动模范"等荣誉称号，19名积极分子光荣地加入了共产党。

附：口述香溪社区党员教育

采访对象：张咏梅，女，1976年生，现任中共香溪社区委员会书记，香溪社区居委会主任。

采访人：张瑞照

采访时间：2023年11月8日

采访地点：木渎镇香溪社区党群服务中心三楼办公室

张瑞照：你好，香溪社区成立后，社区党委是怎样开展党员教育的？

张咏梅：要说香溪社区党委的党员教育，我得先介绍改革开放后，金星村（大队）党支部的党员教育。那时先辈在党员教育中，身先士卒、不辞辛苦地付出，香溪社区才有今天的成绩。

张瑞照：那么金星村（大队）党支部是如何进行党员教育的呢？

张咏梅：国强才能民富，民富才能国强。1979年前当时金星村（大队）还十分贫穷。党的十一届三中全会后，党支部为了让百姓早日富起来，过上小康日子，在境内实行"家庭联产承包责任制"和"改革开放，发展经济"为内容的党员教育。经过一段时间学文件、上党课，组织党员去家庭联产承包责任制先行村（大队）学习参观，1981年3月，金星村（大队）第5、第6村民小组，率先试行农业划田分户生产、联产计酬的责任制模式，以后，以点带面，金星村（大队）很快全面实行了农村家庭联产承包责任制。

张瑞照：金星村党支部又是如何教育党员，去发动群众进行经济建设的呢？

张咏梅：金星村党支部在教育动员党员搞好农副业生产的同时，从创办和发展村办集体企业着手。时有十多名党员经教育后，带领百姓白手起家，创建了金星工业园（2012年7月更名为香溪工业园），先后办起烘漆厂、针织厂、泡沫厂、铜材厂、金属制品厂等17家村办厂。

张瑞照：金星村是苏州市，乃至江苏省最早推行股份合作制的先行村之一，当时村党支部是如何加强党员教育，一步一步带领群众走上股份合作制的富民之路的呢？

张咏梅：1998年始，金星村党支部把三讲（讲学习、讲政治、讲正气）内容纳入党员教育，使每个共产党员不忘入党时的宣言，牢记为人民谋福利的使命。2001年始，党支部与村委会、村经济合作社的党员干部，多次出席当地镇党委、政府举办的学习"三个代表"为内容的教育活动，针对当时村里大部分农田被征，为了发展村级经济，致富于民，在上级党和政府的支持下，于同年8月，明晰集体存量资产，推行股份合作制。

张瑞照：请你介绍一下金星村是怎样教育党员明晰集体资产，推行股份合作制的？

张咏梅：2001年8月，境域金星村在上级党和政府领导下，组建了集体资产股份合作制，量化资产4295万元，每股金额8.36万元，农户持股率100%。接着以提高村民联合投资和组织化程度为重点，启动探索经营方式的股份合作工程。2005年9月，组建了富民置业股份合作社，完善规范管理资产运作，村民股金分红大幅度提高。金星村股份合作社每股分红从2001年的413元，提高到2015年的2000元；富民置业股份合作社每股分红从2006年的700元，提高到2015年的8500元。2015年8月，社区为进一步致富于民，组建了创业投资专业合作社，2016年8月首次分红，每股2400元。至2021年，股份合作社每股分红2000元，富民置业股份合作社每股分红9000元，创业投资专业合作社每股分红3400元。

张瑞照：至2021年，经过10多年的努力，香溪社区集体经济得到了发展，村民的收入情况怎么样呢？

张咏梅：香溪社区由于坚持科学发展观，积极探索农村股份合作制改革，不断做大做强集体经济，保障村民收益，至2021年，社区三个股份合作社固定资产达6亿元，集体收益5266万元，每个股民年分红14500元。

张瑞照：2003年11月，金星村与山塘、香溪、塔影三个居民委员会合并，成立香溪社区，香溪社区党委是怎样开展党员教育的呢？

张咏梅：建立香溪社区后，境域党组织即以党的十六大精神为主要内容，对辖区内的党员进行教育，同时吸收一些积极分子、入党发展对象参加党课培训。

张瑞照：香溪社区党委在党员教育的内容和形式上有什么新的举措？

张咏梅：2008年8月，香溪社区设立了党员管理站、电化教育工作站和教育培训室、阅览室、谈心室等。2009年2月，香溪社区党委加强远程教育基础设施建设，党员活动室安装电脑、电视机等。是年，党员干部冬训采取集中动员、分组自学、集中上党课、专题发言等形式，增强培训效果。2010年始，香溪社区党委按照当地镇党委要求，建立了社区党风党纪监督制度，并聘请党风、党纪监督员。是年，香溪社区党委先后召开党员大会8次，组织党员学习中共十七届三中、四中全会精神，为党员提供学习理论、了解时政、开阔视野的平台。

2011年6月，香溪社区党委举办了庆祝建党90周年的党组织活动，对党员、入党积极分子进行培训。2012年11月，党的十八大召开后，为贯彻党的十八大精神，香溪社区党委开展以创建"五好"为内容的党组织活动。党组织活动有加强制度建设、巩固党建机制，贯彻落实"三会一课"制度、做好党建日常工作。是年，香溪社区党委按照当地镇党委要求，在党的生日、国庆、春节等重要节日召开党员大会，学习党的路线方针政策，推荐先进工作者参加镇党委党校举办的入党积极分子培训班。2013年始，香溪社区党委以党风廉政建设为主题，促进党员廉洁奉公，处处为群众着想，艰苦奋斗，事事为人民操心。2015年始，香溪社区党委的党课教育即以党的群众路线教育实践活动为主要内容。2017年始，香溪社区党委组织党员开展学习党的十九大精神，将坚持和发展中国特色社会主义的一系列重大理论和实践问题作为党课教育内容。

2020—2021年间，香溪社区党委为迎接建党百年华诞，对党员实施"四史"（党史、新中国史、改革开放史、社会主义发展史）教育，学史明理、学史增信、学史崇德、学史力行，一言一行不忘公仆形象，一举一动常思百姓冷暖。

张瑞照：香溪社区党委实施一系列的党员教育，取得了哪些收获？

张咏梅：一分耕耘一分收获。香溪社区党委通过开展一系列"立党为公、执政为民"的党员教育，党员队伍中涌现了不少先进人物，其中12名党员先后被区（县）以上党政有关部门授予"先进工作者""劳动模范"等荣誉称号，不少积极分子，纷纷要求加入党的队伍……

张瑞照：2003年11月建立香溪社区至今，境内有多少积极分子加入了党组织？

张咏梅：经过本人申请，组织考察，上级党委批准，已有19名积极分子光荣地加入了中国共产党队伍。

第五节 社区管理

2003年11月，香溪社区建立，境域先后建起尧峰、横泾、观山、马舍等4个工业园。古宅景区严家花园、古松园、虹饮山房，以及山塘老街等经修缮对外开放，工业、旅游业蓬勃兴起，带动了商业经济的发展。此时，外来人员逐年增多，社会治安问题日益突出，改进和完善社区管理迫在眉睫。

香溪社区遵循以人为本的服务理念，在镇人民政府领导下，不断完善切合自身特点管理模式。2003年12月，香溪社区招聘了保洁员72名，对道路和河道进行常态化保洁；2004年4月，组建了社区警务室，对社区治安问题实施综合治理；是年，成立了户口协管员队伍，对外来人口和境内出租房进行管理；2005年8月，成立了居民来访接待中心，2013年1月，更名为便民服务中心；2017年1月，香溪社区设立党群服务中心，对辖区居民社会保障、劳动就业等进行一站式服务。

2021年，香溪社区党群服务中心为民办理农村合作医疗保险、大病风险医疗基金、帮困扶贫、发放股份合作制收益分红等工作的同时，健全卫生保洁和社会治安管理制度，由72名人员组成的保洁队伍，对古镇道路和河道，进行常态化保洁，由8名人员组成的社区警务工作室，健全私房出租管理，对车渡、王家、王家桥、念店、山前等自然村域实行封闭式管理，监控探头全覆盖。

附：口述香溪社区管理

采访对象：许坚堃，男，1987年生，现任中共香溪社区委员会副书记，香溪社区居务监督委员会主任。

采访人：张瑞照

采访时间：2023年11月8日

采访地点：木渎镇香溪社区党群服务中心二楼办公室

张瑞照：你好，请介绍一下香溪社区成立以来，是怎样进行社区服务的？

许坚堃：先从为居民服务说起。2005年8月，社区新建服务场所之后，成立了居民来访接待服务中心。2013年1月，居民来访接待服务中心更名为便民服务中心。2017年1月，香溪社区设立党群服务中心，对境内居民社会保障、困难求助、优生优育、法律咨询、妇幼维权及老年关怀等方面进行开放式、一站式服务。是年，为居民办理失业人员登记244人，城乡居民基本医疗、大病风险医疗保障216人，扶贫帮困29人，为居民发放股金分红2400余股，为居民提供法律咨询12人，调解民事纠纷5件（次），接待和办理来信来访223件（次）。

2021年，香溪社区党群服务中心为居民办理失业登记51人、尊老卡1762人，办理农村合作医疗保险、大病风险医疗保障基金253人，扶贫帮困19人，为居民发放股份合作社股金分红2400余股，为居民提供法律咨询6人，调解纠纷62件（次），接待来信来访14件（次）。同时，境域利用电子屏幕，播放法律知识、健康常识、天气预报，以方便社区居民生活。

张瑞照：香溪社区管辖车渡、王家、念店、平界、山前等5个自然村，以及古镇山塘、香溪、塔影等三个居委会。古宅园林和灵岩山景区修缮开放后，游客骤增，各类商店兴起、工业园开发建设、服务范围面广量大，你们是怎样进行管理的呢？

许坚堃：2003年11月，香溪社区成立后，我们不断完善管理形式，理顺基层管理体系，下设居民小组。提到居民小组，得从党的十一届三中全会后，改革开放，农村实行家庭联产承包责任制说起。1983年7月，境域恢复行政村体制，撤大队设行政村，撤生产队设村民小组，村民小组长负责村民小组的农业生产安排、管理。

香溪社区成立后，我们先从完善社区居委会、居民小组二级管理做起，即先在各居民小区中推选出有一定工作能力、办事十分认真负责的居民担任组长，管理辖区内事务。是年，香溪社区辖有生活小区26个，配备居民小组长42人。因为原先金星村的村民小组长，有的仍当选社区居民小组长，村民小组和社区居民小组管理内容、对象不同，为此我们对新当选的居民小组长在任职前，进行了业务培训。2021年12月，境域有生活小区28个，居民小组长28个，同时还有居民志愿者346人，协助居民小组长管理和服务居民群众。

张瑞照：香溪社区境域地处古镇，每年流动人口多达240多万人次，你们是如何抓好社会治安的呢？

许坚堃：境域自2004年4月始，在当地镇政府和公安部门的支持下，组建了社区警务室。香溪社区警务室由1名民警、8名联防队员组成，是一个综合性社区治安队伍，负责境域居民（包括外籍人员），以及每年240多万人次流动人口和辖区内956家私房出租户的管理。平时，加大治安巡逻和查处治安案件力度，对辖区内社会治安问题实行综合治理。为提升居民安全感，2009年1月始，我们对境内自然村实行封闭式管理，监控探头全覆盖。

张瑞照：香溪社区对外来人口和私房出租是怎样服务和管理的呢？

许坚堃：2004年4月，香溪社区成立了户口协管组，配置户口协管员4人，主要负责居住在境内的外地人员登记、发证和信息联网工作，其职责是协助公安机关对境内出租房和外来人员，进行经常性的法治宣传教育，提高出租房业主和外来人员遵纪守法的自觉性。同时对境内的出租屋和外来人员实行"四知"（知姓名、知常住地址、知基本情况、知现在职业）管理；及时搜集上报出租私房、外来人员管理中的各类信息，预防、发现和制止各类违法犯罪活动；做好对"三无"盲流人员（流动人口中无合法证件、无固定住所、无正当工作或经济收入的人员）的劝返工作，完成上级领导和政府相关职能部门的交办工作。

张瑞照：香溪社区在做好社会治安和户籍服务管理的同时，如何搞好环境保洁的呢？

许坚堃：2003年11月，为保证辖区环境卫生，我们对境内的居民生活小区制定了卫生保洁制度。先后新建公厕8个、固定垃圾箱135只；招聘道路保洁员68人，对大街小巷进行常态化保洁；招聘河道保洁员4名，备船2只，对辖区内香水溪、盛家浜、鹭飞浜、下沙塘等河道，操舟打捞河面漂浮垃圾。2021年12月，香溪社区常设专职保洁员54人（其中男10人，女44人），每天对境内的道路进行保洁。另设卫生巡视员、卫生监督员28人，按长效管理标准，定期对境域保洁工作实行考核。

第七章 社会事业

民国时期，境域虽处繁华的木渎古镇，以及与古镇相挨的自然村落，小桥流水，景色旖旎，卫生、教育等社会事业又相对比较集中，但贫富差距甚大，大多数平民百姓过着食不果腹、有病无钱请医的日子。

中华人民共和国成立后，境域在当地镇党委和政府领导下，发展经济，为百姓谋福利，逐步摆脱了贫困，步上小康之路。2005年8月，境域金星村凡男满60周岁、女满55周岁的村民可领取养老金，所有失地农民，每月可领取补偿金。2021年1月始，境域80周岁以上的老人，每月可领取敬老金，年满百岁的老人不但每月可领取敬老金，若逢重阳节，社区上门祝寿再发慰问金。

至2021年，居民（含学前儿童）均实行医疗保险。因病、因残致困居民，被纳入了最低生活保障范围。

境域历来崇尚尊老敬老，香溪社区建立后，先后建起居家养老服务中心、敬老餐厅、养老服务平台等，不但为男满60周岁、女满55周岁的老人提供服务，还为孤寡老人提供敬老午餐。对行动不便的孤寡老人家中安装视频对讲、一键报警机等，为他们健康安全提供一站式服务。

随着生活水平的提高，境域根据辖区内居民生活特点，先后成立太极拳队、门球队、健身舞队、戏曲队、健身操队、乒乓球队等，让居民在工作之余，休闲之时，参加社区组织的各种广场舞、歌唱队等文化娱乐活动，让居民业余生活丰富多彩。

第一节　社会保障

一、养老保险

1984年，境域金星村试行老年人退休制，凡男性年满60周岁、女性年满55周岁，每月发放养老金10元。1993年提高到每人每月20元。

2005年8月，金星村凡男满60周岁、女满55周岁的村民，每月可领取养老金120元，同时所有失地村民，每人每月可领取50—120元补偿金。

2006年1月起，境内对老年人征地养老金每人每月增加20元，被征地老年人每月享受不低于180元的养老待遇。

2007年1月起，提高征地老年人征地养老金标准20元，境内被征地老年人每月享受不低于200元的养老待遇。10月，在原标准的基础上，每人每月再增加80元，境内被征地老年人每月享受不低于280元的养老待遇。

2008年4月起，在原标准基础上，境内被征地老年人每月增加40元养老金。

2009年4月起，境内养老金标准在原来的基础上每月增加30元。

2010年，境域养老金每月提高至430元。2020年每人每月的养老金提高至1045元。

2021年1月起，境域对被征地老年人每人每月发给养老金1120元；80—89周岁的老年人，每人每月可领取敬老金100元；90—99周岁老年人，每人每月可领取敬老金200元；年满100周岁的老年人，每人每月可领取敬老金300元，重阳老年节社区上门祝寿，再发1000元的慰问金。

表7-1　2010—2021年境域金星村被征地农民（男满60周岁、女满55周岁）养老金统计表

年份	人数/人	每月养老金/元	年份	人数/人	每月养老金/元
2010	130	430	2016	120	870
2011	128	510	2017	114	930
2012	127	590	2018	127	990
2013	125	680	2019	125	1045
2014	123	757	2020	104	1045
2015	123	810	2021	102	1120

二、医疗保险

公费医疗　1952年，境域区市镇企事业单位、县属企业，实行公费医疗。医疗经费定额，超支部分由地方财政补贴。1985年起公费医疗进行改革，按系统实行"定

额包干，结余留用，超支不补，自行调剂"的办法，由有关单位向县公费委员会按每人每年60元标准领取经费，年终结余留单位，超支不补。离休干部和二等乙级以上残疾军人，以及持有保健红卡的在职人员，医疗费由医疗单位直接向公费医疗办公室结算。干部职工子女统筹医疗也由县统筹改为单位统筹。具体方法单位自定。

合作医疗　1965年，境域金星大队培训保健员，俗称赤脚医生。1966年12月金星大队办起了卫生保健所。1969年金星大队实行合作医疗制度。凡参加合作医疗的社员每人交纳1.5元医疗费，年终分配时统一扣除。合作医疗的享受范围和标准，由公社统一制定。1986年境域金星村成立合作医疗管理小组。其时规定村合作医疗经费由村民统一筹集，专款专用，经费来源分级承担，镇政府按各村参加合作医疗人数每人全年补贴2元到村，村里再补贴2元，社员自交2元。各镇办（单位）按上述标准，经费由企业和职工两级筹集，职工每人自交2元，单位补贴4元（福利基金支出）。享受合作医疗的村民、企业职工，在报销医药费时须附本人病历和收费凭证，经村、企业卫生室负责人审核，并经村主任、厂长（工会主席）批准后，方可报销。报销标准为在本村、企业就诊的全报，在镇卫生院和县医院就诊的报销80%，在苏州中医院、儿童医院、传染病医院、精神病医院就诊的报销60—80%，去其他医院就诊的，必须事先办好手续，经同意可报销50—70%。医疗费报销范围，基本上参照公费医疗药品享受报销范围。独生子女报销医药费，参照享受独生子女待遇金的办法，由父母双方所在单位共同负担，男方单位逢双年报销，女方单位逢单年报销，均按原规定金额报销。1996年，金星村参加合作医疗。村民自交30—40元，在村卫生室看病，可在村里报销40—70%的医药费，村里为村民参加大病风险医疗每人交20元。

统筹医疗　1991年，境域实行统筹医疗制度，每人40元（自负10元，集体交30元）由村统一办理，分户结算，年终结余和超支由单位和统筹基金（由中医院代管）共同按50%结算，积余50%充实统筹基金，50%划归单位。超支部分由统筹基金列支，50%由单位支付。

农村大病风险医疗　1994年5月，境域金星村实行大病风险医疗制度。境内推行农村大病风险医疗制度采取政府引导、个人参保、集体扶持、乡镇财政资助相结合的形式，建立了章程，确立了村、镇、县三级医疗保障制度。

2004年4月，境域村民大病统筹基金，每人上交增加至人均100元，大病报销比例增加至60%。

2007年1月，境域金星村村民按照吴中区农村大病风险医疗实行IC卡看病实时实报，并享受辖区内医疗机构提供的免费健康体检。

2009年1月4日，境域金星村根据中共苏州吴中区委员会、吴中区人民政府吴委发〔2009〕1号文件《关于苏州市吴中区农村合作医疗保险工作意见》规定：2009年全区农村合作医疗保险人均筹资标准为320元，其中个人缴费100元/人，街道财政补助100元/人，区财政补助120元/人；个人账户中，60周岁以下的参保者按每年 100 元/人划入，60 周岁以上的参保者按每年 140 元/人划入；参保者年度累计结报大病住院和门诊特定项目医疗费用补偿额从 10 万元封顶提高到 15 万元封顶。同时规定，以上筹资标准和给付待遇从 2009 年 4 月 1 日起执行。

2011 年 4 月起，境内村民参保人员人均筹资标准为 500 元，其中个人缴费 160 元/人，开发区财政补助 270 元/人，区财政补贴 70 元/人。参保人员个人账户记入金额：男 60 周岁、女 55 周岁以下参保人员每人每月 100 元划入，男 60 周岁、女 55 周岁以上参保人员按每人每月 140 元划入。医疗保险待遇为在参保人员个人缴费资金中提取 60 元/人和区大病住院统筹基金中划拨 40 元/人，用于参保人员门诊医疗费用补贴；将参保人员享受门诊补贴自负累计起付线标准从 400 元降为 300 元；增加重症精神病为城乡居民医疗保险门诊特定项目；将苏大附一院（本部）和苏大附二院（本部）列为城乡居民医疗保险救助（公惠）定点医疗机构；完善城乡居民医疗保险基金来源渠道。

2012 年 4 月 1 日起，境域根据《吴中区城乡居民（农村）医疗保险工作意见》规定：2012 年度人均筹资标准为 550 元，其中个人缴费 170 元/人，街道财政补贴 300 元/人，区财政补贴 80 元/人；个人账户中，男 60 周岁、女 55 周岁以下的参保者按每年 80 元/人划入，男 60 周岁、女 55 周岁以上的参保者按每年 120 元/人划入；在参保人员中提取 90 元/人和区大病统筹基金中划拨 80 元/人，用于参保者门诊医疗费用补助；参保人员符合医疗保险报销范围的门诊医疗费用，在个人账户用完后，个人自负累计超过 300 元的，在 2000 元限额内（不含自负金额）按比例结付。其中，在苏州市区定点医疗机构（区外医院）发生的门诊医疗费用，门诊统筹基金补助 30%，个人自负 70%；在区内定点医院发生的门诊医疗费用，门诊统筹基金补助 40%，个人自负 60%；在社区卫生服务站（室）发生的门诊医疗费用，门诊统筹基金补助 50%，个人自负 50%；住院医疗费用结付比例起付线至 4 万元部分补偿 60%，4 万元至 10 万元部分补偿 65%，10 万元以上部分补偿 70%。

2013 年 1 月，境域根据《吴中区区域城乡居民（农村）医疗保险工作意见》规定，统筹基金提增到人均 500 元，大病报销比例递增至 80%。

2021 年 12 月，境域居民（含学前儿童）参保人数 347 人、医保金额 221260 元，其中政府补贴 177 人，补助金额 115050 元。

表 7-2　　　　　　　2006—2021 年香溪社区居民医疗保险情况一览表

年份	参保人员/人	医保缴纳金额/（元/人）	个人缴费/（元/人）	政府医疗补助/（元/人）	补助金额/（元/人）
2006	231	350	100	221	250
2007	232	550	200	221	350
2008	232	550	200	223	350
2009	235	550	200	223	350

续表

年份	参保人员/人	医保缴纳金额/(元/人)	个人缴费/(元/人)	政府医疗补助/(元/人)	补助金额/(元/人)
2010	230	550	200	220	350
2011	233	380	200	221	180
2012	231	420	200	220	220
2013	230	510	200	220	310
2014	226	560	200	218	360
2015	226	600	200	218	400
2016	224	640	200	218	440
2017	221	700	220	217	480
2018	220	800	270	216	530
2019	218	900	320	214	580
2020	185	1050	420	177	630
2021	182	980	330	177	650

注：单位工作的在职人员由单位缴纳医疗保险金。

表 7-3　　2004—2021 年香溪社区学前儿童医疗保险情况一览表

年份	参保人数/人	总计医保缴纳金额/元	个人缴纳/元
2004	160	4800	30
2005	158	6320	40
2006	164	8200	50
2007	165	9900	60
2008	168	13440	80
2009	175	17500	100
2010	178	17800	100
2011	185	18500	100
2012	200	20000	100
2013	214	21400	100
2014	214	21400	100
2015	232	34800	150
2016	225	33750	150
2017	285	42750	150
2018	235	44650	190
2019	239	26410	190

续表

年份	参保人数/人	总计医保缴纳金额/元	个人缴纳/元
2020	193	46320	240
2021	165	42900	260

注：在校读书少年儿童由学校负责缴纳医疗保险金。

三、扶贫帮困

1949年4月27日，境域解放；7月，境域车渡、王家、念店、平界、山前等5个自然村遭受30余年来未有的大洪涝。1951年、1952年遭受中度洪涝灾害；1954年遭遇特大洪涝灾害；1957年太湖水位上升，大水淹田；1962年又遭遇大洪涝；因农田被淹，庄稼歉收，造成村民生活困难。每次遭受洪涝灾害，境域在当地政府领导下，下拨救济款、救济粮，灾情减免款，同时组织村民抗洪救灾，克服困难，重建家园。

1959年9月，境域成立金星大队，对家庭全年收入不足供给的贫民，实行困难照顾，由生产队集体根据贫困户透支额大小，给予5—10元不等的补贴。

1963年至1965年，境域金星大队分别对贫困户以补贴工分来救济。

20世纪70—80年代，境域金星大队（村）先后办起集体企业，为使贫困户脱贫，境域安排贫困户和尚有劳动能力的残疾人进大队（村）办企业工作，并以帮助解决医疗费及子女读书学杂费的形式扶贫。

1997年始，境域金星村党员干部结帮扶贫，与贫困户签订扶贫帮困协议，做到"对象、资金、标准、制度、措施"五项落实，帮助贫困户增加经济收入，解决生活困难。

2001年8月，境域金星村将集体量化资产4295万元组建股份经济合作社，村民持股率100%，时年每股分红413元（至2021年，每股年分红2000元），增加了贫困户的收入。

2003年11月，金星村与山塘、塔影、香溪等3个居委会合并，成立香溪社区后，对贫困户实行生活费定额补助。翌年10月，当地镇政府根据吴中区人民政府关于照顾生活困难学生有关规定，给境域贫困户减免学杂费。

2005年，境域根据《关于进一步完善苏州市吴中区城乡社会救助体系的实施意见》（吴政发〔2005〕81号），对11名贫困户扶贫救济25524元。

2008年，境域对一名重度残疾人经济救助4200元。

2011年，境域对精智残疾对象进行经济救助。

2013年3月，为帮扶40名生活困难的70周岁以上老人，社区建起了敬老餐厅，为他们提供午餐。

2017年，境域为帮扶残疾人提高收入，在当地镇政府组织指导下，除安排尚有劳动力的残疾人进企业单位工作，还根据残疾人的生活状况进行救济。

2018年12月，为帮扶3名60周岁以上残疾老人、2户80周岁以上双老、独居家庭，社区为他们安装视频对讲机、智能手环等，为他们提供健康、安全一站式服务。

2021年，香溪社区党委、居民委员会把扶贫帮困、关心残疾人列入工作日程，逢时过节，组织党员干部和志愿者走访贫困户、残疾人家庭，切实解决他们的实际困难。是年，境域对5名贫困户救济71708元、14名残疾人救济147637.2元。

表7-4　　　　　2005—2021年香溪社区救济贫困户、残疾人情况统计表

年份	贫困户/人	救济金额/元	残疾人/人	救济金额/元
2005	11	25524	—	—
2006	20	62100	—	—
2007	22	61836	—	—
2008	20	98512	1	4200
2009	26	171512	10	43800
2010	26	161444	10	43800
2011	22	192108	12	59400
2012	16	168588	12	67200
2013	11	146128	14	90288
2014	9	108984	18	135744
2015	11	132400	19	144144
2016	9	106608	21	183384
2017	9	115164	20	173664
2018	9	109404	16	165564
2019	7	111068	16	176712
2020	6	89448	14	147637
2021	5	71708	14	147637

四、尊老敬老

境域崇尚尊老敬老。1984年，根据当地政府规定，安排专人负责实行老年人退休制度，对男年满60周岁、女满55周岁的老年人发放养老金。

2003年11月，境域与山塘、香溪、塔影居委会合并，成立社区，把尊老敬老列入一项常态性工作，不但安排专人负责发放养老金，同时对被征地老年人实行养老金制度常规化。2007年12月，对境内年满90周岁以上老年人发放200元长寿补贴，每年重阳老年节期间再发600元的敬老金；对年满100周岁及以上的老年人，每月发放不低于200元的长寿补贴，每年重阳老年节期间再发1000元敬老金。

2012年6月，境域投资300万元，在社区党群服务中心西侧建起居家养老服务中心。2013年3月，境域设立服务餐厅，为境内80周岁以上高龄老人提供午餐。

2015年3月,社区组织12名刚退休的妇女,组织"爱心妈妈"志愿服务队,将一些旧衣裁剪加工成各种日常生活用品,无偿捐献给敬老院。2018年12月,香溪社区搭建智慧服务平台,给80周岁以上的双老、独居家庭,60周岁以上残疾老人安装视频对讲、一键报警机等,为他们提供健康、安全一站式服务。

2021年12月,敬老餐厅服务孤寡老人28人,其中家居车渡村小区的3人,王家村小区的8人,王家桥小区的9人,念店村小区的8人。"爱心妈妈"志愿服务队捐赠敬老院的物品有袜子、袜套、手套、衲套、围巾、马甲、棉鞋、坐垫、肚兜、手帕、布袋,以及男女手提布包等,总计达550余件(套)。

居家养老服务中心 2012年12月,境域在明清街王家桥小区西侧建造总面积890平方米的居家养老服务中心。内设多功能活动厅、健身房、棋牌室、图书阅览室、老年人书法室、医疗室、温馨陪聊室、餐厅、休息室等休闲娱乐场所。

为管理好居家养老中心,配备2名管理人员和3名服务员,为老人提供日间照料、中午寄膳、温馨陪聊、健康指导、医疗保健、电视电教、戏曲伴奏等服务,同时设有健身器材、图书阅览等场所。

大楼西侧为200平方米的小公园,步履小径弯弯曲曲,别具一格,中间木制凉亭,飞檐凌空,四面绿树成荫,景色旖旎。

"小小汤圆暖人心 志愿服务送关爱"冬至活动

敬老餐厅 2013年3月设立，位于居家养老服务中心三楼，内有2名炊事员，为社区居民中生活贫困、年龄在70周岁以上的40名老人提供午餐。

午餐每日为二荤二素一汤，既美味可口，又营养丰富，菜肴日日更新。每顿午餐费用，高龄老人交上8元，其余由社区承担支付。同时按照当地风俗，每逢清明，相赠青团子；端午节，相赠粽子、咸鸭蛋；中秋，相赠月饼；重阳节，相赠重阳糕；冬至，相赠汤圆；春节，相赠"敬老钱"等。

"爱心妈妈"志愿服务队 2015年3月，由12名香溪社区退休妇女组成，队长陈大娟。爱心妈妈服务队收集陈旧衣衫，裁剪后经过精心加工，重新组合成日常用品，无偿捐献给木渎镇敬老院里的侨胞、孤寡老人，以及贫困环卫职工。

养老服务平台 2018年12月，香溪社区搭建智慧型居家养老信息服务平台，通过大数据分析，实时系统监测，为2户80周岁以上的双老家庭和独居家庭、3户60周岁以上残疾老人家庭，安装视频对讲机、智能手环、门磁水浸传感器、燃气检测器、烟感器、一键报警装置等，有效掌握这些孤寡老人居家状态，为他们提供健康安全一站式服务。

第二节 卫生健康服务

一、医疗卫生服务中心

民国时期，境域的居民以中医和私人诊所为主，开业行医者有10余人。1946年，境内老街设立苏南地方病防治所。1953年，境内私人诊所联营，成立木渎第一联合诊所、木渎人民诊所。1955年，成立木渎中西医结合诊所。1957年，三家诊所合并建木渎联合医院。1958年，木渎联合医院改为金山公社医院。

1966年12月，境域金星大队办起卫生保健所，后改称大队合作医疗医务室，有2名赤脚医生值班医诊。金星大队合作医疗医务室设在金星大队第五生产队（山前村），坐北朝南，建筑面积40平方米，下辖一、二、三、四、五、六等6个生产队，各配备1名卫生员，逐步做到小病不出村，村民患病至大队医疗医务室治疗。

2003年6月，金星村合作医疗医务室搬迁至明清街111号。

2006年，香溪社区合作医疗医务室通过省级卫生验收，成立社区医疗服务站，搬迁至明清街181-80号，建筑面积200.39平方米，有主治医师2名，护士1人，药剂师1名。为境域居民提供基本医疗服务，如若居民身患重病，即可及时转院至境域东北的苏州市中西医结合医院（苏州市木渎人民医院）就诊。

2019年，香溪社区医疗服务站经验收，成为吴中区级示范站。

香溪社区卫生服务站 位于明清街181-80号，建筑面积200.39平方米。主要

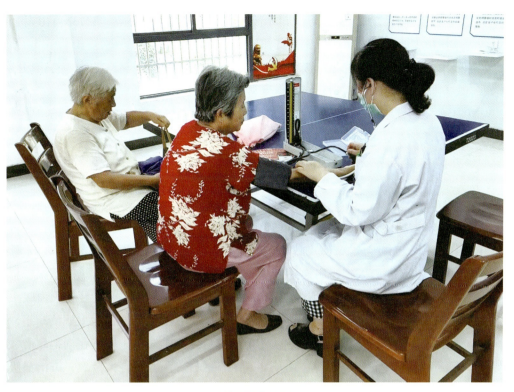

社区医疗服务

为香溪、南亭社区及灵岩村辖区居民提供基本医疗、国家基本公共卫生服务及家庭医生签约服务。2019年成功创建"区级示范站"。

香溪社区卫生服务站医务工作人员4人,其中主治医师2人,护士1人,药剂师1人。站内设有全科诊疗室、药房、中医操作室、治疗室、换药室,提供常见病诊治、血压、血糖检测、双向转诊等基本医疗服务,并将拔罐、刮痧、贴敷等中医服务嵌入健康管理,满足社区居民中医药服务需求。

香溪社区卫生服务站同时承担辖区公共卫生服务,为辖区居民建立电子健康档案,并持续动态更新,开展健康教育服务,开展孕产妇、老年人、慢性病患者、严重精神障碍患者等重点人群健康管理,提供规范化健康随访及个性化健康指导等。成立以全科医生为主的家庭医生服务团队,开展家庭医生签约服务,并走进社区,为辖区居民提供体检报告解读、健康讲座、健康咨询等特色服务。

苏州市中西医结合医院(苏州市木渎人民医院) 位于境域东北,即中山西路与下沙塘交叉口西侧。前身是苏南血吸虫防治所,1959年更名为吴县木渎人民医院。设病床25张。1966年,吴县血吸虫防治站并入,改称吴县人民医院,院址由西街迁至下沙塘。1973年,改名为吴县木渎人民医院。1984年,复称吴县人民医院。1995年7月,复名为吴县第二人民医院。1998年6月,木渎吴县市中医院并入,院名为吴县市第二人民医院,吴县市中医院。

2001年4月,吴县市第二人民医院(吴县市中医院)住院大楼建成建筑面积

13000平方米。是年7月，更名苏州市木渎人民医院、吴中中医院。2013年10月，更名为苏州市中西医结合医院，保留苏州市木渎人民医院名称。

苏州市中西医结合医院是三级甲等医院，设有临床、医技科室36个，有市级临床重点专科1个，蛇咬伤科为市级重点专科。

2021年12月，苏州市中西医结合医院占地面积3.67万平方米，业务用房建筑面积6.46万平方米，核定床位750张，有医卫职工976人、817名卫技人员中有高级职称者87人，20名中医药医生受聘为南京中医药大学兼职教授、副教授。

二、血吸虫病防治

境域濒临太湖，气候温和湿润，适宜钉螺滋生繁殖，是血吸虫病重点流行地区之一。中华人民共和国成立前，血吸虫病流行猖獗，当地居民深受其害，数以千计生命被病魔夺去，家破人亡，田地荒芜。

中华人民共和国成立后，中国共产党和中央人民政府发出"一定要消灭血吸虫病"的号召。1952年11月，吴县成立血吸虫防治站，翌月，成立血吸虫病治疗组，广泛向群众宣传血吸虫病的危害性和防治血吸虫病的科学知识。境域在当地政府领导下，车渡、王家、念店、平界、山前等5个自然村着手开展查灭钉螺，查治血吸虫病人，加强粪便管理等防治工作。1953—1956年，境域各自然村结合兴修水利，开展查螺灭螺工作。1958年6月，境域发动村民突击两个月开展"除四害，讲卫生，防治血吸虫病"的群众运动，时查出所辖地域有31个钉螺存在地，面积6653平方米。同年10月，采用土埋、铲草皮等方法灭螺2095平方米，用药灭螺2499平方米，采用火焰灭螺1265平方米。是年冬，结合干浜积肥，继续开展查螺灭螺工作。

1964年2月，县委传达中央第九次血防工作会议精神后，境域金星大队每个生产队培训1名保健员。是年冬季，在干浜积肥同时，整修渠道，平整土地，开展大规模的查螺灭螺，钉螺面积大幅度下降。

1966年8月1日起，当地政府对血吸虫病检查和防治实行免费。境内75名早中期血吸虫病患者，分2批至吴县人民医院进行住院治疗，通过口服锑273药片和中草药，都得以康复。

1971年，境域金星大队查出76名血吸虫病患者，分2批至木渎人民医院采用服药治疗，先后得以康复。在治疗患者的同时，金山人民公社组织灭螺专业队伍，对境内大小河浜及周围沟渠、农田、山区等隐藏钉螺区域，按规定剂量投放五氯酚钠药粉灭螺，反复投药5次，基本消灭了钉螺。

1979年至1985年，境域经复查6次，未发现新的血吸虫病病例。

1986年春，境域再次全面普查，未查到钉螺，也无血吸虫病病例发生。

三、妇女保健

旧社会妇女地位很低，健康问题不被重视，患了妇女病被称为"暗毛病"，不敢公开求医。因此，妇女病病种繁多，且长期得不到治疗，严重危害着妇女的身心健康。

20世纪50年代，当地政府在境内普遍开展接生员培训，推广新法接生的同时，由当地医院妇幼保健人员配合进行孕期检查和产后访视。从孕中期开始，一般检查3次以上，产后访视3次以上。

境域在推广新法接生的同时，广泛开展妇女劳动卫生保健知识的宣传。1956年，开始提倡"四期"（经期、孕期、产期、哺乳期）卫生保健。1958年起，境域金星大队由生产队妇女队长根据妇女的生理特点安排农活，实行"三调三不调"（月经期，调干不调湿；怀孕期，调轻不调重；哺乳期，调近不调远）。

1971年，当地政府组织医生开展对境域妇女病普查普治工作。1978年起，实行每隔3年普查普治一次妇女病。是年，又重视妇女更年期保健工作。农村产妇享受40—60天的产假并可领取补助金。

1984年，境域对妇女实行难产期保健和孕产妇系统管理后，普遍开展婚前保健，加强孕期管理，进行系统检查和监察，产时重点抓质量，提高住院分娩、科学接生率，预防新生儿窒息、产伤，减少难产儿死亡。产妇出院后，进行7、14、26天的产后访视护理，产后42天母婴到医院进行健康检查。

1990年，境域对孕妇实行每月发放卫生纸、卫生巾，产假90天，怀孕期7个月不上晚班，不调换有毒工种，哺乳期安排哺乳时间等一系列有关妇女保健项目。

1991年始，境域每年对妇女进行一次妇女病普查。

1995年，境域根据吴县人民政府提倡的优生优育，根据《中华人民共和国母婴保健法》，实行婚前体检。

1996年，吴县计划生育委员会、木渎镇计划生育办公室组织境域妇女干部进行优生优育知识培训。1998年始，境域由集体出资，村妇女主任陪同孕妇前往指定医疗机构进行胎儿定期检查。

2000年始，境域聘请妇科医生，护士定期对育龄妇女进行健康安全知识讲座，同时每年2次组织妇女去卫生院进行B超检查。

2007年1月，境内妇女享受医疗机构每年2次的免费B超体检，一旦查出身体患病妇女，动员其至指定医院复检，确诊后进行专项治疗。

2008年10月，境域根据吴中区人民政府办〔2008〕74号文件《关于对吴中区持"独生子女父母光荣证"企业退休人员实行一次性奖励人口实施意见》对1996年1月1日起，在本区按企业职工基本养老保险规定办理退休，且退休未享受加发5%养老金待遇的持证退休人员以及对无子女的退休人员，一次性发放3600元的奖励金。对符合以上奖励条件，已死亡退休人员，一次性奖励金补发给其子女或其亲属。

2016年1月至2021年12月，境域对妇女健康体检外，又增加了妇女病的"两癌"（乳腺癌、宫颈癌）检查，每年1次。一旦查出"两癌"症状，如是低保或处于低保边缘的家庭，除享受医疗报销外，境域还为其申请经济救助。

表 7-5 香溪社区妇女健康体检人数选年统计表

年份	应体检人数/人	体检人数/人	体检率/%	年份	应体检人数/人	体检人数/人	体检率/%
2017	380	195	51.3	2019	1120	485	43.3
2018	450	289	64.2	2021	1120	758	67.7

第三节 教 育

一、幼儿教育

中华人民共和国成立后，境域在当地政府领导下，贯彻幼儿教育向工农开门的方针，倡导依靠群众发展幼儿教育。1956年3月，金星高级社车渡、王家、念店、平界、山前等5个自然村，村村办起了幼托班。境域老街的各工厂企业、街道居民小组亦先后办起了幼托班。家长出去工作，家中幼童有专人携带。

1958年9月，境域金星大队借用村里周家祠堂内的一间空屋作教室，招聘1名稍有文化的六旬老妪为教师，22名幼童入学，办起了幼托班。老妪姓周，与孩子们一起唱唱儿歌，不时做些"猫捉老鼠""老鹰抓小鸡"等小游戏。

1960年夏，农村遇到自然灾害，金星幼托班随之关门停办。

1968年夏，距境域一箭之地的木渎中心小学附设幼儿园，金星大队有的孩子报名入学。翌年初夏，境域在金山人民公社妇联的具体指导下，于1970年9月，自筹部分资金，并在公社经济援助的情况下，聘请2名插队女知青担任教师，在大队里招收32名幼童，从刚建好的金星小学校舍中辟出2间房屋作教室，办起了幼儿园。

金星幼儿园，俗称金星学前班，自从成立以后，设置了根据幼儿特点，培养幼儿动手能力的课程。幼儿老师从培养幼童讲文明、懂礼貌、遵守纪律、尊敬父母、老师等方面入手，以讲故事、做游戏、猜谜语、唱儿歌、扭秧歌为辅助，开展教育活动，间或用点指认数、看图识字等方法进行直观教学，使幼童进得来，留得住，健康成长。

1984年夏，金星幼儿园撤销，并入木渎实验小学幼儿园。

二、小学教育

中华人民共和国成立后，当地政府重视教育事业，纷纷办起学校，境域车渡、王家、念店、平界、山前等自然村地处木渎镇郊，其中山前、平界两个自然村的孩子至附近灵岩小学就读，车渡、王家、念店等3个自然村的孩子至附近木渎小学就读。

1969年8月，金星大队进驻贫下中农毛泽东思想宣传队，为响应"把学校办到家门口"的号召，要求金星大队办起自己的学校，为此，翌年9月，选择念店村附近的严家花园一侧办起了五年制的小学，谓金星小学校。

当年，金星小学聘用了4名教师，即陆龙英、徐爱根、邵雪珍、张为民，陆龙英为学校负责人。

金星小学隶属金山人民公社，学生130名，教室8间，250平方米；办公室1间，25平方米。

教室一侧一片空地500平方米，辟为孩子们活动的操场，一、四、五年级为单班，二、三年级为复式班。孩子们小学毕业后，分别考入木渎初中、金山农业中学和地处南庄的和平初中继续求学，也有的学生小学毕业后，即回乡务农。

1983年9月，为优化组合教育资源，金星小学撤并至木渎小学。

三、扫盲教育

中华人民共和国成立初，境域的村民大多是文盲，识字的人极少。当时农会主任把土地改革运动中涌现出来的20多名男女青年积极分子召集起来，在村里观音堂办起了"冬学"扫盲班。"冬学"，即为冬季农闲时进扫盲班读书识字。教师由镇扫盲干部委派。冬学班学员先从认方块字开始，同时配合土改工作队宣传土地改革的方针政策，学唱革命歌曲，激起村民对学习文化知识的热情。

其中一首配合土地改革的歌曲的歌词："村帮村，邻帮邻，种田人相帮种田人；胜利果实大家分，不能自家一人吞……"唱出了广大村民的心声，引起了其他文盲、半文盲青年的学习激情，纷纷至观音堂报名入学扫盲班。

一到农忙季节，村里安排晚上读书学习，学习地后改称夜校。

夜校识字班读书，大部分是青年男女，后来部分壮年也纷纷进夜校学习文化，一时间夜校里人头攒动。农会主任便把土改时的"浮财"八仙桌、天然几作课桌，村民家中多余的长凳搬至作课椅。学员们围着八仙桌、天然几，在煤油灯、桅灯下读书写字。课本是木渎区政府统一油印的小册子，内容以乡土教材为主，配以常用字、农用字。不久，教师由附近小学选派的语文教师担任。为此，夜校改称民校。

民校既是村民读书识字学文化的场所，又是政治文化的宣传阵地。在上课前，教师教学员们唱歌跳舞，歌有《解放区的天》《小农经济独木桥》《新婚姻法就是好》等，舞蹈有"扭秧歌""打莲厢"等。

境域村民在民校里经过一年半载的学习，当地镇政府派专人前来考查，考查内容为镇里扫盲办公室油印的1500个常用字，让学员们认读出来，考查合格者，给予脱盲。1954年秋，经镇政府扫盲办公室考查，境域民校学员脱盲率达70%。

民校扫盲识字学习中，学员不仅单个认字，还用口头常用的词语（组）识字。如"天"，读成"天地的天"，"房"读成"房子的房"，这样认字的方法使学员容易记牢。有的学员为了将字牢记，在家中随时可见的家具上贴上有"字"的纸。

如木门上贴上"门"字,窗户上贴上"窗"字。有的女青年是绣娘,擅长画一些简单的图画,她们便以象形的方式认字。如"花"字,在"花"字一旁画上一朵花;"山"字在"山"字旁画上一座山。凡此认字读字方法,不胜枚举。

学员不仅能识字,而且会写字。学员们开始练写字时,写出的字歪歪斜斜,少"臂"缺"腿"。夜校在教会学员识字的同时,先让学员分辨横、竖、撇、捺、点、勾,然后遵照木渎区政府统一编写的笔画口诀(如"先上后下,先撇后捺,先左后右,先进入后关门"),帮助学员很快入门。

由于办了民校,境域不少学员后来担任生产队、作业小组的记工员、会计、农技员等,成为农业生产中的骨干力量。1965年12月,境域对村里的民校进行调查考查,学员脱盲率达96.2%。

1966年5月,境域民校停办。

第四节 文娱、体育

境域老街山塘、塔影、香溪等地,素称文化之乡,历代文人荟萃。民国时期,因战事,文化事业逐渐衰退,文娱体育设施简陋。中华人民共和国成立后,当地政府重视文化体育事业,广泛组织开展群众文化体育活动。中共十一届三中全会以后,境域文化娱乐、体育事业重现生机。至2021年12月,境域建起文化综合服务中心,开辟文艺演出广场,先后建立了乒乓球、门球等体育团队,以及戏曲沪剧、越剧、锡剧、京剧等演出队,有的还学写书法,练习画画等,群众文化体育活动日趋丰富多彩。

一、民众教育馆

1929年,境域山塘街虹桥西包家弄东首上岸,设有吴县县立第二民众教育馆(简称民教馆),原称第二通俗教育馆,隶属吴县第五学区,馆内设读书班、书报阅览室,备有丝竹乐器、棋等,馆址在南街梢下岸沿河90—92号(成立于1928年11月)。

民众教育馆设有学校、图书、宣传、娱乐、卫生等五部,辟有图书室、阅览室、乒乓室、娱乐室、弈棋室,日均来馆活动150人次。是年3月,民众教育馆在西跨塘建立东舟民众夜校。1930年2月,吴县第五学区在境域山前村附设民教实验区(小型民教分馆),并设民众夜校1所。

民众教育馆初办风生水起,向邻近乡镇光福、浒关民教馆输送领导骨干。不久,因骨干日渐减少及日军入侵而衰退。

二、文体活动

境域山塘、塔影、香溪等地为古镇木渎老街,民国时期常有外埠民间艺人赶来演出，演出形式多样，有评弹、沪剧、锡剧、滑稽戏、相声、小热昏等。因老街居民疲于生计，很少抽时间前去观看，尤其是镇郊村民，忙于农耕，除逢年过节逛庙会、赶集市，观看草台班子演戏，参加文娱活动更少，生活十分枯燥。

中华人民共和国成立后，境域居民在当地政府组织下，青少年空闲之时学扭秧歌、敲打腰鼓，欢庆中华人民共和国成立和土地改革胜利。1952年，境域开办夜（民）校，开展扫盲活动，让文盲，半文盲的居民学习文化，关心国家大事。在上课之前，夜（民）校老师先让入学居民学习唱歌跳舞。夜校学员唱的歌有《解放区的天》《南泥湾》等，其时学员们边歌边舞，自娱自乐。1966年5月后，境域老街和金星大队先后成立了毛泽东思想文艺宣传队，学唱红歌、语录歌，学演样板戏。其时红歌有《大海航行靠舵手》《没有共产党就没有新中国》等；语录歌有《争取胜利》等；样板戏有《沙家浜》选段"智斗"、《智取威虎山》选段"打虎上山"等，文艺宣传队不但在本单位演出，而且还去附近乡镇、村庄参加汇演。

1980年后，各地庙会逐步恢复，贸易集市不时开展。境域逐步开辟了群众文体活动场所，居民们不但经常观看各种文艺演出，而且自己跳起广场舞、迪斯科，唱起戏剧歌曲，还操练起太极拳，打起门球、乒乓球等，有的还操笔写字、画画。

2001年以后，境域年过花甲的老人，在社区的组织指导下，先后成立了香溪太极拳队、门球队、健身舞队、戏曲队、健身操队、乒乓球队等。

香溪太极拳队　成立于2001年3月，队员12人，历任队长顾敏琪、王玲娜。太极拳队成立后经过规范操作，柔中有刚，动作流利娴熟。凡木渎开展体育赛事，本队皆参赛，欣然展示"不老松"风采，受到群众点赞。据统计，至2021年12月，已展演110多场，观看人数达20000余人次。

2014年10月，香溪太极拳队在"木渎镇金秋夕阳美太极功夫扇比赛"中获优胜奖；2015年10月，在"老年节三十二式太极剑比赛"中获优秀奖。

香溪门球队　成立于2004年3月，队员11人，队长顾敏琪。每逢周二、四、六为队员训练活动日。每次训练达4小时左右。参加门球队的队员均为65周岁以上

"快乐运动　健康生活"太极健身活动

的暮龄老人,曾参加镇、区、市组织的门球比赛,多次获奖。

表7-6　　2015—2021年香溪门球队参加区(含区)以上比赛获奖情况统计表

时间	项目	奖项
2015-11	吴中区第二届门球赛	第三名
2016-05	姑苏区第四届"新韵金阊"文体艺术节暨第八届"双虹杯"门球赛	优秀奖
2016-12	吴中区第三届门球赛	优胜奖
2017-10	吴中高新区第四届门球邀请赛	第一名
2017-12	吴中区第四届门球赛	优胜奖
2019-11	吴中区第五届门球赛	优胜奖
2021-04	苏州市第十一届社区门球赛	优秀奖
2021-12	吴中区第七届门球赛	优胜奖

香溪健身舞队　　成立于2010年7月,队员35人,历任队长陈红、王全珍。每逢周三下午1—3点在社区综合文化服务中心一楼大厅操练。2019年10月参加木渎镇老年人健身舞决赛,获得三等奖。

香溪戏曲队　　成立于2013年5月,队员31人,队长胡锡萍。每逢周五下午1—3点集中排练。演出的戏剧不但有越剧、沪剧、锡剧,还有京剧,所演出的节目中锡剧有《珍珠塔》《双推磨》,沪剧有《卖红菱》《阿必大回娘家》,越剧有《梁山伯与祝英台》,京剧有《沙家浜》《红灯记》等,曾多次在劳动节、国庆节等节

"跳出健康　乐享安康"健身操活动

庆日登台演出。据统计，至 2021 年 12 月，香溪戏曲队演出 80 多场，观众达 11000 余人次。

香溪健身操队　成立于 2020 年 5 月，队员 50 人，队长顾敏琪。健身操队以佳木斯健身操为主，辅以操练扇子舞等，每逢周一下午 1—3 点操练。

香溪乒乓球队　早年在各自然村、厂矿单位，居委会会议室搭台练球，2021 年 5 月正式成立，队员 17 人，队长龚润民。平时组织队员练球，切磋技艺，多次参加镇、区组织的乒乓球月度赛、季度赛、年终赛、邀请赛、对抗赛，虽未获得过奖项，但队员们在练球中认真投入、比赛中顽强拼搏，老当益壮，不时让人啧啧称赞。

第五节　居民生活

民国时期，物价不时飞涨，境域大部分居民的生活十分贫苦。农民收入主要靠种田，还有养猪、养蚕、刺绣等传统家庭副业，然而因有的农民是租田耕种，交掉租米，所剩无几，为了生计，只能出售口粮。商人便乘机削价收进，待青黄不接之时，又大幅度提高米价，短缺食粮的农民，只能借高利贷（俗称"粒半头"），维持生计。境域村民除了种田外，农闲时去古镇商店打工，挣些收入。

中华人民共和国成立初期，境域村民耕地种粮，因抵御自然灾害能力弱，农业生产水平不高，收入没有保障，时高时低，勉强维持温饱。

1959 年 9 月，境域成立金星大队，农田水利设施得以改善，农业生产技术不断革新，增强了抗拒旱涝、病虫害能力，稻麦产量有所增长，农村村民收入逐步提高。是年，境域农村村民年人均收入 50.92 元，老街厂矿职工月人均收入 28.71 元，小商贩月收入 30.85 元。

表 7-7　　　1968—1977 年境域金星大队社员收益分配情况选年统计表

年份	农副业收入/元	农副业费用支出/元	社员收益分配情况				
			户数/户	人数/人	劳动力/人	劳动日/个	劳动单位/元
1968	126767.71	35962.82	214	816	402	107614	0.720
1969	157724.78	41225.35	222	832	440	115285	0.743
1977	230201.02	25370.34	310	952	402	244556	0.535

1980 年，改革开放后，境域金星村（大队）创办村办企业，发展集体经济，至 20 世纪 90 年代，境域古镇修缮古宅园林和山塘老街等，开发旅游经济，当地居民生活条件不断提高。1992 年古镇企业职工年人均收入 2313 元，镇村企业职工年人均工资 2867 元，至 1996 年，境域县属企业职工年人均收入分别达 5772 元、村办企

业职工年人均收入6738元，分别增长150%、135%。

表7-8　　　　1992—1996年木渎古镇老街职工年人均收入情况表

年份	古镇企业职工人均收入		镇村企业职工人均工资	
	金额/元	比上年增长/%	金额/元	比上年增长/%
1992	2313	18.9	2867	28.0
1993	2870	24.1	3992	39.2
1994	4690	63.4	5052	26.6
1995	4980	6.2	6261	23.9
1996	5772	15.9	6738	7.6

21世纪初，境域旅游经济发展的同时，工商业亦蒸蒸日上。金星村实行股份合作制，启用存量资产建设工业园，随后又先后组建富民置业股份合作社、创业投资专业合作社，居民生活经济收入不断提高。据抽样调查，2021年，境域居民年人均收入7万元，家家有电灯、电话、电脑，户户出入有汽车、电动车。

附：口述香溪社区居民生活

采访对象：王根泉，男，1942年生，家住木渎镇香溪社区王家村。

采访人：张瑞照

采访时间：2022年11月16日

采访地点：香溪社区居家养老服务中心二楼

张瑞照：王根泉同志你好，听说在中华人民共和国成立前，你家十分贫困？

王根泉：我是土生土长的王家村人。那时父母只有3间平房，半间辅房，总共加起来不足100平方米。一家4口人靠一亩多地种出来的庄稼维持生计。

张瑞照：当时家里是哪4口人？

王根泉：我父亲、母亲、兄长王金福和我。祖传房屋3间半，后来我父母亲省吃俭用，买了3间破房。20世纪60年代，我和兄长分家分得3间破房。1977年，我把3间破房翻建成4间，当时我家有我、妻子、2个女儿和父母亲6人，所以，后来我再造了2间给我父母亲居住。1990年，我在原地翻建成3楼3底，总计面积240平方米。

张瑞照：请你介绍一下家庭经济收入？

王根泉：1959年，我担任生产队会计。1968年，农民生活水平很低，每个劳动日报酬只有0.72元。1969年，每个劳动日报酬是0.74元。1977年，每个劳动日报酬降到了0.53元。1980年改革开放后，村民收入才有逐步提高。

张瑞照：那你介绍一下怎么一步一步脱贫致富的。

王根泉：1955年9月，我小学毕业。1957年，15岁的我便参加生产队劳动。1963年5月，我担任金星大队会计。1971年4月，我进金山人民公社农机厂工作，担任技术科长。1977年，金星大队由金山人民公社划归木渎镇，8月，我返回大队创办队办企业。1983年7月，我任金星村党支部副书记、经济合作社社长。1988年4月，调至镇办企业苏州无缝钢管厂工作，担任副厂长，负责工厂设备安装、维修和供销。1993年12月，无缝钢管厂转制，拍卖给上钢五厂。1994年1月，我返回金星村，任金耀集团公司总经理。1995年1月，我调至金猫墙地砖有限公司，任副总经理。2002年2月，该公司破产，我被安排至苏州永盛化工有限公司任副总经理。2002年6月，我办理退休。

张瑞照：请你谈谈你现在的家庭。

王根泉：我女儿王全珍，1963年生，原任木渎镇自来水厂副厂长，现已退休；女婿史金法，1963年生，现在吴中集团公司工作；孙女王婕。老婆在2019年2月因病过世，所以如今我家4口人。

张瑞照：那你家的住房面积现在多少？

王根泉：王家村有3楼3底的住房，面积240平方米，一旁有3间辅房，面积80平方米。2019年8月，我买了一套公寓房，面积43平方米。

张瑞照：这样算来，你家现在的住房面积有363平方米，平均每人90多平方米。

王根泉：是的。20世纪五六十年代，人民政府号召我们农村干部群众通过努力奋斗，家家拥有"楼上楼下，电灯电话"，现在一一实现了，而且我家与其他居民一样，还拥有了汽车、电脑、手机、电视机，出门坐上了电动车、汽车……与以前相比，天壤之别。

张瑞照：以2021年12月为准，你家的经济收入有多少？

王根泉：2000年，我自己把积蓄的10万元，买了社会保险、医疗保险。2002年6月，我办理退休，当时每月退休金700元，经过10多年的逐步增加，现在我每月的退休金4400元，女儿、女婿和外孙女的年收入大约在20万元，加上出租房子的租金，大约在25万元。

张瑞照：听说你在香溪社区股份合作社每年还有股金分红？

王根泉：对。我的股金年收入2万多元。

张瑞照：你的股金收入怎么算出来的？

王根泉：金星村股金分红有三部分，第一部分是存量资产股民分红，第二部分、第三部分是村民投资入股分红。2021年，我一人三部分股金分红14400元，我拥有2股，分得28800元。

张瑞照：听你这么一说，与以前相比，你家的经济收入已大幅度提高。

王根泉：是的，我心里幸福感满满的。我是个共产党员，我会牢牢记住这幸福生活来之不易。

采访对象：俞美娥，女，1956年生，家住木渎镇香溪社区灵岩山庄。

采访人：张瑞照

采访时间：2022 年 11 月 14 日

采访地点：香溪社区居家养老服务中心二楼

张瑞照：请你介绍一下你的情况。

俞美娥：好的。我出生于吴中区东山镇，1974 年 9 月，东山中学高中毕业，1975 年 3 月，分配至木渎农药厂工作。1976 年 9 月，读二年"七二一"工人大学。1978 年 7 月，毕业后返回农药厂，担任化验室技术员，主管气相色谱、液相识谱。1987 年 6 月，加入中国共产党组织。2002 年 3 月，我从农药厂退休。2013 年 4 月，担任香溪社区香西党支部书记。2019 年 4 月，调至香溪社区居家养老服务中心工作。

张瑞照：你家里有几口人？

俞美娥：我家里有 6 口人，老伴张以春，67 岁，木渎农药厂退休职工；女儿张宏臻，41 岁，在吴中开发区项目审计科工作；女婿左韬，40 岁，在吴中区经济开发区土地局工作；外孙左依凡，13 岁，在天成中学读初中二年级；外孙女左依依，6 岁，在木渎镇小星星幼儿园读大班。

张瑞照：你家居住多少面积的房子？

俞美娥：我家住香溪社区灵岩山庄，住房面积 196 平方米，分上下两层，我与老伴住楼下，女儿、女婿、外孙、外孙女住楼上。我老伴张以春老家是苏州工业园区斜塘镇，原有一套旧宅小户，拆迁后分配到 72 平方米面积住房，因我全家居住木渎，所以委托当地房屋中介公司租给他人居住，每月租金 3000 元。

张瑞照：你家中经济收入多少？

俞美娥：老伴张以春，每月退休金 4700 元；我俞美娥，每月退休金 3538 元。女儿张宏臻、女婿左韬 2 人年工资加奖金收入在 30 万左右。

张瑞照：你家还有其他经济来源吗？

俞美娥：有啊，我退休之后，曾在香西居委会工作，以后又在社区居家养老服务中心做事，每月工资 3000 元。老伴他在农药厂工作时，是车间主任，后来又在设备科工作，机械操作有一定水平，退休之后不时有人家中空调坏了，请他前去修理，每月零星收入在 1500 元左右。

张瑞照：你女儿、女婿去工业园区上班，你和老伴退休后出外工作，乘坐什么交通工具？

俞美娥：女儿、女婿有一辆价值 25 万的轿车，我与老伴外出坐电动车，如果我与老伴去苏州，手中有公交卡，每月只要缴上 20 元，可以坐一个月的公交车。

张瑞照：那你结婚时与你爱人有多少住房面积？

俞美娥：我与老伴是 1980 年自由恋爱结婚的，农药厂照顾我俩，辟出一间集体宿舍作婚房，大约 20 平方米。1983 年厂里分配一间公房，面积 33 平方米。

张瑞照：当时你每月工资多少？

俞美娥：1975 年 3 月，我刚进农药厂，学工工资每月 9 元，第一年学徒工，每月工资 13 元。一年后，我的每月工资增加至 15 元。第三年，我每月工资 18 元。第四年，我转正为正式职工，每月工资 21 元。当时我在农药厂是属于一般中等收入。

张瑞照：那你在厂里工作时，出入是步行还是坐车子？

俞美娥：先是靠两只脚步行，后来买了辆自行车。现在好了，不但出入有车，住房宽敞，而且家里有了 3 台彩电、2 台电脑，我与老伴、女儿、女婿，人人手中有手机，联系十分方便。生活对我来说，发生了很大变化。

张瑞照：我给你算了一下，你现在家中年收入人均 7.3 万元左右，住房面积人均 44 平方米，拥有私家车，生活步入了小康。

俞美娥：现在的生活与当年相比较，天壤之别。如今在香溪社区古镇老街居民之中，不少人每月收入上万，住上了别墅，出入小汽车。

张瑞照：知足常乐。

俞美娥：对。改革开放后，在当地人民政府领导下，木渎老街上居民生活芝麻开花节节高，所以我们要珍惜当今来之不易的幸福。

第八章 名优特产

境域土地肥沃，物产丰富，是典型的江南鱼米之乡。境域居民心灵手巧，所织的夏布、针绣的苏绣，在元宋时期即闻名江南。清代木渎的枣泥麻饼、乌米饭、梅花糕、海棠糕以及近代石家饭店的鲃肺汤、鲜活炝虾、清熘虾仁、二虾豆腐、鸡油菜心、油泼童鸡、美味酱方、松鼠鳜鱼、白汤鲫鱼等菜肴，已驰名中外。随着乡镇工业的发展，也开发了木制玩具、栽植了花木盆景，这些名优产品，名声远扬、畅销海内外。

2006年5月始至2021年，境域石家饭店鲃肺汤、乾生元枣泥麻饼、穹窿山乌米饭、吴氏疗疗、木渎传统苏绣技艺、苏绣盘金绣技法、木渎彩绘技艺等先后被列入区（县）、市、省、国家级非物质文化遗产名录。

第一节 名点美食

境域的名点美食,品种丰富多彩,其中枣泥麻饼、乌米饭、灵岩山寺素斋面尤为著名。

一、枣泥麻饼

乾生元创始于清乾隆四十六年(1781),专业从事枣泥麻饼制作,已有200多年历史。相传乾隆曾将其列为宫廷御膳点心。1881年吴县商人蒋高堂将麻饼店店名改为"乾生元",从此乾生元枣泥麻饼闻名遐迩。

二、乌米饭

乌米饭是以木渎灵岩山、穹窿山上当年4月至6月新生的天然野生植物南烛树(俗称乌饭树)叶清洗捣碎捣烂,取其汁,浸泡白色糯米蒸煮而成。因南烛树叶黑色素含量高、叶汁浓、烧煮成的米饭呈乌紫色,为此唤称乌米饭。乌米饭乌黑清香,食用时撒上适量白糖,香甜软糯,十分可口。

三、梅花糕、海棠糕

因糕形似梅花、海棠花而得名,为境域特色风味小吃之一。梅花糕、海棠糕制作精良,外层是面粉皮,里面是豆沙馅,上面点缀果丝、瓜仁、芝麻等,五色纷呈,表面撒着饴糖。在特制的模具中烘烤而成,色呈紫酱红,香甜且软,适宜热食。

四、腌金花菜

金花菜属豆科植物,嫩茎叶,又名黄花苜蓿、刺苜蓿、草头。茎平卧或倾斜之出复叶,有野生,亦有栽培。境域百姓采摘其嫩苗腌制,称腌金花菜。原料配方讲究,有茴香、花椒等。腌金花菜颜色金黄,香气扑鼻,味道鲜美。卖腌金花菜者多为中老年妇女,在街头巷尾叫卖:"阿要买腌金花菜——"声音悠扬。卖时用一小方白纸递给买者,夹上一筷子腌金花菜,再洒上些许甘草粉末。

五、粽子糖

因其形状如三角包粽子而得名。采用蔗糖,配以玫瑰花、饴糖、松仁而制成。境域"秦隆昌"生产松仁粽子糖,始于清同治年间,现已传承至第四代传人秦洽兴。"秦隆昌"松仁粽子糖,选材讲究,做工地道,糖体外形美观,油光坚硬,晶莹透亮,能清晰看见玫瑰花、松子仁均匀地散布在糖体内,食之甘润,鲜酥可口,伴有松仁和玫瑰的清香,令人回味无穷。

第二节　石家饭店名菜

境域的名菜，具有江南苏州地方特色，尤其是石家饭店的十大菜肴，十分著名。

石家饭店，该店经营的菜肴，因其选料讲究，注意活、生、时、鲜、嫩，制作技艺高超，品种丰富多彩，烹调方法以炸、熘、爆、炒、炝、煸、煎、川、煨、焖为主，突出色、香、味、形，具有江南太湖菜肴的地方特色。

一、鲜活炝虾

以活河虾为原料，剪去须和脚，洗净，放在碗里，倒扣装盆。以乳腐卤、绵白糖、清汤为调料，放在旺火烧成卤汁，分盛在数只小碟子里，同虾一齐上桌，把盆上倒扣的碗慢慢稀开，用筷夹住活虾，再把碗扣下，蘸卤汁食之。其活虾鲜嫩，味美可口，别有风味，为佐酒之美菜。因活虾鲜蹦活跳，食时往往要跳散在桌上，故人们雅称此菜为"满台飞"。此菜由于不符合卫生要求，现已不采用，而以油爆虾代替。油爆虾爆至外壳略脆透红，沥去油，加料酒、葱姜末、酱油、精盐、绵白糖、鸡清汤，待卤汁发稠，颠翻几下，起锅盛入盆中即成。此菜色泽鲜艳，外香里嫩，甜咸适口，亦系佐酒之佳肴。

石家饭店老店

二、清熘虾仁

选用太湖大虾作原料，出壳成虾仁，洗净漂清，沥干水，放入碗中，加精盐、鸡蛋清搅和，再加干淀粉拌匀。炒锅置旺火烧热（俗称热锅冷油）舀入熟猪油，至六成热，放入虾仁，用铁勺轻轻拨散，熘至色呈乳白时，沥去油，加料酒、鸡清汤、味精，再用湿淀粉少许调稀勾芡，加熟猪油颠翻几下，起锅盛入盆中即成。此菜洁白如玉，粒如盘珠，滑嫩鲜香。

三、二虾豆腐

选用初夏太湖白虾、嫩豆腐做原料。用刀把嫩豆腐两块各横批成三片，每片二寸长、二分厚，整齐排好在圆盆里，成正方形（共六片），再在豆腐面上加划两刀，切去四小角，撒上虾仁、虾籽、味精。炒锅置旺火烧热，舀入熟猪油一两，至五成热，加鸡清汤、酱油、绵白糖，然后将盆中豆腐倒入锅内（盆子贴近汤面向下倾斜整齐倒入；天冷时，要将盆子放入开水中烫一下），待沸加盖用文火烧至汤汁稠时揭盖，再用旺火，收稠汤汁，一面将湿淀粉均匀地淋入锅内，一面持锅缓缓地转动，淋上熟猪油，转动炒锅，轻轻倒入盆中即成。此菜色泽棕黄，菜式美观，鲜嫩肥滑，味美可口。

四、鸡油菜心

以菜心和熟火腿片为原料。将青菜心洗净，菜根部削成橄榄形，再在根部剖十字形，切平青菜叶尖。炒锅置旺火烧，加水，舀入少许熟猪油，至六成热，放入菜心，用铁勺均匀地推动数次，待每棵菜心呈翠绿色时，倒入漏勺沥去油和水。炒锅置火上烧热，加鸡油六钱，放入菜心，再加鸡清汤、精盐、味精，烧沸，用小火烧至菜梗酥时，再用旺火收稠汤汁，捞出菜心，排整齐装盆。锅内汤汁用湿淀粉勾成玻璃芡，浇在菜心上，淋上熟鸡油，放上火腿片即成。此菜色泽翠绿，菜心鲜嫩，菜梗酥烂，清香爽口。

五、鲃肺汤

选用活鲃鱼、熟火腿片、水发香菇、熟冬笋片、豌豆苗为原料。鲃鱼又称鲅鱼，状似河豚，但比河豚小，故有小河豚之称。全身光滑无鳞，腹部白色有细刺，背部青色有斑纹，故又称斑鱼。肉质细嫩鲜美，富有营养，味似刀鱼但少刺，鲜如河豚但无毒，向为人们所推崇。其肝更是制汤的上好原料，是秋令时菜。在太湖地区有"秋时享福吃斑肝"的谚语。将炒锅置旺火上，舀入鸡清汤烧沸，将鱼片、鱼肝放入，随即加绍酒、精盐，烧沸，撇去浮沫，再放入火腿片、冬笋片、香菇，锅内汤烧沸后，放入豌豆苗，起锅盛入汤碗中，加味精五分，淋上熟鸡油，撒上白胡椒粉，其肝色金黄，与红色的火腿、淡黄的冬笋片、棕色的香菇、绿色的豌豆苗相映生辉，汤清味鲜，为我国一道独特的名菜，被列入《中国名菜谱》。

六、油泼童鸡

童子鸡宰杀后放入热水中浸烫，去毛，然后从鸡翅膀下剖开小口，挖去内脏，抽去气管、食管，斩去脚，戳破鸡眼（以防炸时溅油），洗净沥去水。用酱油及绍酒放入碗中调和，均匀地抹在鸡身上，然后放在旺火锅中油炸。油至七成热时即可把鸡放入，用铁勺将鸡均匀地翻炸，待炸至金黄色时，捞出，斩块装盆，拼摆成鸡形。然后用酱油、白胡椒粉、香醋、绵白糖、香菜末、味精放入鸡清汤内，置旺火上烧沸，起锅浇在鸡身上即可。此菜色泽金黄，皮脆肉嫩，甜咸酸辣，四味俱全。

七、母油肥鸭

以肥母鸭一只、水发香菇、熟冬笋片、泡发鱼肚、青菜心为原料，以母油（特级优质酱油）、绵白糖、精盐、味精、绍酒、香葱结、葱段、姜块、芝麻油、熟猪油、湿淀粉等多种调料烹制。将鸭宰杀后，放入热水中浸烫，清除毛、脚壳，然后斩去脚爪，在肛门处剖开刀口，挖去内脏，抽出气管、食管，洗净。接着将鸭颈扭向右翅后放入锅中，舀入清水，置旺火烧沸，撇去浮沫，端锅离火口，捞出洗净。用洗净的稻柴数根把鸭翅膀与腿部呈斜十字形捆上。把鸭胸脯朝下放入有细竹篾垫底的砂锅中，再放入香葱结、姜块（拍扁）。在原砂锅中加精盐、母油、绵白糖，置旺火上烧沸，撇去浮沫，加绍酒，起锅倒入砂锅中，用圆盆压住鸭身，再盖上锅盖。待旺火上烧沸后，移至炭墼火上煨约三个半小时，至酥烂揭盖，去压盆，拣去葱姜，将鸭取出，解去稻柴，把鸭胸脯朝上装在品锅内，放入三分之二的原汤，用炒锅置旺火烧热，舀入熟猪油，烧至七成热时，放入葱段爆出香味，即把冬笋片、菜心、香菇、鱼肚（切成寸块）放入略煸，舀入三分之一的原汤。用湿淀粉少许勾成玻璃薄芡，淋上芝麻油，起锅浇在鸭身上面即成。此菜色呈棕黄，鸭形完整，酥烂脱骨，香醇味美。

八、美味酱方

选猪肋条肉（五花肉，去骨）一方，以硝水、精盐、绍酒、酱油、八角茴香、葱结、姜块、湿淀粉、熟猪油等为调料，先将肉洗净，用竹扦或尖刀在瘦肉一面戳几个小孔。硝水、精盐调匀，在肉的四面擦匀，皮朝下放入钵中加盆压紧，腌渍一两天。将肉从钵中取出洗净，放入锅内，舀入清水置旺火烧沸，撇去浮沫，将肉捞出洗净，肉皮朝下，放入内有竹篾垫底的砂锅中，加酱油、冰糖屑、绍酒、原肉汤、葱结、姜片、八角茴香烧沸，撇去浮沫，用一只圆盆压在肉上面，加盖。待旺火上烧沸后，移至炭墼火上煨至肉酥烂，四角侧倒，将肉取出，皮朝下，放入碗中，舀入砂锅内的原汤。肉上面撒冰糖屑，用圆盆一只盖在碗上，上笼蒸一小时，取出，将碗中肉汤滗入炒锅内，将肉翻扣入盆中。炒锅置旺火上，烧沸，用湿淀粉调稀勾芡，淋上熟猪油，起锅浇在肉上即成。此菜色呈酱红，酥烂鲜糯，入口即化，甜中带咸，肥而不腻。

九、松鼠鳜鱼

以活鳜鱼、虾仁、熟冬笋丁、海参丁、水发香菇丁、青豌豆为原料，配以精盐、葱白段、蛋清、绵白糖、香醋、番茄酱、湿淀粉、干淀粉、肉清汤、芝麻油等多种佐料。将活鳜鱼刮鳞去鳃，剖腹去内脏，洗净。用干抹布揩干鱼身上的水迹，将鱼放在砧板上，用刀齐胸鳍斜切下鱼头，在鱼头下巴处剖开，用刀面轻轻拍平，用刀沿鱼脊骨两侧平批至尾不断，翻转鱼肉，斩去脊骨，将两侧鱼皮朝下，批去胸刺。然后，在鱼肉上打刀，先直后斜，深至鱼皮，不能削破皮。用蛋清、精盐放碗内调匀，抹在鱼头和鱼肉上，再充分滚蘸上淀粉。用手提起鱼尾，抖去余粉。将番茄酱放入碗内，加肉汤、绵白糖、香醋、精盐、湿淀粉搅拌成调味汁。炒锅置旺火烧热后舀入油，烧至八成热时，将鱼肉翻卷，翘起鱼尾成松鼠形，然后提尾朝上，徐徐放入锅内。鱼头随即下锅，炸至淡黄色时捞起。再待油温八成热时，将鱼朝下放入锅内复炸，呈金黄色时捞出盛入盆中，装上鱼头，拼成松鼠鱼形。在复炸鱼的同时，用另一炒锅置旺火烧热，舀入油，放入葱白爆至金黄发出香味捞出，加入虾仁，用铁勺拌开，随即放入冬笋丁、香菇丁、海参丁、青豌豆炒熟，倒入调味汁搅匀，加沸油搅和成卤汁，加芝麻油后即起锅浇在松鼠鳜鱼上面，发出"吱吱"响声即成。此菜色呈枣红，形如松鼠，香脆松嫩，甜中带酸，味香可口。

十、白汤鲫鱼

以活鲫鱼一条、熟冬笋片、水发香菇、熟火腿片、绿叶菜为原料，配以熟猪油、香葱结、绍酒、姜片、精盐、熟鸡油、味精等为佐料。将鲫鱼刮鳞去鳃，刮去鳃盖下面的老皮，剖腹挖去内脏，除掉腹内黑膜，洗净。在鱼身两侧斜剖三刀，在鱼脊背两侧剖十字形刀。然后，用香葱结、姜片一起塞进鱼腹中。用炒锅置旺火烧热，舀入熟猪油，烧至五成热时，把鱼放入，两面略煎，左手持锅盖，右手持铁勺把绍酒加入即上盖略焖片刻，揭盖舀入清水烧沸，撇去浮沫，盖上锅盖。用中火烧至汤呈乳白色时，再移至旺火上加精盐、冬笋片、香菇、火腿片、味精，再烧两分钟。起锅时将绿叶菜放入，盛入汤碗，淋上熟鸡油即成。此菜色呈乳白，汤浓香醇，鱼形完整，肉质鲜嫩。

第三节　名优产品

境域制作的名优特产品品质优秀，工艺精良，尤其是苏绣、夏布和木制玩具、花木盆景，十分突出。

一、夏布

旧时，境域普遍植麻、织夏布为多。距境域不远的横泾镇夏布素有盛名，旧时到境域买了麻回家织成夏布，再拿到境域老街市场销售，为此，商家把横泾夏布说成香溪夏布。用此布做上衣和蚊帐，牢固耐用，透风凉爽。昔日嫁囡娶妻有做夏布蚊帐的习俗，蚊帐上印有图案，很美观，乡土气息很浓。

二、木制玩具

境域居民，以车木制成木鱼、木龟、茶筒、笔筒、宝塔等精致美观的小玩具，在集市和旅游景点出售，深受游客喜爱。

三、丝绸刺绣

境域是苏州蚕桑丝绸和刺绣发源地之一。宋代以来，农村便家家养蚕、户户刺绣。清末至今曾出现有沈寿、顾文霞、李娥英等刺绣大师。2003年3月，境域在古松园北园望山楼的一二楼设姚建萍苏绣作品展示馆，陈列刺绣精品100多幅。如今，刺绣仍是境域农村一项传统副业。

四、苗猪

境域金星村及古镇老街历来是苗猪的集散地，其品种原是太湖黑猪。特点是头小、脚杆细、皮薄、肉细腻，而且苗猪的成活率高。20世纪60年代，境域引进欧洲良种白猪"约克夏"等，进行杂交，所生苗猪大部分是白的。白猪生长快，出肉率高，故在市场较为畅销。2003年，境域金星村土地悉数被征，苗猪饲养匿迹。

五、花木盆景

境域原有多家花木公司，经销境内以及木渎、藏书、光福等处的100多家集体苗圃所生产的桂花、龙柏、山茶、含笑等300多种花卉苗木及各种苏式盆景。以后又发展适应北方生长的一些名贵花木和耐寒、耐盐碱、抗污染的树种，以及垂直绿花品种，并代办托运，承包绿化工程。

六、仿古工艺画

境域曾主办姑苏轩书画院，绘制吴门画派各类仿古中国画，裱制名人字画。题材多为传统山水、仕女、花鸟、佛像、古建筑，规格有画片、册页、屏条与大小中堂等，深受国外来宾和归国旅游华侨的欢迎。

第四节　非物质文化遗产

香溪的历史源远流长，香溪的人民勤劳聪颖，不但创造出丰富的财富，而且涌现出了不少能工巧匠。他们任劳任怨，智慧创新，不少名点美食，以及诊治技术、精美工艺品先后问世，其中名菜有石家鲃肺汤、名点乾生元枣泥麻饼、穹窿山乌米饭等，木渎刺绣制作工艺、木渎传统彩绘技艺、苏绣盘金绣技法和吴氏疔疗诊治技术，先后被列入全国级、省级、市区级非物质文化遗产代表作名录。

一、石家鲃肺汤制作技艺

鲃肺汤是按古代食谱烹饪的一道苏帮菜系的著名菜肴，取鲃鱼的肝、肉，添加其他辅料经烹饪而成。木渎石家饭店传承其传统制作技艺，享誉江南。2011年6月，石家鲃肺汤制作技艺被列入江苏省第三批非物质文化遗产名录。

石家饭店，初名叙顺楼，创建于清乾隆五十五年（1790），创始人石汉。至20世纪20年代其重孙石仁安经营时，生意日隆，形成以鲃肺汤为代表、具有江南风味特色的十大名菜，被誉为"石菜"。1927年更名"石家饭店"。于右任题诗并书"鲃肺汤馆"额，李根源题"名满江南"匾，风靡一时。从此，到木渎石家饭店品尝鲃肺汤成为苏沪美食习俗。

石家饭店制作的鲃肺汤，外观上肉如白玉、肝如象牙、汤清似露；鱼肝（鲃肺）细嫩如琼、香如凝脂，鱼汤香鲜温润、清柔雅洁。鲃肺汤独具特色，蜚声中外，被收入《中国名菜谱》《中国名菜大典·江苏卷》《中国苏州菜》等典籍。1999年，鲃肺汤被江苏省贸易厅、江苏省烹饪协会授予"江苏名菜"称号。2006年石家饭店被商务部授予"中华老字号"称号，2008年被中国烹饪协会授予"中华餐饮名店"称号。

鲃鱼特点　鲃鱼旧称斑鱼，鱼体略呈圆筒形，体长10—12厘米，细鳞，花背，形似河豚；口小、腹大、肚白，肚有小刺，鱼背呈绿色带黑色花纹，鱼肚洁白。如果刺激它，鱼肚皮会膨胀起来，犹如白色的气球，因而亦称为"泡泡鱼""巴巴鱼"。鲃鱼靠鳃呼吸，并没有肺，肝相对较大，且细腻柔嫩。因此，鲃肺汤实际上是用鱼肝为主料烹制而成，故亦称"斑肝汤"。其蛋白质含量高，脂肪含量低，还富含硒、

鲃肺汤

锌等多种微量元素。味甘，性热，具有补肾壮阳、温中补虚的功效，宜于脾胃虚寒、腰腹冷痛、脾肾阳虚的调补。

秋季桂花时节，鮰鱼在太湖一带形成鱼汛，花谢则去无踪影。据记载，鮰鱼"七月有，十月止"。民间食鮰鱼的历史悠久，吴歌《十二月鱼谚》有"八月斑鱼，要吃肝"。苏州有"秋时享福吃斑肝"民谚。清朱彝尊《食宪鸿秘》记载挑拣鮰鱼、剥皮去杂及腌制鮰肝和烹制方法，并有《斑鱼三十韵》诗。

技艺与流程 鮰肺汤是以鱼肝为主料，配以辅料烹制而成的菜肴。制作技艺有原料选择、原料预制、清汤吊制、肺汤烹制等流程。要运用选、剥、拣、分、浸、洗、刷、沥、剖、片、切、撇、烧、焐、观、摸、尝、闻、汆、调、淋、澄、冷等数十种技艺。通过眼看、手摸、鼻闻、口尝等感观评判技术，对原料、辅料、火候、温度、成熟度、滋味等进行评判和控制。

鮰肺汤制作原料除主料鮰鱼外，辅料有鲫鱼、昂刺鱼、鳝骨、黑鱼、河虾、河蟹（以上水产用于吊汤）、冬菇、香菇、蘑菇、松草、火腿、鸡油、冬笋、绿叶蔬菜、胡葱、白胡椒粉、料酒、生姜、食盐等。原料选择、清汤吊制、美食品味流程，被称为鮰肺汤制作的"三绝"。

鮰鱼挑选 鮰鱼的大小、形状、花纹等与一龄河豚相仿，河豚有毒而鮰鱼无毒，因此有鮰鱼"束腰者有毒"的记载。正确选择鮰鱼是至关重要的第一步。鮰鱼选择规格为身长6厘米左右，胸径（未鼓气时）6厘米左右，重0.15—0.175千克。外观特征为鱼背带翠绿色，条纹均匀；鳍翅皮色呈暗黑色，胸鳍有小点，呈暗黑色；嘴较小，口腔内有上下各两对齿，尾带红色，肚白，受外界侵害会鼓气膨胀成圆球。采购后放在清水静养24小时，以去除泥腥味。然后是剥皮、取肝、取肉、片肉、抹盐、初腌等工序流程。

清汤吊制 主要应用苏帮菜烹饪技艺中的煨功。制汤用多种水产原料进行煨制，并须四五个小时，最后的汤色要求清而不浊，汤味鲜而不腻。为了保持菜肴的清纯，烹饪有"三加三撇"的技艺要求。盛汤有"加底粉""加底油"等要求。

美食品味 讲究"一个原则"和"四个步骤"。"一个原则"即热汤冷肝。在品尝鮰肺汤时，鱼汤热吃，肝冷后吃。汤冷后，腥味会增加，香鲜味会减少。肝冷后，则鱼香、肝香、脂香混合，韵味悠长。"四个步骤"即置、赏、品、味。将鱼肝从热汤中取出放在净碗中，肝圆面朝上放置，等待冷却。欣赏鱼肝在冷却的过程中的变化，鱼肝的表面会逐渐形成水珠、油珠，俗称"出汗"。吃的时候要用嘴"抿"，感受鱼肝的细腻、鲜嫩，体味鱼肝在口、鼻腔中产生的香味，特别是经久不散的香气。

谱系及传承人 石家鮰肺汤制作技艺以师傅带徒弟的方式传承。传承谱系：石汉（创始人）、石仁安、蒋阿三、汤尚义、庄昌利、居永泉、朱志杰、盛军、施恩、邹巍。

二、乾生元枣泥麻饼制作技艺

乾生元枣泥麻饼是著名"苏式"糕点之一,制作技艺独特。2011年9月,乾生元枣泥麻饼制作技艺被列入江苏省第三批非物质文化遗产名录。

乾生元始创于清乾隆四十六年(1781),初名费萃泰。当时木渎有"乔酒、石饭、费麻饼"和"虹茶石饭唐点心,冷烟乔酒费麻饼"之说。清光绪七年(1881),商人蒋富堂盘下费萃泰,更名乾生元。中华人民共和国成立前,由沈新三等人合股,更名乾生元益记。1956年公私合营,乾生元、春乾元、康乐、采芝村、一合兴等麻饼、茶食、炒货店合并为乾生元糕饼工场,复名乾生元,隶属国营商业吴县木渎办事处。20世纪60年代,乾生元麻饼工场改名乾生元食品厂。2000年,转制为民营企业,更名为苏州乾生元食品有限公司。2006年,乾生元被商务部评定为首批"中华老字号"。

原料与特色 乾生元枣泥麻饼形如满月,色泽金黄,具有入口香甜,甜而不腻,香而不焦,油不外溢,松脆可口等特色,深受顾客喜爱。据载,时人凡游山入湖,途经木渎,必买几筒枣泥麻饼归去,作为土宜,馈赠亲友。金孟远《吴门新竹枝词》云:"春来一别几回肠,遗尔琼瑶湘竹筐。今日张盘无别物,枣泥麻饼脆松糖。"

乾生元枣泥麻饼以乌枣泥为主要馅心,添加玫瑰花酱、核桃仁、瓜子仁等多种原料。制作有原料选择、原料预制、皮馅制作、成形烘烤等工艺流程;运用选、筛、洗、剪、敲、蒸、炒、剥、切、剁、调、捣、搅、拌、腌、醒、擀、压、拍、揉、包、整、洒、颠、刷、烘等几十道手工技艺,通过手捏、耳听、鼻闻、眼看、口尝等感观评判技术,

乾生元老店

判断产品在制作过程中的生物、理化变化状，从而对产品生产和产品品质进行有效控制。

乾生元枣泥麻饼原料，可分为瓜果类、花果类、蛋畜类、调和类、粮食类、发酵类6大类10多种。瓜果类有乌枣、核桃仁、松子仁、西瓜子、梅子；花果类有玫瑰花、桂花、芝麻；蛋畜类有鸡蛋、猪板油；调和类有菜籽油、饴糖、绵白糖；粮食类有面粉；发酵类有酵母、碱水。

技艺与流程　主要制作技艺有制馅、制面皮、包馅、成形、擀压、上麻、烘烤等流程。

制馅　按各类原料在馅中的比例，逐一加放，以黑枣泥为基料，和入核桃仁、松子仁、瓜子仁、玫瑰花酱、绵白糖等，最后加入油脂。手工搅和30分钟，直到馅料起劲，搅拌均匀，油脂透润。馅在枣泥麻饼中的用料占70%。

制面皮　以小麦粉为基料，加入鸡蛋、饴糖、菜油、猪油等原料，拌入酵母、发酵剂，充分揉合后醒发2个小时左右，直到手摸不黏，按拉有弹性，拍击有"嘭嘭"响声，外观色光亮时，方可使用。面皮在枣泥麻饼中使用的分量占30%。

包馅　取适量面皮，擀成圆形面饼备用，取适量馅心和成圆团，然后用面包馅，再压入蜜好的猪板油，捏封无露馅即可。

成形　用手先把包好馅心的面团压扁，然后用擀面杖擀压成薄圆饼，不时用双手整形，以保持外观一致。

擀压　用擀面杖擀压成不同规格厚的薄饼。在擀压的同时旋转面皮，形成圆形轮廓。再用手进行搓圆，直到达到规定的规格尺寸。要求做到外形圆整，形态均一，无露馅，皮馅到边，分布均匀。

上麻　在平底竹匾内放适量的白芝麻，将成形的圆饼放在匾里，边推动竹匾，边用竹帚洒入适量洁净清水，使面饼表面微湿，芝麻易沾上。一面沾上芝麻后，再翻转进行另一面上麻。同时要经常用刷子轻轻刷去饼面多余的芝麻。将上好芝麻的面饼再整形，进行滚边，使边缘平整。

烘烤　将上好芝麻的面饼进行烘烤。传统烘烤使用敞口瓦盆，内燃木炭，上放置浅口平底铁锅进行烘烤。现使用摇篮炉在炉膛内不停慢速旋转，烘烤5—10分钟，麻饼侧面开花，略呈金黄色，烘烤完成。

谱系及传承人　乾生元枣泥麻饼制作技艺以师傅带徒弟的方式传承。第一代周大男、朱陈三、罗阿兴，第二代金忠麟、曹炳元、贾东栋、胡望祖、蒋洪泰，第三代韦昌伦、许定明、郑勤、盛旦华，第四代李春燕、孙桂庭。

三、乌米饭制作技艺

木渎丘陵地区多南烛树，灵岩山、穹窿山一带有制作乌米饭、吃乌米饭的传统习俗。2011年，木渎吴珍堂的穹窿山乌米饭制作技艺入选吴中区非物质文化遗产名录。

习俗由来 乌米饭亦称青粳饭、黑饭，吴语"乌米"与"阿弥"读音相同，故亦作"阿弥饭"。原先为道家食品，唐陆龟蒙《道室书事》有"乌饭新炊芼臛香，道家斋日以为常"的诗句。宋代，佛门僧尼将乌米饭作为斋食，尤其是农历四月初八活佛节（相传为佛祖释迦牟尼生日），佛教徒以乌米饭供佛。宋葛胜仲在诗描绘活佛节食用乌米饭情景，曾有"点漆饭蒙清净供"之句。明李时珍《本草纲目》云："此饭乃仙家服食之法，而今释家多于四月八日造之，以供佛耳。"清乾隆《吴县志》有"僧家以乌叶染米，作黑饭赠人"的记载。

吴地人吃乌米饭的历史悠久，清《清嘉录》《吴郡岁华纪丽》分别记载吴地乌米饭食俗的由来与食法。至清末，乌米饭成为百姓户户皆食的时令食品。

食材与功效 乌米饭的主要原料是糯米和南烛树叶。南烛树古名杨桐，俗名乌饭树，属杜鹃科常绿灌木，叶草质，椭圆状卵形，新叶鲜红，老叶深绿。总状花序腋生，花冠白色。浆果球形，成熟时紫黑色。亦可用乌桕树叶、野枫香。明方以智《通雅·饮食》云：乌米饭"今释家四月八（日）作，或以乌桕（叶），或以枫（叶）"。

乌米饭由糯米加南烛树叶汁，再加上少许"野枫香"汁烧煮而成，呈乌黑色，油光发亮，香气扑鼻，令人垂涎。

乌米饭具有补益脾肾、止咳、安神、明目、乌发的功效。据《本草纲目》等记载，南烛树益须发及容颜，兼补暖；又祛风疾，久服轻身明目，黑发驻颜。而乌桕树的根皮及叶入药，有消肿解毒、利尿泻下之效。现代科学检测，乌米饭含有17种氨基酸和硒、磷、钙、铜、花青素等营养元素30多种，尤适宜体质衰弱者食疗调补。

方法与步骤 乌米饭古今的制作方法不尽相同。古代做乌米饭先将米（多用粳米）蒸熟、晒干，再浸入南烛树叶汁，复浸、复蒸、复晒9次，所谓"九浸九蒸九曝"，成品米粒坚硬，可久贮远携，再用沸水泡食。现代乌米饭，当天做，当天吃，不用"九浸九蒸九曝"。做法是采摘南烛树叶洗净，舂烂沥汁，倒入糯米浸泡，待来日呈墨绿色捞出略晾；再将青汁入锅煮沸，投米下锅煮饭，熟后饭色乌黑，气味清香。

具体步骤是从采摘的南烛树叶中捡又嫩又红的叶片，洗干净，晾干水分，去除根茎；用刀把南烛树叶切细后放入盆或罐中，戴上手套用力揉（或用木棍捣），直至叶子搓烂即可；搓烂的叶子中放入适量水，浸泡两小时左右；用滤网过滤（器皿中就是制作乌米饭的汁水），到第二天澄清后

乌米饭

再用。若在南烛树叶中加些枫香嫩叶汁水更佳。将糯米淘洗干净、漂清，放入乌米汁水（与平时煮饭一样的水量），浸泡 10 小时许。烧制乌米饭最好用瓦罐，烧出的乌米饭醇香馥郁。现在多用铁锅，在锅底扣上一只瓷碗或瓷盆以防止烧焦。烧开后，用文火慢焐，待锅内飘出香气，稍焖片刻即可食用，加上少许食糖。这样的乌米饭清香扑鼻，油亮乌黑，甜糯滑润。

乌米饭已成为食客喜爱的食品，木渎吴珍堂开发出不少延伸产品，并采用真空包装。中国中央电视台《舌尖上的中国（第二季）》《走遍中国》栏目等多家媒体曾予以报道。

传承人　穹窿山乌米饭制作技艺传承人郁佩玲、方伟锋。

四、吴氏疔疗诊治技术

吴氏疔疗，亦称吴氏疔科，因木渎山塘街吴家世代中医疔科而得名。2016 年 1 月，吴氏疔疗诊治技艺被列入江苏省第四批省级非物质文化遗产名录。

疔是皮肤炭疽及急性淋巴管炎，是一种发病迅速、危险性较大的急性感染性疾病。《外科正宗·疔疮论》云："夫疔疮者，乃外科迅速之病也。有朝发夕死，随发随死。"名称繁多，症因各异，按照发病部位和性质不同，分为颜面部疔疮、手足部疔疮、红丝疔、烂疔、疫疔 5 种。

创立与传承　吴氏疔疗诊治创始于清乾嘉年间。据《吴县文史资料》第六辑《民间良医吴氏疔科》记载，吴县木渎镇吴氏疔科，专门医治疔疮，疗效显著。相传，

吴氏疔科

清代乾嘉年间，木渎山塘街李姓医生娶了位吴家姑娘，吴家世代中医疗科，过门后新人便挂"吴氏疗科"招牌行医。旧时春末夏初季节，为农村疔疮高发期，吴氏为患者逐个诊治，药到病除，无不立即奏效，声名渐著。此后，就以女性主持治疗，婆逝媳继，世代相传，闻名远近。

民国时期，吴氏疗科传人为吴金秀。曾有位北方老人带着一位十七八岁的青年，不远千里而来，登门要求吴金秀传授治疗技术。虽然来者诚心，但碍于家规，吴氏疗疗技术不传外人，婉言谢绝。民国初期，吴江有位叫马恭福的患者，生疔疮已经走黄，群医束手无策，生命危在旦夕，急忙雇快船到木渎，找到吴氏疗科求医。吴金秀精心治疗，其病便渐渐痊愈。为感谢救命之恩，马恭福雇请一支乐队，从吴江一路吹打来到木渎，送上"仁心仁术"匾。

方法和步骤 吴氏疗疗具较完整的治疗理论体系，疔疮的治疗方法和步骤如下。

望诊 通过中医的望诊观察病人形体、面色、舌体、舌苔，根据形色变化确定病位、病性，初步确定病人的患病天数、病情变化。

问诊 采用对话方式，向病人及其知情者查询疾病的发生、发展情况和现在症状、治疗经过等，以诊断疾病的变化与发展。

脉诊 脉象的形成与脏腑气血密切相关。若脏腑气血发生病变，血脉运行就会受到影响，脉象就有变化。通过脉诊，可推断疾病的进退预后。

配方 针对不同的病人、不同的疔疮和皮肤疾病，调配不同配方的中药，对症下药，有的放矢。

配药 根据不同的配方选取相应的药物，经过一系列加工处理制作成成药。

药膏 针对不同类型的疔疮，用独特配方配制成外用药膏。

药捻 对于病情严重的病人还需要制备药捻。药捻是指带药的纸捻或纱布条，中医外科治疗时用来放入伤口或疮口内。

吴氏疗疗诊治技艺运用中医中药治疗，具有痛苦小、疗效好、见效快、花费少等特点。

谱系及传承人 吴氏疗科自清朝开创，至民国年间吴金秀（1868—1939）已是第四代。吴金秀17岁时婆母去世，她即接承家业行医，治疗疔疮55年。第五代传人吴志云，第六代传人李永熙和孙莲珍，第七代传人李路，第八代传人李啸。

其中李永熙现为苏州市级"非遗"代表性传承人，李啸现为苏州市吴中区级"非遗"代表性传承人。

五、木渎刺绣技艺

木渎刺绣是苏绣发源地之一。

据西汉刘向《说苑》记载，早在两千多年前的春秋时期，吴国已将苏绣用于服饰。三国时代，吴王孙权曾命赵达丞相之妹手绣《列国图》。据《清秘藏》叙述苏绣"宋人之绣，针线细密，用绒止一二丝，用针如发细者为之。设色精妙，光彩射目"。

到了明代，江南已成为丝织手工业中心。在绘画艺术方面出现了以唐寅、沈周为代表的吴门画派，推动了刺绣的发展。刺绣艺人结合绘画作品进行再制作，所绣佳作栩栩如生，笔墨韵味淋漓尽致，有"以针作画""巧夺天工"之称。自此，刺绣艺术在针法、色彩图案诸方面已形成独特的艺术风格，在艺苑中吐芳挺秀，与其他艺术媲美争艳。清代，苏绣已成为苏州地区分布很广的家庭手工业，从事凤冠、霞帔、补子、官服、被面、枕套、鞋面、手帕、扇袋、挂件、荷包、帐帏、椅披、戏剧行头等各种各样绣品的制作。清代，是苏绣的全盛时期，真可谓流派繁衍，名手竞秀。在民间，如蔡群秀、沈英、沈立、朱心伯、徐志勤、钱蕙、林抒、赵慧君、沈关关、杨和、金采兰、江缪贞、潘志玉、张元芷、郭桐先等一大批苏绣艺人脱颖而出，成为当时的著名绣家。其中，最杰出的则首推清末民初苏绣艺术家沈寿，她吸收了西洋画的明暗原理，十分注重物像的逼真，首创的"仿真绣"，对苏绣技艺的改进、发展、推广、传播起到了积极作用，在我国刺绣史上具有划时代的意义。

民国时期，由于社会动荡，日寇侵华，百业萧条，苏绣生产呈每况愈下之势，许多中、小绣庄纷纷倒闭，艺人、绣工纷纷转业，及至中华人民共和国成立前夕，绣庄由全盛的一百五十余家，衰减到了二十多家，从事刺绣生产的专业工人已寥寥无几。

中华人民共和国成立后，在党对工艺美术"保护、发展、提高"的方针指引下，地方政府通过城乡交流等方式，促进了绣品销售，提高绣工积极性，吴县木渎、镇湖、藏书、光福、通安、胥口等一带乡镇，几乎"家家有绣棚，户户有绣娘"。

材料与工具　苏绣的材料与工具为绷框（有手绷、卷绷两种）、绷架（用三脚凳一副）、站架、剪刀、针（最细者为羊毛针，为明代朱汤所创；其次为苏针，针身匀圆，针尖锐而针鼻钝，不易伤手）、线（有花线、纱线、金线、银线及绒等）。

工艺流程：第一步，描稿。第二步，上绷。第三步，穿针引线（劈丝）。第四步，绣制（上下走针），有直绣、盘针、套针、擞和针、抢针、平针、散错针、编绣、绕绣、施针、辅助针、变体绣等。

苏绣针法或绣法　具体如下。

直绣　完全用垂直线绣成形体，线路起落针全在边缘，全是平行排比，边口齐整。配色是一个单位一种色线，没有和色。针脚太长的地方就加线，后来就演变成辅针加刻的针法了。

盘针　盘针是表现弯曲形体的针法。包括切针、接针、滚针、旋针四种，其中切针最早，以后发展到旋针。

套针　始于唐代，盛行于宋代，至明代的露香园顾绣、清代的沈寿时，就进一步发展了。其中单套，又名平套。其绣法是第一批从边上起针，边口齐整；第二批在第一批之中落针，第一批须留一线空隙，以容第二批之针；第三批须转入第一批尾一厘许，随后留第四批针的空隙；第四批又接入第二批尾一厘许……其后，依此类推。

撒和针　又称长短针。这种针法是长短针参差互用的，后针从前针的中间出来，边口不齐，有调色和顺的长处，可用来绣仿真形象。

　　抢针　又叫戗针，是用短直针顺着形体的姿势，以后针继前针，一批一批地抢上去的针法。可以说，这种针法是直针的发展。

　　平针　平针是用金银线代替丝线的绣法。其方法是先用金线或银线平铺在绣地上面，再以丝线短针扎上，每针距离一分到一分半，依所绣纹样而回旋填满，有两三排的，也有多排的。扎的线要对花如十字纹，如同扎鞋底花纹。

　　散错针　它以多种针法变化运用，达到阴阳浓淡适度，力求所绣的形体逼真。散错针是套针、施针、接针、长短针兼用的混合针法。

　　编绣　它是一种类似编织的绣法。它包括戳纱、打点、铺绒、网绣、夹锦、十字挑花、绒线绣等。这些针法都适用于绣图案花纹，所以也可将它们称为"图案绣"。

　　绕绣　这是一种针线相绕、扣结成绣的针法。打籽、拉锁子、扣绣、辫子股和鸡毛针，都属于这一类。其中以打籽最为有名，它是苏绣传统针法之一，可以用它绣花蕊，也可以独立地绣图案画。

　　施针　施针是加于他针的针法。这种针法要求疏而不密，歧而不并，活而不滞，参差而不齐。

　　辅助针　这类针法不是独立绣形体的针法，而是为了增强所绣景物形似程度和神情的生动性所采用的辅助性针法。归入这一类的针法有辅针、扎针、刻鳞针等。

　　变体绣　刺绣中，有一些借助于其他工具、材料和工艺方法，使常规刺绣发生变化的特殊绣法，就是变体绣，其中包括染绣、补画绣、借色绣、高绣、摘绫和剪绒等。如染绣，元代绣品中的人物、花鸟多用墨描眉目，以画代绣。染绣的方法就是从这儿开始的，至今仍在沿用。

　　其他刺绣术语　主要有以下这些。

　　水路　指刺绣日用品纹样交接与重叠处，所空留的一线绣地，其作用是分清前后层次。水路要求空得齐、匀，绣时要先绣叠在上画完整的花样（让水路留在下面的花样上），再绣下面的花样。边要绣得平、齐、均匀，才能保证使花样轮廓正确、齐整。

　　压瓣　指刺绣欣赏品花样交接或重叠处，不留水路层层相压的一种绣法，其作用是使纹样交界处无空隙而层次清晰。绣时先绣后面远的物体，针脚要跨过前面花样的轮廓线，再绣前面近一层的纹样。轮廓边缘针迹要齐、密，以分清前后层次。如前后两种物体色彩相同，绣后层物体相压处的用色须略深，用以衬托，使物体具有重叠的真实感。

　　一丝　指一根花线的十六分之一

　　一绒　指一根花线的二分之一。

　　落绷　刺绣生产工艺之一，绷面上的纹样绣完后，将绣好的成品从绷上取下来，称"落绷"。"落绷"分实用品绣品和观赏品绣品两种不同的落绷方式。实用品绣品落绷的方法是将绷线放松，拆掉绷边竹，取下绷针，退出绷闩，抽出白布，将绣地与绷布的缝线拆掉，取下刺绣品。欣赏品绣品需要裱好后按实用品绣品的落绷程序再落绷，否则会影响绣品质量。

出边　凡是分皮绣制的针法，第一皮称为"出边"，即沿绣品图案物体边缘的第一皮。

丝缕　又称"丝理"或"丝路"。是指刺绣线条排列的方向。刺绣主要是用线条来表现，而丝理对表达物体的凹凸转折、刚阳向背具有关键作用。刺绣丝用线条的排列须与植物的纤维组织和动物毛丝生长方向一致，须随它们姿态的不同灵活运用。如花朵有正、反、俯、仰等不同姿势、要正确掌握花的丝理，首先要找出刺绣花样中花的整体中心点和部分中心点，以及两者之间的关系。部分中心必须向着整体中心。刺绣时就须按中心确定丝理方向，这样才能增强绣品的艺术表现效果。

藏针　凡绣放射形或曲折形丝理的花样，在曲折处掺入的短针称"藏针"。其作用是在使线条丝理转折自然，并使绣面平服。

起老线　用滚针按花样轮廓线绣一圈，后将此线绣没，使轮廓微微突起，传统称为"起老线"。

皮头　指在每一刺绣小单位中，分批绣制出的层次，行话称"皮头"。在抢针与平套针法中，层头清晰，亦称"皮头清晰"。

记针、记线　是刺绣中代替打结的一种方法。在用一根绣线起绣或将绣完时，绣几针极短的针脚以藏线，称为"记针"或"记线"。

姚建萍刺绣艺术馆

名家及传承人 中国工艺美术大师顾文霞为苏绣的领衔人物,她擅长苏绣传统技法及双面绣的技术,尤长绣猫和金鱼。代表作品有《春回大地》《魏武帝注孙子兵法》《姑苏繁华图》等。

中国工艺美术大师李娥英结合民间"两面光"(活毛套)针法,悟出双面绣的技法。代表作品有《湘君》《老虎》《普贤佛像》等。中国工艺美术大师蒋雪英在综合运用传统的"盘金""打籽"并借鉴日本的"管绣""辟练绣"等手法,使传统刺绣技艺又有了新的拓展。代表作品有《水墨葡萄》《东方曙光》等。

苏绣传承人有姚建萍、陆彩凤、王辉、卢菊英等人。姚建萍为国家级非物质文化遗产苏绣传承人,她的代表作品有《我爱中华》《沉思》《父亲》等。2004年9月,绣品《我爱中华》首次搭载神六卫星遨游太空,在刺绣界成为佳话。

苏绣艺术自改革开放以来已全面复苏,新人、新品层出不穷,现大多以名艺人工作室为经营主体,如顾文霞刺绣工作室、蒋雪英刺绣工作室、姚建萍刺绣艺术博物馆等。姚建萍刺绣艺术馆地址在境域山塘街古松园。

六、苏绣盘金绣技法

木渎香溪社区是苏州刺绣(以下简称"苏绣")重要的生产基地之一,历史悠久。2006年5月,苏绣被列入首批国家级非物质文化遗产名录。盘金绣是苏绣技艺中的一种。2014年,苏绣盘金绣技法入选苏州市吴中区非物质文化遗产代表性项目名录。

刺绣流程 刺绣生产主要以家庭妇女为主。绣工至刺绣发放站(旧时称绣庄)领取印有刺绣画稿的绸缎底料(绣工称其底子)与丝线(俗称花线),拿回家中刺绣。有时刺绣发放站为了招揽生意,会主动派人到农村挨家挨户推销。绣完成品,送交刺绣发放站,发放站工作人员当场检验绣品质量,按绣工巧拙、绣品工艺高低而评定等第,然后按质付给工钱。

盘金绣工艺流程 设计绣稿(画稿,或现成的国画、油画、照片)、上稿(根据绣稿题材与内容,选用相应质地的底料)、勾稿(复制出黑白单线的轮廓稿)、上绷(将底料安置到绷架上)、勾绷(将勾稿用细针钉在底料反面,再用铅笔或毛笔在底料上将线稿勾画出来)、配线(按绣稿的色彩,选配所需的色线)、刺绣(根据画稿图案绣制)、落绷(绣完后从绷架上取下)、装裱(根据不同需要进行装裱)等。

工具与针法 生产工具有绷架、绷凳、绣针、搁手板、面料、绷布、绷嵌条、线、剪刀等。

盘金绣即在一般刺绣结束后,再在图案上及其四周运用金线绣制,后发展为多彩线绣制。针法有平金绣、刻鳞绣、网绣、擞和针绣、戳纱绣等。

品种与特色 盘金绣主要用于服饰。从明代起,盘金绣绣品成为皇家御用品种,主要用于龙袍、腰带等制作;龙袍最多有9条长龙,全用真金线盘绣而成,盘金绣因此得名。普通的民间绣品主要是民俗服饰,如婚庆礼服等,绣有莲、菱、鱼、鸳鸯等图案,具有浓郁的江南水乡生活气息。盘金绣继承传统苏绣技艺,融入粤绣饱满构图、色彩富丽的风格和纹理清晰、针法善变的特色，作品构图细腻、清雅，表现恢宏大气，风格独特。

名家及传承人　刺绣是境域重要的传统产业，绣娘心灵手巧，聪明勤劳，起早贪黑，曾涌现沈寿、沈立、顾文霞、李娥英等大师名家。盘金绣传承谱系：林招大、林夫金、林多妹，其中林多妹现为该项目区级"非遗"代表性传承人。

七、传统彩绘技艺

境域传统彩绘，又称苏式彩绘，主要集中在太湖流域。随着太湖流域周边城市经济的快速发展，建筑遗产保护事业也逐步受到重视，江南彩绘艺术价值逐渐为世人认可。根据调研，彩绘分布情况如下：苏州约50处，无锡约6处，常州约1处，杭州约8处，苏南彩绘的数量约占太湖流域彩绘总量的85%，并且明式彩绘占到总量的半数左右。太湖流域属亚热带季风气候，雨量充沛，彩绘因受潮而导致变质与脱落，现存彩绘都存在不同程度的损坏。

彩绘亦称彩画、装銮，主要用于戏台、庙宇建筑、祠堂建筑。中国建筑上应用彩绘开始的年代，最早可追溯到春秋时期，后经秦汉、南北朝、隋唐的发展，到宋代，彩绘在中国已相当成熟，明清则是古建筑彩绘发展史上硕果丰盛时期，官式彩绘与地方彩绘异彩纷呈。江南彩绘就是明清彩绘的重要组成部分。

材料与工具　材料有石膏、立德粉、毛粉、银珠、石绿、石蓝、藤黄、毛坝漆、大木漆、坯油、光油、白桐油、木杰、猪血、麻丝、裹布、夏布、牛皮胶、瓦灰、板扇等。

工具有铁凿子、牛角板、油灰刀、砂皮、碾子、金夹子、自制毛笔、沥粉管、排笔、平板刷、斜头、平头、猪毛刷、羊毛刷、牛皮刮、大小铁板橡皮刮、布、油画笔、棕毛去尘刷等。

工艺流程　具体如下。

取材　选用一块杉木板，将其截出三块长900毫米、宽260毫米、厚10毫米的小木板。

抄底　先将木材表面的灰尘、污垢、树脂等清除干净，将材料的裂痕节疤挖去，砂皮打磨。

罩漆　在木材上先罩一遍生漆。

裹夏布　上完生漆，待干后要用胶将夏布裹住木板，以防木材裂开。

披猪血灰　干后，嵌以熟猪血灰，干后将底用砂纸，待平后再上同样的一层灰。

披猪血细灰　二层猪血灰干后，将底用砂纸磨平后，再上一遍猪血灰。并衬底、罩立德粉。

此外还有起谱子、拍谱子、着色、退晕、装金、补金、拉黑拉白、拉金线、上光油等工序。

江南彩绘分包袱彩绘、旋子彩绘、天花彩绘或其他彩绘。彩绘最大特点是内容丰富多彩，包括戏曲故事、山水花鸟、民间风俗、龙凤狮兽、锦纹图案等，并且彩绘的构图与建筑构件造型非常的协调，彩绘大胆用红色绿色，具有浓郁的乡土气息，富有丰富的文化寓意。

木渎彩绘代表作品有苏州灵岩山六字真言天花彩绘等。

彩绘传承人　顾培根，男，1950年5月出生，家居境域金星村。自幼师从父亲顾德锦，先学油漆逐步掌握苏式彩绘技艺，曾在灵岩山大雄宝殿修复天花板上的彩绘。

纪立芳，女，师承于顾培根，现在北京故宫博物院工作。

第九章 社会风情

在漫长的岁月中，香溪社区境域民间逐步形成了丰富多彩、淳朴奇特的风俗习惯，相沿已久，虽然其中夹杂着一些迷信色彩、陈俗陋习，但其文化宗旨离不开祈求风调雨顺、五谷丰登、化险为夷、祥和太平、发家致富，反映了境域居民对真、善、美的向往和追求。本章社会风情对曾经存在于境域的文化现象加以记载。

境内方言属于吴侬软语，与吴文化中的苏州语一脉相承，境内谚语、歌谣颇有地方特色。

境域的民间信仰佛教较为普遍，道教次之。"文化大革命"期间，宗教活动一度停止。1979年以后，宗教政策逐步得到落实，1980年12月，恢复了灵岩山寺，1993年，明月寺业经修缮，重新开放。

至2021年，随着经济和文化的发展，许多习俗、方言、谚语、歌谣仍保留和沿传，一些陋习为新风尚所替代。

第一节　传统风俗

一、岁时习俗

春节　农历正月初一，俗称"年初一"，早晨人们起身开门后第一件事就是燃放爆竹，称"开门炮仗"，意为开门大吉。然后男女成群结队前往附近庙宇烧第一炷香，祈求新的一年全家平安。20世纪60年代，庙宇被拆除，但在原庙基空地上依然香火不断。境域灵岩山、明月寺年初一一天香火高积。早餐一般都吃汤年糕、长寿面、圆子、南瓜等。意为高兴、健康长寿、团团圆圆、交南方运。这天，男女老幼，穿戴一新，尽情玩乐。孩子由人人带着，向族中长辈拜年。人们相见，作揖或鞠躬（现多为握手或点头致意）。

喜神方　岁朝，查看历本所定的喜神方位，一家之主出门即向该方作揖，说是如此一年便事事如意。

吃圆子　岁朝的早餐，须全家同桌吃糖汤小圆子，以示阖家团圆。早餐须由男性操作，如无男性，则由一家之主操作，表示敬重灶神。

拜年、压岁钱　岁朝，幼辈依次向长辈叩头贺年，称作"拜年"。民国起免"拜"改"叫"。尊长接受幼辈拜年，必赐以果饵，益以银钱，谓之"压岁钱"，亦叫"拜年钱"。

走桥　旧时，老者上永安桥走走，讨个"永远平安"吉利的好口彩。遇到熟人，互相行礼道贺，说声"恭喜发财""岁岁平安"。

春节禁忌　正月初一不扫地、不动灶、不去河边、不倒马桶。正月初三为小年朝，也不扫地，不动灶。春节期间不能说不吉利的话，更不能咒骂人。为防万一，家里贴上"姜太公在此，百无禁忌"的解令。

元宝茶　新年初一至初五这五天中，境域茶馆在茶壶内各加两枚青橄榄，俗称"元宝茶"。茶资由茶客任意支付，多少不计，但也不兴找钱。

吃年酒　从年初一起到正月十五止，亲戚朋友互相邀请。俗称"吃年酒"，也叫"吃春酒"。吴歌云："大年朝过小年朝，春酒春盘立见招。近日款宾仪数简，点茶无复枣花桃。"

接路头　正月初五，半夜1点钟便开门放炮仗接"路头"（财神菩萨），以祈财源茂盛。

烧庙香　正月初一，善男信女至寺庙进香拜佛，祈祷菩萨保佑，俗称"烧庙香"。归家后向灶王爷进香，俗称"烧回头香"，以示自己对大小菩萨一视同仁。

烧头香　最先进寺庙烧香的叫"烧头香"。相传烧到头香可以消灾获福，故而个个争先恐后，人人抢先烧头香。

元宵节　正月十五是元宵节，又称上元节。家家户户要点"三官灯"（天官、地官、水官）。有的村子把各家备的灯笼用长线连接起来，用高秆高高挑起，几百盏灯笼从村头到村尾，形成灯的长龙，随风晃动，犹如长龙在空中游动。孩子牵着兔灯、狮灯嬉笑欢奔，大人敲锣打鼓，穿村走巷，称之为"走马锣鼓"。各家各户还要吃用玫瑰、薄荷、百果、豆沙为馅做成的团子，叫"吃元宵"。人们以各种形式尽情欢庆，称之为"闹元宵"。

撑腰糕　农历二月初二称龙抬头日，甘霖将临，即将开始春耕备种。农家要吃油煎年糕，说是吃了它腰板硬实，腿脚轻健，称作"撑腰糕"。境域居民亦吃撑腰糕，以求腰硬体健。

二月初二治虫蚁　识字的人家，用红纸条写上"二月二，滑虫倒入地，煎蟑螂来炒蚂蚁"的字句，贴在灶台上，说是从此灶头上就不会有蟑螂、蚂蚁了。文盲农民则在灶边念几遍了事。境域一带在农历三月初三采荠菜花放在灶上，以压蚂蚁，因此有"三月三，蚂蚁不能上灶山"的民谚。

百花生日　农历二月十二为"花朝节"，即花神生日。人们会以红布条或红纸条绕在家中栽种的花木、果树枝上，祈祝鲜花盛开、硕果累累。

寒食节　清明前一日。禁烟火，吃冷食。这风俗由介子推的故事发展而来。说的是晋文公因受介子推的恩惠没有报答而后悔，以火烧山想逼着介子推出山，却导致介子推被烧死。为纪念介子推，定下寒食节以纪念他。

清明节　吴俗以清明、中元（农历七月十五）、下元（农历十月初一）三日分别为鬼节。时逢清明，便有上坟祭祖之俗。这天，家家户户祭祀祖先，俗呼"过节"（俗称"过清明"）。继而去祖先坟墓祭祀，谓之"上坟"。在坟上烧香点烛，焚纸锭（俗称纸钱、冥币），洒酒，除草添土，做坟头，插祭幡。凡新娶媳妇必同行，称作"上花坟"。富有人家倘逢丧终七而未满周年者，则请和尚诵经礼忏，以添冥福，至亲往拜灵座，谓"过新清明"。清明节前后有用草汁做的青团子和以糯米塞藕孔的熟藕上市，此为居民祭祀祖先之物。清明日，还要插柳条于门头，或以柳条贯穿烧饼，说是孩子吃了可免疰夏。

清明前后，春满江南，百花竞放。人们纷纷出行郊外，访春探胜，远足旅游，俗称"游春玩景"，又称"踏青"。旧时境域游春最热闹的去处莫甚于灵岩山。

立夏　立夏日为夏季开始。境域有吃甜酒酿、尝三鲜的习俗。三鲜有地上三鲜（苋菜、蚕豆、蒜苗），水中三鲜（螺蛳、鲫鱼、白虾），树上三鲜（樱桃、青梅、香椿头）。民间又有立夏吃李子能使皮肤增美之说，故而古代女子常在闺中作"李会"，即取李子之汁和入酒内饮之，称为"驻色酒"。又取青梅、樱桃两物拌糖而食，配以元麦，称为"立夏三新"。立夏日还有用大秤称人体重之俗，记下立夏时的体重，到立秋日复称一次，以此检验经过一夏后体重增减。

端午节　农历五月初五俗称端午节，又称端阳节。吴地为纪念伍子胥被屈杀，

2019年"端午粽飘香　党群心连心"端午节活动

沉江后化作"涛神"，便形成了是日吃粽子、赛龙船之习俗。这天人们在瓶中供插蜀葵、石榴、菖蒲等物，妇女头上插戴艾叶、榴花，称为"端午景"。家家户户大门上悬挂菖蒲、艾蒿、蒜头，据说能"避邪解毒"。孩子身穿虎纹衣，脚着虎头鞋，还用中药雄黄在眉心画个"王"字，以示威武。正午喝雄黄酒，并把它洒向庭院四周，以驱蛇虫百脚。是日又焚兰筐、苍术，称"赏端阳"。端午吃的粽子，以箬叶裹糯米的叫白水粽，糯米加赤豆的叫赤豆粽。高档的粽子，素者加莲心、枣子，荤者加火腿、酱肉。粽子有四角交错、枕头等形。端午赛龙舟时，吴人在鼓乐声中"着彩衣，立龙首"，划龙舟作竞渡之戏。

七夕乞巧　农历七月初七夜为七夕，传说牛郎织女于七夕在银河"鹊桥相会"，民间有乞巧之说。是日晚上，闺中女子在院子里陈设瓜果莲藕，焚香礼拜牛郎、织女二星，请求帮助她们提高刺绣缝纫的技巧，此为乞巧会。是日，人们还吃用面粉糖做成蝶形薄片的油汆食品，谓之"巧果"。姑娘们又于七夕前一天晚上用半碗河水、半碗井水合在一起，置于庭中，称为"鸳鸯水"。第二天日晒后水面有膜，各人将绣花针轻轻投入让它浮在水面，观其倒影以测愚拙、智巧，谓之"丑巧"，实为女孩们的嬉笑乐事。是夕又有男女跪拜月下，以线穿针孔辨目力，名曰"弄影之戏"。

中秋节　农历八月十五为中秋节，俗称八月半。"月到中秋分外明"，旧时为了祝愿阖家团圆，千家万户都在日落月升之时，于庭院中设香案，供月饼，配以红菱、白藕、石榴、柿子、白果等时令瓜果，中间置一香斗，焚香点烛称为"斋月宫"。也有在香斗上插上一些彩旗。中秋节有吃月饼、吃糖芋艿、"灵岩走月"的风俗。月饼形如满月，象征亲人团聚。妇女们往往三五成群，盛妆而出，漫步街头，嬉游于灵岩山、山塘街等地，称作"赏月"。小孩子边吃月饼边擎彩旗奔跑相逐，谓之"喜团圆"。

2019年"明月映中秋　共话邻里情"中秋节活动

重阳节　农历九月初九为重阳节。古代称"九"为阳数。九月初九乃两个阳数重叠，故称重阳。重阳登高之习是效桓景避灾。佩茱萸食饵，饮菊花酒，以冀长寿。重阳节要吃重阳糕。糕以五色米粉和糖制成，加枣、栗、星点其上，商店出售时还在糕上插一小旗。重阳日必把出嫁的女儿迎回家吃重阳糕省亲，所以又叫"女儿节"也叫"花糕节"。近年来境域居民把重阳节列为老年节。每逢重阳节之日，老年人欢聚一堂，举办各种有益活动，为欢度重阳节增添了新的内容。

十月朝　农历十月是冬季的开始，名为孟冬。十月初一，又是孟冬的开端，民间俗称"十月朝""下元节"。旧时有祭祖、上坟的习俗。《风俗竹枝词》道"时节刚逢十月朝，祭先大抵在前宵。坟前纸锭殊寥落，始及清明一例烧"。不过有异于清明上坟的仪式，是烧纸做的衣服，意在使亡魂有御寒之衣，俗称"烧衣节"。

天平观红枫　天平山在境域之北，以怪石、清泉、红枫"三绝"名闻遐迩。山麓有枫树三百八十株，大多是数百年前古物，高大挺拔。十月金秋时节，霜后丹枫，红艳如火，夕阳西照，纵目一望，仿佛珊瑚灼海。其中尤以三太师坟前的九株大枫（俗称"九枝红"）最为奇丽。每当十月来临，境域居民往往结伴从游，欣赏红枫佳景。古人《吴中风景诗》云："丹枫烂漫锦装成，要与春花斗眼明。虎阜横塘景萧瑟，游人多半在天平。"可见往观天平红枫之盛况。

冬至　是一年中白昼最短，夜晚最长的日子，故称"短冬至"。民间还有"冬节""大冬""小年"诸称。

古代，曾以冬至作为过年，礼仪相当隆重。商店、手工业和私塾都要放假一天。谚云："冬至大如年，先生不放不给钱；冬至大如年，东家不放不歇年（不准回绝雇工）。"

冬至前一日名小冬，亲戚朋友都要互相馈赠食物，俗称"冬至盘"。

冬至前夕，叫冬至夜，全家团聚，吃"冬酿酒"，食佳肴，称为吃冬至夜饭。

已嫁出的女儿冬至夜必须回夫家，倘留在娘家，将不利于亲人，会穷得"十只饭箩九只空"。饭前先要祭祖，祭祖的菜必须回锅烧，否则吃了会丧失记忆力。家人有外出者，也要给他们放副碗筷。各种菜都有吉祥名称。饭碗内预放两只熟荸荠，吃饭时夹出来，称"掘元宝"。

　　腊八粥　农历十二月称腊月，故十二月初八为腊八。相传腊八日为如来成佛之日，境域灵岩山寺、明月寺有腊月初八施腊八粥之俗。寺庙僧尼以莲心、枣栗、核桃肉、松子仁、百合等果类和米煮成腊八粥斋供，并用此粥馈送施主及附近居民，称作"佛粥"，也称"七宝粥"。人们相信是日食此粥能消灾降福。农民则以胡萝卜、山芋、黄豆、红枣、青菜之类，煮成咸粥而食。清朝李福有诗云："腊月八日粥，传自梵王国。"此风流传久远，后来普通居民家也都自己煮而食之，作为应时食品以添乐趣，同时也有滋补之效。境域村民以青菜、豆芽、油豆腐、百叶丝、萝卜、黄豆、枣子、核桃肉等八种食材煮粥食之。

　　送灶神　灶神又名灶王爷。旧时迷信，以为衣食温饱由灶神所司，灶神每年农历十二月二十五日必将民间善恶上达于天，故二十四日夜，境域居民家家以纸竹扎成轿舆车马，于门前焚烧，称作"送灶"。娼妓之家廿五送灶，因为她们的行业见不得人，须瞒过玉皇大帝，拖过廿四日的"汇报日期"，推迟一日送灶。民谚云："七颠八倒，廿五送灶。"送灶时将未烧尽之物，送入灶膛，口喊："元宝进门哉。"又以麦芽糖等制成粘牙的糖食，称作"糖元宝"，豆沙馅糯米团子叫"送灶团"。谓供"糖元宝"和"送灶团"二物可粘住灶神之口，以免其上天揭民之短。同时还把切成寸许长的稻草和黄豆撒向天空，算作灶王爷座下神驹的饲料，称为"马料豆"。廿四日夜阖家吃的团子，叫"安乐团"，表示安安乐乐迎接新年的到来。中华人民共和国成立后，送灶已不再举行，不过还保留吃顿"安乐团"的习俗。

　　除夕　农历十二月的最后一日，俗称"大年夜"。谓旧岁至此而除，为此又唤除夕。百姓就在除夕前采折松柏、独树枝条，用红纸卷起主杆，插在屋檐口（旧时建房时在正门屋檐口正中的瓦垄下专门安装好一根竹筒，以备过年时插松柏使用），其意是让"年"到来时误以为这里不是人家，而是树林、坟地。这天，家家都要贴春联，也叫"封门对"，"年"来时见了封门对，认为此家大门被封，没人住了，便不去骚扰了。大年夜把井泉童子纸马放在竹筛子内，并将糕点、水果摆在井栏圈上，谓之"封井"。正月初三焚送纸马，谓之"开井"。大年夜扫地须由外往里扫，意为"财不外流"。

　　吃年夜饭前，先得"过节"。在屋正中摆上酒席台，南面一方空出摆上香炉蜡钎，点香焚烛，并烧化锡箔、冥纸、钱粮祭祀祖先，这是对祖先的传统纪念。

　　年夜饭　佳肴满桌，红烛高烧，举家团聚。菜肴中必备一碗青菜，称为"安乐菜"，一碗黄豆芽，称为"如意菜"，以示来年一年安乐，百事如意。米中放少许黄豆一起煮饭，饭后取几颗用线穿起后种入土中，借熟黄豆不出芽之"不出"二字，意为"不出天花"。

夜半子时前放炮仗，称为"关门炮仗"。

压岁钱 过年，长辈们要给孩子们发"压岁钱"，有庆贺旧岁顺利，预祝新年吉祥之意，兼亦驱邪。旧时铜钱有孔，用绳穿之压于枕下、床脚，或挂于帐钩，今用红纸红袋包装之。

守岁 吃过年夜饭后，一家人欢聚一堂，一边吃茶点，一边拉家常，憧憬着明年风调雨顺，五谷丰登，祥和平安。屋内点守岁烛，生花报喜，红光四照，达旦不眠。孩子难以熬夜，大人们往往以听老鼠做亲相哄，称为"守岁"。20世纪80年代后，境域居民边看电视节目边聊天，一般要到新年钟声敲响后才睡。

二、人生习俗

（一）孩童习俗

剃胎头 孩子出生将满月时，剃第一次头，称"剃胎头"。女孩不能满足月剃，男孩可单月或双满月剃。但农历正月、五月和十二月不可剃头，否则会导致小孩"蒸笼头""五霉头""癞痢头"。小孩满月剃头，家里要备酒庆贺，亲戚朋友前来祝贺。一般的礼物是云片糕、蹄髈、衣物、布料、绒线，重一点的礼有金锁片、金木鱼、金项圈、金手镯、金脚镯、金花生等金银饰品。为祝小孩长寿，剃头酒中午必吃面，称长寿面。小孩剃下的胎发要用红纸包好放好，小孩的头不能剃得太干净，这样小孩不挑食（吃粗）。剃头结束后由伯母或姑母抱着小孩撑着伞到外面兜一圈，一般要过3座桥，意谓长大后走得开路，有出息。

送外甥 外甥第一次上娘舅家，出门时身上披一块网片，鼻梁上要涂一点镬底灰，可以压邪保平安。舅家还要备以糕团、粽子之类馈送，称之为"送外甥"。

过百日 婴儿出生满百日，旧时称"百日关"。第一是水关，第二是雷公关，第三是红绿关，第四是鞋带关。是日，小孩只能待在家中，不准外出，而今此俗已废。现在，百日这一天父母会给孩子拍"百日照"，以作纪念。

起名 旧时大户人家按家谱辈分来起名，名字中不能有与长辈、前辈相同的字。有的请算命先生排"八字"，算出"五行"（金、木、水、火、土），缺什么就在名字中补上。穷人家有以牲畜为名的，认为贱名养得牢。中华人民共和国成立后，起名一般没太多讲究，但都带有时代特色或对子女的祝福、期望之意。

寄名 为祈求小孩免遭夭折，让小孩认寄爷、寄娘（干爹、干妈），即为"寄名"。寄名时要选择吉日，备好酒席、团子、糕、水果等礼物。用红布缝一只寄名袋，写上孩子姓名，内放小孩生辰八字和几枚硬币，袋口插一棵万年青，一起送到寄爷寄娘家。寄名袋要挂在寄爷寄娘家正梁上。寄爷寄娘要办酒席宴请寄儿子（女儿）及其父母（称寄亲），并给寄儿子（女儿）买帽子、衣服、鞋袜等物品。寄名以后，寄儿子（女儿）每年都要备上礼物去寄爷寄娘家吃年夜饭，对方也要有所回赠，直至小孩结婚。

纪岁面 周岁，人称"纪岁"。当小孩子出生满十一个月前后（不到十二个月）

家长就要为孩子做"纪岁",称为"超前纪"。比较亲近的亲戚朋友要来送礼祝贺,外婆家要送周岁衣、寿面、米粉寿桃为孩子"斋星官"。做纪岁中午必吃面,晚上办酒席。

送学堂 孩子到七八岁时,娘舅家做了团子、粽子,买了红糖及鞋帽衣服、书包文具等物送外甥上学。团子、粽子分发给班里同学及老师,红糖泡茶给同学喝,称为"和气汤",以求同学之间和和气气。

缠头发 女孩子13岁时,家长要为其办缠头发酒。这天是女孩作为孩童时代最后一次理发剃面,这次动了脸面毛发后要直到出嫁时才能再剃面。缠头发时亲戚、朋友都要送礼,旧时以银发钗、压发簪、挖耳、银梳子、衣服、布、绒线为主,现时以钱礼为主,家长为女孩办酒席招待亲朋。20世纪90年代后期,男孩到13岁,家长也为其办酒,俗称"缠头发"。

(二) 婚姻习俗

提亲、相亲 旧时,男女婚配均为父母之命、媒妁之言。一般由男方委托媒人到女方提亲。女方有意,媒人就携男方至女方家,谓之"相亲"。如女方爹娘满意,就留男方吃饭,表示亲事可定。中华人民共和国成立后相亲逐渐改成女方上男方的门,一来认人,二来看男方家境。如女方愿意留下吃饭,表示亲事可定。但饭后男女方如不满意,就托词谢绝。

定亲、担盘 相亲成功后,男方要给女方担盘(送彩礼)意为定亲。旧时一般是女方一岁一担米,也有折银洋的(女方把姑娘的生辰八字给男方称为"口生")。中华人民共和国成立后多以现金为定亲彩礼。

娶亲工具 1960年前用花轿,之后用农船,靠人工手摇。1966年后多不用交通工具,步行娶亲。1975年后多改用机帆船,2000年后多启用汽车。

总包相公 男方派往女方去娶亲队伍的带头人称总包相公,此人要能说会道,罩得住人。旧时到女方娶亲要分发小爆仗,现时改为发糖和红包,但分发时往往引起女方小伙伴哄抢,做总包的要代表男方主人一一应付,以便顺利地把新娘娶回。

开门钿 男方迎亲队伍到女方,女方的门紧紧关上,只开一扇吊闼,透出几个小脑袋,伸出小手要开门钿。这些孩子都是新娘的弟妹或侄(女)辈,他们拿到开门钿后才开直大门迎客入屋用茶。

娶亲 新娘上轿前,娶亲的人把新娘嫁妆打点好,旧时坐轿,嫁妆用人挑、抬、搬,但忌说"扛"。后来新娘坐船就用船装,现时坐汽车就用货车装。新娘上轿时,由女方兄长抱上轿子,为表示与家长不忍分离,因此必须哭。上轿后,双脚搁在轿内准备好的热脚炉上,以示婚后有好日子(热脚)过。迎亲队伍有黄泥竹竿(带根带叶的青竹竿)、篾弹(用竹丝绞成)、火把开道,乐队吹奏,浩浩荡荡向男家。轿子必须在男家房屋东南方(俗称青龙头)进宅。这时新郎以最快速度从河中提两桶水注入家中缸中,叫作"抢水",因为"水"同"势"近音,"抢水"就是"抢势",这样婚后就能丈夫做主,不会怕老婆。花轿在门口停下后,新娘由新郎的已婚且生有儿子的兄长或门房兄长先抱到父母房里歇着，等待拜堂。

铺床 新娘的嫁妆到后，新房里的床由新郎的舅父母来铺（要求生过儿子，夫妻双全）。铺床时先在床板上铺上12个稻柴（不能拆散），两条合席一正一反相合铺好，被子一正一反两两相合铺在席上，绿被反铺在下，红被正铺在上，以示红男绿女之意。被子铺好后，把舅家送来的松糕、圆子、秤、甘蔗等物装盘放在被子上面，以示高高兴兴、团团圆圆、称心如意、节节高升。

拜堂 喜堂内挂着"和合"喜帐，地上铺了红毡毯，桌上点了龙凤花烛，在司仪指挥下由男童照烛，新郎、新娘踏上红毡毯走向喜堂，开始拜堂。一拜天地，二拜高堂，新郎新娘相互对拜结成夫妇。拜堂过后以"传袋（代）"方式将新郎、新娘送入洞房。从喜堂进入新房的途中，由一对男童照烛引进，司仪高喊"传袋（代）"。当即，老东家将准备好的麻袋由村上小青年传到新郎、新娘脚跟前，一只接一只，将麻袋直铺向新房里，新郎、新娘踩在麻袋上仍由一对童男引进，步入新房。这称"传袋（代）"，意婚后子孙兴旺，代代相传。

闹新房 新郎、新娘进入洞房后，村上男女老少特别是年轻人都涌入新房，想出各种方式把新房气氛搞热闹。有的老人到新床上滚上几滚，据说滚过后不易腰痛，俗话说"三朝呒老小，大家可以闹"。直到有的长辈劝说方停。闹过新房，新郎用秤杆挑去新娘头上"方巾"，双双出房拜见长辈亲属。每叫一人，长辈就拿出见面钿给新娘，称为"小礼"，俗称"见面钿"。

回门 新娘收过"小礼"，由小伙子陪同夫妻双双上女方家去回拜女方亲戚尊长，叫"当夜回门"。拜见长辈时，长辈也要送"见面钿"给新郎。有些人家因为路远采用新郎随娶亲队伍一起去女方迎亲，称为"轿前女婿"，就不再当日回门。

火脚 新媳妇结婚未满月的双脚，称"火脚"，这期间不能进亲戚、邻居家门，否则对该家不利。有事非进不可的，该家主人在门槛里横一把扫帚，新媳妇必须踩在扫帚上进门，作为"破法"。

拔舍袋 旧时家家都有家堂，设于正屋梁下，内置列祖列宗牌位。有寄亲的人家，要做一个六角舍袋，内放孩子生辰八字，此袋称为"舍袋"，放于寄父母家的家堂内。至孩子婚嫁时要到寄父母家"斋家堂"，然后取回舍袋，名为"拔舍袋"。

招"补代" 招"补代"即招女婿。旧时，讲究传宗接代，上一代传下一代是指父传子，接代的都是男子，但有的夫妇只生有女儿，没有儿子，女儿不能接代，该家传代下去就缺了一代人，这样就招女婿进门，这进门女婿是为该家补一代传人，故称之为"补代"。招"补代"的男子要姓女方姓，有的连名也一起改，改成招福、招财、招宝、进福、进财、进宝之类，生出孩子也姓女方姓。

童养媳 旧时，女方因家境穷困，孩子又多，为了减轻负担，就把女孩子早早地攀了亲送到男方，称为童养媳。因为双方孩子都还小，不能成婚，女孩就生活在男方，男方仅仅把她当作劳动力使用。有的年龄相差很大，女方成了男方的保姆。

攀小亲 旧时，攀小亲有两种情况。一是男女双方父母之间本来关系很好，又看见对方孩子长得可爱，就早早地为孩子定下亲事；二是女孩家境困难，为了度荒，把女儿早早地说给人家，用其彩礼度过饥荒。

填黄泥髈 年轻妇女丧夫后，另招夫入赘，称为"防儿荒"，后误称"黄泥髈"。入赘男子被称为"填黄泥髈"，但男子不必改成女方姓氏。

拖油瓶 妇女丧夫后，改嫁他人，其子女一同跟去男方，称之为"拖油瓶"。

抢寡孀 旧时，孀妇受"三从四德"的束缚，不得再嫁人，以示贞节。但有的男子娶不起媳妇而看中了某寡妇后，趁寡妇不注意时，突然派人前去抢亲。也有寡妇家人为了占有家产与人约好，串通抢去寡妇的，这在旧时不犯法。中华人民共和国成立后，随着妇女地位的提高，这种情况不复存在。

绝房 旧时，有的夫妇一生没有生育，也没有领养孩子继承，待夫妇过世后，没后代继承，这一家就称之为"绝房"。绝房在当地是一桩十分可悲的事，"绝门堂"被看作是最恶毒的诅咒。

（三）寿诞习俗

民间习俗，庆寿有"小生日"和"大生日"之分。逢每年孩子的"生日"，阖家吃一碗象征长寿的面条称"小生日"。但庆贺"大生日"时，除婴儿时代的"满月""周岁"外，逢整十的岁数，如十岁、二十岁、三十岁，都要设酒宴贺寿。而从五十岁开始，更是要遍邀亲朋好友，大摆宴席，以示庆贺，成了真正意义上的寿诞庆典。旧时，境域民间向有"三十弗做（寿），四十弗发"的谚语，故三十做寿的也较为普遍。另外，吴地风俗，人活到六十六是一道难关，故那年生日，子女要烧一碗红肉（必须切成六十六小块）送给父母品尝，并要一顿吃下，认为这样便可逢凶化吉，渡过人生的难关。

在传统的寿诞庆典中，十分讲究礼仪和排场。一般在寿诞生日的前一天，家中要张灯结彩，布置寿堂。寿堂正中要张挂寿星图，两侧要悬寿对，考究的还在寿堂四周置大红寿幛，幛上书以"寿比南山""星辉南极"之类的吉祥贺词。堂中照例设供桌一张，桌上除燃寿烛、寿香，供奉寿星外，那些象征长寿的寿桃、寿糕、寿面之类，也高高堆于盘中，场面十分隆重。

寿诞当日，贺寿的亲朋好友们都带着各式寿礼而来，济济一堂。祝寿时，儿孙晚辈们按理要给当日的寿星行拜寿仪式，礼毕则大摆寿宴。有些大户人家还于寿诞当日，邀请民间艺人来唱堂名、宣卷助兴，也有的请评弹（说书）、杂耍或玩戏法的艺人至堂前表演，一派喜庆热闹的景象。

在寿诞礼仪中，祈福求吉的民俗意识同样是贯穿始终。寿桃寓意长寿，寿糕的"糕"与高兴、高升、高寿的"高"谐音。

旧时做寿还事先请匠人做好棺材，谓之"寿材"，意为延年益寿，大吉大利。

（四）丧葬习俗

卷蚊帐 人死后第一件事是卷起死者床上的蚊帐，搁到屋面上，以示该家有人亡故。搁的时候要顺瓦垄，不能横斜搭牢几条瓦垄，以免祸事连生。

报丧 人死后,嗣族的人派往四处亲戚家报讯,谓"报丧",并告知开丧时日。报丧的人报完丧后,这家主人要拿出食品来给报丧人服食。现在,路远的人大多数都用电话、微信通知了。

小殓 人死后,由家属用清水为其揩抹全身,称为"净身"。净身后就穿寿衣,一般是三腰(裤子)、五领(上衣)。先把衣服一件件筒在一起,用白带捆了放在筛子里,由孝子捧着,到"堆金地"(死了人化纸钱的地方)称衣。称衣用的秤是用一枚铜钱,系上红头绳作秤砣。称衣时,称衣人要问"这衣服是啥人格?"孝子要马上答"是伲爷(或娘)格"。称衣人回说一声"先勒嗨"(意为斤两足)。然后回家把筒好的衣服一次性穿到死者身上,再穿上寿鞋寿袜。穿戴好后,由大儿子捧头,其他人抬脚捧腰把死者抬到正屋,头南脚北展在门板上,脚跟后套只笆斗,头边点油盏灯。手握七叉桃枝,桃枝上捻上几个棉球,如开白花。在死者口中塞上用红纸包的银器。然后请来理发师理发。男的戴上红滴子瓜皮帽,女的戴蚌壳绒帽。家人一边哭一边化纸钱。

转殓 将死者转移到正屋门板上后,请来道士做道场。子女亲属手拈三炷香跟在道士后面,由道士吹吹打打念经忏,绕死者转圈,叫"转殓",以示与死者遗体告别。

入殓出殡 旧时土葬,死者由长子捧头,其余人捧腰抬脚放入棺内,头枕瓦片,四周塞入石灰包。盖严棺材盖,钉扎实子孙钉,谓"入殓",俗称"大殓"。抬棺出殡时,紧跟棺材后的道士一路吹吹打打,一路披麻戴孝的子女,家族以及白头白扎的亲友一路依次送向坟地,谓"出殡"。坟地再远,半路也不能着地停歇。因此,后边有人捧着两捆柴草,准备停棺时垫在棺材下面,这称"架木"。

戴孝 父母死亡,儿子披麻戴孝。头戴麻袋做的鸡角帽,颈系细麻绳,腰系白布带。亡夫,妻子白布扎头,白布束腰,脚穿白鞋子。长孙、长侄均属重孝。白布带长短按辈分发放。长辈不戴孝。亲朋好友每人发一条白布带束腰。20世纪90年代初始黑、白并用,臂戴黑袖套,腰系白布带,胸佩小白花。80岁以上老人过世作为喜事来办,第四代小辈均佩红花、扎红头绳。

做七 死者亡故以后每七天为1个"七",7个"七"共49天,其间家人不得嬉戏,不得理发,否则被视为不孝。座台上供的点心每"七"要更换。头七馄饨,二七面,三七糕,四七团子,五七羹饭。富家逢"七"都做法事,道场、念经等。一般人家只请道士做五七。

五七 五七夜里,须请道士到家做道场,以超度亡灵。死者女儿须备以酒菜、钱粮、香烛、锡箔等去祭亡灵,称之为羹饭。死者如果是女性,生前生几个小孩,就要做几条红裙,红裙系在女儿身上。道士边念《破血污经》,边转圈,女儿跟着转,转几圈脱一条红裙,直到全部脱完烧掉为止。五七道场由道士念经,子女跪拜磕头,吹吹打打通宵达旦。

闹五更 每逢"七"的凌晨,死者亲属放声痛哭,迎接亡灵回家,称之为"闹五更"。

起座台 五七先祭奠死者，然后再祭祀祖先（将死者与祖先合为一桌祭祀），俗称"并台"。"五七"过后，死者座台可以撤去，称之为"起座台"。

殡葬 旧时，人死以后，都睡棺木，择地做坟，入土为安。也有的把棺木搁在港头或偏僻的地边，每年冬至前有后辈人用柴草编帘，包裹棺木，以挡雨淋日晒。再者干脆用砖瓦在棺外盖小屋形式，俗称"砖棺材"。因此当年乡间到处可见大大小小的坟墩。有钱人家的墓地很大，林木森森。穷苦人家就起一个土墩。每年清明时节后代给坟培土。20世纪60年代后，尸体实行火化，火化后的骨灰盒选择河边及零星自留土地安葬，然后立上一块碑。21世纪后，殡葬规范后，凡骨灰盒都由公墓安排。

三、服饰习俗

（一）服装

蓑衣 20世纪60年代前，雨天干农活，就穿蓑衣。蓑衣是用粗席草除去芯后的编织成的衣服，也有用棕毛制成的。穿在身上，用来透风挡雨。60年代后，用塑料薄膜或油布、胶布做成雨衣、雨裤、雨披挡雨，轻便而且效果好。

蓑衣衫 蓑衣衫是夏天下田耘稻，为防晒伤皮肤的特殊着装。当地农民把席草直接编成短衫形状，男子赤膊穿在身上，女子内着肚兜外穿蓑衣衫。

短装 旧时，一般男子都穿对胸短装，女子都穿大襟短装。根据不同季节分为单、夹、棉3种。富裕人家面料多为绸缎、丝麻，普通人家面料多为土纺粗布。中华人民共和国成立后曾流行列宁装、中山装、学生装、青年装等。"文化大革命"期间盛行军装，20世纪90年代后短装款式多、面料多且城乡无别。

长衫 旧时，一般有钱财的人都穿长衫（也称长袍），有身价的人穿长衫加马褂，曾为时尚穿着。根据不同季节也分单、夹、棉3种。普通人家冬季也有穿粗布棉长袍的。中华人民共和国成立后长衫逐步淘汰。冬季有风衣、军大衣等替而代之，面料有棉布、呢绒、皮革等。

裤子 旧时，男女裤子均为中式上腰裤，大裤裆、大脚管，无前门襟，以带束腰。20世纪40年代后男裤子逐渐流行开门襟裤，称西裤。

褡裙 20世纪50年代前，男子穿短衣时，在冬季就外罩褡裙。褡裙用老青布做成，束腰处多打折裥，下摆宽大。有的穿包裤，包裤腰口分前后两爿，前爿两角有布带向背后捆扎，后爿两角也有布带向前身捆扎，把上衣下摆全部包在里边，冬天吹不进风。

旗袍 民国时期有钱财人家的妇女穿着旗袍，面料多为绸缎，中华人民共和国成立后逐步匿迹。20世纪80年代后，旗袍又开始流行，并成为一些服务行业的工作服。许多礼仪场合，女性服务员大多穿旗袍。

（二）帽子

毡帽 用毡做成半球形帽，顶部捏扁，比较厚实暖和。中华人民共和国成立前流行，都为男子冬天戴。

罗宋帽 用薄毡做成圆筒形帽子，中间前面开口，平时下半部翻卷在上半部戴，天冷风大，可翻下来拉到肩齐，把脸面、颈部遮住，中间开口处刚好为眼部，不影响视线。20世纪70年代前罗宋帽是比较流行男子戴的帽子。

瓜皮帽 一般都为经济比较殷实的男子所戴，清末民初流行。

礼帽 俗称"铜盆帽"，旧时有一定社会地位之男人所戴。

兜帽 旧时妇女戴在头上的帽子叫兜帽，露顶、遮耳。

虎头帽 婴幼儿一般常戴虎头帽，并在帽子前钉上"长命百岁""富贵长命"等吉祥语的铜饰片。

喇叭帽 用绒线编织成喇叭状帽，在顶部按上个大绒球，适合儿童所戴。

箬帽 箬帽用竹篾编成中间凹凸的上下两层，最早中间隔上一张张箬叶做成挡雨的帽盖。后来用油纸代替箬叶，油纸分亮油纸和老油纸。亮油纸呈黄亮半透明，老油纸呈黑褐色。因亮油纸箬帽做工精巧细致漂亮，色泽亮丽，深受年轻姑娘、新媳妇喜爱。为防风吹掉，一般除了用带子系在下巴下，姑娘、新媳妇还把好多彩色玻璃珠（称"糯米珠"）串成几串挂在箬帽上拖到后颈，既美观，又防风吹动。夏天挂在颈后觉得凉凉的，十分舒服。老油纸箬帽比较大，色泽灰暗，并夹有箬叶，一般用来遮雨。

20世纪60年代以后，妇女流行戴滑雪帽，绒线编结，下有两条带子可系在颈部。男子则戴八角帽、军帽、东北帽。

（三）围巾、袜子

头巾 民国期间，以针织长围巾为多，两头有流苏，双层叠起围在颈项，天冷出门可连头包裹。

中华人民共和国成立后妇女普遍使用方巾，既可作头巾包头，又可系在颈部做围巾。20世纪70年代后丝巾逐渐流行，既保暖，又成为妇女饰品。

肚兜 20世纪70年代前，农村妇女不用胸罩，用方的花布做成肚兜，夏天穿在贴身胸口，上用红头绳或银链子挂在颈上，中用带子系在背后。天热时，上身只穿肚兜不穿衣服，老妇人和青年姑娘均如此。小孩子不论男女都穿肚兜。

围身 围身主要用于妇女上灶时围在腰间，防止灶上油腻污染身上衣裤。它是用大小不同两块布相叠做成，一般大的一块用淡士林布，小的一块用深士林布。大的一块上有个大口袋，小的一块盖在外面遮住口袋。围身的带子比较讲究，大多用彩线编结成鳝骨带。围身的另一个作用就是在种大豆、蚕豆等作物时，用围身的大口袋来装种子，收割时捡了稻穗就放进大口袋随身带回。

袜子 民国早期，袜子大多用布料裁剪缝制而成，袜口有带可系在腿上。民国后期针织袜子开始流行。20世纪60年代前，穿袜子以保暖防寒为主。袜子以齐膝长袜为多，后逐渐转为饰品，出现各种短筒袜，并由纱袜转向丝袜发展。女袜出现长筒丝袜和连裤袜。

（四）鞋子

布鞋 20世纪60年代前，村民大多穿自己做的用一层层废弃的布衲成底的圆口布鞋，鞋面用黑直贡呢布，内加硬衬，白布衬里。妇女穿的加上布料搭配。新娘和新媳妇穿的鞋有青、红面料，鞋头上绣花，以牡丹、菊花图案为主。老人穿的寿鞋也绣花，寿鞋一般选用黄色、赤色面料，绣上荷花、藕或"暗八仙"（八仙手中的器物）图案。

蒲鞋 蒲鞋用布条、蒲叶或稻草编织鞋面，用藤经、布条等编织鞋底。用布条编织的称布头筋蒲鞋，用稻柴编织的就称蒲鞋，用芦花编织的就叫芦花蒲鞋，冬天穿着御寒。

木屐 木屐是在蒲鞋底上钉上两段对榫头的厚木板，走泥泞路不湿脚。20世纪60年代前农村常见，以后逐渐淘汰，80年代后绝迹。

钉鞋 钉鞋用老青布一层层叠起来，密密缝制成蚌壳鞋，在鞋底钉上大头铁钉，再给鞋面一遍遍地上桐油。上一次晒一次，直到不透水。比较高档一点的是用牛皮缝制成皮靴，底上钉满大头铁钉，再一遍遍地上桐油，使之不透水，是为钉靴。钉鞋和钉靴因为底上头铁钉扎进泥里，走再滑的泥路也不会打滑。但由于此鞋较硬而且笨重，走长路容易磨破脚踝。20世纪60年代前民间多见，以后随着胶鞋、套鞋的流行，被淘汰。

套鞋 套鞋用橡胶制成。20世纪50年代后，逐步在乡村使用。最早的套鞋状如大圆口布鞋，穿时套在布鞋外面防水，后改成元宝套鞋，半筒、长筒套鞋，穿时除下鞋子后直接穿在脚上，作为雨雪天的防雨鞋。

橡胶鞋 20世纪60年代后，农村普遍流行穿跑鞋（解放鞋）、球鞋等橡胶底鞋子。

皮鞋 20世纪70年代后，皮鞋逐渐在农村普及。进入21世纪后，套鞋、橡胶鞋、皮鞋穿着者渐少，为休闲鞋、旅游鞋代替。

四、发式习俗

清代男人留长发辫，辛亥革命后，逐渐剪辫留短发。中华人民共和国成立后，流行西式头、平顶头、大包头、三七分、童花头等，少数人还剃光头。女性自13岁缠头发开始留头发，姑娘时梳辫子，做媳妇时开始盘发结，用红头绳（丧夫的绕白头绳）绕发根，将长发从发根到发梢卷紧，再在发梢处绕上头绳，然后把头发围绕发根盘成一个团，插上银钗、银挖耳之类，使盘起的头发不松开来，还在耳后右上角头发里梳上一把银梳子。老妇女多留"头发团"。

20世纪60—70年代，青年妇女喜欢留两条辫子或拖备式。80年代流行波浪式、飞翘式、游泳式等。90年代后，发型、发式越来越多，且流行染色，少数男子也追求时髦，将头发染成各种颜色。老年妇女以短发为多。

五、饮食习俗

水晶馅团子　新婚夫妻第一次到亲戚朋友家吃年酒时，亲戚家首先端上水晶馅团子做点心招待新郎新娘。水晶馅团子的馅是用猪的生板油切块拌上白糖做成，团子蒸熟后，熟板油光滑透明如水晶，故称水晶馅团子。

青团子　清明时，家家户户做青团子。用雀麦草或麦叶打汁，加少量石灰水，拌入米粉后做团子，色青味香。

甜酒酿　立夏日，家家要吃甜酒酿，一般都在立夏前由自己酿制，立夏日可食用，鲜洁可口。

麦饼　中秋节农家除购买月饼外都做麦饼。将面粉以菜油调和，以芝麻或鲜肉为馅，经烘烤而成。

重阳糕　重阳日都吃重阳糕，糕上插有五彩小旗。

团子　农历十二月二十四，家家必做廿四团子吃，意为阖家团圆，并把团子作为"谢灶"供品，供在灶神前，故此团子亦称"谢灶团"。

年糕　每逢过年，家家户户都要磨几斗米粉蒸年糕。除了自吃还馈赠亲友。

豆瓣酱　夏至左右，农家开始做豆瓣酱。用蚕豆浸泡去壳煮烂后，加面粉制成一条条麦糕，蒸熟后切块，铺在筛子或匾里，放在阴凉处发霉发酵。待麦糕长出青绿色菌丝后，放入瓦盆或酱缸中，加盐水后放在阳光下暴晒。为防苍蝇叮食生蛆，用竹丝扎成一个比瓦盆口稍大的圆圈，卷上蜘蛛网，盖在口上。白天搬出，晚上搬进。有的怕麻烦，干脆把酱缸放在屋面上，日晒夜露，半个月左右晒成黑红色的豆瓣酱，清香甜蜜，十分上口，旧时是农家一年四季的常菜。

酱瓜　豆瓣酱做成时，正好黄瓜、生瓜成熟，农家就把黄瓜、生瓜洗干净放在酱缸里与豆瓣酱一起暴晒。制成的酱瓜，清脆爽口，是境域农家极好的酱菜。

六、饮茶习俗

旧时，境域香溪人喝茶风盛，境域老街上就有茶馆20家之多。茶馆一般设有老虎灶，烧砻糠，燃料口四周有三四只大铁汤罐，后设接锅。接锅是在大锅子上加木接口，能容好多水，利用砻糠烟火的余热将水预热，等三四只汤罐里水用完后，就把接口里预热过的水加入汤罐里，省柴省时。

一般小茶馆则用三四只铜铫，用木柴烧水。堂倌冲茶时，用二指夹起茶壶盖，长嘴三点，称"凤凰三点头"，以示对客人的尊敬。

茶客暂时离开，把壶盖翻转，表示还要回来喝茶。茶馆门口或在茶馆室内墙边，有一排钩子，便于茶客将所带的菜篮子挂在钩上。茶馆门口设一茶缸，把客人吃剩下的茶都倒在茶缸内，加些开水凉着，边上放着勺子，免费给过路人饮用。

历年初一至初五，境域老街上各茶馆在新年第一次来喝茶的茶壶内放两枚青橄榄，俗称"元宝茶"。茶资由茶客任意支付，多少不计，但不找钱。

茶馆有时也是乡人说理讲公道的地方，如两人或两家人或村人之间发生纠纷，就可以相约至茶馆评理,俗称"吃讲茶"。双方把自己的理由说出后,由茶客们加以评议谁是谁非,谁如若错了,要支付当天在座全部茶客的茶资。

七、建房习俗

看风水、选吉日 旧时,境内居民建房往往要请阴阳先生。阴阳先生手持小罗盘,测地基、看风水、定朝向、排吉日。境内房屋朝向不一,朝正南的很少,不是偏东南,就是偏西南,这与阴阳先生看风水有关。开墙脚、排石脚、立柱、上梁、进屋的日子,也由阴阳先生选吉日排定。门前如有河、路、桥、高坟等,房屋又避不开,阴阳先生就教破解之法:在大门外墙上砌老虎头、八卦图案、磨盘等压邪,也有用镜子嵌在门框上面或瓦脊上面以镇邪。

打夯、排石脚 看过风水,按照阴阳先生排定的日子,由泥水匠作头师傅用曲尺、兜方尺先丈量、经线,然后安排建房工开墙脚、填石、打夯。打夯是件重活,要喊人相帮,一般四个人一班,两班轮换,每班由两人把夯柱、两人拉夯绳,还要两个人扛石头,因此打夯当日至少要有十个人相帮。打夯时,要有一个人喊打夯号子,一般也把夯柱中的一人喊,以便四人齐心协力。墙脚夯好后,就由泥水匠排石脚。排好石脚,浇房基。

上梁、做脊 石脚排好后,接着立柱脚、砌墙头。旧时境内房屋,墙壁多是五柱落地、砖木结构,外包双墙、内砌单墙,屋面是木桁条、木椽子,青灰小瓦夹望砖。20世纪70年代后,境内改为五柱"搁梁",承接桁条的墙头称"山墙"。后来,水泥梁又逐渐替代木梁。在房屋建造的整个过程中,以"上梁""做脊"最为隆重。境内称上梁为"竖屋",两边柱上往往要贴"竖柱喜逢黄道日,上梁巧遇紫微星"等红纸对联,正梁上挂"发禄袋"、红绿彩带、小筛,贴写有"三星高照"或"福禄寿星"的横幅。堂屋当中摆张桌子,放上"竖梁盘",盘里放有活鲤鱼(寓意跳龙门)、蹄髈(寓意根深蒂固)、红蛋(寓意代代红)、糕(寓意高升)、馒头(寓意蒸蒸日上)、发芽豆(寓意发禄)、糖果(寓意甜蜜)、甘蔗(寓意节节高)、苹果(寓意平安)、木秤(寓意称心如意)等物品斋祭。上梁时放爆竹、鞭炮,泥木工头在正梁上抛馒头、说吉利话,左邻右舍、大人小孩就在下面抢馒头。这一仪式,境内俗称"抛梁"。抛梁当日,要吃"上梁酒"。亲戚朋友往往装一蒸糕、买一方肉,选这一天前来庆贺并相帮。另一件较隆重的事,就是盖好屋面后做脊。旧时境内农房,其屋脊一般做成翘屋脊、凤头脊、滚筒脊等,脊中还要塑"三星"等吉祥图案,或者嵌种一盆万年青。做脊虽然不举办仪式,但是匠人十分重视,它是体现房屋美观与否的关键部位之一。

圆屋 境内房屋竣工时称"圆屋",要办"圆屋酒",宴请建筑工匠、相帮小工、亲戚好友。实际上,圆屋酒往往在房屋大体就绪,部分匠人要撤走前就办掉。圆屋酒相当隆重,以宴请建房工匠与在建房过程中相帮出力之人为主,作为对他们所做贡献的酬谢。吃圆屋酒时,房屋已具规模。境内农房,旧时以"三开间""屋舍头"

为主,"屋舍头"俗称"升罗头房子"。"屋舍头"房子有梁有柱,屋顶由一条脊、四个屋面构成。20世纪70年代后,以"四开间""硬山墙头"为主。硬山墙头房子有梁无柱,屋顶也由一条脊、前后两排檐构成。

进屋 房屋正式竣工,主人乔迁新房,俗称"进屋"。境内进屋时,先要敬神灵、祭祖宗。亲戚要"送进屋",亦称"送搬场"。若是女儿女婿搬迁新房,由岳父岳母送进屋。送进屋时,要置办一蒸糕、一盘馒头、一只全猪腿、两条大鱼、两只活鸡、两根甘蔗,以及床上用品、厨房用具等。其余亲戚,也要送一件礼品,或床上用品,或厨房用具。女儿女婿要在新屋里置办进屋酒,招待娘家亲戚及其余亲朋宾客。

八、装饰习俗

境域居民崇尚讲究装饰。装饰选用砖雕、石雕、木雕、彩绘点缀、美化环境。

砖雕 砖雕所用的材料是质地细腻的水磨青砖,称之"做细青水砖"。砖饰断面有滑面、亚面、浑面、文武面、木角线等式。

主要装饰于门楼、墙门、垛头、抛枋、门景、地穴、月洞、窗户、影壁、隔墙、包檐墙、塞口墙等部位。

雕刻题材有万字、回纹、云纹、雷纹、如意、纹头、水浪、云头、花卉、瑞兽、翎毛、山水、人物、书法等。

石雕 建筑装饰用石绝大多数是花岗石和石灰石。

石雕装饰应用于柱子、阶台、露台、栏杆、砷石、磉、鼓墩、门框、地坪、须弥座、牌楼、牌坊、字牌、界碑、天幔,及至整幢房屋或亭子。

雕刻方法有素平、起阴纹花饰、铲地起阳浮雕和地面突起雕刻四种。

雕刻题材有万字、回纹、水浪、云头、花卉、飞禽走兽等。

木雕 建筑木雕用料主要有黄杨、香樟、银杏。

木雕装饰应用于梁、枋、柱、斗拱、连机、飞罩、挂落、山雾云、棹木、门窗、栏杆、琵琶撑、垫拱板等。

木雕方法有浮雕、透雕。

长窗的心仔花纹有万川、回纹、书条、冰纹、八角、六角、灯景等式。在万川式样中又有宫式、葵式之分,整纹、乱纹之别。

挂落用木条镶搭成为镂空花纹,状如网络。有藤茎、万川两种式样。

飞罩装在室内脊柱之间。不着地的叫挂落飞罩,着地的叫落地飞罩。飞罩有藤茎、乱纹、整纹、喜桃藤等多种式样。

木雕题材有书法、花卉、翎毛、瑞兽、人物、山水。

苏式彩绘 苏式彩绘多画在大梁、枋子、桁条、山垫板、走马板上。苏式彩绘一幅分为三段,左右两段叫"包头",中段叫"锦袱"。锦袱尖角向上的叫"正包袱式",尖角向下的叫"反包袱式"。

苏式彩绘把锦纹的衬托面叫"锦地"。不施彩色的衬托面叫"素地"。

苏式彩绘常用浅蓝、浅黄、浅红诸色作画，色调柔和悦目，风俗淡雅别致。

考究的苏式彩绘，做平式装金。地不装金而花装的叫"金花五彩地"，反之则叫"金地五彩花"。

苏式彩绘题材有回纹、鱼纹、套六角、席纹、花卉、翎毛、瑞兽、古钱、锦纹、兵器、器皿、发器、毛笔、山水、人物。

图案名称及寓意　　境域居民喜欢讨口彩，雕刻和彩绘，把装饰性、实用性、艺术性、思想性融为一体。通过借喻、比拟、双关、象征、谐音等手法，构成美术图案，突出主题。一个图案有一个名称。这个名称往往就是图案的寓意所在。

鱼和莲花组合在一起，叫"连年有余"。

鱼、蝙蝠、磬组合在一起，叫"福庆有余"。

佛手、桃子、石榴组合在一起，叫"福寿三多"。

蝙蝠、桃子、双钱组合在一起，叫"福寿双全"。

蝙蝠与云朵组合在一起，叫"洪福齐天"。

五只蝙蝠中间一个寿字，叫"五福献寿"。

花瓶里插三根戟，叫"平升三级"。

花瓶里插一如意，叫"平安如意"。

梅花、双鹿组合在一起，叫"眉开双乐"。

龙、凤组合在一起，叫"龙凤呈祥"。

两条龙中间一颗珠，叫"双龙戏珠"。

两狮中间一个球，叫"双狮戏球"。

玉兰花、海棠花、牡丹花组合在一起，叫"玉堂富贵"。

松、竹、梅组合在一起，叫"岁寒三友"。

象和万年青组合在一起，叫"万象更新"。

颇大的一朵牡丹花，叫"大富大贵"。

公鸡和鸡冠花组合在一起，叫"官上加官"。

荔枝、桂圆、核桃组合在一起，叫"连中三元"。

松与鹤组合在一起，叫"松鹤延寿"。

鸬鹚、荷花组合在一起，叫"一路连科"。

鹤、鹿组合在一起，叫"鹤鹿同春"。

啼叫的公鸡与牡丹花组合在一起，叫"功名富贵"。

桃树、蝙蝠、海棠、山茶组合在一起，叫"福山寿海"。

蝙蝠、双桃、荸荠、梅花组合在一起，叫"福寿齐眉"。

猫、蝶组合在一起，叫"寿臻耄耋"。

五只蝙蝠，叫"五福临门"。

两条鱼，叫"双鱼吉庆"。

九条鱼，叫"长久富裕"。

鹭鸶、白头翁、芙蓉花、芦花组合在一起，叫"一路荣华到白头"。

圆圈里一个福字，叫"一团福气"。

柿树、一只蜜蜂、一只猴子、一颗印组合在一起，叫"封侯挂印"。

一棵万年青，叫"万年常青"。

一棵果实累累的石榴树，叫"多子多孙"。

此外，还有郭子仪做寿、文王访贤、三国故事、二十四孝等。

九、农耕习俗

试种豆麦 农历八月半夜里，农家在地边上按早、中、晚次序试插上三塘麦子、三塘蚕豆。待其出苗后，观察哪一塘麦子和蚕豆长得好，就预示当年冬播种麦种豆时是早播好、适中播好，还是晚播好。

开秧田 每年莳秧的第一天，农户称之开秧田，也称开秧把。农家要购买鱼肉咸蛋，全家（包括长工、忙月工）美餐一顿，以示农忙开始。

秧忌 在莳秧时，因"秧"与"殃"同音，因此秧把丢到田里时不能丢在莳秧人身上。两人传递秧把时，不能交手相接，要把秧把丢到田里后，另一人再拾起。莳得快的人，不能把勒下的扎秧柴圈丢到旁边空田上，否则，待后人插秧时手指插在柴圈里，被认为手指会生疔。实际是秧插在柴圈上，易造成秧余棵。

了秧田 大田莳秧结束，仅剩秧田时，要拔出秧田里余秧再莳，俗称"了秧田"。"了"是结束的意思。这时年轻人在"了秧田"时欢天喜地相互涂抹泥浆，甚至摔跤打混，弄得浑身泥浆，但嘻嘻哈哈十分高兴，以庆贺大忙结束。

争吵搭瓜棚 黄瓜喜攀缘在棚架上生长，境域至今还流传着夫妻二人在搭黄瓜棚时要找些小事争吵，这样黄瓜才会结得又多又大，产量高。

摊田角 又称"烧田角"。农历腊月二十四夜晚，农家都要在自己田地四角引烧柴禾。孩子们举了火把在田里奔跑，边跑边喊："摊摊田角落，一亩要收三石六，明年养只大猪猡。"祈求来年五谷丰登，六畜兴旺。实际上摊田角也有其科学道理，烧去田边枯草也清除了野草种子。冬天不少害虫、虫卵寄生在田边野草丛中，烧野草时可一起烧死。摊田角起到除草灭虫的效果。

打醮 遇到瘟疫流行、家宅不宁的情况，要请道士打醮。前者是打公醮，由地方收钱举办；后者是打家宅醮。打醮是道教最隆重的宗教活动，要高筑醮台，有法师仗剑作法，焚烧灵符咒语，召天神，驱除瘟疫恶鬼，以求地方太平和家宅安宁。

解火殃 入冬以后，天气干燥，柴场易发火灾。当地有解火殃之习俗，由境域以自然村为单位一年一家轮流举办。举办时在空地上用葛芒插成圆圈，复以柴草如窝棚形状，傍晚村人用提桶准备好水，围集四周，当窝棚点燃烧旺时，众人发一声喊，把水泼向火棚，直至扑灭，解除火殃。这形式有如当代的消防演习，提醒村民做好冬季防火工作。仪式结束，众人到举办人家喝酒吃晚饭，此俗延续至20世纪50年代中期集体种田后逐步消失。

十、庙会节场

城隍庙会 自清代以来，城隍庙每年要出三次会，俗称"三节会"，即清明节、农历七月半、十月初一，三次抬着城隍塑像到境域老街上游街一次，以驱除邪鬼。自抗战之后，三节会就时断时续。境域与众不同的是：有一个由城隍生日之际（每年农历十一月初一至十二日）而派生出的一年一度的商品交易市场和大型的游乐场所——庙场汛，已有200多年的历史。每到汛期，在庙场内卖艺者纷至，各显神通。摊贩云集，各种商品可谓应有尽有。平时买不到或卖不掉的东西，在这几天一般都能买到卖掉，会上商贩们忙得不可开交，营业额有平时的几倍或十几倍，这种盛况，比之大城市又是另一种热闹。中华人民共和国成立后，为了促进农村的商品交流，搞活市场，商业部门借机举办土特产交流会、物资交流会。1951年庙场讯时，木渎组织商界召开了第一次物资交流大会，营业额达12亿多元。1952年庙场讯时，又举办第二次物资交流大会，营业额达25亿多元。

猛将会 境域原自然村都有，与土地庙共存。当地村民每年祭祀一次，抬着猛将轿在村周游一次，以祈五谷丰登。

十一、社会新风

拥军优属 中华人民共和国成立以来每年建军节和春节，境域都要敲锣打鼓慰问军烈家属，给现役军人家门上贴上"光荣之家"的横幅，以及"一人参军，全家光荣"的条幅，并送去慰问品和慰问信。

学雷锋活动 1963年3月5日毛泽东主席发出"向雷锋同志学习"的号召后，境域掀起学雷锋运动，人人争做好事。有的青年至敬老院为五保老人打扫卫生，表演节目。有的共青团还组织青年上街设摊免费服务等。

五讲四美三热爱 20世纪80年代初，普遍开展"讲文明、讲礼貌、讲道德、讲秩序、讲卫生；心灵美、语言美、环境美、行为美；热爱共产党、热爱社会主义、热爱祖国"的活动，简称为"五讲四美三热爱"活动。该活动广为村民接受。尤其是青少年，将此作为立德树人的标杆。

第二节　方言谚语

境域居民说话声音轻声柔缓，俗谓"吴侬软语，自成一格"。而民间的谚语，是语言中的智慧之花，文化艺术宝库里的一颗晶莹闪亮的明珠。它产生于广大劳动人民炽热的社会生产和生活之中，又在实践中得到润色提高，进而得以丰富和发展，逐步形成了独自的特点，即言简意赅、生动形象、富有哲理、发人深思，被誉为社会生活的百科全书，人类经验教训的储藏仓库，劳动人民集体智慧的光辉结晶。

一、方言

太太：曾祖父母（一般不分性别都称呼太太）。
太公：曾祖父。
阿爹：祖父。
好婆：祖母。
姆妈：母亲。也叫恩娘。
老伯伯：伯父。
叔叔：叔父。
阿娘：伯母。
婶婶：叔母。
嬷嬷：父之姐。
孃孃：父之妹。
姑夫：姑妈之夫。
丈人：岳父。
丈母娘：岳母。
阿公阿婆：公婆。
娘姨：母之姐妹。
娘姨姆妈：母之姐。
家婆：夫称妻。也叫家主婆。
男格：妻称夫。也叫当家人。
大佬倌：弟称兄。
伯姆道里：妯娌之间。
姑娘：有时候特指丈夫之姐妹。
阿舅：妻之兄弟。
阿姨：有时候特指妻之妹。
倪子：儿子。
囡唔：女儿。
新妇：媳妇。
补代：女婿。
倷：你。
书蠹头：书呆子。
俚：他。
寿头：傻瓜。

唔笃：你们。
我伲：我们。
怵人：坏人。
俚笃：他们
白相人：游手好闲者。
奴：女子自称。
剃头师傅：理发师。
男客：男人。
连档模子：同伙。
后生家：年轻男人。
看客：观众。
小干唔：小孩子。
小娘唔：小女孩。
卖相：相貌。
舍姆娘：产妇。
牙苏：胡子。
私囡：私生子。
脚馒头：膝盖。
汉榔头：奸夫。
湖羊：绵羊。
寄娘：干妈。
白乌鬼：鹅。
败家精：败家子。
乡邻：邻居。
田鸡：青蛙。
绍兴戏：越剧。
长生果：花生。
劲道：力气。
粟子：小米。
迷露：雾。
蜜糖：蜂蜜。
日头：太阳。
霍显：闪电。

村坊：村庄。
寒当里：冬天。
田横头：田头。
热里：白天。
暖房：温室。
上曼昼：上午。
下曼昼：下午。
瓦爿：瓦。
镬干盖：锅盖。
吞头：状态。
赤膊船：无篷船。
心路：心思。
火表：电表。
趣道：趣味。
引线：缝衣针。
达月：孕妇临产。
布丝筋：布条。
司头：梳头。
褕身：围裙。
门头：门第。
节头印：指印。
馋唾：口水。
边浪：旁边。
叫子：哨子。
对过：对面。
手条子：手段。
佘五：十五。
地头脚跟：地址。
廿：二十。
肉里钱：辛苦挣来的钱。
困：睡。
狼藉：糟蹋。
外快：小费收入。
眼热：羡慕。
塞狗洞：行贿。
记认：标记。

弄松：捉弄。
猪狗臭：狐臭。
发鹤子：疟疾。
白相：游玩。
端正：准备。
阴损：暗地捉弄人。
轧一脚：插一手。
杂格乱拌：啰唆。
轧朋友：谈恋爱。
讲白相：闲聊。
叫应：打招呼、理睬。
打金针：针灸。
上腔：寻衅。
洇浴：洗澡。
划拳：猜拳。
捕面：洗脸。
出账：出钱。
乱说三千：瞎说。
进账：得钱。
打中觉：午睡。
宕账：欠账。
豁令子：暗示。
发病：中暑。
头大：厌恶。
嘴干：口渴。
讨气：惹气。
泡汤：落空。
讨惹厌：讨厌。
歇搁：完结。
讨手脚：添麻烦。
窝心：满意。
沉杀：淹死。
刮皮：吝啬。
闩门：关门。
领盆：服气。
唱喏：作揖。

台硬：有骨气。
现世：出丑。
火冒：生气。
定洋洋：发呆。
憋气：负气。
香面孔：接吻。也叫香鼻头。
开栈房：住旅馆。
走气：漏气。
听壁脚：偷听。
坍台：丢脸。
打昏：打呼噜。
伸好后脚：留后路。
吹牛三：说空话、大话。
打篷：开玩笑。
牢桩：结实。
搂白相：开玩笑。
吃牌头：受责备、挨批评。
吃生活：挨打。
毛躁：不细心。
吃夹档：受冤屈。
弗局：不好。
吃赔账：赔本。
开心：高兴。
吃辣火酱：受惩罚。
老茄：不虚心。
叹苦经：说困难。
对景：合口味。
出色：办事漂亮。
头挑：第一流。
出气筒：无故受气。
写意：舒适。
出花头：用新花招骗人。
发极：着急。
发松：有趣。
瞎来来：胡搅。
出事体：发生事故。

清爽：干净。
困出忽：睡过头。
趣道：趣味。
发嗲劲：撒娇。
塌塌潽：非常满。
熬弗得：嫉妒。
习习薄：很薄。
弗色头：倒霉。
弗出趟：怕羞。
乐胃：享受。
木人头：头脑迟钝，也叫木觉。
吃弗消：受不了。
老古板：保守。
拎弗清：糊涂。
老屁眼：刁滑精明。
伤阴鸷：缺德。
白落落：徒劳。
弄弗落：没法收场。
舞头噼啪：顽皮。
有讲头：说话投机。
犟头倔脑：固执。
白脚花狸猫：散漫者。
精光滴滑：光滑。
豆腐肩胛：不肯担当责任。
来得格好：非常好。
来三：有能力。
老里老早：很早。
陆搭：哪里。
弗：不。
该面：这里。
弗着弗落：说话没分寸。
共总：总共。
死样怪气：懒慢作风。
贴正：正巧。
死蟹一只：无能为力。
眼眼调：凑巧。

夹夹绕：缠绕不休。
准定：一定。
吓人倒怪：很吓人。
压末：最后。
空心汤团：没实现的许诺。
啥犯着：何必。
不壳张：没有预料。
实骨子：其实。
杂格咙咚：混杂。
还汤豆腐干：重操旧业。
另有一功：待人接物、与众不同。
难板：难得。
假痴假呆：装模作样。
扣掐扣：刚巧正好。
精光滑塌：一点不剩。

当中横里：中间。
辣手辣脚：手段厉害。
陌生头里：突然。
刮辣松脆：清脆。
弗糙至于：不至于。
投五投六：莽撞。
弗入调：作风轻浮。
弗二弗三：不正派。
开码头：出门做买卖。
弗是生意经：不妥。
苦脑子：形容可怜。
五筋狠六筋：举动厉害。
卖面子：给人面子。
踏沉船：乘人之危。

二、谚语

（一）农业

干时硬，湿时烂，弗干弗湿最好翻。
水耕犁得早，田里肥分高。
只有懒人，没有懒地。
人误地一时，地误人一年。
生嘴的要吃，生根的要肥。
腊肥发棵，春肥长穗。
稻子孕穗肥要足，施担人粪换担谷。
人弗亏地皮，田弗亏肚皮。
人补吃桂圆蜜枣，田补靠河泥水草。
积肥如积粮，肥足粮满仓。
田里无肥无粪，甏里无米无粉。
人靠饭饱，田靠肥料。
人黄有病，稻黄缺肥。
才多靠勤学，粮多靠粪垩。
种田三个宝：猪灰、河泥、红花草。
种田这一行，猪灰肥中王。
冬垩金，春垩银，过了清明弗见情。
肥料足，多收谷，一年收成抵两熟。

粪是地里金，猪是农家宝。
白田下种，等于没种。
人冷穿衣，麦冷盖泥。
基肥要足，追肥要速。
春天笋是秋天竹，春天肥是秋天谷。
春天不积肥，冬天饿肚皮。
种弗好庄稼一年穷，搞弗好水利一世穷。
低田挑高一尺，白米多收一石。
多收少收在肥，有收无收在水。
春雨贵似油，夏雨遍地流。
修渠如修仓，储水如储粮。
一年劳动在于秋，谷弗到家弗算收。
宁除草芽，莫除草爷。
若要稻长好，黄秧落地先除草。
麦田多敲敲，胜如上肥料。
旱田靠沟，水田靠埂。
若要丰收，开船罱泥。
小麦胎里富，苗秆三分收。
秧好稻好，娘好囡好。
片选弗及穗选好，穗选种子质越高。
若要种子选得好，秆粗穗大粒粒饱。
种子管好，丰收牢靠。
只种弗管，打破金碗。
跳虱弗捉满身痒，虫害弗治稻遭殃。
冬天敲一敲，赛过春天浇一浇。
若要麦有收，开通麦田沟；若要菜花收，年年要抄沟。
草是百谷病，不除要送命。
菜浇菜心，麦浇芽心。
冬季清除田边草，明年肥多虫害少。
莳秧迟一日，到老追弗着。
宁愿田等秧，弗要秧等田。
六月不热，五谷不结。
人在屋里热得跳，稻在田里乐得笑。
麦花要风，稻花要雨。
谷雨麦挺直，立夏穗莠齐。
九九弗开沟，小麦十成收。

油菜压掉心，到老弗翻身。

白露白迷迷，秋分稻莠齐。

霜降无青稻，立冬一齐倒。

稻老要养，麦熟要抢。

春分弗耖土，处暑弗耙泥。

稻怕白露三朝霜，麦怕清明连夜雨。

麦子一熟不等人，耽误收割减收成。

寸麦不怕尺水，尺麦却怕寸水。

一年红花草，三年田脚好。

谷雨后，点早豆，芒种后，点秋豆。

蚕豆不用粪，只要寒露种。

立了春，赤脚奔，挑野菜，拔茅针。

种田有利呒利，待看三个十二（正月十二、二月十二、三月十二都是晴天的话，预兆丰收）。

春分麦起身，一刻值千金。

清明前后，植树插柳。

清明前后，种瓜点豆。

清明晒得沟底白，野草也会变成麦。

头伏萝卜二伏芥，三伏里头种白菜。

清明挖笋，谷雨长竹。

伏里一夜雨，遍地是黄金。

做天难做四月天，秧要日头麻要雨，蚕要温和麦要寒。

宁叫蚕老叶不尽，不叫叶尽老了蚕。

秧不多田不了，叶不多蚕不拷。

小满三天遍地黄，再过三天麦上场。

芒种芒种，样样要种。

处暑里的水，谷仓里的米。

白露看花，秋分看谷。

白露过去是秋分，一过秋分忙秋耕。

寒露种草（红花草），死多活少。

霜降拔葱，弗拔就空。

冬前七朝霜，有米无砻糠。

冬前雾，米粮富。冬弗寒，夏弗熟。

（二）商业

和气生财，相骂遭灾。

外头有个挣钱手，家里有个聚钱斗。

裁缝师傅离弗开熨斗，鞋匠师傅弗开楦头。
人叫人千声不语，货叫人点首自来。
鸟靠翅膀天下飞，生意常做广路子。
笑脸相迎，买卖兴隆。
不怕生意小，就怕顾客少；不怕弗卖钱，就怕货弗全。
大生意怕跌，小生意怕歇。
做生意人弗懂行，好比瞎子撞南墙。
百问不烦笑相待，买卖不成人情在。
商店信誉赛黄金，货真价实弗亏人。
信誉好，换来宝，在深巷，客不少。
绳捆三道紧，账算三遍清。
做生意三件宝：人缘、门面、信誉好。
一分二分弗嫌少，千笔万笔弗嫌烦。
笑脸相迎顾客暖，冷眼直对买主寒。
没有笑脸弗开店，没有知识难理财。
眼观六路方向明，耳听八方信息灵。
信息是个寒暑表，市场冷热全知晓。
信息传递快，财气滚进来。

（三）气象

日落胭脂红，有雨不到中。
日落西北一点红，半夜起来搭雨篷。
日出早，雨淋脑，日出晚，晒杀雁。
日头出得早，天气难得靠。
日落雨里走，雨落在夜半；日落云里走，雨去半夜后；日落乌云团，有雨半夜大。
日出显黄，刮风；日出显红，下雨；不黄不红，晴天。
日没无风，明天要刮风；半夜无风，明天太阳红。
日照返青，大雨便阴；太阳返照，热得狗叫。
日出猫眯眼，落雨弗到晚；日落云连天，必定有雨来。
久晴必有久阴，久阴必有久晴。
日光晴彩，久晴可待。
阴天太阳现一现，太阳三天弗见面。
日晕三更雨，月晕午时风。
日落西山乌云发，过了半夜雨要下。
今夜日没乌云洞，明朝晒得背皮痛。
日落乌云涨，半夜听雨响。
乌云接日接得高，有雨不过在明朝；乌云接日接得低，有雨总在今夜里。

月亮生毛，大水没桥。
早雨晚晴，晚雨难晴。
午后黑云滚成团，风雨冰雹一齐来。
浓云下边生馒头，雹子下来像拳头。
春雷十日阴，要晴须见冰。
日落西山红，无雨必有风。
朝白暮赤，飞沙走石。
日日东南风，夜夜满天星。
早吹一，夜吹七，黄昏吹起半夜歇。
早西夜还东，日日好天空。
乌头风，白头雨。
西风腰里硬，东风当夜住；南风吹到底，北风来还礼；西风夜来歇，明朝吹倒壁。
南风暖来北风寒，东风多雨西风干。
东风急溜溜，难过五更头。
七月西风贵如金，春风小雨贵如油。
久晴西风雨，久雨西风晴。
一日北风三日晴，三日南风难见晴。
十月南风当日雨，九月南风两日半。
朝西风，晚东风，一时好天空。
秋前北风秋后雨，秋后北风干到底。
一年四季东风雨，唯有东风夏日晴。
三朝迷露发西风。
夏至风从西北起，瓜果园内受熬煎。
热极生风，闷极下雨。
九月东南二日半，十月东南当日转。
四季东风四季下，只怕东风起弗大。
日落西风住，不住刮倒树。
蚊子聚屋里，明早穿蓑衣。
白露秋风夜，一夜冷一夜。
东风两头大，西风腰里粗。
雨前蒙蒙无大雨，雨后蒙蒙无晴天。
夏雨隔牛背，秋雨隔灰堆。
雨打五更，日晒水坑。
早晨落雨饭后停，饭后下雨弗得晴。
老头活到九十八，未见阵头东南发。
上看初二三，下看十五六。

四月初一雨蒙松，西太湖里栽胡葱；四月初一晴堂堂，一对鲢鱼进灶膛。
虹高日头低，明天带蓑衣；虹低日头高，晒得背皮焦。
天黄有雨，脸黄有病。
一年四季东风雨，只有六月东风晴。
阳山顶头白云绕，蒙蒙细雨毛勒毛。
迷路弗开，路上要烂。
霜后西风天久晴，出门行路请放心。
天上起个鲤鱼斑，明朝晒谷弗用翻。
乌云接日头，半夜雨稠稠。
云随风雨急，风雨霎时息。
上昼薄薄云，下昼晒杀人。
云掩中秋月，雨打上元灯。
乌云朝上涨，晚上听瓦响。
小暑弗见日头，大暑晒开石头。
霜后东风一日晴，明朝转来雨淋淋。
处暑当头一声雷，四十五天倒黄梅。
春雪大水，腊雪无灾。
冬雪清除四边草，来年肥多害虫少。
雪打正月节，二月雨不歇。
春雾日头夏雾雨，秋雾凉风冬雾雪。
春霜弗隔宿，隔宿晴到大麦熟。
霜后暖，雪后寒。
夏雾雨来秋雾阴，冬天有雾霜紧跟，迷露不开就是雨。
狗吃青草天气好，猫吃青草雨天到。
蜻蜓成群绕天空，不过三日雨蒙蒙。
鲤鱼河里跳，大雨将要到。
蜘蛛张网丝，一定好天时。
早晨地罩雾，尽管洗衣裤。
雨中知了叫，预告晴天到。
春雷水结冰，落雪就太平。
电光西南，明日炎炎；电光西北，雨下涟涟。
雷公先唱歌，有雨也弗多。
蚂蚁搬家天下雨。
狗抓地，天要变，鸡窝发臭天要雨。
白天乌鸦死声叫，必有大风到；早上喜鹊叫，天气定晴好。
水底起青苔，必定要雨来。

早立秋，凉飕飕；夜立秋，闹稠稠；午立秋，热吼吼。
干净冬至邋遢年。

第三节 歌 谣

一、童谣

一个小宝宝

一个小宝宝，弗要哭弗要闹，要吃白蒲枣。阿哥望仔树浪跑，阿姐拿仔棒来敲，一敲敲仔三栲栳，青格多来红格少。

阿姨长，阿姨短

阿姨长，阿姨短，阿姨头浪有只碗，碗里有块萝卜干，吃煞吃弗完。

摇 摇 摇

摇摇摇，摇到外婆桥，外婆对我眯眯笑。买条鱼烧烧，头觉熟，尾巴焦，盛勒碗里蹦蹦跳。猫吃仔，眯眯笑；狗吃仔，甩虎跳。

摇 摇 摇

摇摇摇，摇摇好宝宝，弗要哼嘈了！奶奶已吃饱，可以困觉了。停歇末，抱你山塘街去买糖千糕，包侪宝宝吃到嘴里眯眯笑。

太阳公公起得早

太阳公公起得早，它怕宝宝困懒觉，趴到窗口看宝宝，宝宝睁开眼睛呵呵笑。

二、山歌

八 仙 歌

铁拐李先生道行高，汉钟离磐石把手摇。
吕洞宾肩背青锋剑，张果老骑驴过仙桥。
曹国舅手执阴阳板，韩湘子云中吹玉箫。
何仙姑手执金莲蓬，蓝采和花篮献蟠桃。

259

建房山歌

平 礅

甲：手拿礅板方又方，礅子做得圆正正。
　　今日礅板来安定，自我做来听我言：
　　恭喜主家砌新房，新造楼房排成行。
　　四时八节保安宁，主家富贵万万年。
乙：一块礅板方又方，开工安礅康乐地。
　　喜福降临主家门，平礅正逢三星照。
　　玉石礅子配成双，竖柱上梁都吉利。
　　砌墙粉刷保太平，五福临门万代兴。

注："礅"是间于宅脚和柱子接触处的鼓礅石。过去圆堂房子都有四亭柱，四柱下有鼓墩石，山墙上用"五柱落地"时也有小鼓礅。由于它放在宅脚之上，因此匠人在排好宅脚后就要平礅。平礅时，泥水匠是按木匠规划好的尺寸来平定礅石的位置。所谓"礅板"，相当于现在的水平仪。

砌山脊

甲：新砌山尖新又新，京城科举第一名。
　　公子骑马到东京，状元及第进朝廷。
乙：新砌山尖高又高，八洞神仙鲁班造。
　　八仙过海齐来朝，一代更比一代好。

盘答山歌

啥个地头滴溜圆

啥个地头滴溜圆？
啥个桥底下弗行船？
啥人一年到头弗困觉啊？
啥人立勒浪弗脚酸？

跑马厅生来滴溜圆。
火车站码头旱桥底下弗行船。
城隍庙老爷一年到头弗困觉啊。
黄浦滩铁人立勒浪弗脚酸。

东方日出啥云起，啥云遮

东方日出啥云起，啥云遮？

四海团团阿有几枝花？
你阿晓得长江里大船有几度油灰几块板？
一机麻布阿有几根纱？

东方日出横云起、巧云遮。
四海团团两枝花。
长江里大船千度油灰千块板。
一机麻布末万根纱。

啥人对佾说冬天日出横云起，巧云遮

啥人对佾说冬天日出横云起，巧云遮？
啥人对佾说四海团团两枝花？
啥人对佾说千度油灰千块板？
啥人对佾说一机麻布万根纱？

太白金星对我说冬天日出横云起、巧云遮。
游方僧对我说四海团团两枝花。
香山匠人对我说千度油灰千块板。
织布娘对我说一件麻布万根纱。

佾阿晓得太白金星是哪搭人

佾阿晓得太白金星是哪搭人？
佾阿晓得游方僧住勒啥州啥县啥乡村？
佾阿晓得香山匠人住勒浪啥场化？
佾阿晓得织布娘住格啥地名？

太白金星是天浪人。
游方僧住在各州各县各庙门。
香山匠人住勒香山村。
织布娘是伲香溪人。

佾买点啥格送拨勒天浪人

佾买点啥格送拨勒天浪人？
佾买点啥格送拨勒游方僧？
佾买点啥格送拨勒香山匠？
佾买点啥格送拨勒织布娘？

买对香烛送拨勒天浪人。
买个木鱼送拨勒游方僧。
买把纯钢斧头送拨勒香山匠。
买把沉香梳子送拨勒织布娘。

啥个虫飞来像盏灯

啥个虫飞来像盏灯？
啥个虫飞来像只钉？
啥个虫飞来人人怕？
啥个虫飞来要叮人？

萤火虫飞来像盏灯。
蜻蜓飞来像只钉。
胡蜂飞来人人怕。
蚊子飞来要叮人。

啥个花开来节节高

啥个花开来节节高？
啥个花开来像双刀？
啥个花开勒浪青草里？
啥个花开勒浪太湖梢？

芝麻开花节节高。
扁豆开花像双刀。
荠菜开花勒浪青草里。
水红菱开花勒浪太湖梢。

啥个花开来花里花

啥个花开来花里花？
啥个花开来泥里爬？
啥个花开来弗结果？
啥个花结果弗开花？

棉花开来花里花。
长生果开花泥生爬。

慈姑开花不结果。
无花果结果不开花。

啥个鸟做窠节节高

啥个鸟做窠节节高？
啥个鸟做窠半中腰？
啥个鸟做窠门头浪？
啥个鸟做窠着地跑？

白头翁做窠节节高。
喜鹊做窠半中腰。
燕子做窠门头浪。
野鸡做窠着地跑。

啥个鸟叫来唧铃铃

啥个鸟叫来唧铃铃？
啥个鸟叫来凤凰声？
啥个鸟叫来招人怪？
啥个鸟叫来喜人心？

游乡叫来唧铃铃。
鹁鸪叫来凤凰声。
老鸹叫来招人怪。
喜鹊叫来喜人心。

啥风吹来雨乒乓

啥风吹来雨乒乓？
啥风吹来暖洋洋？
啥风吹来懊憎热？
啥风吹来顶顶冷？

东北风吹来雨乒乓。
东南风吹来暖洋洋。
西南风吹来懊憎热。
西北风吹来顶顶冷。

啥个尖尖尖向天

啥个尖尖尖向天？
啥个尖尖在水面？
啥个尖尖手里用？
啥个尖尖在姐门前？

宝塔尖尖尖向天。
红菱尖尖在水面。
毛笔尖尖手里用。
绣花针尖尖在姐门前。

啥个圆圆圆上天

啥个圆圆圆上天？
啥个圆圆水滩边？
啥个圆圆郎手里用？
啥个圆圆勒姐身边？

月亮圆圆圆上天。
荷叶圆圆水滩边。
铜钿圆圆郎手里用。
油棉塌圆圆勒姐身边。

五 噫 歌

陟彼北芒兮，噫！
顾览帝京兮，噫！
宫室崔嵬兮，噫！
人之劬劳兮，噫！
辽辽未央兮，噫！

录自汉·梁鸿歌谣

泥 孩 儿

牧渎一块泥，装塑恣华侈。
所恨肌体微，金珠载不起。
双罩红纱厨，娇立瓶花底。
少妇初尝酸，一玩一心喜。
潜乞大士灵，生子愿如尔。

岂知贫家儿，呱呱瘦于鬼。
弃卧桥巷间，谁或顾生死？
人贱不如泥，三叹而已矣。

录自宋·许棐歌谣

采石谣

朝采山，暮采山，谁知鬼斧出人间？
山灵夜哭向风雨，奇峰悔不先飞去。
石芝昔含元气生，兹山始有灵岩名。
石马之形绘不出，四蹄宛踏空中行。
海水不枯石不烂，可怜神物翻成幻。
九茎破作冷尘飞，五花纷逐愁云散。
香溪水浅沙砾淤，昔悲禾黍兮今复为墟，
司空不问将何如！
圣明开矿恩已宣，下民反窃官家权。
垒垒古墓亦何罪，伐来白骨横荒田。
山僧坐视花宫废，野人能畏公府忌。
宛上使君何时来，黄金重赎归初地。
吁嗟乎，但愿千秋得廉吏！

录自明·王醇歌谣

金焦采石歌

大江日夜流荆扬，两山对峙水中央。
金山楼台焦山树，千古名胜遥相望。
吴宫馆娃花草地，亦有金焦峙其旁。
具体而衔土载石，采取远筑海之塘。
帑金百万筹巨费，大吏驻节安澜长。
利用不殊射潮弩，浮载讵等花石纲？
所嗟东南民力尽，国家自古重海防。

录自清·张茂勋歌谣

第十章 人物 荣誉

香溪社区境域地处繁华富饶的太湖流域，文化久远，历代名人辈出，既有政治显要，又有各领域的专家学者，还有技艺精湛的能工巧匠，更有不少他乡名贤至境域讲学、侨居，乃至终老于斯地。本章为对境域有影响的历史人物立传，对在世人物（部分）通过调查搜集至中华人民共和国成立以后副科级以上（含副科级）行政干部，副高级以上（含副高级）技术员，区（县）级以上（含区县级）劳动模范、先进工作者、大专以上（含大专）校院毕业生、在部队立功受到嘉奖的军人等，列表存志。

第一节 人物传略

陆玩 （277—341），东晋大臣、书法家。字士瑶，家住木渎灵岩山。出身世家士族，器量宽厚，儒雅宏远，弱冠便有美名，后为丞相司马睿召为掾属，被王敦强聘为长史。王敦之乱平定后，晋元帝引其为丞相参军，累拜侍中，迁吏部尚书，转尚书左仆射，领本州大中正。东晋咸和二年（327），历阳内史苏峻联结镇西将军祖约以讨伐庾亮为名起兵进攻建康（史称"苏峻之乱"），朝廷派陆玩与兄陆晔把守宫城，陆玩成功劝说叛将匡术归顺义军，致使局势发生转变，陆玩因功封为兴平伯。咸和六年（331），转升尚书令，加散骑常侍。王导、郗鉴、庾亮等重臣相继逝世后，陆玩因有德望升任侍中、司空。陆玩为人谦让，性格通雅，不以名位格物，善纳后进。东晋咸康七年（341）逝世，赠太尉，谥号康，故称"陆太尉"。陆玩善书法，尤其擅长行书。

相传，陆玩生前曾舍宅为灵岩山寺。卒后，墓葬在木渎鸡笼山。木渎南有陆家场，灵岩山下有陆家村，原来都有他的遗迹。

袁遇昌 生卒年不详。宋代泥塑名家。木渎人。工于捏塑、速塑，尤擅塑泥婴孩，俗称"摩睺罗"，名扬四方，亦长于捏泥美人，技工艺精，人物栩栩如生，彩绘鲜妍，形态各异，牙齿、唇发、衣襟势似活动，揿按脑囟亦如活人。有的还饰以彩带、金银、珠宝、象牙、翡翠等，放置于红色或绿色的纱笼里，达到出神入化的境地。部分作品今入藏镇江博物馆。袁遇昌死后，此艺遂绝。清顾震涛认为虎丘泥人技法始于袁遇昌。

徐林 生卒年不详。宋代官员。字稚山，自号砚山居士，家住灵岩山下。祖籍建安（今属福建）。曾祖徐奭历官苏浙，子孙于是成为吴人。少有至操，北宋宣和三年（1121）考中进士。南宋绍兴元年（1131），上书言事，召改官，累迁太府少卿，出为江西转运副使。曾弹劾秦桧亲党，贬谪兴化军。南宋绍兴十三年（1143），任刑、户部侍郎，南宋隆兴元年（1163），改任吏部侍郎，因议论符离之役不当，逆忤王龟龄，于是以敷文阁直学士身份出任平江知府。他极力推辞，不久乞求致仕。再以给事中召，不起，迁龙图阁学士。墓在灵岩山西麓。子徐藏，字子礼，进士，历知饶州、秀州，有惠政，有学识，尤善汉隶。

徐　林

徐兢 生卒年不详。宋代官员、书法家。徐林弟。字明叔。18岁入太学。以父

徐　兢

任补通州司刑曹事，后出任雍丘县令。治下百姓被教化，狱讼明显减少。后改任原武县令。北宋宣和年间出使高丽，撰成《宣和奉使高丽图经》，进呈宋徽宗。徽宗阅后大悦，召对便殿，擢大宗正丞事兼管书学，迁刑部员外郎。南宋绍兴年间任平江（今苏州）郡守，任职吴中20年而卒。善书法、以擅篆书著名。

朱碧山　生卒年不详。元代金银器雕刻铸造工艺家。字玉华，一号行，木渎人。擅长银器雕刻铸造，被人称为"吴中绝技"。所制酒器（如虾杯、蟹杯、灵芝杯、槎杯等）最为精妙，尤以槎杯著名。元天历年间曾为奎章阁学士院鉴书博士、鉴赏家柯九思制作灵芝形酒杯，精奇格致。曾为诗人虞集和揭傒斯铸造过银槎杯，作为酬酢酒器。槎杯取材于西晋张华《博物志》神话故事，用白银铸成独木舟形状，中空以贮酒，槎上乘坐一人。通体雕刻精细，槎身还雕刻桧柏纹理，老权屈曲。槎上一道人斜坐，头戴道冠，足穿云履，长须宽袍，正在凝视手中所执的书卷，神态可掬、形象生动，腹底、口底均刻有诗句。清代名流孙承泽、宋琬、高士奇等都曾收藏过，朱彝尊作有长诗《银槎歌》。

朱碧山

朱碧山所铸银槎杯流传至今，存世仅有4件，一件藏于北京故宫博物院。一件藏于吴文化博物馆，造于元至正五年（1345），1973年穹窿山出土。一件现藏于中国台北"故宫博物院"，原藏于承德避暑山庄行宫。一件原藏于北京圆明园，清咸丰十年（1860），英法联军攻入北京时被英国人盗窃而去，现藏于美国克利夫兰博物馆。

黄习远　生卒年不详。明代文人。字伯传，木渎人，世居山塘街。平生嗜好读书，工诗、古文，以诗文往来于公卿名流间，曾为状元大学士申时行门客。明万历年间与隐居寒山的赵宧光校刊、增补、编定宋朝洪迈《万首唐人绝句》40卷。好山水远游，考察名胜古迹。曾游览安徽黄山，题名"始信峰"，撰有《黄山纪游》。万历三十八年（1610）灵岩山寺遭大火，寺内和尚为生计而卖山石，大量奇石古迹遭毁。黄习远为保护灵岩山胜迹，终日奔走，多方呼吁，后得到浒墅关榷使马之骏支持，出高价赎此山为官物，立碑刻文，永不许斧凿，并为立碑。此举触犯当地客户利益，黄习远因此遭到仇视和报复，被逼逃往南京。流离他乡期间，他搜辑古今资料，著成《灵岩山志》，志成而卒。死后棺材寄存外地不得而归，人们争相以诗哭之。

智旭　（1599—1655），明末高僧。俗姓钟，原名际明，字振之，木渎人。13

岁读儒书，以圣学自任，著书辟佛，凡数千言。父见了责怪他，示以高僧所作的《竹窗随笔》，他于是焚烧所著论。20岁父卒，延请僧做道场，见《地藏本愿经》，读后顿发出世志。24岁入湖州万寿禅寺，从德清弟子雪岭剃度，取名智旭，字蕅益。27岁起遍阅律藏，见当时禅宗流弊，决意弘律。32岁开始研究天台教理。次年秋始入浙江灵峰建西湖寺。后历主漳州、石城、长水、新安等处寺院方丈，讲经著述，广宏台教。清顺治六年（1649），自金陵归灵峰，自号灵峰老人。不久外出，云游江浙间。顺治十二年（1655）正月二十一日端坐而逝。两年后，被建塔于云峰大殿右。

智旭饱览各种藏经，潜心研究佛教、讲学著述不断。他的学说综合禅教律学而会归净土，同时又融会儒释，著作丰富。他在佛学界享有极高声望，与憨山、紫柏、莲池大师合称"明末四大高僧"。

张永夫 （1672—1724），木渎人，又名锡祚。少年时住横山（七子山）从叶燮学诗，后迁居木渎下沙塘，以教学为生涯，生活贫苦。有时几日不能做饭，采撷山野蔬菜充饥。为人高洁，是个有民族气节的诗人。他不想通过他的同学沈德潜等人的关系，弄上一官半职，过上富裕的生活，就是太史何焯特意登门拜访送钱，请他出仕，都被其断然拒绝。他还把自己打扮成一个不僧不道的人，头不戴帽，脚穿木屐，以此表示对清政府的反抗。他又把自己的诗集命名为《锄茅集》，将清朝统治者比作荆棘塞途的茅草。他反对当时有人提出的"温柔敦厚""怨而不怒"的作诗态度，写了不少反映劳动人民生活疾苦的诗歌，如《刈麦行》等。

张永夫共计作诗500余首，现在保留下来的有130余首，其中有一部分是批判清朝统治者以及那些趋炎附势的小人的。

张永夫没有子女，死后由盛青崟出资安葬。在灵岩寺下院东侧，墓地作长方形，有塔柏数株。墓前原有碑两块，一块写"再来人之墓"，系清代雍正三年（1725）立；一块写"诗人张永夫之墓"，1957年人民政府修理时由苏州市文物保管委员会立。

沈德潜 （1673—1769），字確士，号归愚，清长洲（今吴县）人，是中国历史上少见的长寿诗人，著名的诗选家。

沈德潜学诗于横山先生叶燮，少有才学，大器晚成。乾隆四年（1739）他将近70岁时中进士，改庶吉士。乾隆七年（1742）授翰林院编修，次年迁左中允，累迁侍读、左庶子、侍讲学士，充日讲起居注官。乾隆九年（1744），任湖北乡试正考官，迁少詹。乾隆十年（1745）晋詹事，充武会试副考官。乾隆十一年（1746）三月，授内阁学士。八月，请假归葬，得旨不必开缺，御制

沈德潜

诗赐之，命给三代封典。乾隆十二年（1747）四月，命在尚书房行走。六月假满赴职，寻擢礼部侍郎，乾隆十三年（1748）充会试副考官，寻以原衔俸食。乾隆十四年（1749），诏原品休致，有所著作，许寄京呈览，寻进所著《归愚集》。上南巡，谕在籍食俸。曾三到京师祝皇太后、皇上万寿，入九老会并为绘图，德潜列致仕九老之首。乾隆二十二年（1757）上南巡，加礼部尚书衔。乾隆三十年（1765）上南巡，晋阶太子太傅，赐其孙惟熙为举人。

他原住苏州葑门竹墩上，57岁时迁居木渎山塘街（今鹭飞桥畔69号附近），筑"灵岩山居"。在此期间，他完成了《明诗别裁》的编选工作。74岁时，他又迁回苏州。

沈德潜潜心诗学，造诣颇深。他编选的《五朝诗别裁》《古诗源》《竹啸轩诗钞》《归愚诗文集》《西湖志纂》等书广泛流传。影响极大。他的治学精神十分严谨，《唐诗别裁》一书共计历时30年而编成。这时他已45岁，后又经过45年的修订补充才重刻刊行，其时已逾90岁。

沈德潜晚年曾有过一段殊荣。不料乾隆四十三年，东台县已故举人徐述夔所著《一柱楼集》诗词悖逆，经县民首告，发现集内载沈德潜为徐作传。乾隆大怒之下，亲笔降旨追夺沈德潜的一切殊荣。

张宗苍 （1686—1756），清代画家。字默存、墨岑，号篁村、太湖渔人，晚称瘦竹，篁村（今属木渎藏书）人。孝友绝俗，能诗文，著有《墨岑诗稿》一卷。曾任河工主簿。早年学画于娄东画派传人黄鼎（字尊古），擅长山水画，用笔沉着，神气葱蔚可观。清乾隆十六年（1751），乾隆皇帝南巡至光福，张宗苍进献《吴中十六景》画册，得到赏识，招入京城，供奉宫廷画院。乾隆皇帝赞赏他画艺，特赐工部主事，不久告归。他的山水画用笔沉着，表现出深远的意境和深厚的气韵，风格苍劲。乾隆皇帝屡次赐膳、杖、福字、貂裘，还曾为他的画题诗70余首。张宗苍曾在灵岩山下构筑篁村别墅。其侄张述渠，字筠谷，诸生，亦善山水，笔法老秀。

沈钦韩 （1775—1831），字文起，号小宛。木渎人。其祖辈沈石均在清初与张永夫、盛青嵝、黄子云齐名。其父沈宗培，以教书为生，在当时是一位诗人。清嘉庆十二年（1807）沈钦韩中举人，任安徽宁国府训导。他无意功名，足不入城，刻苦攻读，专心于著作。在炎热的夏夜，为了避免蚊虫叮咬，他把两足伸在坛子里，坚持研读、著作，常至夜尽更深。由于家贫，常向人借书，计日而还。其学自诗赋古文词外，尤擅长训诂考证。他勤奋治学，故一生著作很多。其中最为后人推崇的是小字行书手稿《水经注疏证》，此书是全面系统地研究《水经注》的珍贵资料。全国现存《水经注疏证》完书只有三部，其中两部保存在南京图书馆，还有一部就是沈钦韩的小字行书手稿。目前完好无缺，十分珍贵。

沈钦韩还是一位博学多才的文学家、诗人。他著有《韩昌黎集补注》《王荆公集补注》《范石湖集注》等书。沈钦韩很钦佩韩愈，也推崇王安石，对范石湖（范成大）著作亦深有研究。

沈祄昌 生卒年不详。清乾隆时期书法家、金石家。原名御天，字纯如，一作乘如、乘时，木渎人，自号虹桥居士。诸生。自幼颖异，嗜好古文，不屑参加科举，潜心研讨六书，究心碑版金石，师法著名金石家顾苓、陈炳，风格苍劲中含秀雅，深得古趣。与张锡圭、连朗、张屿等人合称"吴派"。门人汇集他所镌印，编成《虹桥印谱》。工诗，喜欢唐代山水田园诗歌，格调古澹高华，著有《虹桥小草》。又工书法，隶书临《曹全碑》《孔庙碑》，楷法摹褚遂良、柳公权，深得其堂奥。从子沈元龙，字凌苍，号秋坪，从伯父学书法，工真、草各书。诗学唐贤，以贡生游幕粤40余载。曾选《木渎诸家诗》行于世。

周孝埙 （1763—1833），清代中后期文人。原名兰颖，字愚初，号逋梅，木渎人。5岁入私塾，读书过目成诵，为文秀拔浏亮。早年曾师从木渎王在东、孙炳文。20岁后补吴县学生，以诗文见称一时。乡试屡次不中，清乾隆六十年（1795），入为刑部主事，后分刑部广西司。一年后兼安徽司行走，充律例馆纂修官。嗣以养母，乞归。归后，更加潜心学习，遍读家中藏书图史。后迁居枫桥，莳花种竹，啸歌其中。与吴翌凤、沈元龙、胡眉峰、韩尉等尤相契合，先后辑《渎川耆旧诗集》及友朋遗集各十数种，锓版以刊行。其诗文风格洒脱，著有《还读小庐诗》等。墓在尧峰山柴场村。

其弟孝垓，字平叔，号心香。庠生。精研古籍，曾刊《毛诗郑氏笺》《李鼎祚周易集解》，号为善本。清嘉庆二十四年（1819）捐资重修木渎义学。

钱照 （？—1861），字端溪，与其兄钱炎及弟钱熙均以诗而名，隐居不仕，合称"渎上三诗人"，而钱照成就最高，著有《端溪诗草》。

钱氏乃嘉道年间木渎望族，有良田千顷，祖产殷富。嘉庆十八年（1813），老大钱炎字杏圃，在斜桥之西筑园，名"潜园"；老三钱熙字千舟，又于潜园之西百步余筑园，名"息园"，一时题咏颇盛。

道光八年（1828），钱照买下竹啸轩，即行抢修，所幸那棵古玉兰树依然枝繁叶茂，竹啸轩书斋甚为完整，稍事修缮便重现昔日气派又在园中增葺"眺农楼""延青阁"诸胜，筑假山，引清流，内擅幽栖之胜，外窥四野之色，逍遥自得。因钱照字端溪，便取名为"端园"。

咸丰十年（1860），木渎惨遭兵燹，大火烧毁了大半条西街，潜园、息园俱成灰烬，唯钱照之端园独存。可是，钱端溪饱受惊吓加上忧虑过度，竟一病不起，于次年初春撒手归西。钱家在咸丰兵火之后，家道式微，子孙仅靠变卖家产度日，但是，端园毕竟名园风采，故仍有不少文人雅士慕名而来，借寓在此著书立传。传冯桂芬寓此总纂《苏州府志》，叶昌炽亦寓

钱照

此完成考古名著《语石》……

光绪二十八年（1902），钱氏子孙无力维持这座江南名园，为使祖宅名园不致毁废，以二十万两银子转让给木渎首富严国馨。

严国馨（1826—1905），东山安仁里严氏十六世孙，严家淦之祖父，又名严选，字德明，号兰卿。清嘉庆年间，严国馨父严徵祥在木渎经商，后严国馨率家迁木渎西街定居，建东山严氏木渎支祠。至光绪年间，严国馨经商致富，拥有财产一百万两关银。光绪二十八年（1902），从木渎诗人钱端溪手中买下地处山塘街的端园，请香山帮建筑名匠姚承祖修葺一新。严国馨母朱太夫人为木渎寿星，称"百岁夫人"（在王家桥西建有百岁坊），仰慕前贤，改"端国"名为"羨园"，俗称严家花园。羨园北临田野，登楼凭窗，可远眺天平，近望灵岩，极游目骋怀之致。严国馨自号羨园主人，在其经营下，羨园成为与城内园林抗衡的江南名园。严国馨致富不忘桑梓，在他的倡导下，其后人在木渎创设善济堂、代赈堂等慈善机构，开展修桥铺路、办学施教、赈灾济贫、保护文物等公益善举，在木渎地区享有较好的口碑。

袁培基（1870—1943），清末民国时画家。字子辛、幼辛，号雪庵居士、雪庵叟。木渎人，居住下沙塘。自小喜丹青，临摹花卉果品、山水人物、走兽翎毛。数年后，运腕自然，致力于山水画。又喜创稿，不拘古人范本，常交游于真山真水间。故落笔不凡，构图时出新意，自得造化之真趣。他的画挥洒自如，而烟云在握，为画中逸品，誉满东南，与徐悲鸿、张大千、吴湖帆等齐名。曾参与《木渎小志》校阅。

沈寿（1874—1921），女，近代刺绣艺术家、刺绣艺术教育家。原名云芝，字雪君，晚署雪宧，别号天香客主人，木渎镇人（一说苏州人）。从小颖慧，7岁随姐沈立学刺绣，12岁绣成《秋雨月上图》，以刺绣闻名乡里。清光绪十九年（1893），与绍兴余觉结婚。余觉出身书香世家，能书善画。沈寿婚后绣技日臻精妙，士大夫们争相购藏。光绪二十五年（1899），随丈夫迁居上海。光绪二十九年（1903）起，创造仿真针法。翌年十月，慈禧70寿辰，余觉将她的绣品《无量寿佛图》《八仙上寿图》送至北京，由戴振代呈。慈禧特书"福""寿"两字分赐沈寿夫妇（余觉得"福"），因此改名沈寿。十一月，奉派前往日本考察美术绣。光绪三十一年（1905）八月，回到苏州创办福寿绣厂。翌年奉诏赴京，任农工商部绣工科总教习。其间，获得意大利皇后爱丽娜照片，精心绣成中国第一幅人物肖像刺绣作品《意大利皇后爱丽娜像》。清宣统元年（1909），这幅绣品参加南京南洋劝业会展，获最高奖。作品后又参加意大利都朗博览会展，荣获世界至大荣誉最高级卓越奖，

沈寿

意大利国王与皇后赠以国家荣誉勋章和金质钻石表。又以《英女王维多利亚半身像》参加世界万国博览会，获得优等奖。1912年，沈寿在天津创办自立绣工传习所。南通状元、实业家张謇担忧沈寿技艺失传，于1914年创办南通女红传习所，聘沈寿为所长兼教习。翌年，美国为纪念巴拿马运河通航在旧金山举行博览会，沈寿的《世界救世主耶稣像》获博览会一等奖，声名远播。1917年10月，沈寿患病后，仍"无一日不为诸生勤勤指授"，并口述绣技经验与理论，由张謇手记整理成《雪宦绣谱》。1920年10月南通绣织局落成，沈寿任局长。次年6月8日去世，年仅48岁。墓在南通黄泥山东南麓，墓前立张謇书"世界美术家吴县沈女士之墓阙"牌坊。

沈寿刺绣有"神针"之称，被誉为"绣圣"。传世名作还有《牧羊图》《观音像》《山水风景》《花鸟册页》《罗汉》《济公像》《美国女优倍克像》等。其姐沈立，又名鹤一，刺绣技艺堪与沈寿媲美，沈寿去世后接任南通刺绣局局长，代表作有《马》《神女》《虎》等。

严良灿 （1874—1942），字子绚，民国时期工商实业家。祖籍洞庭东山。清嘉庆年间，祖父严徵祥到木渎经商，父严国馨正式迁居木渎西街。清光绪年间，严家经商富甲一方，成为木渎"四大家族"之一。严良灿自幼聪明伶俐，秉性率直，善于理财，全心发展本地工商实业。光绪三十三年（1907）在下塘道塘浜旁创办严和美（又名东和美）米酱行，内设有米作、酒作、酱作。后又陆续开设西和美米酱行、严裕泰粮油酒酱店、严万和粮酒酱店和严安德中药店，经营业绩居木渎全镇首位。他坚持信义，真诚待客，在经营方式上除了现款交易外，多用赊账形式，按一年三节（端午、中秋、年关）结账付款。同时开展批发业务，香山、善人桥、横泾、西山等地商家都批购严家粮食、豆饼、酒酱等商品。严良灿曾担任木渎区区董，掌管木渎商业。1920年投资5000多银圆，在南街底创办小型发电厂，白天用于生产，晚上无偿用于全镇照明。抗日战争前，购置"特络威"牌救火车（当时苏州城内仅有两辆）。成立木渎救火会，组织全镇青年店员担任义务消防队员。组织成立善济堂、代赈会等慈善机构，拥有学田300亩、房屋18间，以其收入为地方举办公益事业，每月为全镇孤寡老人、教师发放生活补助费。平时还参与修桥补路、收送弃婴、收殓掩埋无主棺（尸）。曾参加《木渎小志》校阅。其次子严家显，为著名昆虫学家、教育家。四子严家贵，为医学病理学家。

陆鸿仪 （1880—1952），字棣威，吴县人，曾居木渎镇王家桥（严家花园）。辛亥革命后，先后任北京政府司法部佥事，大理院执事、庭长、修订法律馆总纂、副总裁。

1937年6月11日，6月25日七君子事件发

陆鸿仪

生后，两次到伪法庭为七君子辩护，担任第二被告章乃器的第一辩护律师。

八一三事变后，受聘任《新华日报》社法律顾问。抗战胜利后回苏州仍操旧业，拒绝为汉奸出庭辩护。1945年中共苏州地下组织领导建立的文心图书馆成立，他任董事长。

1949年4月苏州解放，陆鸿仪当选为市第一届各界人民代表会议特邀代表。1949年10月赴北京任最高人民法院委员会兼民事审判庭庭长。1952年病逝北京。沈钧儒亲自撰写"洁己奉公，守法不渝"挽词，高度评价了陆鸿仪的为人。

柳支英

柳支英（1905—1988），著名昆虫学家、蚤学家。字肇沅，曾名知行，木渎人。1924年，苏州晏成中学毕业。1929年从南京金陵大学生物系毕业后，历任江苏省昆虫局副技师兼标本室主任、浙江省昆虫局技佐兼稻虫研究所主任，又兼任浙江大学生物系的科研和教学工作。1933年赴美国明尼苏达大学，就读昆虫和经济动物学研究生，以优异成绩取得硕士学位，应邀参加美国科学荣誉学会、美国农学荣誉学会，获得两枚金钥匙。1936年发表中国第一份"蚤类名录"、1939年出版《中国之蚤类》。抗日战争时期，任广西农事实验场技正兼广西大学农学院教授，在世界上首次发现新的植物种子杀虫剂。抗战胜利后，任浙江大学农学院教授、杭州市昆虫学会理事长。

朝鲜战争爆发后，肺病尚未痊愈的柳支英积极报名参加抗美援朝。他提出的判别敌投昆虫（动物）"三联系、七反常、一对照"原则，在战场上发挥较好作用。1957—1958年，到中国北方鼠疫自然疫源地帮助灭鼠，配制成"1080葵花籽灭鼠毒饵"，灭鼠效果显著。历任军事医学科学院微生物流行病研究所研究员、副所长、研究所学委会主任、军事医学科学院专家组副组长。他是中国蚤类研究奠基人、中国媒介生物学及其防制科学奠基人之一，发现并命名蚤目5个新属、2个新亚属和60个新种及新亚种，发表蚤类研究论文59篇。曾获军队科技进步一、二等奖各1项，国家自然科学二等奖1项。曾任浙江省及上海市昆虫学会理事长，中国昆虫学会副理事长、《动物分类学报》副主编。1988年10月14日病逝于北京。

严家淦（1905—1993），乳名雨荪，初名静波，号兰芬。生于木渎镇西街114号住宅（羡园），祖籍东山马家堤。曾祖严徵祥，字季芳，号怀瑾，国学生。祖父严选，原名国馨，字德明，号兰卿。光绪年间，因经商致富，举家迁居木渎。父良肱，字景淮，号养和。母万氏，生子家声、家淦、家昌，生女静真、蕴真、葆真，死后葬于姑苏村西钟家塔自然村旁。

1947年5月，台湾省政府成立，严家淦任省政府委员兼财政厅厅长。1949年6月主持台币改革。1963年12月，出任台湾地区行政管理机构负责人。严家淦担任台湾地区行政机构管理负责人八年半，于1972年辞去职务。1975年蒋介石病故，严家淦接任台湾地区领导人，1978年3月，蒋经国当选台湾地区领导人，5月20日就职，严同时卸任公职。

1993年12月24日晚10时逝世。1994年1月22日在台北举行家祭、公祭后，安葬在台北五指山公墓。

严家显 （1907—1952），字仲扬，严良灿之子，生于木渎。少年就读于苏州桃坞中学，毕业后到金陵大学求学，在燕京大学研究生毕业，后到美国明尼苏达大学专攻生物病理，获昆虫学博士。1938年，回国后任教武汉大学。不久创办了福建省立农学院，并创办了中国昆虫学会和中国第一份农业杂志——《大众农学》。之后又受聘为复旦大学农学院院长。1950年，严家显受命创办中国人民解放军医学科学院昆虫研究所，同时任教于中国人民解放军第二军医大学、上海第一医学院。他研究的领域涉及医学、生物、农业病虫害，是中华人民共和国早期著名的科学家之一。

严家显

严家贵 （1913—1970），严良灿之子，生于木渎。1941年毕业于国立上海医学院，留任病理教研室助教。时值抗日战争，他奉命参加国际红十字救护总队，在缅甸前线参加医疗救护工作。1948年赴美国田纳西州立大学医学院进修。1949年得知上海解放，立即回国，后任上海医学院病理研究室副主任。1952年美国发动侵朝战争，发现有细菌战的迹象，严家贵受命赴朝鲜前线任中国人民志愿军防疫检验队病理检验室主任，荣获朝鲜人民政府授予的二级国旗勋章。1957年，严家贵教授离开上海举家迁往重庆，参加筹建重庆医学院病理解剖教研室。

严家贵

陈翰伯 （1914—1988），新闻家、编辑出版家、国际问题评论家。笔名梅碧华、王孝风等。祖籍木渎，生于天津。1932年考入燕京大学新闻系，1935年参加"一二·九运动"，从此投身革命，加入中国共产党，在白区从事报纸新闻和地下工作。1936年燕京大学毕业后到西安东北军中办报，任《西京民报》总编辑。1937年任西安《西北文化报》编辑，曾陪同美国著名记者斯

陈翰伯

诺的夫人到延安，并当翻译。1942年任重庆《时事新报》采访部主任，1945年任重庆《新民晚报》副总编辑。

1946年任上海《联合晚报》总编辑。1949年在西柏坡任新华通讯社总社编委兼国际新闻部主任。中华人民共和国成立后，任中共中央宣传部理论宣传处副处长，主管理论刊物《学习》编辑工作。1958年起，历任商务印书馆总经理兼总编辑、人民出版社领导小组组长，组织出版《辞海》《辞源》《汉语大词典》《汉语大字典》《现代汉语词典》等字（词）典48部。1964年，任文化部出版局局长。1969年年初、至湖北咸宁向阳湖"五七干校"劳动改造。1976年起，历任国家出版事业管理局代局长，中国出版工作者协会主席、名誉主席，全国政协委员。1978年，兼任《中国大百科全书》总编辑委员会副主任。1988年8月26日在北京病逝。

李娥英

李娥英 （1927—2018），女，木渎镇人。10岁随母亲学绣，勤于钻研，绣艺精娴。1954年参加苏州文联刺绣小组，长期从事刺绣技艺指导工作。曾任苏州刺绣研究所第一届刺绣专修班班主任兼教师、针法研究室主任、中国苏绣艺术博物馆副馆长。在继承和发展传统刺绣技法，进行技艺总结和培养刺绣接班人以及刺绣底料的革新等方面取得显著的成绩。1955年和其他艺人合绣《牡丹屏》双面绣获省手工业联社颁发的一等奖。1965年总结"分绷合绣"的方法并在苏州地区推广。1978年被评为副总工艺师。1979年、1982年两度出国赴日本、澳大利亚表演刺绣，受到高度评价。1979年8月被国家轻工业部工艺美术公司授予"中国工艺美术家"称号。刺绣代表作有《彩鸟屏》《湘君》《蘑菇云》，特别是绣制《蘑菇云》时，首次采用了尼龙绡作底料，它使双面绣的底子呈现透明，有更强的空间感。从而使绣制双面绣《小猫》《金鱼》的艺术效果大大提高，成为名满天下，享誉世界的艺术精品。历年指导刺绣的大型刺绣作品主要有《松龄鹤寿》《开国大典》《群仙祝寿》《长江万里图》《松鼠葡萄》、发绣发刻结合的《寒山寺》、双面三异绣《鹦鹉仕女》《盛世滋生图》等。其中《松鼠葡萄》于1982年获全国工艺美术百花奖金杯。还按照苏绣针法特点，进行了系统整理，分成8大类42种。曾主持编写《苏绣针法汇编》，著有《苏绣技法》，并编写了《苏绣传统针法讲义》《戳纱针法汇编》等。

顾文霞 （1931—2022），女，木渎镇人。14岁学习刺绣，擅长苏绣传统技法及双面绣技术，曾受画猫专家曹克家点拨，尤长绣制猫和金鱼。对苏绣小猫、金鱼等刺绣技艺的提高和底料的革新作出了积极的贡献。1954年进苏州市文联刺绣小组，师从著名刺绣艺人任嘒闲、周巽先。历任刺绣生产合作社理事、刺绣研究所针法室副主任、研究所所长、中国工艺美术学会副理事长、中国苏绣艺术博物馆馆长，并当选中共十大、十一大代表，全国政协第六、第七届委员、共青团第八次全国代表大会代表，曾出席全国劳模大会。1956年，去英国伦敦参加手工艺品及家庭爱好品国际展览会，成为中华人民共和国成立后第一位出国访问的苏绣艺人，并当众表演绣制《猫蝶图》，引起了轰动。1959年赴阿尔巴尼亚传授绣艺。同年8月，被国家轻工业部工艺美术公司授予"中国工艺美术家"称号。1962年首创以纱绢作底料绣制双面金鱼，获工艺系统创新三等奖。1971年与他人合作的《白孔雀》绣屏被选作赠送联合国之礼品。多次为北京、沈阳、上海等地的博物院（馆）复制馆藏和出土刺绣文物，其中包括明代露香园顾绣代表人韩希孟的《扁豆蜻蜓》《鹌鹑》名作及长沙马王堆汉代绣品、北京明十三陵出土绣品百子衣、缂丝衮服等几十件，还曾参与规划并指导设计我国第一幅把发绣与发刻汇于一体的艺术珍品双面绣《寒山寺》台屏的研制工作。创建了中国苏绣艺术博物馆，并潜心研究苏绣工艺针法，推陈出新。主要作品有《母子猫》《猫蝶图》，双面绣《金鱼》《兰花》等。

顾文霞

第二节 人物名录

一、香溪社区历届区（县）中共党代会代表、人民代表大会代表

香溪社区境域当选区（县）中共党代会代表、人民代表大会代表的人如下，以当选代表时间先后为序录之。

1970年9月，朱毛头当选中共吴县第四次党代会代表。

1984年3月，王根泉、顾佩珍、徐全玲、李秀英当选吴县第八届人民代表大会代表。

1990年4月，许盘英当选吴县第十届人民代表大会代表。

1991年3月，张国荣当选中共吴县第八次党代会代表。

1993年2月，许盘英当选吴县第十一届人民代表大会代表。

1996年3月，许盘英当选吴县市第十二届人民代表大会代表。

1996年3月，张国荣当选中共吴县市第九次党代会代表。

1998年1月，许盘英、韩也玲当选吴县市第十二届人民代表大会代表。

2001年6月，许盘英、韩也玲当选吴中区第一届人民代表大会代表。

2006年6月，许盘英当选吴中区第二届人民代表大会代表。

2011年1月,许春华、贡丽君当选吴中区第三届人民代表大会代表。
2016年7月,张咏梅当选中共吴中区第四次党代会代表。
2017年1月,吴月仙当选吴中区第四届人民代表大会代表。
2021年7月,张咏梅当选中共吴中区第五次党代会代表。

二、副科级以上（含副科级）干部、副高级以上（含副高级）技术人员

中华人民共和国成立后,有不少香溪社区籍人士,在祖国各地的各条战线上创业奋斗,奉献社会,并成长成为干部和学者、专家,现将调查收集到的副科级以上（含副科级）干部和副高级以上（含副高级）知识分子、技术人员制表录之。

表 10-1　　　　香溪社区籍副科级以上（含副科级）干部表

姓名	性别	出生年份	所在工作单位	职务	备注
宁德厚	男	1926	苏州市第二卫校	书记（副处级）	退休
宋玉烈	男	1933	苏州市第二卫校	副书记副校长（副处级）	退休
孙水根	男	1936	木渎镇人民政府	副镇长	退休
钱常武	男	1939	航天部某基地设计研究所	党委书记（正厅局级）	退休
郁珊宝	男	1951	吴中区人民法院法官	副科级	退休
张国荣	男	1952	中共木渎镇委员会	委员	退休
周菊英	女	1957	木渎镇人民政府	副镇长	退休
吴永贵	男	1963	江苏省地质局	队长（正科级）	退休

表 10-2　　　　香溪社区籍副高级以上（含副高级）技术人员表

姓名	性别	出生年份	所在单位	职称	备注
施宝兴	男	1934	苏州中西结合医院	主任医师	退休
钱常德	男	1939	航天部某基地某设计院	副研究员	退休
秦连久	男	1939	吴县防爆电机厂	副高级工程师	退休
高群维	男	1943	苏州中西结合医院	副主任医师	退休
彭涵芬	女	1945	苏州中西结合医院	副主任医师	退休
金庆江	男	1948	苏州中西结合医院	副主任医师	退休
吴永德	男	1963	江苏省地质局	高级工程师	退休
刘燕飞	男	1979	苏州中西结合医院	副主任医师	
陆艳斐	女	1985	江苏合谷建筑设计有限公司	高级工程师	
王爱新	男	1985	苏州东辉有限公司	高级技工	
计缘	男	1985	苏州金螳螂建筑装饰股份有限公司	高级工程师	

三、大专以上（含大专）院校毕业生名录

旧时，香溪社区籍百姓因经济收入少、生活艰辛、读书识字人寥寥无几。中华人民共和国成立后，尤其是党的十一届三中全会以后，百姓经济收入增加，生活水平提高，入学求知的人越来越多。至2021年12月，境域大专（含大专）以上学历的知识分子计455人，占总人口6321人的7.19%，其中硕士研究生21人，博士研究生2人。现将境内大专以上（含大专）院校毕业生列表录之。

表10-3　　　　2021年12月香溪社区籍大专以上（含大专）院校毕业生表

姓名	性别	出生年月	毕业年份	学历
张建翔	男	1955-02	1995	博士研究生
王骏杰	男	1990-05	2020	博士研究生
冯　兵	男	1959-11	1999	硕士研究生
钱　程	男	1978-03	2003	硕士研究生
许　莉	女	1990-06	2004	硕士研究生
王光良	男	1982-04	2008	硕士研究生
孙　竹	女	1983-05	2008	硕士研究生
华伟刚	男	1982-07	2008	硕士研究生
花瑞洁	女	1982-06	2009	硕士研究生
刘燕飞	男	1979-10	2010	硕士研究生
刘思远	男	1983-12	2010	硕士研究生
孙艺歌	女	1984-09	2010	硕士研究生
孙　晟	男	1985-10	2011	硕士研究生
毛　彦	男	1990-04	2012	硕士研究生
黄　侃	男	1990-04	2012	硕士研究生
许乔杉	女	1991-01	2014	硕士研究生
朱雅雯	女	1989-11	2015	硕士研究生
刘艳东	男	1988-05	2017	硕士研究生
李一琦	女	1992-05	2017	硕士研究生
李　洁	女	1992-04	2018	硕士研究生
陆寒月	男	1996-01	2020	硕士研究生
毛绚澜	女	1986-06	2020	硕士研究生
施　韵	女	1996-04	2020	硕士研究生
钱常武	男	1939-11	1967	本科
陆夫昌	男	1944-03	1968	本科
宋　迪	男	1944-08	1976	本科

续表

姓名	性别	出生年月	毕业年份	学历
金庆江	男	1948-04	1982	本科
王雪元	男	1962-08	1982	本科
谢勤俭	男	1964-11	1984	本科
黄生元	男	1965-12	1987	本科
支忆澄	男	1965-11	1988	本科
钱俊卿	女	1965-04	1988	本科
朱炳奇	男	1966-01	1990	本科
宋颖西	女	1972-11	1993	本科
缪一奇	男	1975-7	1994	本科
柳青华	男	1975-1	1995	本科
须　萍	女	1977-12	1996	本科
徐国红	男	1977-07	1996	本科
左　晖	女	1976-01	1996	本科
刘古明	男	1981-03	2000	本科
徐雨晴	女	1998-04	2000	本科
周丽强	男	1977-11	2000	本科
裴　丹	男	1983-02	2001	本科
孔苏娴	女	1983-08	2002	本科
朱　嫣	女	1978-02	2002	本科
韦绪根	男	1978-11	2003	本科
朱晓祥	男	1981-11	2003	本科
许春来	女	1981-05	2003	本科
王晓月	女	1981-05	2003	本科
钱振雷	男	1981-05	2003	本科
徐　斌	男	1972-03	2003	本科
许　颖	女	1987-06	2004	本科
陈　安	女	1983-04	2004	本科
许　婷	女	1981-06	2004	本科
黄　艳	女	1982-02	2004	本科
韩雪萍	女	1977-12	2004	本科
杨　红	女	1980-10	2004	本科
张宏臻	女	1981-11	2004	本科
左　韬	男	1982-03	2004	本科
张晓斌	男	1982-06	2004	本科

续表

姓名	性别	出生年月	毕业年份	学历
朱雯琰	女	1984-12	2005	本科
轩 红	女	1981-07	2005	本科
何惠杰	男	1983-01	2005	本科
朱建光	男	1982-09	2005	本科
虞 卢	男	1982-01	2005	本科
钱旭光	男	1983-10	2005	本科
郁久涛	男	1982-07	2005	本科
陆 燕	女	1982-09	2005	本科
施艳磊	女	1982-07	2005	本科
黄 明	女	1984-01	2005	本科
姚真少	男	1982-09	2006	本科
丁 祎	男	1983-01	2006	本科
赵 瑾	女	1982-12	2006	本科
孙 健	男	1962-07	2006	本科
许 伟	男	1983-01	2006	本科
徐 益	男	1983-08	2006	本科
钟子文	男	1975-10	2006	本科
朱颖敏	女	1982-10	2007	本科
钱爱萍	女	1983-07	2007	本科
陆 青	男	1984-01	2007	本科
陈季良	男	1973-01	2007	本科
王雪芳	女	1973-03	2007	本科
吴 燕	女	1983-07	2007	本科
马天麟	男	1984-03	2007	本科
方 恒	男	1984-12	2007	本科
杨锦绣	女	1985-03	2007	本科
金 峰	男	1984-12	2007	本科
陆敏斐	女	1985-02	2008	本科
李 娜	女	1985-10	2008	本科
李 曦	男	1986-10	2008	本科
陈 璐	女	1985-08	2008	本科
吴 艳	女	1985-04	2008	本科
陆丹青	男	1985-07	2008	本科
计 缘	男	1985-05	2008	本科

续表

姓名	性别	出生年月	毕业年份	学历
祁 翠	女	1984-09	2008	本科
韩 婷	女	1986-09	2008	本科
王月琴	女	1980-03	2008	本科
陈鸿翔	男	1985-12	2008	本科
尚秋香	女	1985-09	2008	本科
严丽萍	女	1985-11	2008	本科
项 韵	女	1985-12	2008	本科
葛铁泉	男	1986-03	2008	本科
冯 恬	女	1986-01	2008	本科
何敬红	女	1983-11	2008	本科
吴 雷	女	1985-07	2009	本科
蔡麒麟	男	1991-12	2009	本科
晏 超	男	1986-03	2009	本科
陈 雅	女	1984-07	2009	本科
王 静	女	1986-07	2009	本科
周 倩	女	1986-05	2009	本科
许坚堃	男	1987-02	2010	本科
吴晓雯	女	1988-01	2010	本科
范永艳	女	1970-08	2010	本科
周 凯	男	1985-07	2010	本科
冯星宇	男	1987-11	2010	本科
徐浡冉	女	1987-03	2010	本科
许志安	男	1987-01	2010	本科
金 菲	女	1986-12	2010	本科
倪 丹	女	1988-03	2010	本科
李 笛	男	1987-05	2010	本科
李树昆	男	1986-11	2010	本科
秦 雯	女	1988-02	2011	本科
王 颖	女	1986-12	2011	本科
张晓萍	女	1986-11	2011	本科
王 婕	女	1988-10	2011	本科
王 萍	女	1988-12	2011	本科
陶加星	女	1999-09	2011	本科
邹俊飞	女	1990-09	2012	本科

续表

姓名	性别	出生年月	毕业年份	学历
徐相质	男	1991-08	2012	本科
张 俊	男	1989-11	2012	本科
徐剑桥	男	1999-10	2012	本科
孙培立	女	1987-05	2012	本科
朱 清	男	1989-09	2012	本科
沈 灏	男	1989-04	2012	本科
顾 晨	女	1989-01	2012	本科
尤 霄	男	1989-02	2012	本科
祝格格	女	1991-09	2012	本科
庄敏婷	女	1988-01	2012	本科
管 宇	男	1990-02	2012	本科
戈丽静	女	1988-11	2012	本科
邢 澜	女	1988-06	2012	本科
姚乐平	男	1988-07	2012	本科
朱 清	男	1989-08	2012	本科
陈 健	男	1990-01	2012	本科
蔡中石	男	1989-02	2012	本科
张紫葳	女	1989-07	2012	本科
金奇韬	男	1989-11	2012	本科
吕 娴	女	1989-08	2012	本科
吴喆玙	女	1989-08	2012	本科
吴 晨	男	1989-04	2012	本科
姚晨兰	女	1989-11	2012	本科
许 红	女	1989-11	2012	本科
张 亮	男	1989-08	2012	本科
杨 冰	女	1989-09	2012	本科
钱易峰	男	1989-02	2012	本科
曹 俊	男	1987-01	2012	本科
吴晓曦	男	1990-03	2013	本科
顾 鑫	男	1980-07	2013	本科
彭星磊	男	1989-06	2013	本科
陈 洁	女	1989-12	2013	本科
王松骅	男	1991-05	2013	本科
王倩倩	女	1992-04	2013	本科

续表

姓名	性别	出生年月	毕业年份	学历
王莉娟	女	1987-11	2013	本科
支晨希	女	1991-10	2013	本科
王珏	女	1990-12	2013	本科
汪磊	男	1991-06	2013	本科
杨晓云	女	1991-03	2013	本科
杨春刚	男	1991-04	2013	本科
王晓秋	男	1991-08	2013	本科
张玲	女	1991-03	2013	本科
钱丽佳	女	1991-01	2013	本科
顾文骁	男	1990-11	2013	本科
李浩	男	1991-01	2013	本科
曹飞	男	1991-06	2013	本科
俞虹	女	1991-05	2013	本科
翁志浩	男	1989-11	2014	本科
王颖雯	女	1990-08	2014	本科
沈倩茹	女	1990-12	2014	本科
王晓松	男	1990-12	2014	本科
陈晔	女	1991-03	2014	本科
张皓晨	男	1991-10	2014	本科
张志鑫	男	1992-10	2014	本科
北陆沉云	女	1992-02	2014	本科
沈洁峰	男	1991-03	2014	本科
严殷强	男	1991-10	2014	本科
韩晨	男	1992-08	2014	本科
袁徐玉	女	1991-11	2014	本科
徐蓉敏	女	1991-06	2014	本科
周循宇	男	1992-05	2014	本科
牛嘉晨	男	1992-02	2014	本科
陆伟	男	1991-12	2014	本科
徐成超	男	1991-11	2014	本科
陈婧	女	1992-05	2014	本科
曹玮	女	1992-02	2014	本科
韩晓宇	男	1991-12	2014	本科
倪静	女	1992-03	2015	本科

续表

姓名	性别	出生年月	毕业年份	学历
陈瑶琪	女	1993-02	2015	本科
龚筱竹	女	1993-05	2015	本科
许俊杰	男	1995-08	2015	本科
王 挺	男	1992-10	2015	本科
汪 俊	男	1989-10	2015	本科
陈逸飞	男	1992-04	2015	本科
陈 芸	女	1989-08	2015	本科
袁 静	女	1993-06	2015	本科
周 易	男	1993-02	2015	本科
倪 静	女	1992-03	2015	本科
朱陈娜	女	1993-01	2015	本科
丁 磊	男	1993-06	2015	本科
陆一丹	女	1992-10	2015	本科
马慧琦	女	1993-07	2015	本科
张晓颖	女	1992-11	2015	本科
王文静	女	1992-12	2015	本科
陈 昕	女	1992-09	2015	本科
吴振睿	男	1993-02	2015	本科
许 怡	女	1993-10	2015	本科
陈志豪	男	1992-10	2015	本科
张一鸣	男	1984-01	2015	本科
安尤霞	女	1992-12	2016	本科
王炎玮	男	1994-08	2016	本科
陈许良	男	1990-06	2016	本科
张 影	女	1989-12	2016	本科
熊 慧	女	1987-05	2017	本科
施仁翔	女	1994-12	2017	本科
范晓鸣	男	1994-02	2017	本科
朱心怡	女	1996-08	2017	本科
陈雪霞	女	1983-12	2017	本科
赵 莉	女	1984-01	2017	本科
陶嘉琪	男	1995-04	2017	本科
顾 煜	男	1989-08	2017	本科
曹西清	男	1993-04	2017	本科

续表

姓名	性别	出生年月	毕业年份	学历
王 燕	女	1992-12	2017	本科
徐 琦	女	1994-11	2017	本科
陈俊阳	男	1991-11	2017	本科
陈宇杰	男	1995-03	2017	本科
曹晓雯	女	1995-03	2017	本科
郭涤华	男	1997-03	2017	本科
游梦蕊	女	1995-11	2017	本科
郑年鹏	男	1994-08	2017	本科
张尊熠	男	1995-03	2018	本科
王 钦	男	1988-09	2018	本科
徐 明	男	1981-01	2018	本科
盛嘉琪	女	1995-05	2018	本科
翁锦峰	男	1995-08	2018	本科
陆 伟	男	1980-12	2018	本科
张 昊	男	1996-11	2018	本科
叶梦姣	女	1997-05	2019	本科
金苡尘	女	1996-10	2019	本科
王哲欣	男	1997-07	2019	本科
沈严祺	男	1994-10	2019	本科
倪春蕾	女	1996-12	2019	本科
全皓天	男	1996-09	2020	本科
许俊彦	男	1995-08	2020	本科
凤树斌	男	1997-11	2020	本科
董 瑜	女	1996-11	2020	本科
徐 曼	女	1996-12	2020	本科
顾云轲	男	1999-08	2020	本科
王 磊	女	1991-04	2021	本科
姚克强	男	1981-11	2021	本科
浦凤琴	女	1989-11	2021	本科
史文涵	女	1998-08	2021	本科
朱 盈	女	2000-08	2021	本科
徐夏英	女	1979-07	2021	本科
许存真	女	1998-08	2021	本科
丁 良	男	1994-08	2021	本科

续表

姓名	性别	出生年月	毕业年份	学历
毛中榛	男	1938-12	1960	大专
陆跃敏	女	1958-08	1983	大专
施晓平	男	1964-10	1984	大专
王春梅	女	1965-07	1985	大专
肖 云	女	1967-09	1986	大专
吴臻宏	男	1963-05	1987	大专
周剑秋	男	1979-08	1988	大专
钟燕玲	女	1977-02	1990	大专
王海兰	女	1945-05	1991	大专
钱宇江	女	1968-07	1991	大专
章春晓	女	1972-02	1992	大专
严 峻	男	1976-04	1995	大专
陈晓东	男	1968-07	1995	大专
徐兰生	男	1958-10	1995	大专
郭小影	男	1975-10	1996	大专
马 萍	女	1977-12	1998	大专
俞美娥	女	1956-03	1998	大专
王吉鹏	男	1977-03	2000	大专
李新宇	女	1976-06	2001	大专
顾 森	男	1980-03	2001	大专
丁 维	女	1980-12	2001	大专
叶霜霜	女	1982-07	2001	大专
朱晨洁	女	1982-01	2001	大专
石志伟	男	1981-05	2002	大专
蒋 峰	男	1979-12	2002	大专
胡 清	女	1972-11	2002	大专
谢桢贤	男	1981-08	2002	大专
姜 磊	男	1980-07	2002	大专
陆敏健	男	1955-02	2003	大专
陈根生	男	1961-11	2003	大专
苏 亮	男	1958-04	2003	大专
陈 宇	男	1981-06	2003	大专
张春海	男	1966-03	2003	大专
许海映	女	1981-06	2003	大专

续表

姓名	性别	出生年月	毕业年份	学历
唐爱华	女	1981-01	2003	大专
张聪	男	1993-03	2004	大专
张伟	男	1981-07	2004	大专
许翔	男	1983-02	2004	大专
王黎燕	女	1983-02	2004	大专
吕晓伟	男	1981-12	2004	大专
毛毛	男	1983-10	2005	大专
高琴	女	1983-07	2005	大专
陆剑峰	男	1986-06	2005	大专
陈洁	女	1986-12	2005	大专
陈淑婷	女	1987-11	2005	大专
吴美君	女	1986-11	2005	大专
胡安祺	女	1983-07	2005	大专
李智杰	男	1984-12	2006	大专
姚健	男	1984-11	2006	大专
王敏	男	1984-10	2006	大专
徐燕	女	1984-01	2006	大专
王淑贞	女	1986-05	2006	大专
许学豪	男	1983-03	2006	大专
蒋银萍	女	1964-02	2006	大专
孙立武	男	1972-02	2007	大专
戴虓	男	1986-06	2007	大专
黄婧	女	1986-02	2007	大专
孙健	男	1985-09	2007	大专
陈静	女	1987-11	2007	大专
胡春芳	女	1986-12	2007	大专
傅维明	男	1986-07	2007	大专
朱燕刚	男	1965-07	2008	大专
陈佳寅	男	1986-09	2008	大专
胡晓静	女	1986-04	2008	大专
邓勇	男	1985-07	2008	大专
顾成羿	男	1985-09	2008	大专
徐兰	女	1982-01	2008	大专
陈鸿	男	1988-06	2008	大专

续表

姓名	性别	出生年月	毕业年份	学历
单 俊	男	1985-08	2008	大专
王季冬	男	1987-01	2008	大专
刘是珑	男	1988-09	2008	大专
王 樱	女	1988-06	2008	大专
朱 赟	男	1985-11	2008	大专
叶 晔	女	1986-10	2009	大专
周丽娜	女	1987-12	2009	大专
钟 明	男	1984-11	2009	大专
胡晓全	男	1987-09	2009	大专
蒋凤婧	女	1988-02	2010	大专
游旷怡	女	1986-08	2010	大专
王 洁	女	1988-11	2010	大专
许郁文	女	1986-11	2010	大专
杨 陈	女	1987-04	2010	大专
方 静	女	1987-06	2010	大专
叶 舟	女	1990-04	2011	大专
朱 烨	男	1990-06	2011	大专
钱 易	女	1975-11	2011	大专
姚晓仁	男	1990-11	2011	大专
徐 斌	男	1990-10	2011	大专
张咏梅	女	1976-02	2012	大专
顾 峰	男	1987-07	2012	大专
王静逸	女	1990-11	2012	大专
顾 晨	男	1984-10	2012	大专
高 燕	女	1992-02	2012	大专
许志君	男	1988-07	2012	大专
黄玉倩	女	1987-10	2012	大专
唐 寅	男	1986-10	2012	大专
徐 清	女	1989-11	2012	大专
戴佳奇	男	1991-02	2012	大专
许云峰	男	1991-08	2012	大专
许 斌	男	1992-06	2012	大专
陈文滢	女	1991-08	2012	大专
沙 理	男	1990-11	2012	大专

续表

姓名	性别	出生年月	毕业年份	学历
王 磊	女	1991-04	2012	大专
张 婷	女	1992-08	2012	大专
吕 玺	男	1992-04	2012	大专
谢 俊	男	1992-03	2012	大专
陆 健	男	1992-07	2012	大专
孟令君	男	1991-07	2013	大专
陈逸聪	男	1993-06	2013	大专
吴雅婧	女	1993-01	2013	大专
刘哲文	男	1992-05	2013	大专
巫梁昄	女	1992-06	2013	大专
王虹颖	女	1991-10	2013	大专
姚 郡	男	1992-04	2013	大专
徐何希	男	1992-08	2013	大专
郭逸锋	男	1991-10	2013	大专
王 翔	男	1992-01	2013	大专
朱静雅	女	1992-01	2013	大专
胡毅鹏	男	1992-02	2013	大专
许 静	女	1991-12	2013	大专
马丽娟	女	1992-08	2013	大专
许 靖	女	1992-08	2013	大专
杨 昕	男	1992-03	2013	大专
韩荣斌	男	1992-01	2013	大专
陈 斯	女	1992-01	2013	大专
盛文琦	男	1993-01	2013	大专
王 燕	女	1992-12	2013	大专
潘圣卫	男	1993-10	2013	大专
许仕杰	男	1993-05	2013	大专
周 建	男	1993-04	2014	大专
张 衡	男	1989-10	2014	大专
周 怡	男	1985-12	2014	大专
吴美红	女	1983-03	2014	大专
缪奕炜	男	1992-07	2014	大专
王莉君	女	1983-09	2014	大专
韩铭熙	男	1994-08	2014	大专

续表

姓名	性别	出生年月	毕业年份	学历
朱俊杰	男	1993-12	2014	大专
徐喆峻	男	1994-09	2014	大专
王俊杰	男	1994-05	2014	大专
张 韦	女	1993-05	2014	大专
缪 程	男	1994-09	2014	大专
顾 薛	男	1992-12	2014	大专
汪嘉洛	男	1993-03	2014	大专
程星愉	女	1993-02	2014	大专
贺红婷	女	1993-08	2014	大专
马 静	女	1993-01	2014	大专
王 依	女	1993-12	2014	大专
朱 琦	女	1991-12	2014	大专
赵倩雯	女	1992-10	2014	大专
戴梦霞	女	1980-04	2015	大专
许龙彪	男	1994-12	2015	大专
范 理	男	1987-09	2015	大专
查莉娟	女	1982-07	2015	大专
朱心姚	女	1994-07	2015	大专
金红艳	女	1994-01	2015	大专
黄天雪	女	1993-12	2015	大专
徐苏文	男	1993-12	2015	大专
薛逢斌	男	1994-01	2015	大专
周 瑶	女	1993-12	2015	大专
毕 晟	女	1994-11	2015	大专
李 兰	女	1993-10	2015	大专
郁 健	女	1995-06	2015	大专
金家聪	女	1995-08	2015	大专
俞戈沁	女	1994-08	2016	大专
苏心兰	女	1994-07	2017	大专
陆子天	男	1996-04	2017	大专
黄圣汤	男	1996-12	2017	大专
王 龙	男	1988-04	2017	大专
许信诚	男	1994-10	2017	大专
王颖赟	女	1990-12	2017	大专

续表

姓名	性别	出生年月	毕业年份	学历
顾 辉	男	1994-06	2017	大专
陈心琪	男	1994-10	2017	大专
邓艳平	女	1988-02	2018	大专
周 杰	男	1995-12	2019	大专
陈 悦	女	1993-02	2019	大专
刘雨欣	女	1995-08	2019	大专
姚 铭	男	2000-09	2019	大专
李 霞	女	1977-01	2019	大专
朱天宇	男	1996-11	2020	大专
商伟倩	女	1996-08	2020	大专
杨晨妍	女	1998-08	2020	大专
浦 静	女	1997-04	2020	大专
李 成	男	1999-11	2020	大专
庄凯成	男	1991-04	2020	大专
孙 傲	男	1999-10	2020	大专
朱文斌	男	2002-01	2021	大专
周正浩	男	1993-05	2021	大专
李星宇	女	1999-10	2021	大专
任 洪	男	1979-04	2021	大专
朱泇瑾	女	2001-06	2021	大专

四、退役军人名录

为保卫国家、建设祖国、胸怀壮志的热血男儿踊跃报名、积极投入至建设、保卫祖国的行列。现将香溪社区退役军人以入伍时间先后录之。

表 10-4　　　　2021 年 12 月香溪社区籍退役军人一览表

姓名	性别	入伍时间	退役转业时间
宁德厚	男	1947-06	1986-08
沈恩济	男	1949-07	1962-08
冯学法	男	1950-05	1963-05
郑公金	男	1950-10	1978-08
沈守祥	男	1951-01	1971-11
郑万江	男	1951-01	1964-09

续表

姓名	性别	入伍时间	退役转业时间
潘寿荣	男	1951-02	1956-02
赵书奎	男	1953-03	1958-04
秦勤才	男	1955-03	1958-02
俞泉元	男	1955-03	1973-12
张耀祖	男	1955-03	1958-04
高伟祖	男	1955-03	1958-02
谢祥元	男	1955-03	1973-08
尤顺孚	男	1956-03	1960-03
顾振威	男	1958-03	1959-05
顾水森	男	1958 03	1961-08
吴全金	男	1958-12	1964-12
陈寿根	男	1958-12	1975-07
姚志德	男	1959-01	1976-03
朱才林	男	1959-03	1964-02
钟全元	男	1959-12	1979-10
夏树林	男	1960-01	1963-11
高侠龙	男	1960-03	1964-01
潘云泉	男	1960-04	1978-04
顾金虎	男	1960-08	1968-01
朱全福	男	1961-07	1969-03
苏祝平	男	1961-08	1966-02
朱玉林	男	1961-08	1966-02
沈晓棣	男	1962-08	1968-02
章乐平	男	1962-08	1965-08
陈荣林	男	1962-08	1968-03
蔡家俊	男	1963-03	1969-03
陈夫昌	男	1963-08	1966-04
吴鼎士	男	1963-09	1981-06
冯如龙	男	1964-01	1974-04
许关生	男	1964-03	1978-03
薛润鑫	男	1964-03	1968-03
王俊生	男	1964-09	1969-03
陆洪达	男	1964-09	1969-03
范永基	男	1964-10	1971-02

续表

姓名	性别	入伍时间	退役转业时间
王坤元	男	1964-10	1969-10
张水根	男	1964-12	1975-03
李叙生	男	1964-12	1973-08
陆龙根	男	1965-06	1973-02
施菊菊	女	1965-08	1969-06
张水生	男	1965-09	1971-07
居永新	男	1965-09	1968-03
金伟	男	1965-09	1969-11
张其林	男	1965-10	1971-03
殷阿三	男	1965-10	1969-03
李志刚	男	1965-10	1969-02
陈虎根	男	1965-11	1973-03
李大双	男	1965-12	1971-03
郭景保	男	1965-12	1971-02
冯叙兴	男	1968-03	1984-03
朱金根	男	1968-04	1971-03
吴福龙	男	1968-04	1975-02
俞海根	男	1969-02	1986-10
朱林元	男	1969-02	2001-06
查林根	男	1969-02	1982-02
许关泉	男	1969-02	1986-06
朱林元	男	1969-02	1999-05
郁珊宝	男	1969-03	1985-07
李荣南	男	1969-03	1973-02
戚子文	男	1969-03	1986-06
石火木	男	1969-03	1986-06
陈耕寿	男	1969-04	1975-03
许大男	男	1969-12	1973-02
戴洪兴	男	1969-12	1975-03
周祖云	男	1969-12	1973-05
李阿二	男	1969-12	1975-03
黄亚军	男	1970-01	1973-02
汤金才	男	1970-03	1975-12
方积德	男	1970-12	1976-03

续表

姓名	性别	入伍时间	退役转业时间
宋火大	男	1970-12	1976-02
陆全福	男	1971-01	1980-01
任兴根	男	1972-12	1989-09
许根元	男	1972-12	1982-01
郁雪根	男	1972-12	1978-04
许秋根	男	1973-01	1976-03
毛金泉	男	1974-07	1994-07
卞建寿	男	1974-12	1980-01
王新元	男	1975-01	1978-04
马建新	男	1975-01	1977-03
姚惠泉	男	1975-06	1979-12
李克来	男	1976-02	1985-01
吴小明	男	1976-02	1978-04
徐 咏	男	1976-12	1981-10
王荣芳	男	1976-12	1980-12
许金根	男	1977-01	1971-01
孙永庆	男	1977-01	1981-01
孙福根	男	1978-01	2000-01
诸全兴	男	1978-02	1987-11
王建兰	男	1978-03	1982-10
潘小荣	男	1978-03	1981-01
黄水明	男	1978-03	1990-12
顾金芳	男	1978-03	1990-12
钱乃国	男	1978-03	1998-03
顾治刚	男	1978-03	1982-01
李惠星	男	1978-03	1981-12
江同山	男	1978-04	1981-05
潘华林	男	1978-12	1983-01
傅仁强	男	1978-12	1983-01
李多勇	男	1978-12	1999-07
王国荣	男	1979-01	1983-01
孔福刚	男	1979-01	1984-01
王 平	男	1979-01	1985-01
李 杰	男	1979-01	1982-01

续表

姓名	性别	入伍时间	退役转业时间
姚初泉	男	1979-01	1983-01
李坚刚	男	1979-01	1983-01
戴正云	男	1979-01	1980-12
张建海	男	1979-07	2000-07
吴 珂	男	1979-11	1981-12
袁永晴	男	1979-11	1981-12
董建男	男	1979-11	1982-01
陈根生	男	1979-12	1986-01
华志芳	男	1979-12	1980-12
吴泉如	男	1979-12	1983-12
陈桂生	男	1979-12	1985-11
府根兴	男	1980-01	1983-01
李剑华	男	1980-01	1981-01
杨增荣	男	1980-01	1982-01
汪建文	男	1980-07	2004-07
梁建民	男	1980-11	1981-06
韩树勤	男	1980-11	1983-11
韩菊伟	男	1980-11	1986-01
徐培国	男	1980-11	1982-01
陈炳福	男	1980-11	1991-08
许培兴	男	1980-11	1983-11
翁建国	男	1980-12	1983-01
沈 忆	男	1981-01	1982-01
史金法	男	1981-01	1989-09
杨阿五	男	1981-12	1985-01
许金康	男	1981-12	1984-01
谢勤俭	男	1981-12	2010-12
盛玉泉	男	1982-02	1996-07
刘宗奇	男	1982-03	1993-06
徐岳延	男	1982-10	2004-02
夏云龙	男	1982-11	1997-08
王英铭	男	1982-11	1986-01
洪根林	男	1983-10	1986-10
钮玉祥	男	1984-09	1996-04

续表

姓名	性别	入伍时间	退役转业时间
陈建国	男	1984-11	1989-03
王建国	男	1984-11	1989-03
徐元林	男	1985-10	1988-10
韩菊伟	男	1985-10	1986-01
范红卫	男	1985-10	1998-08
曹信刚	男	1985-11	1990-03
彭恭年	男	1986-01	2003-07
祝建新	男	1986-11	1990-12
马建民	男	1987-01	1991-12
周建新	男	1987-10	1991-12
兰 军	男	1987-10	1990-12
刘英武	男	1987-11	1990-12
唐 峰	男	1987-11	1991-11
许国庆	男	1989-03	1991-12
丁诗忠	男	1989-03	2011-06
孙晓波	男	1989-03	2010-10
陈仕宝	男	1989-03	2004-07
张成刚	男	1989-03	2004-07
郁振红	男	1989-03	2007-03
梁建青	男	1990-03	1993-12
陆维新	男	1990-09	2006-11
吴 飞	男	1990-12	1993-11
徐建新	男	1990-12	1994-12
史咏梅	女	1990-12	1994-12
邹建成	男	1991-12	2012-03
徐万新	男	1991-12	1995-12
汪正旺	男	1991-12	2010-10
薛亮俊	男	1991-12	1994-12
洪建华	男	1992-12	2013-03
余德忠	男	1992-12	2008-07
陶 玲	男	1992-12	2008-07
王 叶	男	1992-12	2004-03
吴云岚	男	1993-11	1997-11
周脉新	男	1993-12	2006-04

续表

姓名	性别	入伍时间	退役转业时间
钟子文	男	1993-12	1997-12
张祖胜	男	1994-12	2013-04
吴晓飞	男	1994-12	2004-03
杨建军	男	1994-12	1997-12
王敬国	男	1995-01	2011-07
田学举	男	1995-07	2011-07
高定华	男	1995-12	2012-03
许卫东	男	1995-12	1998-12
诸斌斌	男	1995-12	1998-12
王达荣	男	1995-12	2017-11
章东兴	男	1996-12	2010-09
张文伟	男	1996-12	2001-11
金荣	男	1996-12	1999-12
曾勇	男	1996-12	2015-03
胡荣健	男	1996-12	1999-12
陆斌	男	1996-12	1999-12
廖仲平	男	1997-09	2016-07
戴峰	男	1997-12	2016-11
许王卫	男	1998-12	2000-12
程勋展	男	1999-09	2016-07
王吉	男	1999-12	2001-12
李健	男	1999-12	2001-12
张中言	男	1999-12	2001-01
郑小明	男	1999-12	2021-04
袁中利	男	1999-12	2020-04
陈和胜	男	2000-12	2018-07
王赞	男	2000-12	2021-12
卢立新	男	2000-12	2017-11
徐明	男	2000-12	2002-12
张国栋	男	2000-12	2016-11
杨本字	男	2001-12	2017-11
吴超杰	男	2001-12	2003-12
毛毛	男	2001-12	2003-12
范志平	男	2001-12	2003-12

续表

姓名	性别	入伍时间	退役转业时间
司裔清	男	2002-12	2004-12
徐纯健	男	2002-12	2004-12
胡 烨	男	2003-11	2005-12
许 斌	男	2003-12	2008-11
孙 健	男	2003-12	2005-12
顾 晨	男	2003-12	2008-12
俞建飞	男	2003-12	2018-11
许跃成	男	2003-12	2018-11
翟海雯	男	2004-12	2006-12
孔 顺	男	2004-12	2006-12
吴杨杰	男	2004-12	2019-05
傅 俊	男	2004-12	2006-12
王好柱	男	2004-12	2018-07
陈忠家	男	2004-12	2018-11
李晨龙	男	2005-12	2010-12
胡 祺	男	2005-12	2007-12
欣 晨	男	2006-12	2008-12
周至惑	男	2006-12	2008-12
沈家鼎	男	2006-12	2008-12
周 杰	男	2006-12	2008-12
郁紫鹏	男	2007-11	2009-11
袁 冬	男	2007-12	2009-12
王德虎	男	2008-06	2018-07
张 飞	男	2008-10	2019-10
许志君	男	2008-12	2010-11
俞 杰	男	2008-12	2010-12
潘雨浩	男	2009-12	2011-12
缪奕炜	男	2010-12	2012-12
诸葛骏	男	2010-12	2012-12
周祥炜	男	2010-12	2012-12
许云峰	男	2011-12	2013-12
张 晨	男	2011-12	2013-12
俞澄杰	男	2012-12	2014-12
华 刚	男	2012-12	2014-12

续表

姓名	性别	入伍时间	退役转业时间
郑 旭	女	2012-12	2017-12
孙 亚	男	2013-09	2015-09
张 芸	女	2014-09	2016-08
韩淳阳	男	2015-09	2017-09
贝飞扬	男	2017-09	2019-09
王迎旭	男	2017-09	2019-09
薛 曹	男	2018-09	2020-09
梁锡寅	男	2019-09	2021-09

第三节 荣 誉

1949年10月中华人民共和国成立后，香溪社区籍人民群众在党和政府领导下，投身于社会主义革命和建设事业，创造了光辉业绩，涌现出一大批劳动模范和先进人物。为继承和弘扬光荣传统，特将县（区）以上集体、个人荣誉于后录之。

一、集体荣誉

2002年3月，中共苏州市吴中区委员会、苏州市吴中区人民政府授予香溪社区"农村改革先进单位"称号。

2004年3月，中共苏州市吴中区委员会、苏州市吴中区人民政府授予香溪社区"新农村建设明星示范村（社区）"称号。

2009年3月，中共苏州市吴中区委员会、吴中区人民政府授予香溪社区"2008年度新农村建设双十佳村（社区）"称号。

2010年6月，中共苏州市吴中区委组织部授予香溪社区"党建工作示范点"称号。是年，苏州市吴中区关心下一代工作委员会授予香溪社区"四有五无先进村（居委会）"称号。

2011年1月，中共苏州市吴中区委组织部、苏州市吴中区总工会授予香溪社区"五好村（社区）"称号；吴中区爱国卫生运动委员会、吴中区人力资源和社会保障局授予香溪社区"2009—2010年度爱国卫生先进集体"称号；2月，中共苏州市委员会、苏州市人民政府授予香溪社区"村级经济发展百强村"称号；中共苏州市委员会、苏州市人民政府授予香溪社区"农民增收致富十强村"称号；苏州市人民政府授予香溪社区"2010年度集体稳定收入超千万元村（社区）"称号；3月，中共苏州市吴中区委员会、苏州市吴中区人民政府授予香溪社区"村经济发展先进集体"称号；

12月，苏州市人民政府授予香溪社区"绿色社区"称号；江苏省农业委员会授予香溪社区"百佳农民专业合作社"称号。

2012年1月，中共苏州市吴中区委员会、苏州市吴中区人民政府授予香溪社区"2011年度集体稳定收入超千万元村（社区）"称号。

2013年1月，中共江苏省委农村工作领导小组授予香溪社区"新农村建设先进村（社区）"称号；5月，江苏省依法治省领导小组授予香溪社区"民主法治示范社区"称号。

2014年10月，中华人民共和国民政部授予香溪社区"全国和谐社区建设示范社区"称号；12月，中共苏州市吴中区委员会、苏州市吴中区人民政府授予香溪社区"2011—2012年度文明单位"称号。江苏省档案局授予香溪社区"江苏省机关团体企事业单位档案工作规范二星级标准"称号。

2015年2月，中共苏州市吴中区委员会、苏州市吴中区人民政府授予香溪社区"2014年度作风效能建设先进集体"称号；授予香溪社区资产股份合作社"2014年度名牌企业"称号。

2016年2月，中共苏州市吴中区委员会、苏州市吴中区人民政府授予香溪社区"稳定收入超2000万元的村（社区）"称号；4月，苏州市老龄工作委员会授予香溪社区"敬老文明号"称号；7月，江苏省科学技术协会、财政厅授予香溪社区"江苏省科普示范社区"称号。

2017年2月，中共苏州市吴中区委员会、苏州市吴中区人民政府授予香溪社区"2016年度农村集体经济稳定收入超3000万元村（社区）"称号；3月，苏州市美丽村庄建设办公室授予香溪社区（王家村）"2016年度三星级康居乡村"称号；5月，中共苏州市委员会、苏州市人民政府授予香溪社区"2016年度苏州市城乡发展一体化先进集体"称号；9月，苏州市吴中区关心下一代工作委员会、苏州市吴中区精神文明指导委员会办公室授予香溪社区"关心下一代先进集体"称号；12月，中共苏州市吴中区委员会、苏州市吴中区人民政府授予香溪社区"2014—2016年度文明单位（社区）"称号。

2018年5月，共青团苏州市吴中区委员会授予香溪社区共青团委"三敢三勇团组织"称号；9月，苏州市精神文明建设指导委员会授予香溪社区"2015—2017年度文明社区"称号；11月，共青团苏州市委员会授予香溪社区青年学习社"2018年度苏州市青年学习社"称号；12月，苏州市吴中区爱国卫生运动与健康促进委员会授予香溪社区"2018年度爱国卫生先进单位"称号；12月，江苏省人力资源和社会保障厅授予香溪社区"江苏省创业型社区"称号。

2019年1月，江苏省爱国卫生运动委员会授予香溪社区"江苏省健康社区"称号；2月，中共苏州市吴中区委员会、苏州市吴中区人民政府授予香溪社区"2018年度收支盈余超千万元（前十名）农村经济发展先进单位""农村集体'三资'管理先进单位"称号；3月，苏州市吴中区人力资源和社会保障局授予香溪社区"吴中区退休人员社会化管理服务工作示范社区"称号；12月，中共苏州市吴中区委员会、苏州市吴中区人民政府授予香溪社区"第二批吴中海棠花红先锋阵地"称号；中共苏州市委农村工作领导小组授予香溪社区"苏州市农村人居环境整治示范村（社区）"称号。

2020年1月，苏州市吴中区农业农村局授予香溪社区股份合作社"吴中区规范合作社"称号；3月，中共苏州市吴中区委员会、苏州市吴中区人民政府授予香溪社区"集体经济发展、农村集体'三资'管理先进单位"称号、"年度村级经济收支盈余超千万元（前十名）农村经济发展先进单位"称号；4月，中共苏州市吴中区委员会、苏州市吴中区人民政府授予香溪社区民兵营"先进民兵营"荣誉称号；10月，中共苏州市全国依法治市委员会办公室、苏州市依法宣传教育领导小组办公室、中共苏州市委宣传部、苏州市司法局、苏州市文化广电和旅游局授予香溪社区"苏州市法治文化建设示范点"称号；11月，苏州市文明办公室授予香溪社区"首批新时代文明实践站"称号；苏州市吴中区精神文明建设指导委员会授予香溪社区"2017—2019年度吴中区文明社区"称号；12月，苏州市法治宣传教育领导小组办公室授予香溪社区"苏州市法治文化建设示范点"称号。

2021年2月，苏州市吴中区城市管理局、苏州市吴中区农村环境长效管理办公室授予香溪社区"2020年度吴中区生活垃圾工作示范村（社区）"称号；3月，中共苏州市委农村工作领导小组办公室、苏州市农村人居环境整治工作联席会议办公室、苏州市发展和改革委员会、苏州市农业农村局授予香溪社区"首批苏州农村人居环境整治示范社区"称号；4月，苏州市新闻出版局、苏州市志愿总会授予香溪社区"苏州市农家书屋"称号；苏州市精神文明建设指导委员会办公室授予香溪社区"苏州市最佳金乡邻志愿服务社区"称号；6月，中共苏州市吴中区委员会授予香溪社区党委"先进基层党组织"称号。

二、个人荣誉

境域在社会主义建设中涌现了一批劳动模范和先进工作者。现将获得区（县）级以上（含区、县级）劳动模范和先进工作者以获奖时间先后为序录之。

陆孝治，男，工作单位为吴县石油机械厂，1974年获"江苏省劳动模范"称号。
朱根寿，男，工作单位为吴县防爆电机厂，1979年获"吴县劳动模范"称号。
陈耀祖，男，工作单位为吴县工矿机械厂，1979年获"吴县劳动模范"称号。
许瑞元，男，工作单位为吴县防爆电机厂，1981年获"江苏省劳动模范"称号。
吴福樑，男，工作单位为吴县石油机械厂，1981年获"吴县劳动模范"称号。
谢祥元，男，工作单位为吴县农具厂，1984年获"吴县劳动模范"称号。
顾玲珍，女，工作单位为苏吴柴油机配公司，1984年获"吴县劳动模范"称号。
王根泉，男，工作单位为苏州无缝钢管厂，1990年获"吴县劳动模范"称号。
张国荣，男，工作单位为木渎镇金星村，1993年获"吴县劳动模范"称号。

刘国钧，男，工作单位为苏州制氧机有限公司，1994年获"部级劳动模范"称号。

蔡寿宝，男，工作单位为木渎工商所，1994年获"苏州市劳动模范"称号。

郑小明，男，工作单位为江苏消防总队苏州支队木渎中队，2011年获"江苏好人"称号。

盛夫华，男，工作单位为木渎镇香溪社区，2012年获"吴中区关心下一代先进工作者"称号。

刘燕飞，男，工作单位为苏州市中西结合医院，2014年获"吴中区医学重点人才"称号。

许晴洁，女，工作单位为木渎镇香溪社区，2017年获"全国生育状况抽样调查优秀个人"称号。

许春华，男，工作单位为木渎镇香溪社区，2018年获"苏州市劳动模范"称号。

张咏梅，女，工作单位为木渎镇香溪社区，2018年获"苏州市级村庄环境长效管理先进个人"称号。

许利晴，女，工作单位为木渎镇香溪社区，2018年获"吴中区文明职工"称号。

许坚垫，男，工作单位为木渎镇香溪社区，2018年获"吴中区人民调解先进个人"称号。

许利晴，女，工作单位为木渎镇香溪社区，2018年获"吴中区退管工作优秀协管员"称号。

许春华，男，工作单位为木渎镇香溪社区，2018年获"吴中区十佳致富带头人"称号。

许春华，男，工作单位为木渎镇香溪社区，2019年获"苏州市农村集体'三资'管理先进个人"称号。

宁德厚，男，为离休干部，2019年获"苏州市老有所为之星"称号、"最美老干部"称号。

许春华，男，工作单位为木渎镇香溪社区，2019年获"吴中区担当作为村（社区）党组织书记"称号。

余庆江，男，工作单位为苏州市中西结合医院，2020年获"江苏省名中医"称号。

许坚垫，男，工作单位为木渎镇香溪社区，2020年获"苏州市能干网络员"称号。

许春华，男，工作单位为木渎镇香溪社区，2020年获"苏州市乡村振兴带头人"称号。

钱丽佳，女，工作单位为木渎镇香溪社区，2020年获"吴中区一心五同团干部"称号。

张咏梅，女，工作单位为木渎镇香溪社区，2020年获"吴中区劳动模范"称号。

李霞，女，工作单位为三洋能源（苏州）有限公司，2021年获"苏州市最美劳动者"称号。

许利晴，女，工作单位为木渎镇香溪社区，2021年获"苏州市最美劳动者"称号。

张咏梅，女，工作单位为木渎镇香溪社区，2021年获"吴中区优秀工作者"称号。

张咏梅，女，工作单位为木渎镇香溪社区，2021年获"吴中区最美巾帼奋斗者"称号。

三、在部队立功受奖军人

表 10-5　　　　　　　　香溪社区籍军人在部队立功情况一览表

姓名	出生年月	入伍时间	立功情况
宁德厚	1926-06	1947-06	朝鲜三级军功章，志愿军三等功勋章
冯学法	1931-09	1950-05	三等功1次
沈守祥	1933-05	1951-01	三等功1次
潘寿荣	1933-07	1951-02	三等功1次
张耀祖	1934-08	1955-03	二等功1次
姚志德	1939-01	1959-01	二等功1次，三等功2次
苏祝平	1940-01	1961-08	三等功1次
范永基	1944-01	1964-01	三等功5次
金伟	1947-04	1965-09	三等功1次
周祖云	1948-02	1969-12	三等功1次
宋火大	1952-02	1970-12	三等功1次
张水生	1965-09	1971-07	三等功1次
俞泉元	1955-03	1973-12	大军区以上荣誉称号1次
毛金泉	1954-09	1974-07	三等功2次
王建兰	1960-02	1978-03	三等功1次
黄水明	1960-06	1978-03	三等功1次
卞建寿	1974-12	1980-01	三等功2次
陈炳福	1963-08	1980-11	三等功1次
范红卫	1966-08	1985-01	三等功1次
戚子文	1969-03	1986-06	三等功1次
丁诗忠	1970-07	1989-03	三等功3次
汪正旺	1973-05	1991-12	三等功1次
洪建华	1973-09	1992-12	三等功2次
王达荣	1977-12	1995-12	三等功1次
高定华	1977-08	1995-12	三等功1次
曾勇	1978-09	1996-12	三等功1次
廖仲平	1979-09	1997-09	三等功1次
郑小明	1981-07	1999-12	二等功1次

续表

姓名	出生年月	入伍时间	立功情况
张国栋	1981-01	2000-12	三等功1次
卢立新	1982-04	2000-12	三等功1次
杨本宇	1980-07	2001-12	三等功1次
顾　晨	1984-01	2003-12	三等功1次
王好柱	1983-07	2004-12	三等功1次
吴杨杰	1985-01	2004-12	三等功1次

第四节　名人与香溪

马之骏捐资赎灵岩山禁采石　灵岩山是苏州著名风景名胜地，明万历二十八年（1600）夏，灵岩山寺毁于雷电火灾，众僧离去，留下的和尚无以为生，把山地卖给当地百姓，而山麓居民与石户为奸，据为己有，日夜锥凿，山上古迹划削过半，灵芝石、石马等奇石毁于一旦。寓居吴中的江都人王醇曾作《采石谣》讽喻。

万历四十一年（1613），马之骏（河南新野人）受朝廷选派到苏州担任浒墅关榷使。马氏出身书香门第，上任后到灵岩山访古寻幽。黄习远陪他游览灵岩山，请他出面禁止开采，马之骏于是出高价给居民，赎此山为官物，立碑刻文，永不许斧凿，并撰写赎山记，摩崖镌刻"户部马捐俸赎山永禁采石"字样。苏州杨廷枢亦撰写《赎山疏》。

沈德潜木渎苦读中进士　沈德潜是清乾隆时著名诗人，长洲（今苏州市）人。早年有"神童"之称，精擅诗文，享誉江南，然而科举屡试不第。为了潜心科举，他于57岁那年从苏州葑门外老家迁居木渎山塘街，筑灵岩山居。他在此全心苦读，一心科举。清乾隆元年（1736），被荐举博学鸿词科，因"失写题中字"而落第。他屡败屡战，乾隆三年（1738）终于考中举人，次年以二甲第八名进士及第。是年他已67岁，在木渎苦读了整整10年。

在木渎期间，沈德潜辑成《说诗晬语》等著作，他与当地文人广泛交往。入仕后，他以诗受到乾隆皇帝的赏识，常出入禁苑，与乾隆唱和。官至内阁学士、礼部侍郎。74岁时，他在苏州永安桥北兴建别墅，正式离开木渎，迁回苏州。

毕沅建灵岩山馆　毕沅是乾隆时期的状元、封疆大吏、学者，太仓人。少时师从沈德潜在木渎读书，取号"灵岩山人"。清乾隆四十八年（1783），他在灵岩山南麓购地，营筑灵岩山馆。乾隆五十四年（1789）三月筑成启用，花费银子10余万两（一说40万两）。馆大门悬挂自书"灵岩山馆"匾额，两边自书楹联（后移作墓联），

毕沅

二门匾额"钟秀灵峰",由阿文成公(阿桂)题书,联云:"莲嶂千重,此日已成云出岫;松风十里,他年应待鹤归巢。"由此盘曲而上至御书楼,一路长松夹道,大门宏敞,上题"丽烛层霄"额,大学士嵇璜题书。楼内藏有御赐书籍、字画、法帖等,楼下有八地碑,镌刻纪恩诗及谢恩疏。楼后折而东有九曲廊、张太夫人祠。上祠而上,有澄怀观石亭。上面是西施池。画船前有水池,池水清冽,游鱼可数。池上有"砚石山房"精舍,大学士刘墉书额。

毕沅精心营筑的精美别墅,可惜生前终未一见。梁章钜、袁学澜曾为之赋诗。毕沅去世后,灵岩山馆被常熟蒋氏购得,易名"蒋园"。太平天国时,园林被毁。2003年,镇政府投资在灵岩山东南山麓新建灵岩山馆。

于右任题诗石家鲃肺汤　于右任是陕西三原人,早年因参加反清活动遭通缉,亡命上海,入震旦学院读书。1906年起,先后在沪上创办《神州日报》《民呼日报》《民吁日报》《民立报》,开辟反清舆论阵地。在日本考察期间,结识孙中山,并加入同盟会。

1928年9月,于右任的苏州籍爱妻黄纫艾不幸病逝于上海。10月5日,于右任与老友等前往光福择墓地。当时正是光福邓尉山桂花盛开时节,他与林少和、王启黄、张文生、祁筱峰等友人沿着太湖边而行,边观赏桂花边择墓地,不觉忘了归期。当于右任一行归舟木渎古镇时,已是腹中空空,饥肠辘辘,便来到镇上石家饭店。他连要了几份鲃肺汤,食毕,诗兴大作,在饭店墙上所挂的旧年画上欣然挥毫题诗:"老桂花开天下香,看花走遍太湖旁。归舟木渎犹堪记,多谢石家鲃肺汤。"此事被苏沪两地的小报记者获悉,在报纸上渲染,石家鲃肺汤由此名声大振。1930年秋天,担任南京国民政府监察院院长的于右任再次来到苏州,在李根源的陪同下再次到光福赏桂,又一次来到石家饭店品尝鲃肺汤,欣然题写"名满江南"4个大字,写下"桂花香里鲃鱼肥,载酒行吟归不归"的诗句。

石家饭店老板将于右任题词制成招牌,饭店风靡一时。李宗仁、李济深、沈钧儒、张治中、邵力子、叶楚伧、沙千里、史良、盖叫天、周信芳、张大千等社会名流以及黄金荣、杜月笙等沪上闻人都曾到店就餐。

严良灿与木渎商业　严良灿,木渎人,字子绚,系严家淦先生的伯父。严良灿秉性率直,颇有胆识,善于理财,厌恶田产,毕生发展当地民族工商实业。他善于经营,不斤斤计较个人得失,乐善好施,为民造福,对发展木渎地区的经济和公益事业,贡献甚大。

北伐前,木渎设有市公所,为董事制,严良灿先生受命任区董。抗战前,木渎为吴县第二区公所所在地,大量的米运到木渎来集散,严良灿先生看到这一实际情况和特点，毅然带头在木渎镇下塘道场浜旁（现为下塘27号）创设了严和美米酱行，又名东和美。该店第一任经理是徽州人吴志馨。店内设有米作、酒作、酱作。

由于严良灿经营得法，不久，他又陆续在镇上（现西街74号）开设了西和美米酱行，在彩驾桥堍开设了严裕泰粮油酒酱店，在翠坊桥堍开设了严万和粮油酒酱店，在现镇中国工商银行处合资开设了一家严安德中药店。各分支店均有从业人员20多人，从而形成了木渎镇上实力最雄厚的商业集团。严良灿在供销方法上也灵活多样，还注重改进设备，提高工效。1930年，其粮油酒酱行业的营业额占全镇总营业额的47.64%。

此外，严良灿还不遗余力地用盈余之钱为当地乡民们做好事。1920年，他在镇南街底南亭子附近，办起了一家小型发电厂，供全镇人民用电。抗战前，严良灿又成立木渎救火会，并带头购置了一辆泵浦救火车，扑灭过难以计数的火情，有效地保护了当地乡民的生命财产安全。

那时，镇上没有中学，严良灿为了让乡民子弟能就地读中学，他于1937年上半年花了数千银圆，与有关人员筹办了吴西中学，校址在郏巷弄内，辟有4间教室，备有100多张课桌椅，教师也均已聘请好，即将要开学，不料抗日战争爆发，办学因而中断。1945年，惠又畲等人借用了吴西中学的课桌椅等办起了灵岩中学，后改为吴县实用职业中学。学生除来自本地及附近乡镇外，远至川沙等地的学生亦来投考该校，使严良灿先生办学的遗愿终于实现。

严良灿还依靠经商办厂之实力，组织成立了善济堂和代赈会等慈善机构，每月对全镇的孤寡之人和教师发放生活补助费。他还包下了全镇路灯的费用，深得民心。

严良灿不仅乐于施舍，而且为民众之事还敢担风险。1924年的一天，有一支奉系军阀的部队，开到木渎镇上，居民们都因害怕而闭门不出，他却毫不畏惧，挺身而出，招待应酬，致使全镇未发生什么骚扰事件，保障了全镇居民的安宁。此外，严良灿对修建灵岩山寺，积极保护风景名胜、文物古迹，也作出了一定的贡献。现灵岩山寺内尚立有修建大雄宝殿及念佛堂等施资功德人名的碑石一块，碑上刻有东和美和其他商店、人员捐款的数字。严良灿种种事迹，至今传颂乡梓。

赵丹游古镇木渎　1979年2月，赵丹与上海几位电影艺术家结伴来吴，漫游了木渎灵岩山等名胜。车到木渎，时正近午，赵老先生提议上石家饭店。进得店来，五人要了六菜一汤，其中清炖鳊鱼、油煎豆腐干烧肉和南乳肉最受欢迎。韩非一向是京剧马派先生的票友，他吃罢走出店门，便以戏腔即兴唱道："最难忘石家饭店这一餐，南乳肉吃得老朽满口鲜。"

少顷，众人舍车登山奔灵岩山寺，游览途中有人求赵丹作诗，留作纪念。他不假思索地漫然吟道："木渎好，生产节节高。石家饭店饮食美，下塘街弄倩女娇，麻饼呱呱叫。"

接着赵丹要韩非和他一首，韩非又用戏腔冲口而吟道："灵岩好，吴宫在此间。响屧廊前遗钗钿，一箭河上断魂船，往事已如烟。"这时，大家一齐要王染野来一首。直夕阳西下时，王吟道："酣漫东南泻。茫茫对，楚天浑小，酒杯浑大。美人英雄何处有，都入渔樵闲话。吴门风采今人画，好江册，不作刀俎架。　新岁月，多潇洒。劳人公余到此，醉卧古藤荫下。醒时日已西，倩疏柳、且把斜辉挂。留照湖山胜迹，与众生、解疲乏。"这一天赵丹还画了两棵青松。

费孝通关注小城镇建设　费孝通是著名社会学家，对小城镇建设有特别的研究和独到的见解。1987年5月，身为民盟中央主席的费孝通到古镇木渎考察，对木渎小城镇建设给予很高评价。回京后，他在《瞭望》杂志发表文章，称灵岩山下的木渎镇，道路宽畅，绿树成荫，俨然是一座城镇公园。

1992年10月3日，秋高气爽，丹桂飘香。时任全国人大常委会副委员长的费老再次到木渎老街视察。上午9时30分，费孝通来到位于苏福路的苏州意华塑料制品有限公司，他下车后顾不得休息，走进车间参观。隔着全封闭的玻璃窗，他神情专注地望着一支支一次性注射器在流水线上鱼贯而出，连声称赞。意华公司的总经理告诉他，这是全国规模最大的一次性注射器生产厂之一，年生产能力1亿支，产品出口东南亚地区。费孝通听后，高兴地点头称好。

费孝通一如既往关心木渎小城镇建设，询问近年来建设情况，听取木渎镇领导的汇报，目睹沿路两旁的建筑群，他夸奖木渎镇建设速度很快，说搞市镇建设与搞经济建设一样，应该有这种远见。中午，费孝通来到石家饭店就餐，欣然挥毫赋诗："灵岩遥揖范公祠，老桂花开正值时。乡情洋溢沁人心，石家鲃肺又入诗。"

第十一章 诗词文选

香溪社区境域文化发达、积淀深厚，历代文人辈出，留下了大量的诗作佳篇。香溪又是风景名胜之地，历代文人墨客探幽寻胜，流连忘返，情不自禁，赋诗吟诵，留下了众多的诗词艺文，本章遴选了部分题咏诗词佳作。

　　新春佳节，境域有撰书春联张贴门庭的习俗，遂将历年常用的春联择录本章。

第一节 诗 词

自古至今,明贤志士、文人墨客题咏境域的诗篇佳作连连,是笔弥为珍贵的财富,现将搜集到的部分佳作录之,以飨乡民。

一、诗

姑苏台

(元)萨都剌

野水满城飞燕子,谁家小艇载吴姬?
姑苏台上一尊酒,落日昏鸦无限悲。

香水溪

(元)周南老

吴宫香水溪,俗传脂粉塘。
暖波浮涨腻,晴渚泛红芳。
美人曾此浴,魂消水犹香。
可怜清冷泉,照此妖冶妆。
不濯郎衣尘,孰比华清汤?
只今开宝林,曹溪源更长。

过木渎

(明)曹学佺

指点十三桥,迎船半柳条。
夕阳潮正满,春草岸俱遥。
琢研开山市,为园灌药苗。
卖饧时节近,处处有吹箫。

登灵岩绝顶

(明)王宠

其一

凤刹翔天外,龙宫倚日边。
君王罢歌舞,我辈自山川。

翠壁琴台傍，丹枫石洞悬。
纷纷见麋鹿，惝悦梵轮前。

其二

气肃秋如洗，山高兴不群。
太湖红浴日，林屋翠蒸云。
河汉杯中泻，荆蛮掌上分。
下方钟磬晚，半岭隔氤氲。

同友人步月明月寺

（清）叶燮

杖底秋容倦眼收，招寻逸侣胜豪游。
地偏我惯闲寻寺，病后人扶怯上楼。
衰柳露寒初泣月，古塘蛩老竞吟秋。
五湖旧事茫茫里，若个知音共泛舟？

山居杂兴（选一）

（清）沈德潜

地与花宫并，钟声早暮闻。
农过时卖畚，客到偶论文。
帆带洞庭雨，屐穿茶坞云。
自耽闲趣味，未遣众人分。

泛艇木渎

（清）李果

晨光初泛艇，流水枕清酣。
风定晴湖渺，云生远岫含。
梨花明月寺，芳草牧牛庵。
多景灵岩近，乘春取次探。

驻跸灵岩诗

（清）弘历

塔影遥瞻碧汉中，梵王宫侧旧离宫。
观民展义因时切，石栈云林有路通。
竹籁萧萧喧处静，梅花漠漠白边红。
太湖万顷轩窗下，坐辨洞庭西与东。

杂 诗

（清）沈元龙

秧针密密雨疏疏，五月轻寒上客裾。
行尽鹭飞桥畔路，风流不见老尚书。

注：尚书指沈德潜。

藏书纪事

（清）叶昌炽

门外香溪送客帆，氤氲花药满灵岩。
池塘犹绕孤山梦，兄弟何尝痛不咸？

遂 园

（清）柳商贤

遂初园里藏书富，太守归来未老年。
题作遂园原偶尔，璜川旧椠证前缘。

注：遂初园的璜川书屋藏有书籍万册。太守指吴铨。

井 亭

（清）冯翼

遗金昔日有怡泉，泉下埋名亦有年。
今日翼然谁肯构，怡泉亭畔说怡泉。

甲申秋夜寓居南园作歌之六

（清）张永夫

明河斜挂三星高，群阴道长阳气消。
白杨历历风萧萧，南鸣鬼车北鸱鸮。
失者哀号得者笑，须叟称意忘明朝。
呜呼！六哥兮歌思长，羲和为我升扶桑。

下沙古榆

佚名

满街榆荫胜山塘，时有渔舟系岸傍。
为惜诗人啖蔗处，高风渺渺几沧桑。

注：啖蔗处指灵岩三家诗人之首张永夫。

木渎杂咏

（清）吴 溎

法 云 古 松
何年高挺两虬枝，郁作慈云荫古姿。
夜静涛声谁领得，山僧出定四更时。

白 塔 归 帆
布帆叶叶送轻舠，却共归鸦落影遥。
村市依微灯火出，数声柔橹过溪桥。

南 山 晴 雪
连峰积素浩漫漫，晃漾朝光兀自寒。
正似海天初照里，玉山一抹压银栏。

斜 桥 分 水
山溪交汇激难留，拍岸跳波骇过舟。
何事汹汹争两派，终看合并作东流。

虹 桥 晚 照
雨余霞绮落云间，绚作晴虹跨碧湾。
好在红栏高处倚，举头无限夕阳山。

下 沙 落 雁
数点横斜夕照边，水云乡畔宿寒烟。
谁从传此无人态，芦荻萧萧雪满天。

山 塘 榆 荫
山郭人家似水村，榆阴深处半开门。
最怜微雨新晴后，染得溪流绿有痕。

灵 岩 晚 钟
平林暝色接苍茫，却听疏钟出上方。
满径松风吹不断，一声和月度寒塘。

姜 潭 渔 火
晒网船头日近残，夜来篷底话团圞。
自缘怕涉风波险，只守寒灯傍旧滩。

灵岩山馆吊毕秋帆尚书

（清）陈文述

金碧楼台泼翠重，阑干红出万花中。
曾闻绿野开裴相，未许青山老谢公。
筹笔路遥春色断，骑箕人去暮天空。

读书当日留遗迹，满地斜阳送断鸿。

灵 岩

（清）卓尔堪

千古销魂地，无端辟化城。
绮罗留石色，弦管剩钟声。
泰伯药难采，夫差国易倾。
细探游赏处，春暮不胜情。

馆娃宫

（清）尤怡

峰顶曾闻置别宫，艳歌娇舞欲无穷。
美人一去碧云冷，行客独来山殿空。
香径落花春度曲，古廊依树夜鸣风。
登临漫为勾吴感，旧馆荒台处处同。

舟中望灵岩、天平诸山，晚次木渎

（清）赵允怀

轻舟正摇漾，前望路疑塞。
群峰渡溪来，我与适相值。
飞绿猛扑人，惊欲篷底匿。
犹容一罅行，却仗榜人力。
兹山昔未登，异态今乃得。
向背无定姿，近远各为色。
画屏自开张，面面看转侧。
橹迟岸势迥，村暗树阴逼。
系缆临市梢，灯火始堪即。
月出照山影，压船四围黑。

灵岩山

（清）汪大经

朝曦射初桃，影落峰际塔。
舍舆步仄径，粒粒露珠踏。
寺门面湖开，湖光互喷欲。
想见烟暝时，湿翠万顷纳。
琴台眇何处，导我来破衲。

蹑屦跻其巅，拂袖松风飒。
云外一声钟，响听四山答。

游木渎钱氏园三章

（清）姚燮

妙构极自然，意非人意造。
颇显短晷催，未容恣探讨。
云缛廊有苔，露酽径多草。
绮石如美人，坐阅万花老。
百绺枯藤缠，疑尔青鬟槁。
潭镜千尺泓，残荷一茎袅。
遂使静止天，玉芬溢龙脑。
何以蜻蛉红，但媚水阴蓼。

赪桐有千尺，红桂当百年。
含蓄万山翠，藏纳一屋间。
画縠十二榠，织以芙蓉烟。
绿琴卧湘几，风惹无涩弦。
谁与萧爽夕，倚鹤延婵娟。
枕簟浮雪光，可抵瑶虚眠。
主人貌臞古，或者罗浮仙。
坐客灵芝丛，留饷梅花泉。

绣阁重阑红，琼天四面碧。
晻蔼灵岩秋，挂眼无一尺。
梵塔孤城浮，锦帆太湖画。
袖底篁鸟声，散入水云白。
我御衫五铢，奈何六合窄？
让渠如圹营，结秀坐龙脉。
撷其初菊枝，归沿溆南夕。
回昒颓阳光，寂寂照空驿。

木渎　寓楼晚眺

（清）庞树柏

孤楼跨溪上，天贶此胜地。
四山迤逦开，一一贡席几。

东南揖尧峰，浓青扑衣袂。
西北指灵岩，浅黛上眉际。
稍远有天平，竹外露双髻。
相对弄妍姿，宛宛更予媚。
野云薄日光，水阴吹雨气。
瞬息此凭阑，群峰忽失翠。
乃知天地间，变灭无定理。
吾生有何哉，自嚼孤寒味。

迎 笑 亭

潘君明

夹道林荫山径深，千年古刹远红尘。
东坡方丈笑相迎，留个亭名万古存。

注：在灵岩山上的山路上，亭呈方形，飞檐翘角，古朴雅致。相传宋代诗人苏东坡上山访友，寺中方丈率众在此迎接，因而得名。

宜 人 亭

潘君明

筑园必定有芳亭，秀美轻盈将客迎。
独镇风骚高处立，静观佳景最宜人。

注：在木渎严家花园内，取《诗经·假乐》"宜民宜人，受禄于天"句意而名之。亭在假山之上，站立亭中，可观园内风光，十分宜人。

二、词

八声甘州　姑苏台和施芸隐韵

（南宋）吴文英

步晴霞倒影，洗闲愁，深杯滟风漪。望越来清浅，吴歈杳霭，江雁初飞。辇路凌空九险，粉冷濯妆池。歌舞烟霄顶，乐景沉晖。　别是青红阑槛，对女墙山色，碧澹宫眉。问当时游鹿，应笑古台非。有谁招、扁舟渔隐，但寄情、西子却题诗。闲风月，暗消磨尽，浪打鸥矶。

醉江月　姑苏台怀古

（元）萨都剌

倚空台榭，爱朱阑飞瞰，百花洲渚。云岭回廊香径悄，争似旧时庭户。槛外游丝，水边垂柳，犹学宫腰舞。繁华如梦，登临无限清古。　果见荒台落日，麋鹿来游，漫尔繁榛莽。忠臣抉目东门上，可恨越来兵伍。空铸干将，终为池沼，掩面归何所？遗风千载，尚听侬歌白苎。

风中柳　灵岩

（清）陈燮恒

一槛寻花。又向最消魂处。漫怜他、英雄儿女。梵音凄绝，换年时歌舞。剩荒台，几层烟树。　履迹依然，片石千年无主。是吴宫风流画谱。修廊闲倚，乍梧桐疏雨。还似有屦声来去。

鹊踏花翻　姑苏台怀古

（清）郁承烈

满眼吴山，云屯铁骑，谁教霸业销沉者？要离侠骨成灰，断莽横碑，剑池虎气和湍泻。胥城月隐暮笳悲，灵岩雪借晨钟打。　真假。仿佛银涛白马，鸱夷夜走天风下。何处战鼓雷轰，馆娃人去，脂粉飘零也。五湖稳泛绿蓑烟，空台剩有斜阳射。

减字木兰花　登灵岩最高顶眺月

（清）郑文焯

琴台夜悄，片石重惊香屧到。云意留山，学得西施旧黛鬟。　流年镜里，几度阑干能并倚？明日横塘，犹有词人载雪航。

惜红衣　羡园探梅

（清）庞树柏

蚤春至严氏羡园探梅。园在灵岩之麓。是日遇风雪，登楼四眺，凄然有作，用石帚韵。

水院沉阴，山楼送日，晚寒添力。小立低头，深池敛瑶碧。疏梅照影，还照见、梅边狂客。清寂，吹起玉龙，领东风香息。　春回旧陌。翠殢红怿，空余麝尘藉。阑干倚遍，望国暮云北。为问废廊荒径，此际有谁攀历？共乳鸦归去，犹带一天离色。

忆旧游　蒋园访古

（清）庞树柏

春日登灵岩访蒋园旧址，是园本为毕秋帆尚书别业，嘉庆间归吾乡蒋氏者也。

记莺栏碾粉，鸳径穿莎，玉辇曾经。瞬息韶华去，早池荒碧敛，甃废苔生。最怜采香人远，鹃语自凄清。怎立尽斜阳，春魂何在，泪溅花凝。　伤情，更谁问，有天风屧响，夜月琴声。繁艳空千古，尽香钿暖翠，都付漂藁。只余柳丝无恙，眉样尚倾城。又几度低徊，残山一角愁黛青。

第二节 文 选

登姑苏台赋

（唐）任公叔

司马迁世掌天官，才称良史，探禹穴之遗迹，纪吴国之旧轨，乃抚然而嘻曰：登此姑苏之墟，淹留兮踌躇，感斯宇之基为沼，而仲雍之祀忽诸。我闻周道既衰，诸侯狎主，中无霸王，蛮戎振旅。始阖闾以信威，继夫差以极武，斜与劲越同壤，右以强楚为邻，内有高台之筑，外有远略之勤，积如莽而暴骨，亦如仇而视人。是以疆场日骇，板筑未弭，方五载而厥成，造中天而特起。因累土以台高，宛岳立而山峙，或比象于巫庐之峰，或倒影于沧浪之水。悉人之力，以为美观；厚人之泽，以为侈靡。斯实累卵于九层，夫何见乎三百里？野语有之曰："川壅则溃，月盈而仄。"善败由己，吉凶何常！矧谋主之赐剑，若涉川兮无梁，以为栖越以求霸，卒见髳吴而受殃。客自南鄙，观于江濆，徘徊旧德，惆怅前闻。试游目于寥廓，曾是岿然而参云；听逆虐而翳谏，竟麋鹿而为群。高天放旷，平湖泱漭，奕奕孤屿，茫茫极浦，悲早雁于海风，啸高鸥于江雨。况复关梁坐隔，羁旅增愁，山木将落，汀葭乱秋。思美人兮，子胥何为？怀直道而骤谏，遭重昏之见危，将渔父以抗迹，且垂钓于江湄。高台既倾，夕露沾衣，感苡国之不及，冀莱人之与归者也。

游灵岩天平山记（节选）

（元）朱德润

吴郡之西为湖，东为江，独灵岩、天平为山之胜境。予昔陪宋尚书诚夫来游，距今十有七年矣。其山峦林麓陂池之美，盖尝粗记而未能再览其详也。至正己丑春莫，判簿顾君定之，毗陵潘子仪、曹德文，约予为山行。于是买舟携具，于城西之枫桥入，过雁港，先抵吴安山下，即乘肩舆行二三里，至观音山，有"寒泉"二字镌于卧石，字皆方丈余。又行抵北山，抚蟠松，还宿衍福精舍。明日复就肩舆，由吴安山左度天平岭，瞻文正范公故祠，乔木森茂，异石林立。转过野桥村店，山回涧曲，樵歌牧唱，相与应答以翠微空旷之间。里人所谓鸡经山、虎子谷者，突然乎其左；琴台巇、羊肠岭者，兀然乎其右。迤值上坡陁，经荦确，曰观音峰，曰猿愁岭，皆陟险攀缘而上，直抵灵岩山永祚塔寺后。回望诸山，皆在其下，菜畦麦陇，苍黄相间。入寺观八角井，出响屧廊，陟香径，登琴台。予足力倦，距两步而止，回抚偃松，倚盘石，坐涵空阁。南望三山环抱，即太湖之洞庭，山色苍茫，湖光镜净，瞰飞鸢于木杪，睇云帆于天际。于是临前轩，濯浣花池，寺僧揖予小亭而憩焉。询昔游之记，则已刻于五至堂矣。众客举酒相属，倘佯久之，皆步出前三门，有亭翼然，则陆象先之所曾游息也，故刻"象先"二字于扁。即由山径寻所谓西施洞，则古佛石像在焉。遂缘山而下，路两傍松杉阴翳，苍藤如虬蜿，鸟声关关，游人交躅，真一时之佳致也。乃环山而归，复抵天平之白云寺，入拜范公祠下。

遂初园记

（清）沈德潜

容斋吴太守，于木渎镇东治园一区，园故废地，蠲荒秽，拂蒙翳，因其突者垒之，洼者疏之。垒者为丘、为阜、为陂陀，疏者为池，因池之曲折，界以为堤，跨以为桥，楼阁亭榭，台馆轩舫，连缀相望，垣墙缭如，怪石嵌如，古木槎枒，筼筜萧疏，嘉花名卉，四方珍异之产咸萃。园既成，名曰遂初，取孙兴公绰赋名以托意云。予尝与客往游，经邃室，循修廊，西折而西南者，为拂尘书屋，深静闲敞，林阴如幄，于休坐宜。经桂丛北迤，有亭翼然，俯临清流，为掬月亭，倒涵天空，影摇几席，于玩月宜。自亭而东，随堤南折，沿石齿，度略彴，为听雨篷，宾朋既退，船窗四阖，风摇枝柯，飒飒疑雨，于夜卧宜。东望为鸥梦轩，主人息机，物我偕适，于徙倚宜。又东迤为凝远楼，登楼四望，娃宫西峙，五坞东环，天平北障，皋峰南揖，余若蠖、若奔、若倚、若伏，苍烟晴翠，斗诡献异，胥入栏槛，于眺览宜。楼之东为清旷亭，绮疏洞开，招纳远风，于披襟宜。亭皋南折，回旋冈岭，拾磴级，穿梅林，耸然而高者为横秀阁，东北送目，平田万顷，纵横阡陌，绿浪黄云，夏秋盈望，于观稼宜。其他平室深窝，交窗复壁，敞者宜暑，奥者宜寒，约略具备。此遂初园之胜概也。夫园名遂初，慕兴公作赋之意而名也。然考《晋书》，兴公隐于会稽，放浪山水，作《遂初赋》以致意，后为散骑常侍，上书言事，桓温笑之曰："何不寻君《遂初赋》，知人家国事邪？"是兴公先赋《遂初》，而后历宦途者也。今太守两典剧郡，民以宁壹，大吏方交荐之，而翻然归田，丘园偃息，斯真能遂其初服者，而岂若兴公之前后异趣，有言不复者与？抑太守于四时佳序，逍遥杖履，涵泳太平，胸怀所乐，若有一已独喻，而不必喻之人人者，是岂无得于中者而能然与？然则林园景物亦寄意而已，而人世之侈靡相高，徒有羡于金谷、铜池之华者，为足陋也。承太守命作记，遂记之。

遂初园序

（清）徐陶璋

古之人，有先隐而后仕者，有先仕而后隐者。其先隐后仕者，如周彦伦之韬晦北山，不能固节，故孔德璋假山灵语以嘲之；卢子潜始托终南，继乃出徇利禄，为司马承祯所讥。凡以萦情圭组，而前之遁迹皆非真也。若夫先仕后隐，可进则进，欲行道于时；可退则退，以怡悦其性情。昔陶通明仕齐，忽挂冠神武，返入华阳，处三层楼之最上，听吹笙松风，意殊洒落；唐之杨景山谢司业之职，将归故乡，寻某丘某水，韩退之以文送别，比之二疏之。两人者，前后相望，时地不同，而遗荣则一。余追溯之，未尝不慨然神往。他如梅仙辞尉，放浪嬉傲，弃妻子不顾，毋乃远于人情，不可以示训也。吾友吴先生容斋，以郎官出典江西之吉安郡，政成风和，卓乎著循誉，年未老，乞假归，士民咸挽之不得。归无几时，度地于木渎镇之东偏，诛茆构宇，叠石穿池，极园林之胜。园既成，挈家人之半以居，日取经籍训课其幼子，暇则登高眺远，揽山色波光之秀，间行野外，遇樵夫牧竖相酬答，若忘乎曾为郡守者。吾知与陶公、杨公订同乐于千载，岂必效梅仙之离伦而绝类与。园名遂初者何？取孙兴公作赋之意云尔，夫兴公先隐后仕，彦伦、子潜之流也。则遂初之义，于先生尤称，其名也固宜。既以名之，遂邀同人咏歌以道之，而属序于予。予与先生同时告归，志趣近似，窃欲营别墅于山，逡巡不果。先生独优游园中，罕入城市，且斯园缔造，出其家余财，不由官之所入，其风抑又可嘉，是皆予之所乐为序者也。园之基址，高下广狭，楼台、亭馆、桥梁之曲折变化，归愚沈君已记之详，予不复辞费，第就先生之先仕后隐，超然物外，而写其高致如此。

游姑苏台记

（清）宋荦

予再莅吴将四载，欲访姑苏台未果。丙子五月廿四日，雨后，自胥江泛小舟出日晖桥，观农夫插莳，妇子满田塍，泥滓被体，桔槔与歌声相答，其劳苦殊甚。迤逦过横塘，群峰翠色欲滴。未至木渎二里许，由别港过两小桥，遂抵台下。山高尚不敌虎邱，望之仅一荒阜耳。舍舟乘竹舆，缘山麓而东，稍见村落，竹树森蔚，稻畦相错如绣。山腰小赤壁，水石颇幽，仿佛虎邱剑池，夹道稚松丛棘，檐葡点缀其间，如残雪，香气扑鼻。时正午，赤日炎歊，从者皆喘汗，予兴愈豪，褰衣贾勇，如猿猱腾踏而上。陟其巅，黄沙平衍，南北十余丈，阔数尺，相传即胥台故址也，颇讶不逮所闻。吾友汪钝翁记称方石中穿，传为吴王用以竿旌者；又矮松寿藤类一二百年物，今皆无有。独见震泽掀天陷日，七十二峰出没于晴云溋森中，环望穹窿、灵岩、高峰、尧峰诸山，一一献奇于台之左右。而霸业销沉，美人黄土，欲问夫差之遗迹，而山中人无能言之者，不禁三叹。从山北下，抵留云庵，庵小，有泉石，僧贫而无世法，酌泉烹茗以进。山中方采与？然则林园景物亦寄意而已，而人世至侈靡相高，徒有羡于金谷、铜池之华者，为足陋也。承太守命作记，遂记之。

羡园记

钱仲联

世称桂林山水甲天下，而吴会则以园林甲天下名。吴会园林萃于今之旧城区及附郭，其在乡镇则以木渎一镇园林为之甲。谈园林者不可不知吴会，亦不可不知木渎，否则乃目拘一隅未能圆照者焉。

木渎古镇位郡城西郊，胜迹夥颐，夙有园林之镇之称。明清时是镇私家园林达二十余，遂初园、羡园俱江南之名园也。羡园位镇之山塘街王家桥畔，因园主严姓而有严家花园之号。乾隆时，为诗人沈归愚寓居。道光时，沈氏后裔售园与木渎诗人钱端溪，名之曰端园。镇名士冯桂芬、叶昌炽先后寓此。光绪二十八年，端园易主于镇人严国馨。

严氏世操陶朱公术，致巨富。国馨得此园后，鸠良工重葺。钦慕前代贤哲易园名为羡园，自号羡园主人。后经倭夷入寇，园被殃及。己卯岁初乃进行修复。重修之后，面南，中间为住宅，三面为园。有友于书屋、延青阁、澈亭、锦荫山房，疏密曲折，高下得所。按季节种植各类花木，古玉兰、荷、桂、梅，四时各擅厥胜。骚客雅士可以于此枕流漱石，遥挹灵岩之秀，近吸香溪之芬。较之板荡凄凉之岁，烟峦如赤者、流水如焚者，风物顿殊，不能不令人兴沧海桑田之感矣。庚辰秋，虞山九十三岁老人钱仲联撰书。

梦归香溪老街

顾忠良

枕着香溪水的阵阵香气，闻着灵岩山的阵阵剑气，轻轻叩开一扇精雕细琢的石门，几丛芭蕉，三竿翠竹，弯弯的月洞门处，又浮着多少浅吟低唱……

园子，是木渎老街的精灵。有大的，有小的，零零碎碎散落在古镇的四处。当年的康熙爷和乾隆帝下江南，或许都忘不了到木渎老街走一走。一个地方，能吸引这祖孙俩回回驻足，自然是有着它不可替代的魅力的。先让我们告别皇家仪仗的喧哗，悄悄潜入这个古镇，穿越也罢，行走也可，就把自己的身心，整个儿融入进来吧。

来木渎老街，可以是清晨，也可以是傍晚。清晨，不妨踩着永安桥上的露珠，大步跨入严家花园，去找寻那时代的沧桑与变迁。鱼儿嬉游处，当年美人靠。无论是达官显贵，还是寻常百姓，在园子里静静坐上半晌，许多事儿，都会想明白了。假如你是傍晚时分踏入古镇，不急，肚子还饿着吧。就在香溪河畔，随便找个酒家，看到没，那里还有猎猎作响的酒旗，水村山郭酒旗风，用在这里也是很妥帖的。慢慢坐下来，自然会有俊俏的江南女子，用着酥软的吴侬软语过来打着招呼。那声调，那口气，就像你们早就认识了多年。新朋故交，在这里，是都可以找到自己的位置的。几杯古镇的黄酒下肚，脸上微微泛着红，透过桥洞里的月光，竟然看得到当年的西施正在桥上梳妆打扮。

吃饱喝足，去刘罗锅茶楼小坐片刻，听上一曲评弹，琵琶声起，珠珠落盘。那一袭长袖说尽多少红尘事，那一身旗袍又弹出多少人间情。心灵的SPA，穿越的季节，在这里，你也许会分不清今夕是何年，今朝在何处。但这些，都不要紧。就让我们告别生活的繁杂，轻轻放下过去的烦恼，随意地在这个江南的小镇上走一走吧。眼到之处，也许是姑苏十二娘的摇曳身姿，也许是山塘老街的市井繁华，也许是姜潭渔火的寻常日子，也许是廊桥遗梦中的万种风情……听，灵岩的晚钟敲响了，伴着那阵阵塔铃，回响在古镇的四方。禅意渐浓，生气依然。不知从哪个小巷的拐角处，我们还能看到一两张民国的广告画，那斑斑驳驳的颜色间，流露出当年的风情与时尚。

木渎老街，就是这样一个地方。她有着大家闺秀般的大气，也有着小家碧玉般的含蓄，不用多少刻意，无须怎么彷徨，可以是一个不太联系却时时想起的朋友，也可以是天天走动相伴相随的邻家，当你的心里泛起阵阵涟漪的时候，不妨来木渎走一走、看一看。可以走马观花般一个一个园子看下来，再在山塘街上搅些麦芽糖，啃个梅花糕，一边走一边吃，就这样肆意一回，不用怕碰上乾隆皇帝巡游惊了大驾，也不用怕有人看到损了形象，就这样好了，半梦半醒，寻常时分。

香溪岸畔　枕河山塘

施美凤

说到木渎的山塘街，自然离不了香溪河。山塘街枕河而卧，香溪河傍街流淌，从古至今，它们相依相惜，在朝代更替中，见证着木渎千年沧桑。

人间四月天，风暖莺娇，露浓花重。在这样的时刻走进山塘街，别有一番韵味。和煦的阳光妩媚地铺洒下来，透过香樟树叶，洒落来往的行人身上，如梦如幻。香溪河清凌凌的，晶莹剔透，像一个婀娜袅婷的女子，忽闪着美丽的大眼睛，好奇地窥视着身边的一切。古朴石驳岸藤蔓攀枝，石桥石栏上青苔丛生，无不沾染着历史的露珠。

传说中的香溪缘于越女西施。那时西施常在灵岩山下的小河里用奇香花粉沐浴，河水携带着她的体香、胭脂以及花粉之气自西往东，一路芬芳，生香而淌，久而久之便成了千古流芳的香溪。宋代洪刍在《香谱·香溪》中有记载："吴宫故有香溪，乃西施浴处，又呼为脂粉溪。"而今的香溪已没有了西施的脂粉香，但呈现在眼前的桃红柳绿，桥横舟行，清泉映翠，是如此的恬静别致，再加上一个香艳暧昧的名字，让人滋生出无尽的遐思。

漫步在香溪岸畔，心情是惬意的。永安桥、西施桥、虹桥以各自的姿态横跨在香溪河面上，古典又不失韵味。桥上的石条板被行人的足履磨得圆润，刻录着岁月的痕迹。从桥的这头走到那头，是一户户依水而居的枕河人家。小桥流水，粉墙黛瓦，锅碗瓢盆，男女老少，一幅浓墨水乡风情画。从桥的那头走到这头，幽长的山塘老街枕香溪河而卧，青石板古道上踩出游人时缓时急的脚步踢踏声。严家花园、虹饮山房、古松园傍着香溪河坐落在山塘街上，朝夕相处。重楼飞檐，花草石木，亭台楼阁，把江南园林的古色古韵渲染得淋漓尽致。

其实木渎本身就是一座园林。石是园之骨，水是园之脉。这里的石是指木渎各个大小园林的建筑，水自然是这条香溪了。它几乎流贯整个木渎，当年乾隆皇帝六下江南，想必也经香溪河，在虹饮山房对面的御码头弃舟登岸，踏上山塘街那条特地用青砖铺砌的人字形御道，登灵岩山祈福修缘。

春风拂面，垂柳轻掠水面，不经意间惊扰了香溪的宁静，水面露出笑靥，泛起涟漪，一圈又一圈地扩展。我用手轻轻撩起一串清凉的水珠，看水珠从指缝滴入河中，绵绵的思绪在水影中飘飞蔓延。

西施桥下，缓缓飘来一条小船。身着蓝布衫的船娘摇着橹，船上几个时髦女孩的嬉笑声顺着水波漾来，香溪河顿时变得活泼起来。倘若此时西施站在桥头凝望，她是否会从对范蠡的思念中回过神来，为这现代的人儿入迷呢？

不远处，依稀看见绣圣沈寿向我款款走来，素面朝天，温雅娴静的一个女子。真想跑去与她牵牵手，瞧瞧她的手到底有多纤巧？我猜想她一定是经常在这河中濯手，汲取了香溪水的灵气，绣出了那么多举世闻名的精湛绣品。

虹桥头，暮色中，当年虹饮山房主人徐士元接济那个泪潸潸的卖麻线妇人的身影在晃动，妇人感激的道谢声和徐主人感慨的叹息声飘忽在耳边，时近时远。如果他看到今天小镇的繁荣和谐景象，也一定会宽慰了。

夕阳西下，香溪笼罩在一片绛红的霞光中，宛如一条五彩柔软的绸缎在飘舞。从灵岩山麓一直舞到斜桥下，与太湖而来的胥江水交会。香溪的清澈，胥江的浑浊，恰似美女和英雄在斜桥下并肩而立，是相会，是相融，演绎了木渎婉约中见大气的至高境界。

恍惚间，一声声吴侬软语的叫卖"阿要买点卤汁豆腐干、枣泥麻饼、松仁粽子糖……"把我从遐想中拉回来。山塘街上摆满了各色风味的土特产摊位。豆腐干的卤香、枣泥麻饼的甜香、粽子糖和着淡淡的薄荷香，在空气中弥漫开来，沁人心脾。

我醉了！醉在王汝玉"山近灵岩地最幽，香溪名胜足千秋"的诗文里，醉在文墨骚客"美人曾此浴，魂消水又香"的迷离间，醉在此时随风柔柔飘来的氤氲香气中。

如果你要问我："现在山塘街的香溪还香吗？"我会毫不犹豫地回答："香！"当然，这股香已不是当年西施的脂粉香，而是现在木渎的五谷香了。

香溪河上永安桥

吴健红

香溪河上的永安桥，保留着六百年的沧桑情调。永安桥为明弘治间傅潮所建，是一座典型的单孔石桥，桥梁头上刻有"一把莲"。它没有华丽的外表，只有那典雅与斑驳，醇淳与拙朴。

春日的暖阳从薄云里探出一些柔和的光，轻轻地洒满永安桥。漫步桥上，顿然感觉到是那样的清新，那样的柔媚，喧哗里的一方宁静。桥的两旁，青柳伴红桃，玉兰花满树，春意盎然。坐在栏边，俯视桥下，清澈的河水微波荡漾。那淡淡的倒影，勾勒成充满遐想的弧线，写意的时光岁月，一条条水痕深深地刻在花岗岩上。

不远处的乌篷船上，穿着浅蓝色花格布的船娘，"咿呀咿呀"摇着船橹，清唱着吴侬软语的《千年木渎》和《木渎之美》的歌声，载着游客，顺河前行。那厚实稳重的永安桥，在相机的闪烁下，定格成一幅幅精美的照片，永远留在人们的记忆里。

香溪游二则

周梦帆

怡泉亭记游

金秋十月,江南正值天高云淡、菊绽枫红之时,应朋友邀请,我游览了姑苏西郊的千年古镇木渎。

从古松园出来,我们沿着山塘街西行。老街傍着溪流,一派小桥流水人家的风貌,弥漫着浓郁的古典韵味。老街旁错落有致的民居透着一股古朴而雅致的气息,让人平添出几许思古之幽情。游人三五成群地从身边而过。我和朋友娓娓而谈,朋友是本镇人,对古镇的风土人情如数家珍。

走不多远,我们在一座古意盎然的石亭里憩息,四周有几株碗口粗的榉树所环抱,显得幽雅极了。南面,香水溪缓缓东去。

我不觉端详起石亭来。亭高四米多,歇山单檐式屋顶用八块条石合盖而成,四根粗实的石柱托起整个拱顶。石梁镂刻有一些图案,线条粗犷洗练。东梁上刻有"怡泉亭"三个大字,古拙遒劲。亭子东南北三面各有石条栏凳。中间有一眼水井,井水清澈甘洌。行人走累了,可以坐下来歇脚解渴。抬头西望,透过绿中泛黄的榉树叶,灵岩山赫然在目,山巅古寺钟楼古塔在阳光下,显得何等壮丽。清风徐来,令人神清气爽。

这时,朋友神情庄重地说道:"有关这座古亭还有一个动人的故事呢"。

"故事?"我好奇地问道。

于是,朋友深情地讲述了这样一个美丽的故事。据志书记载,明代崇祯年间,冯怡泉和殷心抑为好朋友,冯非常信任殷,把辛辛苦苦积攒的一百两银子存放于殷家。不久,冯突然去世,没留下后代,银子自然归殷所有,但殷并未据为己有,而是捐银建亭挖井,惠泽乡民,以此独特的方式来纪念好友。至今,古镇保持着这样的习俗:年轻的友人或情侣常常来此,对亭盟誓,以证明友情爱情如石般坚贞,似水样纯净。

听罢,我不觉怦然心动。尤其钦佩殷心抑重义轻利、高风亮节的君子风范。我想:每个人听了这个故事,不能不为之深受感动、唏嘘不已。一下子,貌不惊人的怡泉亭在我眼前显得高大巍峨。

怡泉亭,无疑是古镇木渎一处很有意义的人文景观,将吸引越来越多的游人前来瞻仰。

古松园"三宝"

古松园坐落于姑苏西郊千年古镇木渎山塘街东端。木渎有"中国园林古镇"的美誉。远在吴越春秋时期,吴王夫差打败了越国,为了越王勾践献来的美女西施,在镇西郊灵岩山巅,筑就了馆娃宫,开古镇园林的先河,以致"木塞于渎",木渎由此得名。明清时,官宦巨商、文人墨客广筑深宅大院,多达二三十处,其中古松园便是一处颇有特色的私家宅园，人称"雕花楼"，尤以"三宝"闻名遐迩。

古松园为清末木渎蔡少渔所建。他祖籍太湖洞庭西山，原在上海经营洋货，富贵后回乡置地盖房造园，前宅后园，典型的清代宅第风格。

穿过门厅，砖雕门楼、天井，就进入大厅。大厅为园内"一宝"，俗称琵琶厅，因梁上镌刻有八只琵琶，名为"八音联欢"，寓意喜庆欢乐。如此用法，在苏州园林建筑中独树一帜，甚为珍奇。大厅为正三间，宽敞恢宏，梁架上有四对樟木，形以古代官帽的两翼。樟木上分别刻有"八仙"吕纯阳的宝剑、铁拐李的葫芦、曹国舅的檀板、韩湘子的竹笛、蓝采和的花篮等以及各种戏曲故事人物，精雕细镂，美妙绝伦。

大厅后为第三进楼厅，厅内富丽堂皇，雕刻精细，为名副其实的雕花楼，是园内"二宝"，因楼上轩梁上雕有十六只凤凰，气韵生动，栩栩如生，故被人称作"凤凰楼"。厅内所有雕刻均为吉祥图案，民间称为"讨口彩"。如明间由西向东分别刻有画、书、信、元宝，含有"书中自有黄金屋"之意。两侧刻着海螺、风火轮、珊瑚、铜鼓等八件宝物，称为"八宝"，还饰有云纹、水波纹，表示"云水自闲"。檐下挂落上为缠枝花纹，有梅、荷、菊、山茶等四季花卉，插于花瓶之中，称谓"四季平安"。窗上刻有"梅、兰、竹、菊"四君子，象征品性高洁。窗、轩廊梁上都刻有狮子、大象和蝙蝠等吉祥图案，令人叹为观止。现楼下楼上分别辟为木渎名人馆及书法馆。从楼上北窗望去，后花园中亭台楼榭、池石假山等尽收眼底。抬头西望，灵岩山雄峻的山岩、壮观的钟楼、古塔近在咫尺，真是"无限风光尽被占"。

由楼厅往东进入后花园，就可见到镇园之宝——古罗汉松。据志书记载，古松为明代遗物，已有近六百岁高龄。树干挺拔遒劲，一人还合抱不过来，高逾十余米，枝叶依旧苍翠蓊郁。它如一位饱经风霜的老人，默默耸立着，见证了古镇的沧桑巨变。园名因此树而得。

古松园"三宝"，令人叫绝！

募捐：一位退役老兵的心底之声

许云峰

2021年6月，我代表社区向退役老兵宁德厚颁发抗美援朝胜利70周年纪念章，他十分激动。不久，他毅然拿出了100000元捐给慈善基金会。此时，我看着宁老43个平方米的小屋，简陋的家具，我听到的、看到的以往宁老一件又一件的善举，在我面前一幕幕闪过。

宁德厚1926年出生于东北辽宁，在那个内忧外扰的年代，他自幼就爱听救死扶伤、帮困扶贫的故事。1947年，21岁的他参加了中国人民解放军，1950年光荣地加入了中国共产党。他历经辽沈战役、平津战役、抗美援朝等战役。其时，他既是战斗员又是宣传员。在辽沈战役的一次阻击战中，他所在的小分队10多名战士，全部壮烈牺牲，而他正奉命前去总部递送文件，才得以幸存。1949年10月1日，当毛主席在天安门城楼庄严宣告中华人民共和国成立时，宁德厚正与战友们在中南战役中与敌军酣战。

中华人民共和国成立后，他先后参加了广西剿匪、抗美援朝、土改工作，荣获过朝鲜三级军功章和中国人民志愿军三等功勋章……这么多年的军旅生涯中，他共获得了7枚勋章。

1963年，他调至空军108医院工作。1978年转业至地处境域的苏州木渎人民医院工作。因为他经历过腥风血雨的革命生涯，所以对如今的幸福生活特别珍惜，对党和人民有着深厚的情结。他说："在电视上看到我们国家哪边受灾了、哪边有困难了，我眼睛就会发酸……忍不住难受得泪水直流……"而当他看到祖国日益强盛，心里就会发自内心地高兴。

宁德厚平素生活俭朴，然而在捐助贫困百姓时出手大方，每当他从报刊、电视台看到哪里发生自然灾害，他会不惜一切出手捐款。前几年，我国汶川、青海玉树发生地震，盐城阜宁发生龙卷风，造成当地百姓家破人亡……他看着看着，情不自禁泪流满面，二话没说，解囊相助。

平时，宁老积极捐助贫困学子。他得知木渎镇政府老年协会创办"青少年助学项目"后，连续捐款16年。当他看到"小红帽助学项目"，主动10多次帮扶青海中学学生。同时，他还连续4年捐款西北水窖工程，帮助那里百姓解决缺水问题……凡此种种，不胜枚举。

当我问宁老这次怎么一下子又捐款如此多钱给慈善机构？他听了，说出了自己九泉之下的亲生儿子。宁德厚的儿子宁先春，1966年在西北工业大学读书时，是一名优秀的共青团员，并被当地政府推荐至汉中地区社教工作团工作。有一年，当地发生了一场大火，一名叫苏桂莲的妇女被困在屋内，他奋不顾身冲入火海将其救出，而他自己身体却被大面积烧伤。虽然后来经过医院全力抢救，宁先春保住了生命，但由于感染了疾病，46岁就撒手离世……

末了，宁德厚老人对我说："在我心里，我儿子与我那些为国为民牺牲的战友一样，都是英雄。我以儿子的名义把这笔钱捐献给慈善基金会，资助那些在贫困线上挣扎需要救助的人……"

听了退役老兵宁德厚的一番话，我恍然大悟，不由得让我肃然起敬。

第三节　楹联、春联

境域灵岩山麓、古镇老街名胜古迹众多，文化底蕴丰厚，自古至今，在牌楼、凉亭、店铺的门楣等上书写楹联甚多，楹联内容引古喻今、丰富多彩。每年春节期间，几乎每家每户门上贴上红色对联，祝贺来年国泰民安、事业兴旺、家庭和睦、吉祥如意。

现摘录些许，以飨后人。

一、灵岩山麓楹联

姑 苏 台

陆文贤撰

千年台阁古烟霞，莫不先贤浩气；
万仞峰峦今树木，岂非时彦高标？

欲餐铺地绮罗色，务本登斯台读画；
若长经天锦绣肠，方能对此景题诗。

智生鉴

释印光书

劝亲修净尽儒道；祈众往生畅佛怀。

二、古镇老街楹联

老街石牌楼

钱仲联撰书

相对是名山，残霸宫城，苍崖云树，铢衣劫阅三千载；
此中有古镇，勾吴创业，香水流芬，裙屐人来五大洲。

陆文贤撰　沈玉山书

人游在街，心画含天韵；
木塞于渎，口碑勒镇名。

崔护撰书

古镇游踪历历，名园显第，花岸雨廊，万种风光，静中蕴秀，流水小桥皆画意；
砚山胜迹重重，玉瓦穹碑，琴台梵宇，一痕烟雨，壮里含英，层云叠嶂尽诗情。

袁惠兰撰　杨在候书

泛舟香溪，访吴越胜迹；
漫步古市，览明清风情。

山塘街牌楼

陆文贤撰

千年踪迹遗吴越；
一派风光读古今。

景贤居士撰

名山兰若稽于晋；
古镇人文溯入殷。

严家花园

陆文贤撰

入院长疑游阆苑；
登楼犹觉到梁园。

怡宾厅

陆文贤撰　于曙光书

园中来客忘还府；
云上游仙错认家。

陆文贤撰　王友谊书

名园再筑，仍对古桥影静波，掩映林泉，神秀无疑胜境；
旧构还观，犹凭巧匠师承祖，斫雕栋宇，瑰奇不让豪门。

尚贤堂

陆文贤撰　赵雁君书

几多知，沈钱冯叶，巨著宏篇，咸是当年此寓呕心酬壮志；
无不晓，陆范徐张，高风亮节，并非今日来游盲目仰名贤。

尚贤堂

陆文贤撰　张少怡书
江南古镇，园林第一；
天下名人，鸿爪无双。

明 是 楼
陆文贤撰　谭以文书
云崖缥缈，时隐三衣，遥瞻佛界，茫然铁砚无心铸；
山路崎岖，常颠一钵，顿悟人生，勤属樵风有日期。

雪 鸿 廊
张旭光书
暮云千树，冬威催腊近；
寒水一泓，春讯有梅知。

静 中 观
陆文贤撰　张荣庆书
心随远眼齐天广；
志冠高山比石坚。

锦 荫 山 房
陆文贤撰
房紫颢气标清德；
荫曳熏风织绮情。

延 青 阁
陆文贤撰　丛文俊书
阁邻佛寺经盈耳；
窗对灵岩翠满睛。

小 方 斋
陆文贤撰　赵锟书
室陋无妨佳客屐；
景妍有助硕儒诗。

澈 亭
陆文贤撰　徐利明书
常来生傲骨；
即去便仙心。

潋 香 轩
陆文贤撰　梅墨生书
戏影游鱼尝柳潋；
借风浴鸟溅荷香。

闻木樨香堂
陆文贤撰　言恭达书
　闻香思折桂；
　攻苦仰收萤。
黄　惇　书
　燕雀逢春留好语；
　桂兰遇露发幽香。
友 于 书 屋
金伯兴书
　学业醇儒富；
　文章大雅存。
华人德书
　珠林墨妙三唐字；
　金匮文高二汉风。
陆文贤撰
　充栋诗书堪治俗；
　盈怀仁爱辄惊神。
挹 翠 亭
陆文贤撰　周雪耕书
　芳径陶青鬓；
　飞檐荡绿云。
鱼 趣 轩
陆文贤撰　马士达书
　喁咽忘形争客食；
　唅喁兼顾读天书。
锁 绿 轩
陆文贤撰　李强书
　胜地四时浓荫里；
　洞天一派碧鲜中。
眺 农 楼
王冰石书
　春耕庶秋获；
　茶兴复诗心。

且闲亭
许凤康书
花事繁时盛；
人情淡处高。

宜人亭
陆文贤撰　杜雍书
绝境咸疑非木渎；
高人亦说是桃源。

采秀山房
陆文贤撰　王冬龄书
新雨花开芳淡淡；
清风珠晃叶田田。

盍春房
刘恒书
契古风流春不走；
怀人天气日初长。

陆文贤撰
媚客清风吹柳榏；
娱人红雨落桃花。

海棠书屋
陆文贤撰　聂成文书
自古入斋偿梦笔；
如今观匾解填词。

绿漪轩
陆文贤撰　张锡庚书
微风池面皱；
垂柳水心痕。

忆梅寮
陆文贤撰　陈新亚书
雪海香山仪邓尉；
梅妻鹤子慕林逋。

近水楼
陆文贤撰
自觉同鱼栖泽国；
人瞻共鹤上仙都。

绿漪轩

忆梅寮

环山草庐

环山草庐
鲍贤伦 书

楼台近水幽明鉴；
琴酒和云入旧山。

明 月 寺

陆文贤 撰　贯澈 书

千年明智，贯通天地法；
一日道根，澈悟古今禅。

大 雄 宝 殿
释贯澈书
佛应西乾,度众生以悟证菩提,故感天龙常拥护;
法流东土,开文化而震发聋聩,致令贤智尽归宗。

天 王 殿
沈玉山书
宴坐等人来,欲摄龙华会里有缘之辈;
逢机以笑应,圆彰大肚皮中无所不容。

黄林森书
菩萨化身,辅正摧邪宏圣教;
童真入道,安邦护国度群迷。

虹饮山房

陆文贤撰
说乾隆,谈相国,当年雅事厅前宛现;
游宅第,踏山林,昔日烟霞袖底横生。

舞 彩 堂
翁同龢集句并书
每临大事有静气;
不信今时无古贤。

于右任书
江山好处得新句;
风月佳时逢故人。

春晖楼(戏台)
沈开生撰
长生殿上,桃花扇底,缓歌慢舞凝丝竹;
单刀会日,击鼓骂时,动魄惊心半死生。

沈开生撷联句　管峻书
你看我非我,我看我,我亦非我;
他装谁像谁,谁装谁,谁就像谁。

离 薋 堂
张少怡书
勤劳节俭乃治家上策;
礼让谦虚为处世良规。

让 亭
张少怡书

树密藏啼鸟；
庭深积落花。

归耕课读庐
沈开生撰　徐世平书

象有齿则焚，蚌有珠则剖；
梅以寒而茂，荷以暑而清。

秀野草堂
陆文贤撰　李双阳书

秀才胆大，诗袋屡张偷胜迹；
野老心平，林亭独坐享奇观。

乐饥斋
佚名

待足几时足，知足自足；
求闲何日闲，偷闲便闲。

羡鱼亭
陆文贤撰　顾工书

处处憨鱼憨处处；
悠悠嚼水嚼悠悠。

荷香池
陆文贤撰　李双阳书

戏出金鳞摇婀娜；
掠过翠羽带芬芳。

长 廊
王学仲书

书林瑰宝；
艺苑明珠。

竹啸亭
陆文贤撰

解箨虚心留粉馥；
啸风高节拂云长。

玉音亭
陆文贤撰

邻寺经声时劝客；
近山园景辄迷人。

蕉 绿 轩
陆文贤撰　林再成书
不惜浓阴消酷暑；
敢凭本色酿清芬。

摘 箸 岗
陆文贤撰
登岗欲痒丹青手；
眺景顿开文藻心。

桐 桂 山 房
陆文贤撰
桐膏摘凤藻，当年隐士何其秀；
桂馥敌龙涎，来岁春花不敢香。

沈寿纪念馆
沈开生撰　沈玉山书
敢将十指夸针巧，无愧称天孙云锦；
不把双眉斗画长，何曾数西子馆娃？

小 隐 亭
佚名
云随竹动；
月共水流。

陶浚宣撷句并书
仙经已读三千卷；
乐府新调十二钟。

世 纶 堂
沈开生撰　陆云翔书
遥看墙外，烟锁灵岩，迷离扑朔有真趣；
近听堂前，风摇修竹，交戛敲欹无俗声。

沈开生撰　徐世平书
蒋生三径缘从龙客扫；
程子四箴为治国手书。

野 人 舟
赵君书
夕阳桂楫寻诗客；
远水兰槎载酒人。

幽人贞吉（小隐园）
沈开生撰　朱培尔书
大隐朝市，小隐陵蔽；
智者乐水，仁者乐山。

圣旨馆
爱新觉罗·弘历撰
四海升平承帝眷；
万机竞业亮天工。

吉松堂
朱延春撰　三牧老人书
醉月飞觞，顿教湖海豪情融作江南灵秀气；
听松读画，当悟丛林妙趣传扬蓟北祥和音。

澹菊斋主撰　谢孝思书
喜会骚人歌盛事；
好随春意颂昌时。

影秀亭
顾侠飞书
奇石尽含千古秀；
异花常占四时春。

望山楼
存正书
断无俗物敢排闼；
尽有好山堪倚楼。

朱渔帆撰　鹤鸣书
室幽喜依山；
座宽知借山。

芙蓉楼
包世臣撰　张士东书
开卷群言择其雅；
援琴六气为之清。

邀月招云榭
朱永贤撰　顾侠飞书
闲吟风月生奇想；
坐对荷池会化机。

戊寅亭
朱延春撰　王谷安书
乐情源于水；
静趣本同山。

含山亭
延春撰　苏丹书
登山怡倦眼；
涤俗对灵岩。

周士心美术馆
陆文贤撰　陈方弘书
五洲赞画，艺高不倦凌云志；
九秩还乡，才赡尤雄报国心。

陆文贤撰
人践下交泉皎洁；
心遵上达茗清香。

香溪桥
陆文贤撰　张少怡书
迹仗吴王古；
溪缘越女香。

陆文贤撰　高建春书
溪流香故事；
桥载好心情。

郏巷桥
施仁撰书
胥水香溪，千载市廛起吴越；
岁丰人乐，四时风景总春秋。

江洛一撰书
吴越千年分清浊；
香胥两水汇一流。

西施桥
伍一撰
红颜赢凤藻；
青史论龙骜。

香 溪 亭

龙泉撰

溪香千岁事；
亭憩万方人。

古 瓷 馆

陆文贤撰　黄林森书

护文物，休言鉴别方家少；
赏陶瓷，频喜明清古宝多。

沈德潜山居

沈德潜撰书

鱼艇到门青涨满；
书堂归路晚山晴。

沈德潜撰书

种树乐培佳子弟；
拥书权拜小诸侯。

李小樊堂

李小樊自撰

穷秀才做官，何必十分受用；
活菩萨出世，不过一点良心。

嘲马士英

木渎士人撰书

周延儒字玉绳，腰系玉，首系绳，绳缚延儒颈，几同狐狗之尸；
马士英号瑶草，家藏瑶，腹藏草，草埋士英皮，遂类犬羊之鞹。

题曾文正公

木渎士人撰书

俭分上相月灰布；
清效中丞豆腐汤。

朱元善药铺

陈杏生撰

业肇枫江，基延三代；

桔皋生地，业著千秋。

山塘街墙门

俞樾撰　华人德书
园林甲天下；
丘壑在胸中。

民斋主撰　张少怡书
砚山连吴越；
香溪蕴春秋。

乾生元食品店

陆文贤撰　李山书
久闻未必真知味；
细品怡然妙解香。

吴珍堂

陆文贤撰　钦瑞兴书
天产人工张世味；
时珍节物韫吴风。

金乐元麻饼店

陆文贤撰　贾澂书
一口沁心香服客；
两唇吮指味通神。

李绣坊

陆文贤撰　陈方弘书
四序文心诠典雅；
一针玉手展精微。

天伦随园

赵之谦撰
爽借清风明借月；
动观流水静观山。

山塘书画院

陆文贤撰　顾荣伟、王长泉书

画得苏杭泉石韵；
书承桑梓宿耆风。

姑苏十二娘展馆

陆文贤撰　顾雪峰书

无限才情呈百媚；
有为事业誉千秋。

王立鹏艺术馆

陆文贤撰　刘正成书

豪气法荆关，画苑人龙，渎川增玉府；
雄才追赵董，书坛麟凤，寰宇播金声。

三、春联

每逢新春佳节，境域商行店铺、居民住宅大门有张贴春联习俗，其内容为国泰民安、辞旧迎新、家庭和睦、福喜临门等，在此遂将境内常撰春联摘录如下。

一年四季春常在；
万紫千红永开花。
横批：喜迎新春。

一帆风顺年年好；
万事如意步步高。
横批：吉星高照。

百年天地回元气；
一统山河际太平。
横批：国泰民安。

迎喜迎春迎富贵；
接财接福接平安。
横批：吉祥如意。

迎新春事事如意；

接洪福步步高升。
横批：好事临门。

一年四季行好运；
八方财宝进家门。
横批：家和事兴。

天增岁月人增寿；
春满乾坤福满门。
横批：四季长安。

年年顺景财源广；
岁岁平安福寿多。
横批：吉星高照。

一年好运随春到；
四季彩云滚滚来。
横批：万事如意。

五湖四海皆春色；
万水千山尽得辉。
横批：万象更新。

春雨丝丝润万物；
红梅点点绣千山。
横批：春意盎然。

一干二净除旧习；
五讲四美树新风。
横批：辞旧迎春。

一帆风顺吉星到；
万事如意福临门。
横批：财源广进。

丹凤呈祥龙献瑞；

红桃贺岁杏迎春。
横批：福满人间。

春归大地人间暖；
福降神州喜临门。
横批：福喜盈门。

绿竹别其三分景；
红梅正报万家春。
横批：春回大地。

和顺一门有百福；
平安二字值千金。
横批：万象更新。

旧岁又添几个喜；
新年更上一层楼。
横批：辞旧迎新。

福旺财旺运气旺；
家兴人兴事业兴。
横批：喜气盈门。

红梅含苞傲冬雪；
绿柳吐絮迎新春。
横批：欢度春节。

福星高照全家福；
春光耀辉满堂春。
横批：春意盎然。

吉祥如意福星到；
富贵平安好运来。
横批：五福临门。

第十二章 丛录

流传于香溪社区境域的传说故事，是民间大众一种自我教育、自我娱乐的通俗口头语言艺术，经过采访搜集者整理成文字记载下来，脍炙人口，表达了人们惩恶扬善、祈求国泰民安的良好愿望，是一笔极为珍贵的精神财富。掌故轶闻、考辨存疑中所选，有散见于书籍报刊者，有来访记录者，借以反映境域在漫长的历史沉积中，留下的丰厚的文化内涵和独特风貌。

第一节　故事传说

岩山有灵

传说，古时候灵岩山是座荒山，只长野草不长粮。山脚下住着一户人家，姓张，只有老夫妻两个，没有子女。

张老头懂点医道，山上又有草药，四邻八乡有人生了病，都来找他。他替别人看病抓药，从来不计较诊费；碰着穷人，一个铜钿也不要。张老头活到六十多岁，不知看好了多少病人，救活了多少人的性命。大家都称他"活神仙"。

这一天，众乡亲一起要来给张老头送匾，替活神仙扬扬名气，报答他对乡亲们的一片好心。一路上吹吹打打，向张老家走来。

无巧不巧，这天正巧遇上八洞神仙刚赴过王母娘娘的蟠桃会回洞府，路过这里时，听见下面吹吹打打蛮热闹，都低头朝下看去。只见一座荒山脚下，草房门面聚着一帮人，领头的一个老年人正在把一根竹竿插到门上去，那竹竿上挂着一条白布，白布上清清楚楚写着三个大字：活神仙。

有七位神仙看了，倒也不曾说什么，唯独铁拐李肚量小，脾气躁，跳起来了："啥？一位凡夫俗子，也配叫活神仙。他是活神仙，我们岂不成了死神仙？"吕纯阳笑笑说："神仙本是凡人做，人家活几十年，救活了不知多少人性命，还不能称神仙？"铁拐李还是不服气："我就不相信，倒要试试他这活神仙的手段！"众神仙以为他在蟠桃会上酒吃多了，发酒疯，都来阻止。铁拐李就是劝不住，"扑通"朝下一跳，到了人间。

铁拐李落在荒山脚下，变成一个讨饭的乞丐，躺在路旁喊"救命"，只等张老头前来。

说巧也巧，张老头刚送走众乡亲，收拾停当，打算上山去采药。出门才走几步，就听见山路上有人喊"救命"。连忙赶过去一看，原来是个乞丐被毒蛇咬了。只见他一身破烂，腰系草绳，草绳上还挂只大葫芦，躺在路旁边，一条腿已肿得提桶粗。张老头心想，跑回去拿药来不及了，蛇毒攻心，神仙也难救，只好拼着老命，驮着乞丐往家里奔。铁拐李故意把身体变得像块石板重，压得张老头气也透不过来。张老头驮着驮着，好不容易驮到家门口的池塘边，再也驮不动了，脚一软，连乞丐一起跌在池塘旁边。乞丐系的那只葫芦在地上重重一碰，塞子弹了出来。只见从葫芦口里跳出一只三脚癞蛤蟆，"扑通"一声跳进了池塘里。张老头见乞丐神色很不好，顾不得去捉癞蛤蟆，一边喊张婆婆赶紧拿解蛇毒的草药来，一边凑到乞丐的腿上去，用嘴吸伤口里的毒汁。吸一口，就朝池塘里吐一口；吸一口，就朝池塘里吐一口；

吸到差不多了，才把张婆婆拿来的草药敷在伤口上。这一来，铁拐李心服了，人家这么一大把年纪了，不顾丢掉老命来救别人，还不能称活神仙吗？铁拐李一骨碌爬起来，对张老头双手一拱："活神仙，多谢了。"拾起地上的葫芦，转身就走。张老头还要留他，乞丐已不见了。

铁拐李离开了人间，踏着云头正要回洞府，迎面碰着了大仙刘海。刘海一见铁拐李，开口便讨债："铁拐李，你把我的金蟾偷走，藏到哪里去了？"铁拐李一听，笑笑说："哪个叫你在王母面前显宝的？一只癞蛤蟆，有啥稀奇，又是多嘴的吕纯阳告诉你的吧？还你，还你！"从腰间解下葫芦一看，塞子早不知去向，把葫芦一倒过来抖抖，哪里还有金蟾！这个玩笑开大了，把人家的看家宝贝弄丢掉了，人家肯罢休吗？铁拐李呆住了，"啊呀，弄不好它逃到凡间去了。"两人朝下一望，一点不错，那只三只脚的金蟾，正蹲在张老家门口池塘里的一片荷叶上晒太阳哩！铁拐李对刘海拱手："道兄，对不起，你自己去捉吧！失陪，失陪！"说完转身溜了。

刘海哭笑不得，只好下凡自己捉金蟾。刘海刚一露面，那金蟾便跳到水底下去了，不肯出来。刘海一时捉不到金蟾，摇身一变，变成逃荒要饭的苦孩子，到张老家去讨饭吃。张老头没儿没女，看这孩子孤苦伶仃，无家可归，就把他收养了下来。起名叫大水。

大水在张老头家里蛮勤快，只是有个怪脾气，每到月半夜里，喜欢坐在池塘旁边钓鱼。有一次，被张老头发现了，就问："大水啊！人家钓鱼都在日里钓，哪有在月亮底下钓的？"

大水笑笑说："我不是钓鱼。"

"那你钓啥东西？"

"我钓三脚癞蛤蟆！"

张老头笑起来了："老话讲，三只脚的癞蛤蟆难觅，那是刘海戏金蟾的金蟾，你也想钓？"

大水把钓竿一提说："金蟾最喜欢金钱，我也是用铜钱钓的。"

张老头一看，线头上果然系着一个铜钱，摇摇头说："你呀，不要瞎想了，快回去睡觉吧！"

这一次不曾钓着，大水还是不死心，逢到月半夜里还是坐在池塘旁边钓。钓呀钓呀，这年八月中秋，月亮分外好，躲在池塘底下的金蟾也要出来赏月，抬头看见一个金钱落下来，它见钱眼开，再也熬不住了，大嘴巴一张，就把金钱吞进嘴里。今朝月色好，大水在上面看得清清楚楚，竹竿一甩，金蟾被钓上来了。大水高兴啊，就想回洞府了。

第二天，大水就来向张老头告辞，说要回家乡去探听爷娘的下落。张老头心里舍不得，又不好阻拦，只好打点送行。临走前，大水说了："承蒙两位老人家收留三年，没有别的可报答，只有一幅祖传古画留给两位做个纪念吧！"说着，拿出一个纸卷，老夫妻俩打开一看，黑乎乎的一幅画，也不知画的啥名堂，顺手朝灶头上一放，把大水送出了门。

大水一走，张家老夫妻又剩两人，家里冷清起来。腊月三十了，家家户户忙过年。小孩子东一簇、西一堆，玩着花炮。老夫妻俩早早关了门在家里守岁，谁知有个花炮落在张老头家茅草屋顶上，顿时烧了起来。老夫妻俩不曾觉察，等到小孩子叫喊，乡亲们赶来救火，火已经烧穿了屋顶。众乡亲见张老头夫妻还在屋里，正要冲进去救人，忽听屋顶上"哗啦"一下，蹿出一条乌漆抹黑的龙来，对着大火，张嘴就喷水，眼睛一眨工夫，大火就浇灭了。

众乡亲一个个看得目瞪口呆，一齐进门问张老头："活神仙，你家里养着条活龙哪？"

"不曾啊，刚才只看见灶间下有个黑影蹿出去。"

众人走进灶间一看，只见墙上贴着一幅画，上面画着一条墨龙，浑身还水淋淋的。大家都明白了，一定是画上的墨龙下来救的火。都来问张老头，这幅画一定是幅神画，是哪个画的？经众人这么一提，张老头想起来了，那大水一定不是凡人，说不定就是那戏金蟾的刘海。张老头就把来龙去脉一讲，众人明白了，那大水一定是刘海变的，不是神仙画的画，那墨龙不会下来救火的。

这一来，大家都知道了活神仙家里有幅神画，画上的墨龙能下来救火。这消息一传十，十传百，很快就传到县官的耳朵里。那县官是瘟官，只想升官发财，听说张老头家里出了件稀世之宝，想抢去进贡给皇帝，图个加官。

这一天，县官带着一大帮衙役、捕快，赶到荒山脚下张老头家，说是张老头私藏怪画，妖言惑众，要张老头把那幅画交出来。

张老头见县官蛮不讲理，死活不交。县官心想，这画上的墨龙究竟能不能救火，我还没目睹过，何不借张老头的命来一试？就说："你说是神画，我就把你老两口关在屋里放火烧，看那画上的墨龙会不会来救你！"说完，走出门来，叫差人关门落锁，把张老头夫妻锁在屋里，随即又叫点火烧屋。那茅草屋最怕火，一点就着，一转眼，噼噼啪啪便烧得火光冲天。四邻八舍一看，又是"活神仙"家失火，一个个赶来救火，还没跑近屋子，就被差人赶走。眼看火势越来越大，屋顶又烧穿了。众乡亲正替张老头夫妻着急。忽然，"哗啦"一声响，那条墨龙又从屋顶上蹿了出来，众人抬头一看，只见那墨龙身上，一前一后骑着张家老夫妻两个。那墨龙在屋子四周转了一圈，也不喷水救火，飞到县官跟前尾巴一扫，把县官扫进了火场，有几个拍马屁的还想去救县官，也被龙尾巴扫了进去。不多一会，县官就活活烧死了，张老头家的那两间茅草房子也烧了个精光。只有茅草房的那堵后山墙，因为是块岩石，还留着没烧掉。

后来，乡亲们怀念张老头的好处，就在那块岩石上凿了张老头的像，碰到有人生病，就到那块岩石前去求求张老头，就能消灾灭病。以后，越传越神了，说是那块岩石有灵，有人还在岩石背后凿了"望佛来"三个大字，说是那里可以望见佛祖下来。

因为传说那块岩石有灵，慢慢地，把这座山也叫灵岩山了。

搜集整理：韩德珠

"香溪"的由来

香溪的来历，一说是春秋末年，西施在馆娃宫梳妆沐浴，于是人们把馆娃宫下的小溪唤作香溪。也有人说，"香溪"名字的由来和当年"兵圣"孙武与"四香女"有关。

话说当年孙武在太湖边校场山演练女兵，斩了吴王阖闾两名违纪爱妃，从此威名远播。阖闾非但不予报复，反而对他更是器重，见他兵务繁忙，特地挑选了四名美女伺候。

四个美女分别唤春香、夏香、秋香和冬香，脸上身上香气远播，肌肤娇嫩，穿上金玉锦绣衣衫，务尽天下之丽，使人能夺目荡志。而且这四个美女能书善画，又会鼓琴弈棋，如果把她们说是琴棋书画的全能才女，一点也不夸张。

过了一段时间，孙武发现伺候自己的春香、夏香、秋香和冬香四个美女果真不但天生丽质，而且聪明伶俐，面见了阖闾，要求把伺候自己的春香、夏香、秋香和冬香四个绝色美女分别赐给四个尚无妻室的"两首"。阖闾一脸不解，遂向孙武刨根问底。孙武道："这四名两首家境贫寒，时下还是光棍，大王如若关怀备至，他们日后定能为吴国尽忠，对大王尽义。"阖闾恍然大悟，立即准奏。

为了以示王恩浩荡，孙武在一条小溪旁搭起四个大帐篷，为四名两首与春香、夏香、秋香和冬香等四名美女摆宴举行隆重婚礼。于是，这个地方被后人称为香溪。

相传，这四名两首在攻打楚国中，一马当先，过关斩将，立下了汗马功劳。其中一个名字唤力励的两首在战斗中奋勇杀敌，接连打败了楚军守关的五员大将，还被吴王阖闾提拔为先锋将。

注：春秋时期，军队编制是五人为伍，五伍为两。"两首"即二十五名士兵中的头目。

斜桥分水

木渎古镇上有两条河流最有名。一条是胥江，东连姑苏，西接太湖，水面开阔，横贯全镇，是沟通太湖与苏州城的黄金水道；还有一条是香溪，从灵岩山前一路逶迤而来，在斜桥下汇入胥江，并作一流。由于香溪水较为清澈，胥江水略显浑黄，因此两条河流在斜桥下交汇时，形成一条泾渭分明的分水岭，非常奇特，人称"斜桥分水"。

也有人说，胥江和香溪原来一样清澈的，直至伍子胥蒙冤自刎之后，两条河才出现了分水奇观。这还得从吴越春秋说起。

伍子胥是吴国的两朝重臣，擎天柱石，他曾帮助阖闾夺取王位，始筑姑苏城，荐孙武为将，从而西破强楚，北威齐晋，南败越人，称雄一时。横贯木渎的胥江就是由他率众开凿的，这条运河全长230千米，从苏州胥门起，经木渎，越太湖，西出宜兴，直达长江，堪称中国历史上第一条人工运河。就是这条胥江，为吴国攻打楚国，五战五捷，立下了汗马功劳。阖闾死后，夫差继位，伍子胥的处境就不一样了。

夫差打败越国之后，勾践作为人质被囚在石室，伍子胥认为不除勾践，后患无穷。夫差却听信谗言，三年后竟放勾践回国。后来，夫差中了美人计，不理朝政，每日沉湎于西施的温柔乡中。伍子胥屡次劝谏，夫差不胜其烦，索性将军国大事交由伯嚭主持，将伍子胥冷落一旁。伍老相国无奈，只得拖病不朝，闭门在家。夫差乐得清静，终日在灵岩山馆娃宫里，陪伴西施。

西施凭其当世无匹的美貌让夫差着迷。但是，西施知道，只要伍子胥在吴国一天，越国就无法灭掉吴国。尽管伍子胥暂时被吴王疏远，但只要不死，总有复出的机会，那将对越国极为不利。于是，西施决定谋害伍子胥。

一次，夫差与西施正在玩乐，伍子胥又来劝谏。西施对夫差说："伍相国一直主张灭越，大王为了国家的利益，干脆把我这个越国人杀掉吧。"西施一边说，一边难过地抚摸胸口，皱起了眉头，像是心痛病发作的样子。夫差恼羞成怒，当即解下身上所佩的属镂宝剑，丢给伍子胥。老相国气得浑身发抖，满腔悲愤地说："我死之后，把我的头颅挂在西城门口。我要亲眼看着越兵将如何攻入姑苏，亡我吴国。我死不瞑目……"

伍子胥自刎后，他的头就挂在西面城门上。不久，越王勾践果然率大军兵临城下，伍子胥的头颅突然胀得像车轮一样大，在半空中飞旋，两眼发出刺人的光芒，须发怒张，威风凛凛，吓得越军不敢前进，只得改道从东门进城。

传说伍子胥死后，他的尸体被装在鸱夷革囊中，投入胥江。当天，风雨大作，江水暴涨，伍子胥的尸体竟然由东往西逆向流入太湖。风浪平静之后，原来清澈的江水显得有些浑黄，与吴宫流出的香溪水相比，显得一清一浊，相交之处便形成了一条清晰的分水线。老百姓都说，这浑黄的江水是伍相国不散的冤气染成的，他死了也不愿与越国同流。也有人说，伍子胥做了镇守太湖的湖神哩。他是端午节死的，便有人在每年的这一天往湖里投粽子，表示祭奠。

灵岩山麓的木渎人目睹了这一历史悲剧，他们在横跨胥江的邾巷桥上刻了这样一幅桥联：吴越千年分清浊；香胥两水汇一流。

搜集整理：周菊坤

朱买臣与"六斤四两"

西汉时，苏州善人桥朱买臣官至会稽太守，相传伯乐是严助，而测试朱买臣的"考场"却在古镇木渎香溪河旁的山塘街。

朱买臣未入仕途时，家居穹窿山麓朱家场，靠砍柴卖柴为生。虽身处贫寒，他却热衷于读书，经常是手不释卷。他挑柴到木渎镇上去卖，途中总要休息一下，于是就拿出书来读一会，读后把书藏在荒草丛中的岩石底下。到了朱买臣四十九岁那年，妻子忍受不住贫困，离开了他。朱买臣没有因此而动摇自己的信念和意志，继续发奋攻读，学业不断进步。

有一次，朱买臣得到了一个押送漕粮的差使，随粮船到了京都，住在一位同乡开的客栈里。他听掌柜说，朝廷有个当官的叫严助，惜才爱才，唯才是举。朱买臣动了毛遂自荐之念，修书一封，附上了自己所作的一篇文章，托人呈给严助。严助一看，非常欣赏朱买臣的满腹经纶，觉得他才学过人，便传下话去，有意一见。朱买臣心里甚是高兴。

可是当朱买臣见了严助的面，严助只是听其言谈，并不表态。

朱买臣觉得严助态度冷淡，丝毫没有"老乡见老乡，两眼泪汪汪"的亲切劲儿，也没有与他谈论诗文做朋友的表示，更没有举荐他的意思。朱买臣心想，听人说严助平时自我要求严格，自己才与他认识，他对我还不了解，不可能与我推心置腹交谈，君子之交何必朝夕？朱买臣便托词告辞了。

过了几天，朱买臣见严助仍没有什么表示，以为严助嫌他出身低贱，有意疏远，感到十分失望。

朱买臣交了差，离京南返，回到了穹窿山，依然以砍柴为生。渐渐地他把交给严助的书信和文章这件事淡忘了。

一天，朱买臣正从穹窿山上挑柴下山，在半路上歇息看书，此时村长朱宏急步匆匆赶了过来，对他说："知县来木渎镇山塘街办事，遇上了麻烦，听说你有治国用兵、理狱断案的书籍，意欲借阅一下。"朱买臣问："是否知县想对照书本，依照章程条规处置？"朱宏点了点头："你说得一点不错。"

朱买臣把手中的书往草丛的岩石下面一塞，一担木柴寄存在附近农家，跟着朱宏往木渎镇山塘街而去。

知县和一个黑胡子老头在一起，正在审理一件民案。朱买臣举眼望去，这黑胡子老头面孔很熟，好像在哪里见到过，可一时又记不起来。

知县见了朱买臣，把眼前案情与他说了一下，要他对照有关书本处理。

朱买臣一听，原来案情是这样。

一个六十岁左右的老妇，当年丈夫去世时，才十九岁，那时她的孩子刚刚出世，嗷嗷待哺。她含辛茹苦，一把屎一把尿地把儿子抚养成人，娶了媳妇。儿子感谢老母亲的辛苦养育，一直供养着母亲。如今母亲老态龙钟，行动迟缓，要儿子伺候，儿子开始感到母亲是个累赘了。一天，儿子对老母亲说："娘呀，你养了我二十年，我也养了你二十年，这笔账算是结清了，以后谁也不欠谁的了。现在你走吧，想到哪里就去哪里。"老妇又气又恨，当知县到木渎镇上巡视，便含泪拦轿告状，要知县给她个说法。知县是按律办事、十分认真的人，一时找不到如何处理眼前这件棘手事的依据。听说穹窿山朱买臣有很多书，所以请他对照书本，说说话，评评理。

朱买臣听了案情后，便问老妇："大妈，你儿子生下来的时候有多少斤分量？"老妇想了想，说："六斤四两，当时的接生婆尚在。"朱买臣大脸一沉，对老妇的儿子说："谁说你欠账已经还清了，不是还欠你母亲六斤四两的肉吗？如果你要还清母亲的账，只有把你的脑袋割下来，也许差不多了。"

知县蹙眉一想，连连点头说："是呀，只要你把脑袋留下给你母亲，你们母子之间的债可以两清了。"

那儿子吓得脸如土色，"扑通"一声下跪求饶："这东西不能割呀，割掉了，岂非没命了。我愿意赡养母亲……"

朱买臣因势利导，说："臣以君为先，君以民为先，民以孝为先。作为子女，对父母亲的养育之恩是永远也还不清的。对父母亲不尽孝的人，不可能对国尽忠，对百姓尽仁，对朋友尽义。不忠不孝、不仁不义之辈，这与畜生有什么两样？"

那儿子听了连连称是。

朱买臣继而言道："既然你现在明白了个中道理，你与母亲回去好好过日子吧。"那儿子站起后，搀扶着老母亲，连连向朱买臣道谢。

望着母子俩离去的背影，知县问朱买臣："你刚才说的这些道理，使本官茅塞顿开，请问是哪本书上的记载？能否借来一阅？"朱买臣对知县说："人家说我朱买臣有万卷书。实话对大人说，我的不少书，是用家中仅有的两本书与人家换来的，读了后，又得还给人家。我只是把书上学到的东西牢牢记住罢了，所以我的万卷书是藏在肚子里的，有什么办法借给你大人看呢？"

"好，万卷藏书在肚！"一旁的黑胡子老头一直闷声不响，此时呵呵笑开了，赞不绝口。朱买臣觉得这人的声音十分熟悉，好像在哪里听到过。啊，他想起来了，这不是朝廷大臣严助吗？朱买臣慌忙整冠掸衣，上前施礼。

原来，严助看了朱买臣的书信和文章之后，觉得此人才高八斗，但不知他处世为人如何，所以那天只是听他谈吐，不加评论。当时未作任何表示，但已把他记在脑中。这次他有事回乡，本就打算与朱买臣再见上一面，所以由知县陪同往穹窿山而去。到了那里，他与知县路遇老妇状告儿子。严助心想，何不借此机会对朱买臣测试一下，看看他仅是个书呆子呢，还是确有真才实学。于是让知县吩咐村长朱宏把他唤来。一试果然不凡，严助心里十分高兴。

不久，朱买臣随严助进京。经严助力荐，朱买臣受到了汉武帝的赏识，官至会稽太守。

搜集整理：张瑞照

宽宏大量永安桥

香溪河上有座王家桥，王家桥又名永安桥。王家桥为什么又叫永安桥呢？有个传说。

灵岩山离王家桥不远，灵岩山里四大金刚之一的魔礼寿手中缠着的蛇（实为神龙化身），也闻听了香溪的美名，竟动了凡心，来了个金蝉脱壳，蛇身仍留在魔礼寿手上，灵魂却溜下了山。

神龙来到了香溪，一看，果然名不虚传。神龙在香溪里尽情嬉戏玩耍，还不过瘾，索性沿着香溪顺流而下，入胥江，游太湖，潜长江乐而忘返。

　　神龙是快乐逍遥了，王家村却遭了殃。原来神龙掌管的是"风调雨顺"中的"顺"。有这个"顺"压住妖魔鬼怪，老百姓日子才能过得顺顺当当。如今，神龙开溜，藏匿于王家桥下的螃蟹精没了忌讳，就逮住时机爬进王家村捣起乱来，顿时，村里就此不得安宁，这家的母鸡飞到屋顶上"喔喔"啼，那家的狗爬上树"汪汪"叫，弄得村里人心惶惶。后来情况越来越严重，村子里庄稼种不成，家畜养不成，而且流行起瘟疫来。郎中都来不及看病了，连药也断了货。一时间，村子里哭爹喊娘，一派凄惨景象。

　　这时候，螃蟹精就化身为一个年轻后生，大摇大摆地出现在人面前，他找到族长，得意扬扬地说："快去把村子里最漂亮的姑娘找来，送给我做媳妇。"族长见他不但相貌丑陋，而且又是一副横行霸道的架势，正寻思着他的来历呢，螃蟹精已暴跳如雷，威胁道："知道你爷爷是谁吗？我是王家桥下的螃蟹大仙。知道村子里为什么不安宁吗？这都是我的神威！"

　　族长闻听吓得浑身发抖，螃蟹精见此情景，乐得手舞足蹈："限你三个时辰之内把村里最美的姑娘送来与我完婚。否则……"螃蟹精"嘿嘿"冷笑了两声，把手一挥，"村里的人都得传上瘟疫！"

　　面对突如其来的灾难，族长束手无策，颤巍巍地去找村里人商量。村里人自然也是一筹莫展。谁也不忍心把如花似玉的姑娘往火坑里推，但不送吧，全村人将遭灭顶之灾。大伙就像热锅上的蚂蚁，急得团团转。有人呼天喊地，号啕大哭，有人摆起香案，祷告上苍。

　　袅袅的香烟和人们凄惨的哭声顺风飘向灵岩山，惊动了山里的魔礼寿。他掐指一算，才知道由于自己的疏忽，竟酿成了大祸，急忙把手一招，召回正在纵情玩耍的神龙。神龙在魔礼寿一招手之间已化作一缕轻烟，从千里之外飞回到灵岩山，往那蛇身里一钻，魔礼寿手中的蛇便恢复了执掌"顺"字的法力。魔礼寿也顾不上斥责神龙，便派它去王家村祛灾除妖。

　　神龙看到螃蟹精作威作福的样子，怒火中烧，现出原身，直扑螃蟹精。螃蟹精哪里是神龙的对手，还没接招，就已瘫做一团。神龙不依不饶，张开驴一样的大嘴，准备一口把螃蟹精吞了。螃蟹精吓得屁滚尿流，连连喊着："饶命！"

　　这时，只听见一个美妙的声音传来："放了吧！毕竟是一条命呢！"神龙连忙来了个急刹车，抬眼望去，却是那位村子里最漂亮的姑娘。神龙觉得姑娘言之有理，便给了螃蟹精一次改过自新的机会。

　　螃蟹精被王家村人的宽宏大量感动了，以后再也没有危害过人，还帮助王家村人解决困难呢！王家村人又过上安居乐业的日子，便把王家桥改名为永安桥，在这个桥名上寄托着希望永久平安的意思。

搜集整理：王龙芳

陆玩带财出家

从前有个名叫陆玩的人，曾经做过司空，在木渎算得上是个有财有势的大人物。据说他有田三千亩，灵岩山是他的家山，他在山上造了一幢住宅，大小房屋四十多间，生有两个儿子，阿大叫陆德，阿二叫陆惠。两个儿子长大成人以后，他把田产一分为三，父子三人各得一份，从此两个儿子自立门户。

未分家之前，两个儿子都有点犟头犟脑，还对长辈不太尊敬。分家以后，两个儿子像换了人，都对陆玩孝顺起来了，亲爷长、亲爷短，嘴巴甜得像蜜糖，陆玩高兴得像跌在糖缸里，浑身甜得惬意，一天到晚嘴巴像敲开的木鱼，笑得合不拢来，逢人便赞自己两个儿子知书达理。

当时，木渎镇上有个亭长叫张泰成，是陆玩的好朋友。他认为陆玩对两个儿子有失教养。他们对长辈的尊敬，对兄弟的和睦，都是表面文章。他希望陆玩多加教诲，以免后患。陆玩认为两个儿子不会忤逆，不会失和。因此要与张亭长赌一个东道，他说："要是我两个儿子忤逆，失和，我一定带财出家。"张亭长说："要是令郎争气，我请求知县送匾表彰。"

陆玩对张亭长的话，反复思量，也想试试两个儿子。于是把两个儿子叫到身前，说："今年我已经五十五岁了，你们弟兄两个各人替我做一口寿棺。"陆德说："寿棺铜钿我在分家之前就准备好了，只等阿爸开口。"陆惠说："阿爸，寿器料我早就托人买好了，只等你一声吩咐，我就叫人从柳州装运过来。"陆玩放心了，欣慰地说："你们比我想得早，真是孝子，书总算没有白读。"

其实他的两个儿子说的全是谎话。以前他们从未想过要替老头子置办寿器。今天老头子既然提出要求，乐得说几句孝顺话，甜甜老头子。因为他俩心中有数，哪有一个人死了要睡两口棺材的。老头子明明是诚心测试测试他们，既然老头子来假的，他们何不假戏真做，索性哄哄老头子。于是，各自请来木匠，做了一口楠木棺、一口樟木椁，选好良辰吉日，送到陆玩面前。陆玩心想：好，半块匾额到手了。

又过了一段时间，陆玩再次把两个儿子叫到身前，说："八月十八日，我要到钱塘江看潮。"其实他出门后住在姑苏城里，八月二十日，他派人给两个儿子报信，说他死在海里了，尸骨也没有了。他的两个儿子都信以为真。陆德闯到陆玩房里，翻箱倒柜，把金银首饰悉数卷走。陆惠紧跟其后，卷走一包田契。草草开丧以后，又把寿器各自转卖出去。兄弟俩为分陆玩的遗产吵起来了，陆德向陆惠要田契，陆惠向陆德要金银首饰。但是到手的东西谁也不肯放手，结果兄弟俩动起手来。正在他俩打得不可开交的时候，陆玩突然出现在他俩面前，兄弟俩当即跪在陆玩面前认错讨饶。陆玩挥挥手说："去吧！"接着仰天长叹一声："我不如亭长识人！"

陆玩心灰意冷，决定带财出家，皈依佛门。陆玩是在灵岩山上遁入空门的，从此灵岩山上有了佛教寺院。

搜集整理：李洲芳

怡泉亭畔说怡泉

明朝崇祯初年,木渎镇上有一对好朋友,冯怡泉和殷心抑。两人同岁,又住在同一条街上,在同一所私塾读书,一起爬树捉鸟,一起河边钓鱼。除了睡觉,两人是形影不离,关系好得像亲兄弟。

冯殷两家的家底都还殷实,不算豪富,但至少衣食无忧。怡泉和心抑都是独生子,在家深受父母宠爱。两家的父母都期望自己的儿子能好好读书,将来金榜题名,光宗耀祖。果然,十九岁那年,二人参试,同时考中秀才,乡邻们都说二人少年得志,将来一定能成大器。

谁知天有不测风云,就在冯怡泉考中秀才的第二年,踌躇满志准备迎考下一届乡试之时,家中突遭火灾,全部家产化为灰烬。在乡邻的接济下,好不容易在原地盖起了两间草庐,但是家徒四壁,一家人只能勉强度日。冯怡泉的父母双亲连急带气,染上重病,先后命归黄泉。

冯怡泉守着父母留下的两间草庐,办起了一所私塾。至于科举考试金榜题名,已是一个遥不可及的梦了。冯怡泉的私塾太简陋太寒酸了,一些有钱人家瞧不起,只有一些家境不太宽裕的人家才把孩子送来,钱多钱少,冯怡泉也从不计较。因此,冯怡泉的日子一天比一天难过。幸好有殷心抑隔三岔五的资助,才让冯怡泉不致过分窘迫。

冯怡泉家遭变故,殷心抑十分同情,他邀冯怡泉到他家中居住,以便二人一同读书,一同赶考。冯怡泉却不愿过多麻烦朋友,死活不同意。殷心抑没法,白天读书,晚上就去陪冯怡泉,晚了就与冯怡泉同榻而眠,从不嫌弃。有时,殷心抑还邀冯怡泉去镇郊的天平山、灵岩山游玩,让他散散心。

冯怡泉断了赶考之心,殷心抑不愿离开朋友,也放弃了科考。后来,殷心抑娶妻生子,年龄一岁岁增长,但他与冯怡泉的友谊丝毫不减当年。一有空就往冯怡泉的草庐跑,常常彻夜长谈,通宵不眠。

一次,冯怡泉有事外出,要过一段日子才能回来。反正家中没有什么值钱的东西,他将大门一锁,把钥匙往殷心抑那里一丢,同时,把毕生积蓄的一百两银子也交给殷心抑,让他保管。谁知一个月、两个月过去了,冯怡泉还是没有归来。后来,噩耗传来,冯怡泉在外已暴病身亡,没有留下只字片语。殷心抑闻讯,号啕痛哭,也大病了一场。

殷心抑病愈之后,忽然想起冯怡泉留在自己身边的一百两银子。怡泉终身未娶,镇上也无任何亲戚,一生好友唯有殷心抑。殷心抑想为好友修筑一座豪华的衣冠冢,以告慰怡泉在天之灵。但转念一想,斯人已逝,以冯怡泉为人之超脱,恐怕未必会同意这么做。殷心抑辗转反侧,苦思冥想,终于想到了一个好主意。

一个月后,一座以怡泉命名的井亭出现在山塘古道上,这座亭子全部用花岗石砌成,粗壮坚实,没有过多的装饰,朴实无华,犹如怡泉朴实的性格。过往行人走累了可以在井亭里歇脚、遮阳，渴了可以汲水而饮。殷心抑没有将好友的遗金占为己有，也没有为好友修筑气派豪华的坟墓，只是默默地为其修建了这样一座方便的石亭，殷心抑的善举得到了乡亲们的赞扬。

后来，殷心抑接替冯怡泉，继续在他的两间草庐里教书授徒，直至去世。

殷心抑的弟子冯翼目睹了老师与好友的这段纯真友情，专门写有一首《井亭》诗，歌咏老师的这种重义轻利、高风亮节的君子风范。诗曰：

遗金昔日有怡泉，泉下埋名亦有年。

今日翼然谁肯构，怡泉亭畔说怡泉。

搜集整理：周菊坤

乾隆破御道案

乾隆皇帝曾先后六次下江南，都要光顾古镇木渎。地方官员趁机拍马屁，每次都是盛情接待，前呼后拥的，乾隆也有点厌烦了。本来在北京城里就一直是文武百官一天到晚跟着，这种日子一月两月过过还觉得十分不错，但要是一年到头这样过，也会觉得没意思的。而且乾隆来江南的目的不仅仅是游山玩水，他还想来探听探听民情，看看这里的老百姓日子过得怎么样。文武官员一天到晚跟着，叫他怎么去接近老百姓呢？怎样才能摆脱这么一大帮"跟屁虫"呢？乾隆待在木渎灵岩山上的行宫里想了几天，也没想出个办法来。这时，刘墉刘罗锅来出主意了，奏道："皇上，微臣有个办法，不知可行不可行？"刘墉一向点子多，乾隆相当器重他，一见他站出来出主意了，十分高兴，说："你说来听听啊！"刘墉说："皇上，我想去木渎街上开个茶馆，茶馆是老百姓谈论时事的地方，各种各样的事情都会拿到茶馆里来说一说。我去当几天茶馆老板，去听一听民间到底有什么说法。您觉得行不行啊？"乾隆一听，果然是个好办法，不愧是刘墉，才气过人。自己想不出来，他一想就想出了这么一个绝妙的主意，当即下旨让刘墉悄悄去张罗此事。

刘墉领旨后吩咐手下去张罗开茶馆的事。没几天时间，就在木渎山塘街租了一个门面，开了一家茶馆，叫作山塘茶馆。因为价钱便宜，茶水的质量又好，里面的跑堂也很客气，一时间门庭若市。木渎街上各色人等都来茶馆喝茶谈事，而乾隆则偷偷坐在茶客中间，听茶客们每天都聊些什么。开头几天没有听出什么故事来，乾隆有点不耐烦了，正想叫刘墉把茶馆关掉回北京时，发生了一件事情。

那是一个下雨的下午，茶馆里没有多少茶客，忽然来了一个叫花子，手里捧着一只簇新的饭碗，脚边扔着一根树枝做的打狗棒，一到茶馆门口就一屁股坐下了。本来这也没什么，乾隆走过去，想给他几个铜钱打发他离开。谁知叫花子不要铜钱，仍坐在门口，乾隆正想发火，眼睛扫了一下乞丐，只见他满身都是泥土，手上还有一些青砖灰，最奇怪的是这个乞丐的衣服很新，而且穿反了。乾隆来了兴趣，问："哎，你这个讨饭的为何不要钱啊？"叫花子说："我不缺钱。""不缺钱，为何出来求乞？""我本来很有钱，而且还是个读书人，却……"说到这里，乞丐看了一眼乾隆，不肯说下去了。乾隆听到这里，更加有兴趣了，把他请进茶馆，要与他好好聊一聊。

乾隆问："你怎么把衣服穿反了啊？"

乞丐回答道："衣服穿反没有关系，可有人将御道'穿反'，还趁机大捞银子，这就不是小事了。"

乾隆听到这里，急忙追问是怎么回事。

原来是地方官员为了拍乾隆马屁，特地在前几年花了大笔银子修建了御道，将苏州城、木渎镇、天平山、灵岩山、天池山、光福等地都用青砖铺了起来。前几次乾隆走过御道还大夸地方官员想得周到，把路铺得很平整，游玩起来十分方便。这一次乾隆又要来木渎，从苏州城到木渎那段御道多处有所磨损，坑坑洼洼，需要整修。苏州府命地方上承办此事，让地方上造出预算，从苏州府库拨出银两，限期一个月整修完毕。地方上的负责人本是个"小沟里都要捕鱼"的角色，觉得又得到了一个肥差，能趁机捞一把了。于是，三天过后，地方上的负责人就造出了一份预算，向苏州府台说："这段御道确实有碍观瞻，必须全部换新。由于所需石料要从数百里外的安徽采办，还须石匠精雕细刻，故而工程浩大，即使从紧开支，至少也需白银五万两。"府台为了迎接圣驾，二话没说，立即照准，拨出了五万两白银用作修路。

地方上的负责人得了银子，召集了一批工匠，在苏州城到木渎的御道旁搭起了不少工棚，并将御道两旁用茅草遮住，数百匠人日夜干了起来。结果，不足一月，御道就提前竣工了。

苏州府台在地方上的负责人的陪同下前来验收，见御道平坦，焕然一新，不禁大悦说："你这次主修御道，夜以继日，既快又好，提前完工，劳苦功高，本府赏你白银三千两。"

地方上的负责人得了赏赐，得意扬扬，心想名利双收，十分开心。

谁知过了没几天，此事的底细被木渎镇上一个秀才发现了。原来地方上的负责人根本没有去安徽采办石料，只是将原来的石块撬起来，令石匠在反面雕刻了一下，把下面的路基平整后，重新铺上，便跟新的一样。因此，工期缩短，成本又小，总共只花了一万两银子。地方上的负责人一下子就贪污了四万两白银。

秀才很有正义感，便想着要去告发。他去苏州府告状，谁知苏州府台当时正忙于准备迎接乾隆，根本就不理睬他。他去了好几次，状没告成，却被关进了监狱。关了几个月再放出来时，家中的妻子已改嫁他人，家里的物品也被妻子带走了，秀才迫于无奈，只得上街讨饭为生，成了乞丐。这些天听说山塘茶馆里有个贵人，就来试试看，能不能找个人帮他作主，惩罚那些贪官污吏，也为自己出口气。

于是他就整天反穿衣服，想引起别人的注意。但一直没有人注意他，今天总算有个人来注意他了，他一番心思或许不曾白花。

叫花子说到这里，乾隆怎还按捺得住，也不再乔装什么茶客了，立即发一道口谕，命随从去把苏州府台、地方上的负责人宣至山塘茶馆。

乾隆皇帝问苏州府台："整修御道，实际耗银多少，事后你可曾详核？"

苏州府台见乾隆这样问，吓着脸都白了。地方上的负责人见东窗事发，再也无法隐瞒，忙跪倒在地，叩头如捣蒜："小人该死，确实未去安徽采石，只是将原有的石块翻转过来雕刻了一下，重新铺上。"

乾隆皇帝顿时怒形于色："你好大的胆，那么你总共花了多少银子？"

"一万两。"

"那其余的四万两呢？"

"这……"地方上的负责人光是叩头，再也答不出话来。

乞丐见这情景，知道眼前的这位贵人无疑是微服私访的乾隆皇帝了，便跪下奏道："皇上，这还用问，其余的早落入了这位大人的腰包。嘿，想不到这么一项小工程，这位大人竟能变出大戏法。望皇上明断。"

乾隆皇帝早已怒气满胸，下旨将贪污官银的地方上的负责人处斩。追缴上来的赃款，乾隆赏赐一半给乞丐，说："你快回家去重建房屋，好好过日子吧。"这位叫花子见乾隆如此对他，自然是感激得不得了，连连叩头谢恩。

从此，在木渎一带就一直流传着这个乞丐反穿衣服的故事。

搜集整理：顾忠良

严家花园的来历

严家花园最早的时候不叫这个名字，叫竹啸轩，他的主人叫沈德潜。花园算来也有两百多年的历史了。

沈德潜原来住在苏州葑门，后来搬到木渎。在此之前，他参加的科举考试数也数不清，但没有一次是成功的。他教过的学生有的中了举人，有的成了进士，但他这个做老师的还是个秀才。沈德潜越想越气，索性在木渎王家桥北堍买了块地，一来可以回避城里那些熟人，二来是他实在喜欢木渎这个地方。的确，王家桥北堍这块地背靠灵岩山，门对香溪河，青山绿水围合之中，风水极佳，而且民风淳朴，是读书隐居的好地方。沈德潜还在园中栽了不少竹子，月夜看竹影，雨夜听竹啸，平添了不少文人雅趣。

也许是木渎的山水有灵，沈德潜搬到木渎第九年，终于乡试中举，告别了秀才生涯。第二年，又考中进士，后来就搬到京城做官去了。等到他七十七岁告老归乡，沈德潜就把竹啸轩交给儿孙打理，自己则偶尔在春秋二季来木渎小住。但是沈老先生的儿孙不太争气，成了他的一块心病，后来，他索性把木渎的竹啸轩赠给了外甥章日照，由其处理。

竹啸轩传到章日照的儿子章寿五手里时，终因家道中落，无力修治，只得任其坍塌破败。

却说嘉庆年间，木渎有弟兄三人，老大钱炎，老二钱照，老三钱熙，都是木渎有名的诗人，才华横溢，却不贪功名，把做官看得很淡。当时木渎有造园之风，很多有名的退隐官吏或名人雅士都在木渎购地筑园，一个不大的镇上竟然有三十多座私家园林。弟兄三人也动了起屋筑园的念头。首先是老大在斜桥西造了一座潜园，接着是老三在潜园之西百步又造了一座息园，都是闹中取静，十分精雅。老二钱照仍嫌斜桥附近太喧嚣，一直没有找到合适的地块，所以迟迟没有动工兴建。

章寿五与钱照都是木渎诗人，经常在一起喝酒吟诗。钱照见前辈诗人沈德潜的旧居一天比一天颓败，不堪入目，心中不忍，便花了五千两银子，从章寿五手中购下了竹啸轩，又花巨资进行抢修，还请状元石韫玉老先生题写了"友于书屋"的斋名。第二年三月，新园落成，因钱照字端溪，便取名端园。

钱照在端园之内栽满了牡丹，每到春天，牡丹盛开，姚黄魏紫，十分娇艳。钱照便在园中设宴，遍请苏州和木渎的诗人，曲水流觞，即景赋诗。每年清明，钱照都要开园放春，让远近的踏青者入园游玩，也吸引了不少文人墨客。端园很快闻名吴中。一天，诗人龚自珍从湖州坐船经太湖，入香溪，游览端园，写下了"妙构极自然，意非人意造"的溢美之句，传为佳话。

天有不测风云。转眼太平军攻占苏州城，很快又派兵进驻木渎，一把大火烧了斜桥堍的吴县县丞衙署，火借风势，竟越过斜桥向西蔓延，一夜之间，大火烧毁了大半条西街，潜园和息园无一幸免，化为灰烬。此时，老大钱炎已经作古，老三钱熙匆匆去了上海，只有老二钱照留在木渎。尽管端园在战火中幸存，但钱照由于屡受惊吓，忧虑过度，在第二年春天撒手归西。钱照的儿女们只能靠变卖园中家具和字画度日。可怜一代名园，渐渐成为废圃。

到了光绪中期，钱家子孙的日子一天比一天难过，园中能卖的值钱东西都卖了。钱氏后人每天看着偌大一座空空荡荡的园子发呆，突然，他们想到了一个人。

这个人叫严国馨，是木渎的首富。钱氏后人要把这座祖宗留下的江南名园出让给严国馨。在木渎，要论财富，富人不少；若论品行操守，为人处事，严国馨可谓有口皆碑。把祖上遗园交给严先生，钱氏后人觉得放心。

钱严两家一拍即合，端园以20万两银子成交。严国馨购得这座名园后，请来香山帮巨匠姚承祖亲自把关，重新设计，花了两年时间修葺一新。开园之日，正值严国馨母亲朱太夫人百岁华诞，苏州府台亲自送上朝廷旌表朱氏赐建百岁坊的圣旨，还有一块"贞寿之门"的御匾。喜事接踵而来，把朱太夫人乐得嘴都合不拢。严国馨请示老太太，"给新园起个名吧。"老太太说："这座园子以前住过很多名人贤达，我很羡慕他们啊！我看就叫羡园吧。"

从此，木渎又有了一座名扬江南的羡园。可是，当地老百姓都觉得这名字太拗口，都说，园主姓严，不如就叫严家花园吧。于是，这座园子便有了一雅一俗两个名字，两块匾额都挂在了园门上方，一直挂到今天。

搜集整理：周菊坤

古松园银杏

木渎山塘街的古松园，为清末木渎富翁蔡少渔所建，又名蔡宅。蔡少渔祖籍太

古松园银杏

湖西山,其父在上海做生意,十分富裕。有一次蔡父与人赌博大赢一场,但赢来的不是现金,而是输家原本想运出去的一船白布。蔡父为此弄了一肚子的气,心想这白布有什么用呢?蔡家又不做布生意,便将这些白布存放在黄浦江码头。一晃一年过去了,辛亥革命胜利,清人为表示降意,家家户户要向革命军挂白旗。一时间上海滩白布卖光,蔡父的白布存货高价出手,赚了一大笔。回到家乡西山,想造一幢豪宅,蔡少渔却别有主张说西山在太湖之中,刮风下雨,舟行出门十分不便,而木渎是姑苏重镇,又是去西山必经之地,且有灵岩佛光福照,山塘街是天堂中的天堂,于是,前来木渎山塘购地,临街一座蔡氏豪宅由此落成。

蔡宅原有面积颇广,楼厅第三进花楼的东侧,一前一后有两棵大树,东面的一棵是古罗汉松,高逾十米,为明代遗物,虽已有五百多年树龄,仍葱葱郁郁,葱翠苍劲,全无半点老态龙钟之状,"古松园"因此而得名。西面的一棵是古银杏树,高数十米,粗可盈抱,树干挺拔,枝繁叶茂,秋天金黄色的树叶下挂满了裹着金黄色外衣的银杏果。秋风起,像蝴蝶一样的叶片飘飘洒洒落满后院,颇富色彩。两棵老树伫立在这古老的宅园内几百年,真能令人发古之幽情。

这棵银杏是蔡家从西山老家移植而来的。蔡宅原先的宅基地上有一棵明代留下的古罗汉松。当年蔡宅初落成之际,蔡家大太太察看后,说后院再种一棵老家的银杏就好了,便吩咐管家陆生到西山去觅一棵古银杏,并专门叮嘱:要觅一棵和罗汉松相匹配的银杏树，还一定要雌的。陆生回到西山，千辛万苦在山坞里找到一棵雌的百年古银杏，价钱也讲好了，树的主人对陆生讲："你将这棵银杏移到木渎，蛮可惜的。""为啥？""这棵雌的银杏树到了木渎结不了果，你想想，银杏结果是要有雄银杏的花粉的，这么一棵雌银杏，哪棵雄银杏能镇得住它呢？"陆生听了觉得自己也算是个"老西山"，这个道理怎么会忘个精光？他连忙赶回到木渎，回禀大太太："大太太，西山那棵银杏树，真的大得让你欢喜，也保证匹配院内的罗汉松，可树太大，木渎山塘街原本没有银杏，就算木渎哪个角落里有雄银杏，肯定配不了我们这棵银杏的，镇不住的。"大太太讲："这个你就不要管了。"就这样，在蔡宅后院古罗汉松西边，这棵古银杏被移栽来了。从此山塘街的街坊都能从自家的院内一抬头就看见这棵古银杏，有些老街坊也懂此树"行情"，因碍于蔡家是个豪富人家，大家不好多讲什么"银杏不结果，家道要衰败"之类的话。

可是，第二年的秋天，奇迹出现了，蔡家的银杏结满了果子。街坊们不由得纳闷，难道蔡家运气好到了雌银杏树没有雄粉也会结果？街坊邻居间都传开了这个话题，七传八传传到大太太耳里。大太太笑了，对陆生讲，选宅基地时，我到灵岩山去烧香，抽着个上上签，和尚说我们的宅基风水好，于是我们就决定造蔡宅。下山时，我看见山上有一棵古银杏，因为我是西山人，我懂树的雌雄，我知道这棵银杏是雄的，灵岩山上这棵银杏的雄花粉足以飘到山塘街。如今应验了这一点。你们想想看，我屋里沐浴着灵岩山的琼浆玉粉，怎么会不家门兴旺呢？

不知是真的蔡宅宅基风水好，还是蔡家管得好，这棵百年银杏自到了蔡家，和院内的罗汉松赛着长个子，根基盘得比罗汉松还粗壮，银杏果一年比一年结得多。别的果树还有个大年小年，这棵银杏连小年都没有。每年深秋，采银杏的时候，乐善好施的大太太会招呼山塘街上的街坊小孩到她家院内去摘银杏果，大一点的孩子爬到树上摘，小一点孩子在树下捡。临走，大太太会让大家带走一小篮。不一会儿，一条街上都飘出了炒白果的香味来。

搜集整理：季小敏

王宾孝母

明代洪武年间，木渎镇上出了一个大孝子，他名叫王宾。幼年时就很聪明，七八岁时入私塾读书，就有志于周孔之道。二十岁时对四书五经、诸子百家等书，无所不读，对天文地理、山海图志、阴阳历数、兵政刑律等也无所不览，无所不知。他还善作诗文，工于绘画，既是诗人又是画家，在乡里很有名气。但他就是不愿做官，后改学医，精于医术，是吴中名医。他乐善好施，里巷平民百姓有来求医的，他精心诊治，还施于药物，不要银钱。因父早已病故，母亲年纪又大了，不忍离舍，便在家开设一爿药店悬壶营生。

王宾待母极孝，为了使自己不分心，有足够的精力来服侍母亲，他决意不娶妻室。老母每顿饭，他必定亲自烧煮；所吃汤羹，也都亲自调制。夏天炎热时，为老母揩枕席、挂蚊帐、驱赶蚊虫；冬天寒冷时，则为母暖床铺褥，侍奉左右，不敢远离半步。吴郡太守姚善得知王宾孝顺老母的事迹，极为感动，有一天特地登门拜访。而王宾却隐藏在门内，轻轻地对郡守说，毋惊动吾母。姚善便悄悄走了，过了几天姚善不坐车骑，不带随从，独自一人等候在王宾家门前，王宾才接待了他。

日复一日，年复一年，王宾已是七十岁的老人了。由于常年辛劳，以致积劳成疾，在其病重昏迷时，犹记母不舍，过了好长时间他才复苏，一醒来仍是呼母不止，连呼数声后气绝身亡。王宾下葬后，其家中在深夜二更时分，有挂杖、脚步声和连连呼喊"娘"的声音，老母即应答说："我在此。"后又听到呼喊"娘！娘！娘！儿舍娘不得"的话语声，母亲听后放声痛哭很久，呼娘的声音方才停息。

王宾生前孝母不娶，全身心地服侍老母，死后阴魂仍不忘老母的感人事迹，被时人谱写了一曲《孝行歌》到处传唱，很快传遍了吴中大地。宰相王鏊、学者杨循吉皆为其作传，载入史册。

搜集整理：潘泽苍

陆子冈巧修九龙杯

明代万历年间，木渎山塘街上有位琢玉能手陆子冈。他制作的玉器，妙不可言。陆子冈为人忠厚，秉性耿直，看不惯豪绅显贵的不仁不义。有一年，苏州有个很会奉承上级的知县，打听到京里有个权臣要做寿，想方设法觅到了一只羊脂白玉九龙杯。他准备亲自上京献宝。想起这玉杯曾经盛过酒，有些气味，怕被人家闻出会怪他不尊敬上司，所以赶紧叫听差去洗洗干净。不料听差不小心，把玉杯上翘起的龙尾巴碰断了。县官老爷眼看升官发财的美梦成了泡影，顿时肝火直冒，立即把听差押进大牢。

听差的老婆得知丈夫闯了大祸，急得日夜痛哭。这天陆子冈路过她家门口，听见有人哭得伤心，一打听，才知原委。他十分同情听差一家的遭遇，便直奔县衙，见到了知县，请知县把玉杯拿出来看看，愿意设法代为修补。县官早就仰慕陆子冈的大名，平时请也请不到，今天竟会找上门来，县官笑着说："那就请师傅动手修理吧！"

陆子冈说："修补并不难，还得请大人先把听差的放了，小的才能动手。"

县官无奈，只得关照手下，当场把听差放出牢门。县官把听差放走后，陆子冈就把那玉杯带回家去精心修补起来。他反复思考，在断掉的龙尾四周琢出一片云头，把龙尾遮住，这龙好像刚从云层里窜出来，更加活灵活现，栩栩如生。

陆子冈把修好的玉杯送到县官那里，县官接过一看，佩服得五体投地，连声赞叹道："妙手！妙手！"陆子冈走后，知县官在玉杯里注满了水，打算洗洗干净，再去巴结上司。突然他发现杯底似乎有弯弯曲曲的痕迹，立刻把水倒掉，细细认辨，原来是诗句："羊脂白玉变色龙，你追我赶何匆匆！酒干杯净浮云散，水月镜花一场空。"县官念着念着，这四句诗不正是讽刺自己的吗？不由面孔通红，气得胡子直翘连忙吩咐手下人去把陆子冈抓来，要治他的罪，可手下搜遍了苏州城，陆子冈已远走高飞，不知到哪里去了。

搜集整理：潘泽苍

香溪河畔"再来人"

清朝康熙年间，千年古镇木渎的一个午后，淡淡的阳光照着一条窄窄的小巷，头戴官帽、身穿官服的当朝权贵何太史带着两个担着礼箱的仆从，急急地走进小巷深处一处破旧的茅屋里，屋里传出几个学童稚嫩的读书声。很快，何太史和两个仆人在一阵怒斥声中被赶了出来，一个不僧不道、头不戴帽、脚穿木鞋的中年人走出门外，顺手把那箱礼物丢到街上，头也不回地走进屋里，"吱呀"一声，柴门闭上了。屋里重新传出学童的读书声。何太史只好在门口静静地站了一会儿，无奈地叹了口气。此次他是第三次特意登门请中年人出山，谁知又吃了一次闭门羹，他只好带着仆人悻悻而归。

这位中年人是著名的"灵岩三家"之一的诗人张永夫。张永夫学问渊博，才华横溢，是个有民族气节的诗人，对清政府抱不合作的消极反抗态度。他不应科举，不愿做官，更不想通过他的同学沈德潜以及当时政坛红人、诗人黄子龙等人的关系，弄上一官半职，过上富裕生活。他宁愿靠种菜和教几个学生勉强糊口。即使碰上灾年饥寒交迫的时候，也坚持挖野菜充饥，披草麻御寒。张永夫是位苦吟诗人，一生作诗五百多首，结集为《锄茅集》，将清朝统治者比作塞途的茅草，必须荷锄清除出一条崭新的道路。更为可贵的是他写下了不少反映劳动人民生活疾苦的诗歌，语言通俗易懂，朗朗上口，深受劳动人民喜爱和传诵。有人甚至把他与唐朝大诗人杜甫相比肩。

由于贫穷、饥饿、疾病的缘故，张永夫五十多岁就去世了，因为他终生没娶，没留下后代，死后就由好友盛锦出钱安葬，结束了他孤苦伶仃的一生。

二十多年过去了，盛锦八十大寿的那天，盛家大厅里灯烛辉煌，高朋满座。忽然来了一位衣冠楚楚的青年，显出超凡脱俗的气质。他彬彬有礼地向主人盛锦口称"仁兄"，满座宾客都十分惊讶，议论纷纷："哪儿冒出个毛头小子，口出狂言，竟敢称呼盛老为'仁兄'，真不知天高地厚！"那青年却毫不理会，大声自我介绍道："吾乃张永夫也！今知仁兄八十大寿，小弟特来祝贺！"说完即献上白银一百两，言明一部分作为贺礼，一部分作为当年盛锦丧葬自己的费用。盛锦云里雾里，愣怔了一会，眯缝起眼睛仔细打量起眼前的年轻人。瞧他的面容模样，酷似当年张永夫，眉宇间更有张永夫当年癫狂不羁的神情。盛锦有点犯疑了，要说张永夫，早在二十年前明明由自己亲手厚葬，但眼前这位青年的容貌举止让他不得不信以为真，莫非做梦不成？正当此时，那青年当即把自己生前所作之诗朗诵了几首，丝毫没有差错。

但盛锦仍将信将疑，沉吟了片刻，问："这位小弟，你能否背诵一下《甲申秋夜寓居南园作歌七首》中的第六首？"

青年不假思索，脱口而出：

"明河斜挂三星照，群阴道长阳气消。白杨历历风萧萧，南鸣鬼车北鸥鹊，失者哀号得者笑。须臾称意忘明朝，呜呼！之歌今歌思长长，羲和为我升扶桑。"流利酣畅，一字不差！

那青年又朗声道："盛兄，那夜你不是喝醉了吗？还是我送你回家的呢！难道你忘了吗？"

声调、语气、动作，活脱脱当年好友张永夫的样子，更何况，当年那个难忘之夜，盛锦怎会忘怀！一帮好友作诗唱和，纵情游乐，彼时情景，恍如昨夜，由不得他不信。正当他欲邀那青年入席，青年却向盛锦连揖三下道："仁兄，小弟还有急事处理，请谅小弟不能久待，就此告辞。山高水长，后会有期！"

说罢，那青年飘然而去，主人和宾客面面相觑，方知张永夫重情重义，重返人间，都称奇不已。

不久，在灵岩山南麓，香溪河畔，诗人张永夫墓旁，不知谁又立了一个"再来人之墓"碑。

搜集整理：周梦帆

徐扬巧绘盛世图

乾隆将又一次下江南。前一次，乾隆帝就发下话，苏州是美丽和繁华的，不能把这一片繁华带回京城让京城里的人一起分享，实在有些遗憾。繁华如何带走？苏州知府反复斟酌，决定把江南的美景画成画，献给皇帝。于是各路画师都使出了浑身招数，其中吴门画师张宗苍的《吴中十六景》画册，便是其得意之作。然而，该画册尽管描述尽了苏州的小桥流水，苏州的灵气，但总让人觉得不能概括江南的繁华，还缺乏大气。于是，这次官府又召集了苏州画师，下了死命令，必须在一个月之内画出一幅能够概括苏州繁华的图出来。画师们便纷纷准备去了，能够画成并被选上呈于皇帝，自然是每一个画家的梦想，各路画师门派之间竞争是相当的激烈。

徐扬是吴门画派中的佼佼者，他走遍了苏州的大街小巷，把小桥流水、白墙黑屋、飞檐翘角都搬到了自己的画上。但是画到一半，心里拿不定主意了。苏州这个地方，实在是处处是景，处处是画，哪怕是苏州周边的小镇也是画之不尽的，因此必须选个典型的、有代表性的，才能一滴水中见太阳。于是，他干脆放下了手中的笔，去山林呼吸新鲜空气了。阳春三月正是踏春的好时节，徐扬乘着一艘船，到了天平山，又到了灵岩山，站在姑苏台上，听鸟语闻花香，看见一个老和尚双手合十打坐在石头上，他走过去问："这边有佛吗？"

老和尚回答："天地万物皆为佛，你没有看见吗？"徐扬笑笑，出家人心里有佛，自然处处有佛了。那么画家呢，当然应该是胸有成竹，方画出好竹。然而他心中有什么呢？站在山头，望山下的景色，展现在他面前的就是一幅美丽的图画，朝东是苏州城，已经和木渎连成了片，朝西是连绵的青山绿水，眼前的景色难道不是一幅盛世滋生图吗？木渎的建筑，小桥流水隐含了整个江南小镇的特色，而且木渎又是乾隆帝每次必到的地方。向西是光福，春天去香雪海观梅花。向南便是东山，观太湖，去品碧螺春茶……为此他兴奋不已，真是踏破铁鞋无觅处，得来全不费功夫，姑苏繁华图的一半不是在木渎吗？徐扬干脆把画具搬到了灵岩山的庙里，白天他下山去，晚上就借宿在庙里，他几乎跑遍了木渎。一个月的期限马上到了，他的盛世滋生图也将诞生了。于是，准备去献图了。那天晚上，他望着天空皎洁的圆月，把自己的图画展开，老和尚走了过来，看了图画摇摇头，又走开了，徐扬赶紧向前问："师傅有何指点？"

老和尚说："天在动，地在动，万物皆在动，你不觉悟。"说完就走了。

徐扬看看自己的作品，似乎什么都是静止的，房子是房子，路是路，缺乏生命的活力，他灰心丧气了，这一夜他无法入睡，走出了屋子，到了莲花池的旁边，看见池面上飘着无数只小纸船。风一吹，小纸船游动起来了。他心里一亮，在图里画上船只，不是整个画活动起来了吗？谁在池里放了船呢？是不是老和尚的又一次点拨呢？

于是，他马上研墨挥毫，一只只木船便在画卷上漂动起来了。

老和尚又过来了，看见摊开在地上的长卷图画，满意地点了点头，笑了。

徐扬把一幅灵动的《姑苏繁华图》，送到苏州府，果然是艺盖群芳。官府把《姑苏繁华图》献给了乾隆，乾隆龙颜大喜，干脆把徐扬带回了京城，让他进了御画院。

搜集整理：李祥伟

张宗苍献画

说起张宗苍，江南的许多百姓都十分熟悉。他是清朝乾隆年间一名宫廷画师，在宫中专为皇帝及嫔妃们作画。因其画技高超，一生留下了许多佳作，有一些作品留传至今，已十分珍贵，颇受书画收藏者的追捧。

那么，这个张宗苍是怎么成为一名宫廷画师的呢？这里面还有一个小故事呢。

张宗苍，原来是吴县人，从小酷爱画画，但因家中贫困，无力供其去拜师学画，只能一天到晚在家中自己勤学苦练，跑遍了吴中的一些胜迹美景，把它们一一临摹下来，挂在家中再细细研究，直到满意为止。他还经常请一些村上的人来看他的画，请大家提提意见，以使自己的画画水平不断提高。

因家中贫困，他自然是没有钱去买名家的画帖临摹，就抽空常去苏州城里的画馆里逛逛。往往一去就是一整天，早上从家中出发，一路走着到苏州城，到了画馆，常常看得入了迷，有时甚至连中午饭都忘了吃。这样前后共经历了近三年时间，终于画成了后来著名的《吴中十六景》。张宗苍把这幅画拿到了苏州府，准备等乾隆皇帝再次下江南的时候献给他。

乾隆十六年，也就是公元1751年，乾隆皇帝又下江南来了，来到苏州府，看到张宗苍画的那幅画，果然龙颜大悦。只见这长卷上，吴中十六个地方的美景悉数展现，而且画得惟妙惟肖。乾隆当即要太监准备文房四宝，在每幅画上各题诗一首。第二天，乾隆下旨召见了张宗苍。张宗苍被召到乾隆面前，行过大礼过后，就跪在那里一动也不敢动了。乾隆皇帝破了君臣常规，走下御座，亲手拉起张宗苍，一起赏起画来。张宗苍将画上十六处美景一一向乾隆详细作了介绍。乾隆想，这次下江南收获匪浅，回到北京在宫中也可以好好欣赏江南的美景了，自然是越看越高兴。乾隆赏赐了张宗苍黄金百两，张宗苍把黄金带回家中，一家人忙把黄金供在桌上，三跪九叩，再三谢恩。

乾隆对张宗苍甚是赏识，回京时就把张宗苍带到了宫中，任为宫廷画师。张宗苍也不负乾隆的厚望，在宫中十分努力，一生中创作出来许多佳作，有的留传至今，仍受到许多人的喜爱。

搜集整理：顾忠良

刘墉题写"晚照轩"

"雨余霞绮落云间，绚作晴虹跨碧湾。好在红栏高处倚，举头无限夕阳山。"这是清代诗人吴溥盛赞虹桥一带美景佳境所写下的木渎十景之一《虹桥晚照》诗。当年在虹桥北堍，曾开设过一爿三间门面长廊式的小茶馆，北面沿街，前门对着虹饮山房，背后有一排短窗，下临香溪清清的河水，隔河为潜园，俗称老园。园内泉水潺潺有声。茶客们在此品茗静憩，或交谈、或看书、或下棋，品尝着用香溪水沏的清茶，茶清润喉，芬芳馥郁，韵味无穷。尤其是当夕阳西斜，照得似火般的霞光一倾而泻，五彩缤纷；每当太阳西沉消失，美丽的云朵，在夕阳余晖照射下，显出一层层深浅不同的似黄、橙、红、紫的彩帘，笼罩着小小的茶馆，使它更加增添了迷人的色彩，招徕了四乡的茶客。

有一年，乾隆皇帝下江南，在灵岩山行宫住下，其随行人员，大部分散居在木渎镇上，其中太子太保、体仁阁大学士、著名书法家刘墉，就住在这茶馆对门的徐氏虹饮山房内。这些人用的茶水，全由这茶馆供给。刘墉常年在北京城里饮用的是较为咸涩的水，当他喝到清冽的香溪水时，感到特别美好，神清气爽。

一天，茶馆老板送水进山房给刘墉冲茶，其时刘墉正在凝神挥毫写字，觉得有人走进，抬头一看，见是对门茶馆的老板，突然问："贵店名叫什么？挂的是什么招牌？"老板毕恭毕敬地提着水壶站立在一旁说："小店一直没有招牌，所以也没有店号。因为开设在虹桥堍下，茶客们都叫虹桥茶馆。"刘墉微笑着说："开店怎好没有店名和招牌呢？"老板趁机以央求的口气说："小的不认字，请不到别人为我题店名、写招牌，所以正想请求大人赐题招牌一块，但又不敢开口，怕大人见笑。"刘墉点了点头说："'虹桥晚照'是你们木渎十景之一，我就借景为题，给贵店起名'晚照轩'吧！"老板听了似懂非懂，连连称谢。刘墉接着说："我把这块招牌写好，就派人送给你，以表示感谢你为我们供应茶水之劳，并留作纪念。"老板接二连三弯腰称谢不迭。

不久，刘墉跟着乾隆离开了木渎，到了苏州想起题写店招之事，便挥毫书写了"晚照轩"雄浑遒劲的三个大字，下署"石庵"两个小字，还盖上一个方方正正的印章，即派人送给茶馆老板。老板十分高兴，做成匾额挂了起来。刘学士为虹桥茶馆亲笔题字的喜讯不胫而走，传遍了四乡八镇。由于人们口头传来传去将字音传讹，把"晚照轩"传成了"饭匙喜"。农民们想当然地解释说刘学士真好，他把人们常去吃茶的地方题名为"饭匙（吴语称盛饭的匙为饭匙）喜"，这就是说人们拿起饭匙就欢喜，预兆着农业大丰收，吃粮不用愁，我们种田人该多么高兴呀！这讹传，寄托了农民们美好的愿望。因此，"饭匙喜"这一谐音店名广为流传，故在过去有人若寻问"晚照轩"，木渎人反而茫然无知；一提"饭匙喜"茶馆，木渎人都会明白地告诉你，它就在虹桥脚下。

搜集整理：潘泽苍

神针沈寿

清朝末年，木渎出了个刺绣名家，名叫沈寿。她的绣品形态逼真，精工非凡，被誉为"神针"。

沈寿原名叫云芝。据说娘生下她时，梦见一枝乌油闪亮的灵芝从天上云堆里落下来，正好掉在她家院子里。这是个吉兆，因此就把女儿取名"云芝"。云芝聪明伶俐，从小跟娘学习绣花，练得一手好本领。到了十五六岁时，已经名满苏城。她的绣品被有钱人家买去，当作珍宝。

有一年十月初十，慈禧太后做生日过万寿节，苏州织造局一心想拍慈禧马屁，就要沈云芝绣一幅《八仙上寿图》，送到宫里，向慈禧祝寿。为此，织造官事先请名画师画了张图样，特意将王母娘娘的面容画得和慈禧一模一样。沈云芝先用心揣摩画意，然后飞针走线，花了三个月时间，这幅《八仙上寿图》绣好了。

《八仙上寿图》一送到宫里，就被慈禧看中了。原来，慈禧平时最讲迷信，她早就梦想着当天上的王母娘娘，如今看到绣幅上的王母竟是自己，喜得眉开眼笑，一百廿四个称心。她惊叹沈云芝的技艺，就向太监李莲英问起沈云芝的身世来。李莲英见老佛爷如此开心，就乘机阿谀奉承起来："启禀老佛爷，这个绣女呀，有人说她是天上何仙姑下凡。那绣幅上何仙姑的相貌和她像得出奇。嗨，何仙姑给你上寿来啦，老佛爷真是洪福齐天哩！"

慈禧呵呵地笑得像个敲开的木鱼，随手提起案几上的朱砂大笔，在雪白的宣纸上唰唰几下，写了个大红寿字，掷给李莲英："这小妮子的心意咱受了。这个'寿'字就赐给她吧！"因此，沈云芝便改名叫沈寿。苏州织造局的官员因拍马屁有功，升了官，发了财。从此，他们要沈寿经常为慈禧刺绣，连太后平时所用的手帕，也出自沈寿之手。

有一年春天，慈禧在宫中无聊，带了李莲英上颐和园春游。慈禧坐在乐寿堂前有些倦意，一松手，把一块手帕掉落在衣襟上。她养了一会神，捡起手帕，正想起身移步，忽然手里"嗡"的一声，一只蜜蜂从绣帕上猛然飞起，险些把慈禧的手指给刺痛了。慈禧突然一惊，脸上青筋直暴，对李莲英埋怨道："这只蜜蜂罪该万死，竟敢惊动起咱来了！快，把它打个烂死。"

李莲英"喳"的一声，定睛一看，那蜜蜂早已飞得不知去向了。

原来，沈寿在绣帕上绣的是一朵盛开的牡丹，芳香扑鼻，挺有精神。那蜜蜂以为是真的牡丹，就飞到上面采蜜。李莲英捕不到蜜蜂，不能为慈禧压惊，跪在慈禧面前说："老佛爷，蜜蜂无知，罪在牡丹。您看，这朵牡丹绣得太好，把蜜蜂也引来了！"

李莲英说这些话，原想为自己捕不到蜜蜂开脱罪责，不想慈禧听说牡丹绣得太好了，就问："这牡丹是谁绣的？"

"就是那年万寿节给老佛爷绣《八仙上寿图》的那个沈云芝，她现在叫沈寿啦！"

慈禧心里想：沈寿这个人，真是仙女下凡，绣的花也能招蜂引蝶，不觉面露笑容。

从此沈寿的名气就越来越响了。后来她还专门办了个学馆，把自己的一手绝活传给了后人，使苏绣更加有名。

搜集整理：杨彦衡

沈寿绣"猫"

苏州古镇木渎有句"绣像猫，先养猫"的俗语，而这句俗语来自清代"绣圣"沈寿，并与横泾淑庄绣铺的雀梅姑娘有关。

"绣圣"沈寿年轻时不但画的花猫十分逼真，而且经过她的针绣，花猫活灵活现，惟妙惟肖。前去求她绣品的不但有苏州本地人，而且有远在千里之外的南北商贾。有段时间，她的《花猫》绣品供不应求。为了满足商户需求，她听说横泾绣娘所绣的花猫也有独到之处，所以取道去了那里的南街，开了爿太湖绣庄，招来了五六名横泾绣娘，悉心传教。由于招来的绣娘心灵手巧，又有绣猫的基础，不到半年，这五六名横泾绣娘绣出的花猫比"绣圣"沈寿原来针绣的花猫更加逼真。沈寿十分高兴，逢人便说："横泾绣娘天资聪颖，绣猫功夫有独到之处。"一时间，横泾太湖绣庄的《花猫》声名远播，前去求购《花猫》绣品的商贾络绎不绝。

可是，好景不长。没过多少时间，太湖绣庄《花猫》绣品的生意越来越清淡。沈寿觉得奇怪。她四下打听，原来在横泾北街开了家淑庄绣铺，走进去一看，掌柜是个二十岁左右的姑娘。

这姑娘名字叫雀梅，手下三个姑娘不过十七八岁。听街坊说，雀梅与她三个小姐妹自幼画猫绣猫，所以她手底下绣出的花描十分传神。沈寿上前细细一看，雀梅针绣的每只花猫不但神态各异，而且有一股灵气。所以，她回到太湖绣庄后，对庄里的绣娘说："从今天起，我们不绣花猫了。"言罢，即便离开了横径。

庄里的六个绣娘见了，茫然不知所解。

半年以后，沈寿回到了横泾，把一幅幅花猫的画稿递给横泾绣娘们细细观看。绣娘们只见花猫画得栩栩如生。随后，"绣圣"沈寿操针刺绣，一只只花猫张牙舞爪，威风凛凛。庄里的绣娘跟着"绣圣"沈寿学习，不出三个月，前去太湖绣庄求购《花猫》绣品的人又日渐多了起来,而街北的淑庄绣铺《花猫》的生意日渐越来越清淡,到了后来,门可罗雀,濒临倒闭。

太湖绣庄的横泾绣娘有一次问沈寿:"你前些日子一走就离开半年,怎么回来就能绣出如此出色的花猫呢?"沈寿说出了内情:"我以前所以绣出这么好的花猫,是因为我家养了只花猫,不时观察它的神态。可自从看到淑庄绣铺的花猫,自叹不如。回家后,我又从各地买了几只花猫养在家里,仔细观察,记下它们一举一动的神态,时间长了,画出的花猫、绣出的花猫自然就形神兼备了。"

不久,横泾镇北街的淑庄绣铺终于倒闭关门,雀梅姑娘带着三个小姐妹前去太湖绣庄,见了沈寿伏地便拜:"叩望沈师傅收我们四人为徒。"沈寿把雀梅等几个绣娘扶起,收她们在自己的太湖绣庄针绣。她拉着雀梅姑娘的双手,说:"其实是你的绣品花猫,使我下决心再悉心研究花猫的神态,才有今天的成绩。日后,我们相互学习,百尺竿头,更进一步。"

相传,那时候沈寿的《花猫》绣品放在家里,能令鼠辈脊梁骨阵阵发寒,魂飞魄散,当场毙命。

搜集整理:张瑞照

鲃肺汤的故事

石家的鲃肺汤名扬海内外,它是用鲃鱼的内脏烹制而成的。这鲃鱼的背呈绿色,带黑色花纹,鱼肝洁白,又叫斑鱼,如果令斑鱼生气,鱼肚皮会鼓胀起来,犹如一只白色的小气球,所以也称它为泡泡鱼。这种鱼生长在靠近木渎的太湖里,是木渎特产。每年八月至十月上市,民间有"秋时享福吃斑肝"的谚语,故鲃肺汤亦称斑肝汤。

这鲃肺汤是怎么来的呢?原来木渎水产丰富,以鱼做菜,习以为常,不论是一般人家,还是酒楼饭馆,都是每餐必鱼。但由于烹调方式大同小异,菜的滋味也差不多。因而这里的酒楼饭馆生意都较清淡。石家饭店虽然是乾隆时始创,名气响,但生意也不景气,连店里开销也支应不出,当家的石师傅心里十分着急,翻来覆去盘算着要在鱼上打主意,翻翻新花样。有一天,石师傅回到家里,妻子照样用店里丢弃的鱼内脏炒了一盘鱼什烩给他下酒。他一边饮酒,一边吃着天天吃的炒鱼什烩,也觉得无味,难怪吃客不上门,这生意怎么做呢?吃着吃着,觉得心烦口渴,便喊妻子倒碗开水来。他喝了一口也觉得没味,便随手把炒鱼什烩都倒进盛开水的碗里,有心无心地端起这碗开水泡的鱼什烩喝了一口。哟!味道还不错,这使他突然想起了,何不将鱼的内脏做成汤呢?

这时正值初秋,鲃鱼上市。第二天,石师傅到店里就用鲃鱼的肝切成片,加了一些辅料做了一道汤,一尝觉得肉嫩汤鲜,味美可口,随即挂牌应市。来品尝鲃肺汤的人一天比一天多,店内的生意也就日渐兴隆起来。一道鲃肺汤,使石家饭店扭转了局面。

一年中秋节，于右任等人由苏州去光福游太湖赏桂，返苏经木渎到石家饭店进餐，专门品尝了鲃肺汤，一连吃了三份，食后赞不绝口，还于当场即兴写下了一首诗："老桂花开天下香，看花走遍太湖旁。归舟木渎犹堪记，多谢石家鲃肺汤。"第二天，刊登在《新闻报》的头版上，从此，原来的斑肝汤以鲃肺汤的新名称迅速闻名遐迩。

搜集整理：潘泽苍

一个铜板一份货

　　清代，苏州古镇木渎老街商铺一家挨一家，买卖兴旺。做生意要讲信用，为此当时有句"一个铜板一份货，损人缺德的事弗能做"的俗语，而这句俗语的由来，与当地的横泾烧酒有关。

　　横泾烧酒纯净香醇，远近闻名。酿制横泾烧酒的秘诀，是清朝乾隆年间阿鑫传下来的。阿鑫是横泾镇人，从小和阿爸相依为命。阿鑫十五岁那年，他阿爸央人作保，送他到木渎东街一爿酒店里当伙计，临走时，阿爸关照阿鑫："一个铜板一份货，损人缺德的事弗能做。"

　　那时苏州灵岩山下的木渎古镇，大大小小的酒店有二九十八爿，阿鑫进的那酒店叫"兴隆"。其实"兴隆"弗兴隆，生意清淡，幸亏店铺里有个白胡子老伙计能酿制一手好酒，才招揽几个稀客。阿鑫进店后，扫地抹凳，担水烧火，样样抢着干。白胡子老伙计看他手脚勤快，为人厚道，一天品酒，喝了两碗，便兴冲冲地对阿鑫说："小伙计，你只要肯学，我教会你酿酒本领。"阿鑫乐得连忙在白胡子老伙计面前跪下，磕了三个响头。从此师傅怎么干，他就跟着学。三年以后，阿鑫便成了呱呱叫的酿酒好手。

　　老板吕黑心，绰号"小塞头"，投机钻营，唯利是图。一年清明，他带了家人去上方山烧香祭祖，出门前，舀了两大勺河水倒在店柜台下的酒甏里。那天，乾隆下江南，到了苏州，白相了灵岩山后，徒步闲逛木渎镇，中午时分又饥又渴，径自走进兴隆酒店。阿鑫见顾客上门，热情接待，搬凳抹桌，端菜取酒。当他发现酒甏里的米酒混浊，用手指蘸了一尝，淡而无味。又在老板常喝的那酒甏里一闻，喷喷香，于是就舀了一壶端到桌面上。乾隆呷了两口，连声说："玉液琼浆，琼浆玉液。"一歇工夫，如秋风扫落叶，桌面上菜盆子只只朝天，连那壶酒也喝了个精光，一滴弗剩。

　　傍晚，"小塞头"回家见柜台下那甏酒原样子没动，内堂里那甏酒空空如也，脸孔一板，指着阿鑫的鼻子，破口大骂阿鑫是弗会做生意的笨胚。阿鑫说了句"一个铜板一份货，损人缺德的事弗能做"，"小塞头"大为光火，唾沫飞溅地说："我老板瞎了眼睛，雇了你这个吃里爬外的伙计。"二话没说，就撵阿鑫卷铺盖滚蛋。

　　兴隆走了一个酿酒好手，店铺生意一日比一日冷落了下来。"小塞头"眼看店门要关，当他听说当年乾隆到木渎兴隆酒店，喝干酒壶里酒的事，大腿一拍说："办法有哉！"他叫隔壁沈秀才编了段顺口溜，叫家人到街头巷尾游说，其中有几句是这样：

木渎酒店十八爿，
独有兴隆味道赞。
赞不赞，问万岁，
皇上一尝喝干壶，
玉液琼浆大声赞。
赞得棺材里的李白嘴发馋，
赞得铁拐李撑子拐杖寻得来。
……

果然，不明真相的顾客争先恐后到兴隆酒店品尝。顾客吃了亏弗上第二次当，还编出几句顺口溜反击，其中有几句是这样：

木渎酒店十八爿，
独有兴隆味道赞。
赞不赞，问吃客，
吃客一喝呕出来，
玉液琼浆骗死人。
骗得棺材里李白眼睛闭口弗开，
骗得铁拐李胡子翘来眼睛弹。
……

兴隆酒店的生意渐渐更冷落了。

阿鑫被解雇后，在木渎西首的山塘街河畔搭了间茅草棚定居下来，取清净甜美的胥塘水浸米做酒，挑担小卖。生意兴旺了，阿鑫对技术精益求精，醇制佳酿。到后来，阿鑫酿制的米酒斟在盅子里，像液化的水晶一般纯净，酒香四溢，醇香扑鼻。喝过阿鑫酿制米酒的顾客，赞不绝口。阿鑫是横泾人，大家就把这米酒叫横泾烧酒。从此，横泾烧酒也就远近闻名了，连乾隆皇帝也特地派采办到阿鑫店里买了三十三氅。

"小塞头"看到阿鑫做的横泾烧酒名气越来越响，金字招牌越来越硬，心里不服气，心想一定是阿鑫学到了一种酿好酒的秘诀。他想，只要秘诀弄到手，不愁兴隆酒店弗兴隆起来。正在这时沈秀才上门，给"小塞头"出主意，说："吕老板你肯不肯做矮人。"吕老板说："只要弄到这秘诀，磕破头皮也情愿。"沈秀才于是把自己的主意这长这短地讲给"小塞头"听。

"小塞头"听了沈秀才的话，第二天一早，带了两盒麻饼、三斤粒头糖上门对阿鑫赔礼说："我是生了个猪脑袋，头大不中用；生了双白果眼，眼大不带光；生了张臭嘴巴，尽说惹气话；我悔不该辞了你阿鑫这样的能人，悔不该一句话撑走了您这尊财神菩萨……"唠唠叨叨的谢罪话说了一遍又一遍。阿鑫倒也不计较，说："吹过的风，流过的水，以往事就不提了，今后大家规规矩矩做生意就是了。""小塞头"鼻子一酸，央求说："阿鑫老弟，可怜我这个快五十岁的人了，上有老，下有小……

救救我一家吧。请你把你酿制烧酒的秘诀告诉我吧。"阿鑫一点不隐瞒,把白胡子老头如何教他酿造烧酒的方法一五一十地讲给"小塞头"听。阿鑫不说也罢,一说,气得"小塞头"脸红脖子粗,操起嗓门说:"那老头子的酿酒方法,我二十年前就晓得,用不着你来教我。"说完把拿来的两盒麻饼、三斤粒头糖气鼓鼓地拎了转身就走。

回到家里,"小塞头"一病倒下。沈秀才听说吕老板生病,踱着方步前去问原因。当"小塞头"一五一十讲给沈秀才听后,沈秀才说:"拿到阿鑫酿酒的秘诀,哪有一次成功的便宜事,我们另想办法。"说完眼珠一转,折扇一摇,说:"办法有哉。""小塞头"听沈秀才说又有办法,"病"也好了,一骨碌从床上爬起来,竖起耳朵听。

原来沈秀才听人讲,阿鑫在横泾上塘街开了家横泾酒店,因生意忙不过来,雇了两个伙计。每个伙计进店,阿鑫会给一张红纸。根据沈秀才推测,秘诀就在这张红纸上面。"小塞头"觉得言之有理,对沈秀才许愿说:"要真是搞到这秘诀,愿出一百两银子作谢意。"

过了些日子,横泾酒店生意又多了,活儿做不过来,阿鑫决定再添一名伙计。沈秀才见下手机会到了,为了一百两银子,自荐到阿鑫开的酒店里做伙计。阿鑫照例给了沈秀才一张折着的红纸,嘱咐说:"你是识字做文章的人,里面的话要记住,这样才能酿出好酒,做兴生意。"沈秀才连连称是,当这张红纸一拿到手,也不看上面写个啥,掉头就走,直奔"小塞头"家。

"小塞头"一听沈秀才将秘诀弄到了手,高兴得眉开眼笑,急着要看红纸上写个啥。沈秀才把红纸捏在手里,说:"君子做事,有约在前。亲兄弟明算账嘛。"平时一个铜板恨不得掰成两爿用的"小塞头",为了重振兴隆酒店,忍痛叫家人捧出一百两花银,说:"一手交钱,一手交秘诀。"可是当沈秀才拿了银子高高兴兴地走了,"小塞头"打开那张红纸一看,"哇"的一声号啕大哭起来。哭啥?哭一百两银子呀,因为这张红纸上的两行字,"小塞头"老早就得知。

这秘诀上两行字是:"一个铜板一份货,损人缺德的事弗能做。"

搜集整理:张瑞照

木渎巡检使,吃粮不管事

香溪流传的"木渎巡检使,吃粮不管事"这句俗谚,这里有一段动人的故事。

在清代有对姓张的夫妇,在木渎镇市梢开一爿叫"开来"的茶馆店,兼营烟纸杂货。有一年正月初五,张老板按旧俗去接财神。在路上,忽然看见一位商人模样打扮的北方人和一个仆人走了过来。张老板就上前殷勤接待,互相恭贺新禧,并邀客人到店里吃茶点。这客人见张老板如此礼貌待人,就带着仆人随着张老板走进店堂坐下。张老板吩咐伙计送上香茗和四小碟糖果点心,与客人拉起了家常。客人问张老板:"你店里的招牌为什么叫'开来'?"张老板回答说,他家小店是专做来往客商的生意,有人来饮茶,就烧起开水来做生意,所以就叫"开来"馆。客人见张老板说话很老实，又问店内生意可好。张老板说生意小资金少。客人问："你为何不做大一点的生意呢？资金有困难我可以帮你一把。"张老板当然高兴，对客人说："你出钱我出力，合伙开设。"客人说很好，就从口袋里拿出一本簿子，写了四张纸，盖上了图章，交给张老板说："你拿着这些纸头，到苏州藩台衙门去取钱吧。"说毕与张老板拱手告别，张老板送客出门时，问客人居住何处。客人说："我姓黄，住在北京，你到藩台衙门里去便知道了。"说罢扬长而去。

夫妇俩欣喜万分，就把纸头拿到藩台衙门，高高兴兴地取回六百两银子，开了一爿米行。三年后赚到上千两银子，他将每年盈利情况一一记录在账上。张老板一直不曾忘记股东老板黄客人，有约在先，所赚之钱应当和他平分。张老板即到藩台衙门打听黄客人在北京的具体住址，专程赶往北京。刚进京城，就听见路边接官亭里有人喊："苏州府木渎张老板到了么？黄客人派我们在此专候。"张老板丈二和尚摸不着头脑，稀里糊涂就让那几个人带往一家客栈，安排住下。

三天过后，有位戴镜的人到客栈来告诉张老板，说今晚当今皇上接见你。张师这才恍然大悟，原来黄客人就是皇帝啊。晚上张老板来到约定处，只见皇帝端坐在椅上。张老板忙上前施礼，并将账簿奉上，说您当年写了纸头，我去藩台拿到了多少银子，开了爿店，三年来赚了多少多少……皇帝听后，心里暗暗高兴，认为这个人老实、忠诚、可靠，现在朝廷内贪官污吏很多，要是都像这位张老板，那就好办了。皇帝随即又对张老板说："本钱你还给苏州藩台，剩余的全送你一个人吧，你也不要开店了，出来做官吧，为国家多出点力。"张老板心想皇上的旨意是不可违抗的，就回皇上说："我只会做生意，不会做官，也不愿离开家乡。"皇帝一听，心想让他就地为官也不错，让他监督各官，发现问题，他会来禀告我的。于是就封张老板为木渎巡检使，见官大一级，并下旨在木渎按府台衙门式样建造了巡检使衙门，并设吹鼓亭等。

张老板上任后，因为不会做官，只是到衙门里坐坐，空了就出去游山游水，时间一长，在百姓中间就出现了"木渎巡检使，吃粮不管事"的俗语，流传至今。

搜集整理：潘泽苍

第二节　掌故轶闻

康熙皇帝两次到木渎

清康熙二十八年（1689），康熙皇帝第二次南巡。农历正月初八，从京城出发，于二月初三驾临苏州，驻跸织造署。次日，出阊门，乘舟，历山塘游虎丘。初五，由驻跸的苏州织造署出发,亲历郊外,咨访稼穑,御舟至木渎镇,舍舟登陆,走御道到光福玄墓山圣恩禅寺,观梅吾家山,当夜住宿圣恩寺四宜堂。初六,天气下雨,康熙皇帝在细雨中登上灵岩山,游览灵岩山寺、琴台、响屧廊、玩花池诸胜。赋《登灵岩》诗云:"霏微灵雨散春烟,按辔逍遥陟翠巅。香水通流明若鉴,琴台列石势如拳。诸峰尽在青萝外,万井全依彩仗前。闻是吴宫花草地,空余钟磬梵王筵。"在灵岩山寺休息时,为灵岩山题"岚翠"匾。当天原本计划游华山,因天气下雨未成行,写下《欲游华山不果》诗,云:"欲向青山涧壑行,春云又变晓阴轻。钩陈不遣惊禅定,恐碍池边碧草生。"虽然没有到华山,但题写"远青"匾额。康熙三十五年(1696),远在京城的康熙皇帝特地御书经书,敕赐给灵岩山寺。

康熙三十八年(1699),康熙皇帝第三次南巡。农历三月十四日,御舟入境,沿途迎谒者,数百里不绝,而苏州尤盛。先是到浙江,致祭禹陵等。四月初一,自浙江还苏州,驻跸织造衙门。初三卯刻,康熙皇帝经木渎驾幸华山,御题"华山翠岩寺"额,赐"香域"匾,并题联赋诗。

乾隆皇帝南巡六次到木渎

清乾隆十六年(1751)二月,乾隆皇帝南巡到木渎,先后游览寒山、华山、灵岩山、天平山,登上莲花峰,眺望全吴胜景。所到之处都作诗、题词、撰联,写下《寒山千尺雪》等诗。当晚下榻灵岩山行宫,作《驻跸灵岩》。次日,游览灵岩诸胜,用沈德潜诗韵写下《馆娃宫》《琴台》《响屧廊》《涵空洞》《吴王井》《砚池》《采香泾》《玩花池》等诗,留下"最爱灵岩秀,真宜烟客登"诗句。画家张宗苍献《吴中十六景》,其中木渎有万笏朝天、千尺飞泉、法螺曲径、华山鸟道、天池石壁、灵岩积翠、穹窿仙观、苏台春景八景,乾隆皇帝分别题诗。三月,从浙江回銮,重游华山、灵岩山,题额撰联,作《灵岩行宫即景杂咏》3首,赐灵岩山寺御书2卷。乾隆到天平山范文正祠祭祀,赋诗称范仲淹"千秋传树业""正色立朝身",作《题高义园》《白云泉和居易韵》诗。

乾隆二十二年(1757)三月第二次南巡,乾隆皇帝遍游寒山诸胜,写下《寒山别墅》等诗。游华山时,地方大吏准备了山轿,乾隆坚持徒步攀登莲花峰,直到中午返回,写下《游华山》等。当天驻跸木渎灵岩山,写下《驻跸灵岩叠旧作韵》。从灵岩山来到穹窿山,游览上真观、拈花寺,登上望湖亭眺望太湖,分别作诗。从邓尉探梅返回,重游灵岩山,写下《馆娃宫》等诗11首。游览天平山时,写有《游天平山十六韵》等3首。再游寒山,写下《千尺雪杂咏》等诗11首。

乾隆二十七年(1762)三月第三次南巡,乾隆皇帝仍按上次路线游览。在寒山,写有《寒山别墅》等9首。在木渎灵岩山,到临湖榭观赏落日,写下《灵岩夕景》和《临湖榭怀古》等诗。第二天到穹窿山,并作《题拈花寺》2首。当天邓尉探梅后,返回灵岩山行宫。又游天池山、天平山。第二天再到寒山,写下《芙蓉泉》等诗4首。

乾隆皇帝很喜欢寒山,乾隆三十年(1765)闰二月第四次南巡时,写有《寒山别墅》

等诗 9 首，在华山写下《四依皇祖华山诗韵二首》。在灵岩山，写下《灵岩寺西入石路仍用唐刘长卿韵》等 15 首。又游穹窿山、天平山等处。

乾隆四十五年（1780）春第五次南巡，乾隆皇帝写下《题寒山别墅》等诗 8 首。驻跸木渎灵岩山，写下《驻跸灵岩四叠旧作韵》《玩花池》等 11 首。到穹窿山，写有《穹窿山上真观叠乙酉旧作韵》《过拈花寺不入寄题》等。返回灵岩山后，游览天平山，写有《游高义园》，再题范仲淹《伯夷颂》，再用白居易、高启韵赋诗白云泉、龙门。

乾隆四十九年（1784）二月第六次南巡，在寒山写下《寒山千尺雪五叠旧作韵》等 11 首。在华山，写有《六依皇祖华山诗韵》。游天平山，写有《咏龙门四叠高启韵》等 5 首。

据同治《苏州府志·巡幸》记载，乾隆皇帝六到木渎寻胜访古，先后赋诗 215 首、题匾 23 额、撰联 27 副。当年，华山、灵岩、寒山、支硎都有行宫或歇所，而驻跸灵岩山行宫最多。

百 岁 坊

百岁坊在古镇木渎山塘街的严氏支祠门前，现严家花园大门附近。清嘉庆年间，严徵祥从东山到木渎经商。严徵祥，字季芳，号怀瑾。诰赠通奉大夫四品衔，刑部主事加三级。后其子严国馨举家迁往木渎西街定居，将严家经营成当地首富。

光绪二十七年（1901），木渎诗人钱端溪度日无力，将享誉江南的端园售归严国馨。严家请香山帮营造师姚承祖率良工将端园重葺一新。严国馨的母亲朱太夫人仰慕前贤，提出改端园名为羡园，也就是现在俗称的"严家花园"。光绪二十八年（1902），朱太夫人年九十八岁，严国馨遵例加闰年计，以百岁为母亲题请，奉旨旌表建百岁坊于木渎山塘街严氏支祠门前。十一月二十六日，朱夫人过世，葬于西坞唐家山。严国馨，字德明，号兰卿。国学生四品顶戴、两浙候补、盐运副，曾捐义田于体勤义庄，并立严氏木渎支祠。

1926 年 4 月 12 日，李根源在《吴郡西山访古记》载："游羡园，园旧名端园，钱端溪旧筑。清末归严氏，改今名。'友于书屋'额，石韫玉书。'环山草庐'。陈銮题。乏人经纪，渐榛芜，殊可惜也。经严氏百岁坊、垂阴万古亭，行里许至宋韩蕲王飨堂。"从文中表述可知，羡园当时已荒芜，且百岁坊在山塘的位置是过羡园往灵岩山方向。

百岁牌坊四柱三间，中间题刻"百岁坊"三字。牌坊前是铁艺栅栏门，祠堂大门前还有一道木栅门，十分威严庄重。如今，严家花园已复建，但百岁坊与严氏支祠已无迹可寻。

严家花园史话

坐落于木渎山塘街的严家花园，最初是清朝乾隆年间苏州名士沈德潜的寓所，经过沈德潜多年的布置经营，园子初具雏形，后沈德潜的晚年将宅园转让给木渎的诗人钱端溪。钱端溪于清朝道光八年（1828）开池叠山，增建亭阁，起名"端园"。钱端溪后因家境败落，又将端园转售于严国馨。严国馨于道光二十八年（1848）邀请香山帮能工巧匠将园子整修改造，添置新景，将其改名为"羡园"。第二次世界大战时，日寇侵略中国，严家花园惨遭破坏，墙壁塌倒，疮痍满目。1958年，严家花园经大炼钢铁被拆成平地。之后园基上又建造了农机厂。1999年，由木渎镇人民政府出资、苏州园林设计院设计，严家花园得以在原址上重建。

沈德潜、钱端溪、严国馨三位名士造园，一为光宗耀祖、显姓扬名，二为修身养性。而现在重建严家花园，则是一个历史盛举，其目的不仅仅是使这颗明珠重放光彩，还在于弘扬中华民族的传统文化，发扬爱国爱家的精神。

中国造园已有三千多年的历史，明清之际，中国的造园技术达到了顶峰。严家花园是清朝江南园林的典范。它外朴内秀，主从互补，精简行别，变化有致，自然美观，值得称道。

从历史上看，严家花园既饱经磨难，又占尽风流。严家花园今日得以重建，使得这座曾经遭毁的名园依然可以向我们展示它所承载的文明信息和文化背景。透过一座名园折射出的社会环境，我们得以认识历史的沧桑变迁。

严家花园里有四座假山，分别用青石和黄石堆就。青石的石性属石灰岩，因水蚀变形，具有"瘦、皱、透、漏"的特点。艺术家运用聚石堆山为主、独立散点为辅的手法，构成羡园内青石的组景景观。

夏景区里的假山，青石平地而起，依墙而立。外貌有凹有凸，有透有实，有皱有平，有直有弯，有正有斜，浑合有致，变化多端。山径、步石、谷口、洞穴，四通八达。水沟穿山越洞，连通粉墙内外水系，南北两池既分又连，妙及自然，宛如大开。人们在外部看假山，有大中见小的感觉；在内部看假山，则有小中见大的感觉。

这座假山于高处建亭，低处种树，因而显得高者更高，低者更低。亭、树、水、山参差相映，浑然一体，使人文景观具有自然情趣。

另一座青石假山，砌在春景区里。因它紧靠于书屋的后檐，得开门见山之景，状若峭壁山岩，秀嶂叠翠，给人以大气磅礴之感。假山筑有幽雅的洞穴，透漏俊秀，宛如天成。曲折的蹬道，变幻尽在顷刻之间。

严家花园里的两座黄石假山，一座在楼厅后面的天井里，因它依墙而筑，故称"壁山"；一座在秋景区，漏月招云、穿崖径水，属于池上理山，故称"池山"。石刚水柔，一静一动，山容水影，一虚一实，临水观鱼，殊多情趣。黄石都呈块状。艺术家以偏侧石块的手法，构成岩层节理的自然层状结构，又以错安石块的手法，营造出山形地貌的意境。

严家花园里的假山，都是以模仿自然山石的形态来表现峰峦崖壁、洞壑沟谷的天然形象的，有着形态稳重，浑厚拙朴的风貌特点，属于堆秀流派。

住宅是严家花园的一个重要组成部分。花园是围绕着住宅渐次展开的，住宅起着核心和定向的作用。中国人对于方位，向来是崇南卑北的。得胜者"面南称王"，失败者"崩溃败北"。中国的建筑，在地理条件允许之下，都采用坐北朝南的方向。在封建时代，普通百姓的房子一般不能是正南正北的。它们或者朝南偏东几度，或者朝南偏西几度。严家花园的住宅，起初便是正南正北的。因为沈德潜官至太子太傅，他敢于如此建造。后来的主人未作方位的改动。这次重建严家花园住宅，仍旧沿用这个朝向。只是照壁因受河道的制约，正南偏西了二十余度。

严家花园的住宅沿中轴线展开，由前而后依次排为照壁、门厅、轿厅、大厅、楼厅，一共四进。平房在前，楼房在后，渐进渐高，意为步步高升。

照壁是明朝建筑。青石须弥座上的浮雕"力士"和"狮球"形象生动，风格古朴精练，堪称古代民间艺术佳作。

门厅设将军门。这是建筑规划中最高档的大门。浮雕狮子的门枕石和照壁石雕一样，也是的明代文物。

轿厅面间三间，进间七檩，是清代建筑。轿厅是当时人的身价和财富的象征。

严家花园的大厅，名呼"尚贤堂"。因为四根主柱是楠木做的，所以也叫"楠木厅"。三间九檩，扁作梁椽。木鼓墩，内四架结构，是典型的明代建筑。厅室开间大、屋架高，气势庄重、含蓄，是羡园的主体建筑。在封建时代，大户人家的住宅分内宅与外宅。大厅是外宅中最庄重的地方，是宅主接待贵宾、举行红白喜庆仪式、祭祀祖宗、聚众议事、奖惩子孙的场所。

楼厅是严家花园的内宅，是宅主一家生活起居的场所，外人不能随便到达。

粉墙黛瓦之中的严家花园住宅有着白漆屏门、栗壳色梁柱。建筑色彩与山明水秀、四季常青的木渎自然环境相调和。

明清街牌楼

明清街北端牌楼为金山石雕艺术有限公司何根金设计营造。它平地兀立，不设台而自高，不托势而自远。与羡园街南端的严家花园相互呼应，形成幽雅垲爽的对景。

牌楼用大小239块花岗岩石构筑而成，重达150余吨。四柱三间，明间宽5.8米，左右梢间各宽3.8米，通宽13.4米，高9.98米。其体量之大、分量之重、用石之多，堪称观止。

牌楼古朴坚实，端庄巍峨，既无神秘气氛又无小家春色，形态大方而持重。

牌楼明间大柱北侧，刻有钱仲联先生撰书的对联："相对是名山，残霸宫城，苍崖云树，铁衣劫阅三千载；此中有古镇，勾吴创业，香水流芬，裙屐人来五大洲。"大柱南侧的对联，则由崔护先生撰书。上联是"古镇游踪历历，名园显第，花岸雨廊，万种风光，静中蕴秀，流水小桥皆画意"，下联为"砚山胜迹重重，玉瓦穹碑，琴台梵宇，一痕烟雨，壮里含英，层云叠嶂尽诗情"。

牌楼边柱两侧，各刻一副九字联。北侧有陆文贤撰、沈玉山书的对联："人游在街，心画含天韵；木塞于渎，口碑勒镇名。"南侧有袁惠兰撰、杨在侯书写的对联："泛舟香溪，访吴越胜迹；漫步古市，览明清风情。"牌楼上的文字，悉数阴刻。刻工

明清街牌楼

戈春男用刀如笔，神技天然。

　　牌楼上有三块字碑，明间的北侧字碑有费孝通先生手书的"吴越古镇木渎"六个大字，南侧是吴敬木先生的手迹"古吴绍韵"。左右边间的字碑，北侧为"尧天舜日""光前裕后"，南侧为"钟灵毓秀""风物清嘉"，分别由费之雄和陈存正书写。

　　牌楼的左右塞块上，北侧浮雕"狮子滚绣球"，形象威严雄壮，气度轩昂，精神饱满；南侧浮雕"鲤鱼跳龙门"，形象洒脱不拘，宛然若生，情趣盎然。这些图案体量虽小，却营造出雄健厚实、沉稳清新的氛围，给人以厚重中见秀丽，稳重中显轻巧的美感。八块嵌板，只雕几条线，各绘制"一块玉"，于粗犷中透露着质朴的韵味，简单中蕴含着本真的美感，堪称大俗大雅。

　　牌楼顶部的花板上，北侧雕有九玉淇和曹仁荣绘制的《木渎十景图》，画面疏密有致，繁而不乱，疏而不寥，布局谨严，纯任自然。淡雅中蕴藉沉厚，浓重处不见板滞，给人以启情导韵的感觉。该石刻虽然是民间艺术，却极为高雅，绝无匠气。用短线、细点、团块、刀皴擦磨等技法表现画面，显出了扎实的图画功力。花板南侧刻有沈玉山先生书写的《木渎古十景诗》，与画前后呼应，相得益彰，令人在吟咏前贤诗文的同时，也可以欣赏对应景致。

　　牌楼屋面凿成筒瓦形状，瓦轮排列均匀，花边圆柔美观。戗角弯势适度，形象舒展。纹头屋脊正中，前后浮雕团龙团凤。它们和狮鱼图案一样，均无背景烘托，然而主题意趣明确，寓意吉祥。刀法苍古浑厚，具有以简寓繁的艺术感染力。

第三节　考辨释疑

西施的下落

越灭吴以后，西施的下落已成为千古之谜。其说法有多种。

一说西施随范蠡泛五湖而去，见于南唐陆广微《吴地记》引《越绝书》等。对西施的下落，梁辰鱼《浣纱记》是这样处理的：范蠡挽西施，捧着两人订亲信物，一缕苎纱，着一叶扁舟泛于五湖，任飘摇天南海西。在中国的传统观念中，有着"英雄美人大团圆"的肥沃土壤，故范蠡载美泛湖之说占了主导地位。

一说西施沉江而死。见于《墨子》等书。皮日休《馆娃宫怀古》诗："不知水葬今何处，溪月弯弯欲效颦。"李商隐也有诗云："肠断吴王宫外水，浊泥犹得葬西施。"

一说西施被勾践夫人沉于江中。明代冯梦龙《东周列国志》载勾践夫人出于女人之妒，不容置西施于越王之旁。

民间还有更复杂的版本。当越兵攻入吴都阖闾城，越王勾践以战胜之威，仗剑进入吴宫，西施跪迎。越王看到如此千娇百媚的绝色美人，心旌动摇，屏退左右，当即把西施留宿幸御了。班师之日，越王勾践把西施同舟载还。勾践夫人是一个阴沉心狠的女人，哪能容得下？眼看勾践沉迷在西施的娇媚之中，妒火中烧，暗暗咬牙，非置其于死地不可。但勾践与西施形影不离，无法下手。一天，勾践渡江南归，击楫中流，勾践夫人请勾践出舱，并说："故国臣民正在大江南岸跪迎大王，大王理应到船头接受臣民欢迎，以示王礼。"勾践本来对夫人有所畏惧，现又以大义相请，却不防有他，欣然出舱，与随臣共站于船头之上，遥迎万民。勾践夫人立即将西施骗至船尾，命力士将她缚于大石之上，沉于江底。当勾践发觉后，回舱询问，勾践夫人色厉词严，"此亡国之物，留之何为？"绝代佳人就此香消玉殒，魂断于江波浪涛之中。

一说西施归隐山林。越国得胜归来，西施不恋荣华富贵，恳求回家侍奉双亲，终老山林，后在浣纱时失足落水而亡。

关于西施下落诸说，虽各有歧异，但或浮或沉，或隐居或溺水，都没有离开江湖河水，看来，这位自幼与水为伴的浣纱女子，最终在流水中找到了她的归宿。

"念店村"村名析疑

念店村位于木渎古镇山塘街北侧。对于村名的来历，境域居民有两种截然不同的说法。

一种说法是春秋战国时期"兵圣"孙武曾率兵在那里练习射箭，因此称居住地为练箭村。随着时间的推移，书写成了谐音字念店村。

另一种说法是唐代以后，那里曾为物资交易的一个点，赶集者、经商者甚众。每逢庙会更是人来人往，川流不息，为此商家在那里开设了约二十家店铺，当地居民把二十念成"廿"。以后，当地居民就把居住的地方唤作廿店村，又因为廿字略显冷僻，故改写为念店村。

编纂始末

《香溪社区志》的编纂工作始于2021年12月，《香溪社区志》编纂委员会成立，由中共香溪社区委员会书记张咏梅任编委会主任、副书记许坚垒任办公室主任、社区居民委员会委员许利晴任办公室副主任，聘请了张瑞照先生任主编。

"千里之行，始于足下。"2022年1月编纂《香溪社区志》工作启动，第一步拟定纲目，然后寻根溯源，搜集史料，整理编纂。编纂工作人员根据香溪社区党委、居委会对《香溪社区志》的要求，拟定纲目，即送去吴中区地方志编纂委员会办公室征求意见，并设计了征求资料的表格。是年3月，《香溪社区志》编纂办公室聘请了《光福镇志》编辑俞宝康、香溪社区张衡、苏州大学毕业生刘烨程担任编务，负责史料搜集、打印等工作。是年4月始，编纂工作人员从香溪社区档案室入手，又先后在木渎镇政府档案馆、吴中区档案馆、吴中区图书馆等部门查阅旧志、史籍、档案等，搜集编纂《香溪社区志》的有关资料。

香溪社区境域既有悠久灿烂的文化历史，又有美丽富饶的时代风貌，名胜古迹、旅游资源十分丰富。然而由于古代历经战乱，村落几经变迁，尚存的历史资料寥寥无几。中华人民共和国成立初期，当地政府记录在案的资料也十分简略，又因境域内的自然村、街道居民小组办公地点多次搬迁，人员调动频繁，所以当代史料残缺不全。"巧妇难为无米之炊。"这给编纂工作带来了难度。

"世上无难事，只要肯登攀。"编纂工作人员在吴中区木渎镇政府档案馆、吴中区档案馆、吴中区图书馆等有关部门查阅史料的同时，下村走厂，跑单位，走访耆旧和部分知情人士，召开各种类型的座谈会，以及通过邮寄公函、电话联系等方法，集腋成裘。随后又去敬老院、老干部活动室等地采集历史掌故、乡土风情、传说轶闻，对有关文物古迹、名胜建筑等进行实地察看，从全面众多的素材之中，通过筛选，去伪存真，反复推敲核实。经过一年多的认真编纂，2023年2月，一部12章46节136目、50余万字的《香溪社区志》（初稿）终于诞生。随即，编纂工作人员将打印成册的《香溪社区志》（初稿）送给香溪社区居委会工作人员、特聘《香溪社区志》校对员殷建平、陈耕寿、王根泉等先生校对。2023年7月，编纂组综合以上人员的校对内容，进行了二次修改补充。尔后，送至吴中区木渎镇党委、镇政府，并向吴中区地方志编纂委员会办公室的领导、专家征求意见。

"干云蔽日之木，起于青葱。"吴中区木渎镇党委、镇政府，吴中区地方志编纂委员会办公室的领导、专家对《香溪社区志》（终审稿）进行精心审阅，2023年9月22日，召开终审会提出了修改意见。《香溪社区志》编纂工作人员复而从头至尾详细核对有关档案资料和历史数据，补漏勘误，调整部分结构，三易其稿，终于在2024年3月将完善后的稿件（全文58.6万字，46节）交付出版社。

"一分耕耘一分收获。"《香溪社区志》的编纂，自始至终受到吴中区地方志编纂委员会办公室，吴中区木渎镇党委、政府的领导和专家的全力支持和悉心指导，以及有关部门、单位的大力支持和热忱相助。

"书山有路，学海无涯。"编纂地方志是一门科学，由于牵涉面广量大，在编纂中可能尚存疏漏、谬误之处，敬请各位领导、方志专家和学者、修志同行、社会同人，以及香溪社区境域的乡亲父老，广大读者不吝赐教，批评匡正，以期后人在续修中予以补充和斧正。

《香溪社区志》编纂组

2024年3月20日

主要参考书籍

吴县地方志编纂委员会：《吴县志》，上海古籍出版社1994年2月版

苏州市吴中区地方志编纂委员会：《苏州市吴中区志》，上海社会科学院出版社2012年11月版

《木渎镇志》编纂委员会：《木渎镇志》，上海社会科学院出版社1999年1月版

江苏省苏州市吴中区木渎镇志编纂委员会：《木渎镇志》，方志出版社2019年9月版

陆文贤：《木渎古镇对联集成》，中国诗词楹联出版社2014年7月版

时永良：《苏州百年明信片图录》，古吴轩出版社2006年9月版

江洪等：《苏州词典》，苏州大学出版社1999年9月版

苏州市民间文学集成编委会：《苏州歌谣谚语》，中国民间文艺出版社1989年7月版

《吴中民间故事》丛书编辑委员会：《吴中民间故事丛书·木渎》，古吴轩出版社2004年11月版

张瑞照：《太湖聊斋》，大众文艺出版社2013年4月版

中共吴县县委宣传部、吴县文学艺术界联合会：《吴县歌谣谚语》，1989年3月版

徐刚毅：《苏州百姓图录》，广陵书社2009年11月版

岳俊杰、蔡涵刚、高志罡：《苏州文化手册》，上海人民出版社1993年6月版

张澄国、朱栋霖、温尚南：《苏州与中国电影》，中国电影出版社2007年10月版

主要提供有关资料单位

苏州市吴中区档案馆　　　　吴中区木渎镇政府档案馆
木渎镇香溪社区档案室　　　木渎旅游发展实业有限公司

主要提供有关资料人员

（以姓氏笔画为序）

王仪铭	王根泉	王爱民	毛仁龙	叶方忠	朱毛头	朱双云
朱俊杰	朱海明	许云峰	许利晴	许金坤	季小敏	李洲芳
杨　彬	杨春刚	张菊林	陆文贤	陆世泉	陈耕寿	周泉男
周菊坤	周梦帆	钟伟今	顾金虎	钱丽佳	徐火根	徐新根
殷建平	翁荣华	矫　健	韩士根	潘君明	潘泽苍	

《香溪社区志》校对人员

（以姓氏笔画为序）

王建荣	王根泉	王爱民	朱海明	刘烨程	许云峰	许坚堃
许利晴	许金坤	许春华	许晴洁	杨春刚	张　衡	张咏梅
陈耕寿	周　凯	俞宝康	俞美娥	钱丽佳	徐新根	殷建平